Dynamiken der öffentlichen Problemwahrnehmung

Volker Gehrau • Judith Väth
Gianna Haake
(Hrsg.)

Dynamiken der öffentlichen Problemwahrnehmung

Umwelt, Terrorismus, Rechtsextremismus und Konsumklima in der deutschen Öffentlichkeit

Herausgeber
Volker Gehrau
Judith Väth
Gianna Haake
Münster
Deutschland

ISBN 978-3-658-03701-7   ISBN 978-3-658-03702-4 (eBook)
DOI 10.1007/978-3-658-03702-4

Die Deutsche Nationalbibliothek verzeichnet diese Publikation in der Deutschen Nationalbibliografie; detaillierte bibliografische Daten sind im Internet über http://dnb.d-nb.de abrufbar.

Springer VS
© Springer Fachmedien Wiesbaden 2014
Das Werk einschließlich aller seiner Teile ist urheberrechtlich geschützt. Jede Verwertung, die nicht ausdrücklich vom Urheberrechtsgesetz zugelassen ist, bedarf der vorherigen Zustimmung des Verlags. Das gilt insbesondere für Vervielfältigungen, Bearbeitungen, Übersetzungen, Mikroverfilmungen und die Einspeicherung und Verarbeitung in elektronischen Systemen.

Die Wiedergabe von Gebrauchsnamen, Handelsnamen, Warenbezeichnungen usw. in diesem Werk berechtigt auch ohne besondere Kennzeichnung nicht zu der Annahme, dass solche Namen im Sinne der Warenzeichen- und Markenschutz-Gesetzgebung als frei zu betrachten wären und daher von jedermann benutzt werden dürften.

Lektorat: Barbara Emig-Roller, Monika Mülhausen

Gedruckt auf säurefreiem und chlorfrei gebleichtem Papier

Springer VS ist eine Marke von Springer DE. Springer DE ist Teil der Fachverlagsgruppe Springer Science+Business Media
www.springer-vs.de

Inhaltsverzeichnis

1 Die Dynamik gesellschaftlicher Problemwahrnehmung I: Desiderate der Agenda-Setting Forschung 1
Volker Gehrau

2 Das Projekt Issues of the Millennium – Anlage und Daten 19
Volker Gehrau, Gianna Haake und Judith Väth

3 Die Sorgen der Deutschen – Die Bevölkerungsagenda zur Jahrtausendwende 45
Gianna Haake und Judith Väth

4 Umwelt. Ein sterbendes Issue 65
Alicia Boonk, Cara Hinnah, Kristina Hollmann und Sophia Mandow

5 New York, Madrid, London – Wie Terroranschläge die Berichterstattung und öffentliche Meinung zu Terrorismus, Innerer Sicherheit und Islamismus beeinflussen 121
Lisa Kohlsche, Julie Peignois, Anne Thoring und Elena von Roëll

6 NPD-Verbotsverfahren – Auswirkungen der Mediendebatte über ein NPD-Verbot auf Problemeinschätzung und Wahlabsicht der Bevölkerung 163
Sebastian Betz, Nadine Hoffmann, Daniel Schenk und Sven Winter

7 In Kauflaune versetzt? Eine Untersuchung des Zusammenhangs von Wirtschaftsberichterstattung und Konsumklima 203
Reik Heinrich, Ann-Kathrin Metz und Arne Larsen Spilker

8 Die Dynamik gesellschaftlicher Problemwahrnehmung II: Erkenntnisse aus vier Fallstudien 251
Volker Gehrau

Autorenverzeichnis

Sebastian Betz Münster, Deutschland
E-Mail: sebastian.betz87@gmail.com

Alicia Boonk Ahaus, Deutschland
E-Mail: alicia.boonk@uni-muenster.de

Volker Gehrau Münster, Deutschland
E-Mail: volker.gehrau@uni-muenster.de

Gianna Haake Münster, Deutschland
E-Mail: gianna.haake@uni-muenster.de

Reik Heinrich Mainz, Deutschland
E-Mail: Reik.Heinrich@openeyemedia.de

Cara Hinnah Osnabrück, Deutschland
E-Mail: CCHinnah@gmx.de

Nadine Hoffmann Offenbach am Main, Deutschland
E-Mail: n.hoffmann87@gmx.de

Kristina Hollmann Bad Salzuflen, Deutschland
E-Mail: hollmann.kristina@web.de

Lisa Kohlsche Münster, Deutschland
E-Mail: lisa.kohlsche@uni-muenster.de

Sophia Mandow Bremen, Deutschland
E-Mail: sophiamandow@wtnet.de

Ann-Kathrin Metz Münster, Deutschland
E-Mail: ann-kathrin_metz@web.de

Julie Peignois Köln, Deutschland
E-Mail: julie_peignois@gmx.net

Elena von Roëll Münster, Deutschland
E-Mail: elena.roell@gmail.com

Daniel Schenk Münster, Deutschland
E-Mail: schenk.daniel@gmx.de

Arne Larsen Spilker Münster, Deutschland
E-Mail: a_spilker@gmx.de

Anne Thoring Münster, Deutschland
E-Mail: a.thoring@uni-muenster.de

Judith Väth Münster, Deutschland
E-Mail: judith.vaeth@uni-muenster.de

Sven Winter Herford, Deutschland
E-Mail: sven-winter@gmx.de

Die Dynamik gesellschaftlicher Problemwahrnehmung I: Desiderate der Agenda-Setting Forschung

Volker Gehrau

Wozu braucht man heute noch eine große Studie (kombiniert mit einem Sammelband) zu Agenda-Setting 1.0, also der Frage nach dem Einfluss klassischer Massenmedien auf die Vorstellung der Bevölkerung davon, was die wichtigen Probleme unserer Gesellschaft sind? Diese Frage ist nicht nur grundsätzlich bei jedem Forschungsprojekt berechtigt; sie ist bei der vorliegenden Publikation und den ihr zugrundeliegenden Projekten insbesondere aus zwei Gründen erklärungsbedürftig:

Zum einen verändert das Internet und die mobile (Massen-) Kommunikation unsere Gesellschaft gerade rasant und der Verdacht liegt nahe, dass sich damit auch die bisherigen Phänomene der Mediennutzung und Medienwirkung grundlegend wandeln. Es gibt nicht nur gute, auch theoretische Gründe für diese Annahme, sondern auch etliche empirische Beispiele dafür. Allerdings sprechen mindestens ebenso viele theoretische Ansätze und auch empirische Ergebnisse dafür, dass die Medienwelt 2.0 nicht komplett anders funktioniert als die Medienwelt zuvor und auch die Mediennutzer im Kern dieselben geblieben sind. Mithin sind z. B. die am häufigsten genutzten Informationsangebote im Internet den Informationsangeboten in klassischen Massenmedien wie Zeitungen, Zeitschriften oder Fernsehnachrichten ähnlich und die Selektionskriterien der Nutzer sowie deren Heuristiken der Zuschreibung von Vertrauen offenbar auch. Zumindest insoweit ist es kaum plausibel, dass sich mit Internet und mobiler (Massen-) Kommunikation die Aneignungs- und Wirkungsmechanismen der Massenmedien komplett verändert haben. Es erscheint eher naheliegend, dass die zugrundeliegenden Mechanismen dieselben geblieben sind, sie sich aber in ihrer Gestalt verändert haben. Das könnte z. B. die zeitliche Aktualisierung oder den Umfang der zur Verfügung

V. Gehrau (✉)
Münster, Deutschland
E-Mail: volker.gehrau@uni-muenster.de

stehenden Information betreffen. Aber gerade unter dieser Annahme ist es wichtig, die Grundmechanismen medialer Thematisierungsprozesse und darauf bezogener gesellschaftlicher Problemeinschätzung unter den alten, einfacheren Bedingungen zu verstehen, um die Tragweite der Veränderungen einschätzen zu können. Solange wir etwa nicht gesichert wissen, wie schnell sich mediale Thematisierungsprozesse in der Vorstellung der Bevölkerung niederschlagen und wie lange sie andauern, ist nur schwer abzuschätzen, ob die (theoretisch) kontinuierliche Aktualisierung der Information im Internet in nennenswertem Umfang Auswirkungen auf den Beginn und den Verlauf von Medieneffekten haben kann. Darüber hinaus zeigen die Studien zur Mediennutzung und Medienbewertung in Deutschland eine weiterhin große Verbreitung und Bedeutung der klassischen Massenmedien (van Eimeren und Frees 2013). Zwar wird das Internet zunehmend für die Gesamtbevölkerung wichtig; die Verbreitung von Fernsehen, Fernsehnachrichten und den großen tagesaktuellen Printprodukten ist aber dennoch deutlich größer als die der Informationsangebote im Internet. Auch deshalb ist es aktuell noch wichtig, sich mit Prozessen und Phänomenen zu befassen, die die klassischen Massenmedien betreffen.

Zum anderen sind aber auch die Thematisierungsprozesse und damit verbundene Problemeinschätzungen der Bevölkerung durch klassische Massenmedien nicht so endgültig und umfassend geklärt, wie man aufgrund der Anzahl an Studien und Publikationen dazu vermuten könnte (Potter und Riddle 2007). Klar ist allerdings, dass Massenmedien über Ereignisse berichten, sie dabei in einen Themen- bzw. Problemkontext stellen und sich in Bezug auf Auswahl und Aufbereitung aneinander orientieren. Insofern findet massenmediale Thematisierung statt, die – und auch das gilt als gut belegt – Einfluss auf die Aufmerksamkeit des Publikums für/gegenüber Themen hat und mitbestimmt, welche Probleme die Bevölkerung für relevant erachtet. Wie allerdings Agenda-Setting Prozesse im Kern funktionieren und wie lange sie andauern, ist bislang nicht abschließend geklärt. Auch insofern lohnt es sich also, das Agenda-Setting Potenzial der klassischen Massenmedien zu untersuchen.

Nicht zuletzt helfen Agenda-Setting Studien zu verstehen, was die eigentlichen gesellschaftlichen Probleme sind, wie sie entstehen und wie sie sich entwickeln. Wobei unter gesellschaftlichem Problem hier nicht eine Ursache, also z. B. Lagerung von Müll und Umweltverschmutzung als deren Auswirkung, gemeint ist, sondern die Frage, was die Mitglieder der Gesellschaft als wichtiges Problem betrachten. Die Frage ist dann, was sind die aus Bevölkerungssicht wichtigen Probleme unserer Gesellschaft und wie haben sich diese im Zeitverlauf verändert. Zudem wird in den nachfolgenden Beiträgen untersucht, welchen Einfluss wichtige Ereignisse und insbesondere die Medienberichterstattung auf die Problemeinschätzung haben.

1 Die Dynamik gesellschaftlicher Problemwahrnehmung I

1.1 Agenda-Setting Studien

In Anlehnung an die Grundidee von Cohen (1963; Rössler 2008, S. 205) bzw. den Kerngedanken von McCombs und Shaw (1972; Rössler 1997, S. 16–17) wird in den vorliegenden Beiträgen unter Agenda-Setting der Effekt der Themen der Medienberichterstattung auf die Bevölkerungseinschätzung darüber verstanden, was derzeit die wichtigsten Probleme der Gesellschaft sind. Natürlich spielt in diesem Kontext auch die Frage eine Rolle, wie die Themen der Medienberichterstattung und damit die Medien-Agenda zustande kommen. Entsprechende Phänomene werden hier jedoch als Agenda-Building (Brosius und Weimann 1996) oder Intermedia Agenda-Setting (Boyle 2001), nicht als Agenda-Setting bezeichnet. Zudem sind auf Bevölkerungsseite auch andere Effekte als die oben genannten zu erwarten, z. B. die Einschätzung, was persönlich die wichtigsten Probleme sind oder welchen Themen die Bevölkerung gerade besondere Aufmerksamkeit widmet. Diese Phänomene werden extra benannt, ebenso verwandte Medieneffekte wie Priming oder Framing (Rössler 2008). Wenn von Agenda-Setting die Rede ist, sind immer nur die Thematisierungseffekte der Medien auf die Problemeinschätzung der Bevölkerung für die Gesellschaft gemeint.

Der im Titel verwendete Begriff Problemwahrnehmung umfasst demgegenüber in der vorliegenden Publikation mehrere Komponenten. Dazu zählen zum einen die beiden Komponenten des Agenda-Setting Effekts: Gesellschaftliche Problemwahrnehmung im Sinne von Medienberichterstattung, dass also die Medien das Thema für so relevant erachten, dass sie darüber berichten sowie im Sinne von Problemwahrnehmung der Bevölkerung, dass also ein messbarer Anteil der Bevölkerung angibt, ein bestimmtes Problem gehöre zu den wichtigsten derzeitigen Problemen. Als dritte Komponente kommt noch die Frage nach der Themenaufmerksamkeit hinzu, also der Frage nach dem Anteil der Bevölkerung, der angibt, ein bestimmtes Thema der Medienberichterstattung der letzten Tage habe sie besonders interessiert.

1.1.1 Erklärungsansätze

Man findet zwei grundsätzlich unterschiedliche Ansätze zur Erklärung von Agenda-Setting, die sich in Anlehnung an Eichhorn (1996) in individuell-psychologische und systemisch-gesellschaftliche Ansätze einteilen lassen.

Der individuelle Ansatz geht davon aus, dass der Basiseffekt ein psychologischer Effekt des Medieninputs auf den einzelnen Nutzer ist. Implizit wird dabei in der Regel von einem Lerneffekt ausgegangen (Rössler 2008). Der Nutzer lernt aus den Medien, welche Themen und Probleme derzeit gerade wichtig sind. Dabei könnte man die Medien als eine Art Lehrer betrachten, der besser als das normale Publikum beurteilen kann, was gerade passiert und was davon relevant ist. Hinzu kommt der Aspekt des Lernens durch Wiederholung, da sich die berichteten Sachverhalte sowohl zwischen den Medien ähneln als auch innerhalb desselben Mediums durch Anschluss- und Hintergrundberichterstattung repetitiv aufgegriffen werden. Zudem lassen sich Agenda-Setting Effekte über kognitives Priming oder kognitive Schemata erklären. Der Effekt des kognitven Primings basiert auf dem in der Psychologie weithin bestätigten und akzeptierten Phänomen, dass Konzepte oder Vorstellungen, die für kognitive Prozesse bereits aktiviert wurden, in der Folge bei anderen kognitiven Prozessen eher berücksichtigt werden als andere Konzepte, die vorher nicht aktiviert waren. In dieser Logik aktiviert der individuell genutzte Medieninput dazugehörige Themenfelder, die im Anschluss, wenn über die zentralen Probleme nachgedacht wird, aufgrund der vorhergehenden Aktivierung als wichtig erachtet werden. Einige Forscher halten diesen Effekt für einen inhaltslosen Methodeneffekt, der nur durch die Befragung erzeugt wird (Kim et al. 2002). Dem ist entgegenzuhalten, dass, selbst wenn der Effekt in der Befragung auftritt, er auch in anderen Entscheidungssituationen auftreten müsste und Konsequenzen für den Entscheider mit sich bringt, die dann ein Medieneffekt wären. Zumal kurzfristige Effekte kognitiver Aktivierung auch längerfristig wirksam werden, wenn sie sich in ähnlicher Form oft wiederholen. Die kognitive Psychologie spricht dann von „chronic accessibility" (Roskos-Ewoldsen 1997), die auch beim Medieninput nachgewiesen wurde (Roskos-Ewoldsen et al. 2002). Ein weiterer kognitiver Effekt beschreibt die Ausweitung kognitiver Schemata. Die Medienberichterstattung könnte eine Ausweitung der kognitiven Schemata bewirken, indem sie etwa deutlich macht, dass Alkohol auch eine Droge ist und so das kognitive Schema für Drogen erweitert wird. Durch die Vernetzung des Schemas Drogen mit anderen Schemata würde es auch durch mehr Aspekte aktiviert werden (Eichhorn 1996). In Folge dessen steigt die individuelle Wahrscheinlichkeit, dass verbundene Probleme als wichtig (weil weitreichend) eingeschätzt werden. Streng genommen verlässt diese Argumentationsfigur das klassische Agenda-Setting und wäre eher im Bereich Framing anzusiedeln.

Die gesellschaftliche Argumentation setzt demgegenüber bei Systemen an (Luhmann 1996). Eine zentrale Aufgabe des Mediensystems ist es, der Gesellschaft Informationen zur Selbstbeobachtung bereitzustellen, die es Subsystemen wie der Politik oder der Wirtschaft ermöglichen, sich selbst, aber vor allem andere Systeme zu beobachten. Das Mediensystem geht dabei nach internen Selektions- und Aufbereitungsregeln vor, die die anderen Systeme in Folge ko-evolutionärer Anpassungen gelernt haben und für ihre eigene Funktionsfähigkeit nutzen. Eine zentrale Funktion, die sich dabei herausgebildet hat, ist die Aufgabe der Medien, für die Gesellschaft Themen zu selektieren und zu artikulieren. Damit zeigen die Medien auf, in welchen Bereichen Handlungsbedarf besteht. Entweder hat sich in einem Bereich etwas ereignet, auf das sich eingestellt bzw. auf das reagiert werden muss, oder es gibt bislang nicht gelöste Konflikte, bei denen Entscheidungen anstehen, es aber keinen Konsens darüber gibt, welche Lösungsalternative gewählt werden soll. Nach dieser Logik ist der Agenda-Setting Effekt der Massenmedien kein Kausaleffekt, sondern eine Form der Komplexitätsreduktion, die sich für die Systeme unserer Gesellschaft als zweckmäßig erwiesen hat. Die Komplexitätsreduktion besteht darin, dass die Medien durch Selektion, Aufbereitung und Verbreitung von Themen der Gesellschaft Hinweise darauf bereitstellt, was derzeit die wichtigsten und von verantwortlichen Akteuren zu berücksichtigenden Probleme sind. Damit ist auch sichergestellt, dass die Entscheidung darüber, was derzeit wichtige Probleme sind, in verschiedenen Systemkontexten nicht gänzlich unterschiedlich gefällt würde.

Eine dritte Argumentation verbindet beide Positionen. Diese Argumentation setzt beim Individuum an und folgt zunächst der psychologischen Modellierung individueller Effekte wie eingangs dargestellt. Sie akzeptiert aber auch die übergeordnete gesellschaftliche Ebene mit ihrer eigenen Logik. Beide Ebenen sind miteinander verbunden. Die Verbindungen werden als Brückenhypothesen konzeptualisiert (Scheufele 2008; Esser 1999), die zum einen angeben, wie eine Orientierung des Einzelnen am Gesamtsystem stattfindet und wie sich die individuellen Reaktionen der Einzelnen zu systemischen Reaktionen aggregieren. Die Orientierung, also der Weg von der Systemebene zum Individuum, wird vorwiegend durch Aspekte des Medienangebots bestimmt. Orientierungseffekte sind demnach zu erwarten, wenn dem Medienangebot Vertrauen entgegengebracht wird und das Angebot insgesamt eher homogen (Maurer 2004) ist. Darüber hinaus ist wichtig, wie abhängig die Einzelnen von den Medieninformationen bzw. wie orientierungsbedürftig sie grundsätzlich sind (Weaver 1980). Die individuellen Effekte entsprechen dem Muster der kognitiven Effekte. Insofern gehen die Individualeffekte in die Aggregateffekte ein. Die Aggregateffekte gehen aber darüber hinaus. Zum einen ist eine Ko-Orientierung an anderen im Sinne des Third-Person Effekts zu erwarten (Huck et al. 2009). Demnach würde man Themen wichtig finden, von denen man annimmt, dass viele andere sie auch für wichtig erachten und für diesen Schluss die Medienberichterstattung (und der mit ihr verbundene und unterstellte Medieneffekt) als Indikator nehmen. Zum anderen entstehen Aggregateffekte durch interpersonale Kommunikation, wenn es sich um Themen handelt, die typischerweise von den Medien in die interpersonale Kommunikation übernommen werden (Sommer et al. 2012). So gelangt der Medieneffekt von den Mediennutzern auch zu den Nichtnutzern, wenngleich etwas zeitversetzt (Krause und Gehrau 2007). Dafür sind die Effekte durch die persönlichen Gespräche wahrscheinlich größer als die reinen Medieneffekte, so dass die Effekte im Aggregat deutlich größer ausfallen müssten als die Summe der Individualeffekte auf die Mediennutzer (Nguyen Vu und Gehrau 2010).

1.1.2 Arten von Studien

Typischerweise werden Agenda-Setting Studien nach Personenaggregierung und Themenaggregierung differenziert (Rössler 2008). Hinzu kommt die Frage nach dem Zeitraum der Studie.

Die Frage nach den Personenaggregaten greift im Kern die Frage nach der Individualebene und der damit verbundenen psychologischen Modellierung versus der Systemebene und der damit verbundenen soziologischen Modellierung auf. Die frühen Agenda-Setting Studien waren als Aggregatstudien angelegt, die die Gesamtheit des Medieninputs mit Kennwerten der Gesamtbevölkerung bzw. bestimmter Gruppen in einem festgelegten Zeitraum verglichen haben. Gegenstand solcher Vergleiche war zumeist a) der Anteil eines bestimmten Themenfeldes an der Gesamtberichterstattung bzw. dem Rangplatz des Themenfeldes im gesamten Themenspektrum und b) der Anteil des Problemfeldes an den Gesamtangaben bzw. dem Rangplatz des Problemfeldes im Problemspektrum der Bevölkerung. Analytisch wurden dann Rangreihenkorrelationen zwischen der Medienberichterstattung und den Bevölkerungsangaben insgesamt gerechnet oder die entsprechenden Korrelationen zwischen bestimmten Mediensegmenten und bestimmten Bevölkerungsgruppen. Die Berücksichtigung von Drittvariablen fand dabei über Vergleiche unterschiedlicher Konstellationen statt, also z. B. zwischen Personengruppen, die direkt von einem Themenfeld betroffen sind versus nicht betroffene Personen. Die Individualstudien setzten im Gegensatz dazu bei einzelnen Befragten und deren Angaben zu den wichtigsten Problemen an. Zusätzlich wurden sie gefragt, welche Medien sie genutzt haben und die Themen dieser Medien wurden ihnen dann zugeordnet. Dann folgte die Analyselogik der Korrelation bzw. einer Regression, bei der ermittelt wurde, wie gut die Agenda der individuell genutzten Medien die individuelle Problemagenda erklärt, oft in Relation zu anderen Faktoren wie der persönlichen Betroffenheit oder interpersonaler Kommunikation (Erbring et al. 1980; Rössler 1997). Beim Vergleich der Effektstärken beider Arten von Agenda-Setting Studien zeigt sich ein deutlicher Vorteil für Aggregatstudien mit deutlich größeren Rangreihenkorrelationen als die klassischen Korrelationsmaße bei den Individualstudien (Rössler 1997). Allerdings war die üblicherweise zeitgleich gemessene Rangreihenkorrelation auf Aggregatebene im Gegensatz zu den Individualstudien nicht geeignet, Kausalaussagen zu treffen, bei denen jeweils der individuelle Medieninput der Vorwochen zugeordnet wurde und so über den Zeitverzug die Kausalität sichergestellt wurde.

Des Weiteren wird in der Agenda-Setting Forschung nach Mehrthemen- und Einzelthemaanalysen unterschieden. Bei den frühen Studien handelte es sich um Mehrthemenanalysen, weil die wichtigsten Themen parallel analysiert wurden, meist – wie oben beschrieben – mittels Rangreihenkorrelationen. Der Vorteil solcher Analysen besteht im Themenvergleich; es lassen sich also nicht in erster Linie Effekte auf ein Thema, sondern Effekte auf die Themenstruktur feststellen. Ein Nachteil besteht aber darin, dass eine solche Analyse nur zwischen festgelegten Zeiträumen möglich ist, also etwa der Medienagenda und der Publikumsagenda in einem Monat oder der Publikumsagenda in einer Woche mit der Medienagenda der Vorwoche. Eine Dynamik lässt sich nur schwer abbilden, insbesondere dann nicht, wenn sie mathematisch mittels Zeitreihenanalysen modelliert werden soll. In solchen Fällen werden Analysen einzelner Themen im Zeitverlauf durchgeführt. Fälle sind einzelne Zeitpunkte bzw. Angaben zum Medienthema sowie zum Bevölkerungsthema zu den einzelnen Zeitpunkten. Analysiert wird (z. B. über zeitversetzte Kreuzkorrelationen), ob sich die Entwicklung des Medienthemas zeitgleich oder mit Zeitverzug in der Entwicklung des Bevölkerungsthemas widerspiegelt (Krause und Gehrau 2007; Krause und Fretwurst 2009). Allerdings richtet sich die originale Agenda-Setting Hypothese nicht auf einzelne Themen, obgleich man implizit Aussagen über einzelne Themen ableiten kann, sondern auf die Agenda, also die übergeordnete Themenstruktur.

Oft ist mit der Frage nach den Themenanalysen auch die Frage nach Längsschnitt- oder Querschnittanalyse verbunden. Querschnittsanalysen berücksichtigen einen kurzen festgelegten Zeitraum, ohne innerhalb dieses Zeitraums die Zeit selbst als Variable zu modellieren. Die Initialstudie von McCombs und Shaw (1972) ist ebenso eine Querschnittstudie wie die erste Individualstudie von Erbring et al. (1980). Querschnittstudien haben den Vorteil der Analyse oder Kontrolle von Drittvariablen. Demgegenüber ist es kaum möglich, die eigentliche Kausalität zwischen Medien- und Bevölkerungsagenda zu klären. Einige Studien behelfen sich mit einem längeren Vorlauf des Medieninputs (Rössler 1997, S. 140–143) oder mit einer wiederholten Publikumsmessung (Wolling et al. 1998), die eigentliche Themendynamik lässt sich aber nur mittels Längsschnittstudien untersuchen. Die erste Längsschnittstudie ‚issues of the sixties' von Funkhouser (1973) fand bereits in der Anfangszeit der Agenda-Setting Forschung statt. Sie berücksichtigte tatsächlich die Themenagenda. Die meisten Längsschnittstudien betrachten demgegenüber nur ein einzelnes Thema im Zeitverlauf. Grundsätzlich lassen sich mit Längsschnitt-Studien sowohl die Dynamik der Thematisierungsprozesse genau nachverfolgen sowie Aussagen über Ursache und Wirkung treffen, also der Frage, ob die Medienagenda die Publikumsagenda bestimmt oder sich die Medienagenda nach der Publikumsagenda richtet.

1.2 Probleme

Ein Grundproblem der Agenda-Setting Forschung – wie auch anderer Forschung im Bereich Öffentlicher Meinung – besteht nun darin, dass mit jeder Entscheidung in den drei oben genannten Dimensionen (Personen, Themen und Zeit) der Fokus auf bestimmte Aspekte des Agenda-Setting Prozesses gerichtet wird. Dies ist insofern gewünscht, als in der Regel bei solchen Studien spezielle Aspekte untersucht werden sollen. Das Problem sind aber jene anderen Aspekte, die dadurch aus dem Blick geraten. Daher ist es schwierig, unterschiedliche Agenda-Setting Studien analytisch miteinander in Verbindung zu setzen.

1.2.1 Dynamik

Nur wenige Agenda-Setting Studien sind als solche konzipiert worden; meist wird bei allen oder zumindest bei einzelnen empirischen Komponenten auf vorliegendes Datenmaterial nach der Logik von Sekundäranalysen zurückgegriffen (Rössler 2008), wobei oft noch nicht einmal die Originaldaten vorliegen, sondern aufbereitete, aggregierte Daten oder Ergebnisse im Sinne von Wochen-, Monats- oder Jahresangaben. Da man als Sekundäranalytiker die Datenstruktur in der Regel nicht revidieren kann, kommt es oft zu Problemen zwischen theoretischer und empirischer Modellierung. Solche treten z. B. auf, wenn auf Theorieebene inhaltsbezogene Effekte von reinem kognitiven Priming anhand deren Fristigkeit unterschieden werden, diese Unterscheidung aber empirisch nicht nachvollzogen werden kann, weil nur Wochen- oder Monatsdaten vorliegen.

Aber selbst wenn alle Daten für eine Agenda-Setting Studie eigens erhoben werden, man die empirische Anlage also an die theoretischen Implikationen anpassen kann, bleibt oft unklar, welche – zeitlich gesehen – die optimale Modellierung von Agenda-Setting Effekten in dynamischen Prozessen ist. Einige empiristische Ansätze versuchen die optimale Modellierung – als „optimal time span" – anhand der größten Effektwerte zu bestimmen. In der Regel wird ein festgelegter Befragungszeitpunkt durch unterschiedlich aggregierten Medieninput aus Inhaltsanalysedaten vorhergesagt. Dabei lassen sich dann sowohl die Zeiträume, auf die der Input aggregiert wird (also z. B. Wochen oder Monate) variieren als auch die Frage, ob einzelne Zeitpunkte oder kumulierte Zeiträume als Input gewählt werden, also ob der Input drei Wochen vor der Befragung als Prädiktor fungiert oder die Summe aus den letzten vergangenen drei Wochen. Entsprechende Studien erbringen zwar Ergebnisse, die aber in der Regel nicht hilfreich, weil theoretisch nicht anschlussfähig, sind wie z. B. das Resultat der Studie von Wanta und Hu (1994), welches aussagt, dass

Agenda-Setting Effekte von Zeitschriften bei acht bis zwölf kumulierten Wochen am stärksten sind. Hinzu kommen Probleme bei den Befragungsdaten, wenn diese behandelt werden, als entstammten sie einem Zeitpunkt. De facto werden sie aber oft über einen Zeitraum erhoben, also innerhalb einiger Wochen. Hier stellt sich nicht nur die Frage, ob die unterschiedlichen Effekte der unterschiedlichen Medieninputaggregate z. B. zwischen den Befragungswochen variieren und vielleicht ganz anders ausfallen würden, wenn auch bei den Befragungsdaten unterschiedliche Zeiträume differenziert würden.

Das führt zu einem weiteren Problem: Die meisten theoretischen Modelle von Agenda-Setting machen keine Aussage über das Ende von Agenda-Setting Effekten. In der empirischen Modellierung wird nach dem Zeitpunkt des maximalen Effekts gesucht. Sinkt die Effektstärke und deren Signifikanz unter einen festgelegten Wert, dann gilt der Effekt als beendet oder, besser gesagt, abgeklungen. Wie angemessen aber eine solche Grundidee ist, wird im Prinzip gar nicht diskutiert. Dabei lässt sich am Beispiel von Extremereignissen wiederum die Diskussionswürdigkeit einer solchen Modellierung verdeutlichen. Wenn man z. B. an den Unfall im Atomkraftwerk in Fukushima denkt, sind Thematisierungseffekte der Medienberichterstattung ebenso plausibel wie deren Absinken nach einer gewissen Zeit. Fraglich ist jedoch, ob der Effekt damit wirklich beendet ist, im Sinne eines Zustandes wie vor dem Unfall, oder ob er quasi latent wird und bei Medienberichterstattung über Probleme der Atomkraft oder Jahrestagen wieder aktiviert wird und zwar in einem Umfang, der aus der jeweils aktuellen Medienberichterstattung allein nicht zu erklären wäre. Gemäß der Systematisierung von Medieneffekten nach Potter (2011) werden Agenda-Setting Effekte als Anstieg (Peak) angesehen, der langsam aber vollständig abklingt, im Gegensatz zu Stufeneffekten, bei denen die Effekte dauerhaft bestehen bleiben. Im Prinzip wäre es auch denkbar, dass es sich bei Agenda-Setting Effekten um eine Kombination beider handelt, also einem zeitnahen großen Peak auf die Medienberichterstattung mit einem nachfolgend höherem Grundniveau. Die Dynamik von Agenda-Setting Effekten lässt sich aber nur untersuchen, wenn auch die Bevölkerungsangaben und nicht nur die Medienberichterstattung über einen längeren Zeitraum erfasst wird (Brosius und Kepplinger 1990).

Damit lässt sich zumindest eine Antwort auf die Eingangsfrage geben: Ein Grund dafür, auch nach Einführung des Internet und des Web 2.0 noch Agenda-Setting Studien herkömmlichen Typs durchzuführen, ist dann gegeben, wenn Daten in kleinen Zeitschritten über einen langen Zeitraum vorliegen, auch wenn die Daten selbst nicht aktuell sind. Zum einen relativieren lange Zeiträume den Effekt einzelner Ereignisse, da sie meist mehrere Ereignisse desselben Typs umfassen und den Vergleich des jeweiligen Zeitraums davor mit dem danach ermöglichen. Nur so lässt sich die typische Dynamik von Agenda-Setting Prozessen ermitteln. Zum anderen ergibt sich dann die Möglichkeit, kurz-, mittel- und langfristige Effekte gleichermaßen zu fokussieren, um sie zu vergleichen und Charakteristika und jeweilige unterstützende Bedingungen herauszuarbeiten.

Vordergründig mag der Vergleich unterschiedlicher Fristigkeit und Dauer von Effekten akademisch und damit nur theoretisch interessant erscheinen. Bei genauer Betrachtung ist er aber auch praktisch relevant und zwar gerade im Internetzeitalter. Bislang war er durch die Periodizität der Massenmedien determiniert, was zeitlich gesehen die kleinste Einheit empirischer Studien ist. Bei Tageszeitung und Hauptnachrichtensendungen im Fernsehen betrifft das z. B. einen Tag, weil sie einmal pro Tag veröffentlicht werden, im Gegensatz etwa zum Wochenrhythmus von Printmagazinen wie dem SPIEGEL oder DIE ZEIT. Die Frage nach der kleinsten Zeiteinheit, die zu betrachten sich analytisch lohnt, ist bei potenziell kontinuierlich aktualisierten Angeboten im Internet weit schwieriger zu entscheiden. In einigen Fällen wird man sich statt an der Periodizität der Medien an den Gewohnheiten (z. B. bei der Mediennutzung) der Bevölkerung orientieren. Sollten sich aber auch dabei keine allgemeingültigen Rhythmen ergeben, ist man auf externe Entscheidungskriterien angewiesen. Und dabei ist es hilfreich, die Abhängigkeiten zwischen kurz-, mittel- und langfristigen Effekten zu kennen, um z. B. abschätzen zu können, ob man auch sehr kurzfristige Effekte im Internet identifizieren kann, wenn man auf Tages- oder Wochenbasis untersucht.

1.2.2 Fallstudiencharakter

Viele Agenda-Setting Studien betrachten einen engen Zeitraum in Bezug auf ein Thema. Insofern handelt es sich bei ihnen um Fallstudien. Ohne Zweifel kann man aus Fallstudien viel lernen und im Sinne der Falsifikationslogik auch allgemeine Hypothesen widerlegen. Es ist aber schwierig, aus Fallstudien allgemeingültige Strukturen abzuleiten. Das ist nur in der Zusammenstellung mehrerer unterschiedlicher Fallstudien möglich, womit aber nicht eine Replikation der Fallstudie gemeint ist, sondern der Vergleich unterschiedlicher Fälle.

Im Kontext der Agenda-Setting Forschung impliziert das in der Regel die Betrachtung unterschiedlicher Themenfelder. Dabei spielt natürlich die Art des Themas eine entscheidende Rolle. Die Forschung zur direkten Erfahrbarkeit von Problemfeldern (*obtrusiveness*; Zucker 1978; Demers et al. 1989) vermutet z. B. Medieneffekte nur für Themen, deren Auswirkungen von der Bevölkerung in der Regel nicht direkt wahrnehmbar sind, wie Außenpolitik im Gegensatz zu Themen wie Arbeitsmarkt. Unter der Prämisse von Effektkonkurrenz ist die Grundidee der Erfahrbarkeit plausibel. Bei Themen- bzw. Problemfeldern, deren Auswirkungen die Bevölkerung direkt betreffen, existieren drei Wege, über die die Bevölkerung dazu Informationen erhalten kann: persönliche Erfahrung, beim Thema Arbeitsmarkt z. B. durch Arbeitslosigkeit im direkten Umfeld, interpersonale Kommunikation, also Berichte aus dem Umfeld oder Massenmedien. In diesem Fall konkurrieren die Medieninformationen mit den anderen Informationen, die in der Regel als glaubwürdiger eingeschätzt werden, wenn sich die Informationen widersprechen. Deshalb sind in dieser Konstellation Medieneffekte, wenn überhaupt vorhanden, schwach ausgeprägt. Ist das Problemfeld aber nicht direkt erfahrbar, wie bei Problemen der Außenpolitik, sind persönliche Erfahrungen nahezu unmöglich und Erfahrungen aus zweiter Hand via interpersonaler Kommunikation sehr unwahrscheinlich. Im Umkehrschluss sind jetzt Medieneffekte wahrscheinlich, weil sie mit keinen alternativen Informationen konkurrieren. Damit liegt zumindest eine Begründung dafür vor, dass für einige Themenfelder Agenda-Setting Effekte gefunden wurden, für andere hingegen nicht (Hügel et al. 1989). Problematisch an der Grundidee ist aber, dass zum einen viele Themenfelder in Bezug auf ihre Erfahrbarkeit nicht klar einzuordnen sind und dass sich zum anderen die Erfahrbarkeit im Laufe der Zeit verändern könnte, z. B. wenn sich außenpolitische Probleme auf die Benzinpreise in Deutschland auswirken. Der erste Problemkreis lässt sich entweder durch den Vergleich mehrerer Einzelthemenanalysen (und damit einzelner Fallstudien) bearbeiten oder durch Mehrthemenanalysen, die die Möglichkeit zu Themenvergleichen unter nahezu identischen Bedingungen bieten. Der zweite Problemkreis ist entweder mittels Vergleich zwischen Einzelthemenanalysen zu unterschiedlichen Zeitpunkten oder einer Einzelthemenanalyse über einen langen Zeitraum zu bearbeiten.

Auch liegen Hinweise dafür vor, dass Themen, wenn sie neu auf der Agenda erscheinen, größeren Medieneffekten unterliegen als etablierte Themen. Wolling et al. (1998) argumentieren hier mit kognitiven Schemata zu einzelnen Themen. Agenda-Setting Effekte sind nach ihrer Studie dann groß, wenn Medienberichterstattung thematisch breit ist, die dazugehörigen kognitiven Schemata der Bevölkerung hingegen eher eng. Und genau diese Konstellation findet sich typischerweise bei neuen Themen, die, wenn sie auftreten, von den Medien in verschiedenen Facetten aufbereitet werden, aber noch auf viel Unwissenheit in der Bevölkerung treffen. Fraglich ist aber, wie lange die Unwissenheit anhält. Darüber hinaus ist zu erwarten, dass bereits nach wenigen Tagen interpersonale Kommunikation über das Thema auftritt und mit dem Agenda-Setting Effekt der Medien interagiert (Weaver et al. 1992; Krause und Gehrau 2007). Bei Querschnittsanalysen – und zwar unabhängig davon, ob es sich um Einzel- oder Mehrthemenanalysen handelt – stellt sich dann die Frage, ob ein Thema zur Untersuchungszeit neu war oder nicht, was nur durch

Einbezug eines längeren Zeitraums sowie der jeweiligen Ereignislage zu beurteilen ist. Darüber hinaus ist es eine empirische Frage, wie lange ein Thema neu bleibt und ab wann es nach abgeklungener Thematisierung wieder als neu gelten könnte. Nicht zuletzt zeigen verschiedene Studien zur Öffentlichen Meinung, dass sich Medieneffekte verstärken und in ihrer Dynamik verändern, wenn Ereignisse oder Informationen von weitreichender Tragweite auftauchen. Oft handelt es sich dabei entweder um reale Unglücke, Unfälle oder Katastrophen oder um Skandale, Enthüllungen etc. In Bezug auf Agenda-Setting Effekte wäre demnach eine Zeit normaler Ereignisverläufe und Berichterstattung zu unterscheiden von einer Zeit außerordentlicher Ereignisse und Berichterstattung. Die meisten Agenda-Setting Studien beziehen sich auf Zeiträume, die sich als business as usual charakterisieren lassen. Dieses Vorgehen ist mit der Hoffnung verbunden, auf diese Weise den typischen, alltäglichen, normalen Medieneffekt festmachen zu können. Demgegenüber betrachten viele Studien zur Öffentlichen Meinung eher die außergewöhnlichen Zeiträume, was dann in der Hoffnung geschieht, die Medieneffekte besser identifizieren und kausal zuordnen zu können. Obgleich beide Überlegungen im Kern gerechtfertigt sind, bereiten sie aus Sicht der Statistik Probleme. Eigentlich sollten bei der Schätzung von Medieneffekten beide Varianten Berücksichtigung finden, und zwar am besten in dem Verhältnis, in dem sie typischerweise auftreten.

1.3 Konsequenzen

Die Resultate von Einzelfallstudien im Sinne von Einzelthemenanalysen über einen eher begrenzten Zeitraum sind nur schwer zu beurteilen und nicht verallgemeinerbar. Auf der anderen Seite ist auch die vergleichende Zusammenstellung verschiedener Einzelfallstudien schwierig, da sie sich meist in der methodischen Anlage sowie im Untersuchungskontext – insbesondere bezüglich Land und Region der Untersuchung – unterscheiden. Dann lässt sich nicht sicher einschätzen, wodurch die Unterschiede zwischen den Studien zustande gekommen sind: durch methodische Besonderheiten, durch die unterschiedlichen Themenfelder oder durch unterschiedliche Positionen der Studie im dynamischen Verlauf.

Im Prinzip bestünde eine Möglichkeit darin, den dynamischen Verlauf mehrerer Themenfelder parallel zu untersuchen. Das ist methodisch bislang kaum möglich, da die herkömmlichen statistischen Verfahren zur Analyse dynamischer Prozesse (uni- und multivariate Zeitreihenanalysen) immer auf die Erklärung einer abhängigen Variablen abzielen nicht mehrerer parallel. Im Zeitverlauf lassen sich nur Strukturindikatoren der Gesamtagenda wie Themenvielfalt (McCombs und Zhu 1995; Gehrau 2013) oder Strukturkonkordanz (Rössler 1997, S. 351–375) analysieren. Erschwerend kommt hinzu, dass es bei der Analyse von langfristiger Dynamik kaum möglich ist, intervenierende Variablen wie die jeweilige Ereignislage angemessen zu berücksichtigen.

Eine Teillösung der Problemlage findet sich in der Kombination von Fallstudien unter annähernd identischen methodischen Bedingungen, die unterschiedliche Themenbereiche abdecken. Durch die methodische Ähnlichkeit der Fallstudien wäre sichergestellt, dass Unterschiede zwischen den einzelnen Studien nicht auf Variation des methodischen Vorgehens zurückzuführen sind, sondern auf unterschiedliche Agenda-Setting Effekte zwischen den untersuchten Themenfeldern oder dazugehörigen Kontextfaktoren.

Die nachfolgenden Beiträge folgen dieser Idee. Dazu legen die nächsten beiden Beiträge den Rahmen offen. Zunächst wird die methodische Anlage des DFG-Projektes[1] Issues of the Millennium vorgestellt. Es handelt sich um eine Sekundäranalyse werktäglicher repräsentativer Umfragedaten im Zeitraum von Anfang 1994 bis einschließlich Frühjahr 2006 in Kombination mit täglichen Inhaltsanalysedaten der Titelseiten von deutschen Tageszeitungen sowie Hauptnachrichtensendungen. Diese Daten bieten die Möglichkeit, lange Zeiträume anhand relativ kleiner Zeitschritte zu analysieren. Der erste Beitrag dokumentiert zudem, wie die Daten aufbereitet, aggregiert und zusammengeführt wurden. Der zweite Beitrag wendet sich den gesellschaftlichen Rahmenbedingungen zu. In ihm wird rekonstruiert, welche Problemfelder zu welcher Zeit von der Bevölkerung als wichtig angesehen wurden. Damit ist es zum einen möglich, die Werte für die Problemeinschätzung in den einzelnen Fallstudien einzuschätzen und zwar sowohl generell im Sinne von, wie wichtig ist das betrachtete Problemfeld im Vergleich zu anderen Problemfeldern, als auch speziell im Sinne von, wann wären welche Transfereffekte anderer Problemfelder als das in der Fallstudie betrachtete zu erwarten, wenn man von begrenzter Problemwahrnehmungskapazität (Zhu 1992) ausgeht. Bei den vier nachfolgenden Fallstudien handelt es sich um sekundäranalytische Forschungsprojekte, die von Studierenden im Rahmen eines Forschungsseminars[2] an der Westfälischen Wilhelms-Universität Münster 2011/2012 durchgeführt und für den vorliegenden Sammelband aufbereitet wurden.

---

[1] DFG-Projekt GE 1224/4-1, *Einflüsse der Aggregierung von Personen, Themen und Zeitangaben auf die Ergebnisse von Agenda-Setting-Studien*, Leitung: Prof. Dr. Volker Gehrau, Mitarbeiterinnen: Gianna Haake und Judith Väth.
[2] Entwicklung, Analyse und Management von Issues. Forschungsseminar im Masterstudiengang Strategische Kommunikation an Institut für Kommunikationswissenschaft der WWU Münster im SoSe 2012 und WiSe 2012/2013.

Die erste Fallstudie widmet sich dem Themenfeld Umwelt über den gesamten Untersuchungszeitraum. Die Frage, wann von wie vielen Deutschen Umwelt als eines der wichtigen Probleme Deutschlands angesehen wird, ist interessant, weil sich dahinter zwei unterschiedliche Phänomene verbergen: Zum einen eine politische Grundorientierung, Umweltschutz sei ein grundlegendes Ziel guter Politik, wie es sich z. B. am Aufkommen der Grünen als Partei in den 1980er Jahren manifestiert. Zum anderen ein Ereignisbezug in dem Sinne, dass die Umweltproblematik immer dann ins Bewusstsein und damit auf die Agenda rückt, wenn sich Katastrophen wie Dürren oder Überschwemmungen ereignen. Darüber hinaus ist das Themenfeld spannend, weil das Umweltbewusstsein in der Bevölkerung nicht gleich verteilt ist, sondern unter Jüngeren und Bessergebildeten ausgeprägter ist, was aufgrund von Themensensibilität zu unterschiedlich starken Agenda-Setting Effekten zwischen verschiedenen Bevölkerungsgruppen führen müsste.

Die zweite Fallstudie betrachtet die Terroranschläge von New York, Madrid, London und deren Auswirkung auf die Berichterstattung sowie die Problemeinschätzung von Terrorismus, Innerer Sicherheit und Islamismus im Zeitraum von 2001 bis Frühjahr 2006. Zwar liegen bereits etliche Studien zur Medienberichterstattung über den Anschlag auf das World Trade Center und dessen Auswirkungen auf die Bevölkerung vor. Dabei wird jedoch nur selten eine langfristige Perspektive eingenommen. Diese ist aber aus deutscher Sicht interessant, weil auf den Anschlag zwei ähnlich motivierte folgten, nämlich im Madrid und London, die zwar nicht so spektakulär waren, sich dafür aber in europäischen Ländern ereigneten und damit eine höhere Gefährdung in Deutschland andeuten könnten. Bei dem Anschlag von New York 2001 handelt es sich zweifellos um ein extremes Ereignis. Fraglich ist aber, wie stark es sich auf die Problemeinschätzung der deutschen Bevölkerung ausgewirkt hat, wie lange diese Auswirkungen andauerten und ob sie bei den Folgeanschlägen in ähnlicher Form wieder auftraten.

Das NPD-Verbotsverfahren ist Gegenstand der dritten Fallstudie. Sie beginnt im Jahre 2000 kurz vor den ersten Forderungen eines Verbotsverfahrens bis Mitte 2003 nach formeller Einstellung des Verbotsverfahrens. Das Themenfeld ist beachtenswert, weil im Zuge des NPD-Verbotsverfahrens verschiedene Ereignisse stattgefunden haben, bei denen es sich aber im Gegensatz zu den Terroranschlägen und den Umweltkatastrophen in der Regel rein um symbolische Ereignisse im Sinne von Ankündigungen und Stellungnahmen handelte. Hier stellt sich die Frage nach deren Auswirkung auf die Berichterstattung und Problemeinschätzung. Zudem verlässt die Fallstudie den Rahmen der klassischen Agenda-Setting Forschung, denn sie untersucht nicht nur die Berichterstattung und die Problemeinschätzung, sondern auch deren Auswirkung auf Wahlpräferenzen. Insofern verlängert die Studie parteienbezogenes Agenda-Setting in Richtung Wahlforschung, was am gewählten Beispiel relevant ist, da die öffentliche Aufmerksamkeit für die NPD ihr Wählerpotenzial aktivieren könnte.

Auch die letzte Fallstudie erweitert die typische Argumentation von Agenda-Setting, indem sie die Wirtschaftsberichterstattung in den Blick nimmt sowie deren Auswirkungen auf die Problemeinschätzung in Bezug auf Konsum plus das jeweils aktuell von der GfK gemessene Konsumklima. Untersucht wurde der Gesamtzeitraum. In diesen fallen sehr unterschiedliche potenziell konsumrelevante Ereignisse wie die EURO-Einführung, die dotcom-Euphorie und anschließende Aktienkrise oder die extremen Ölpreisanstiege. Die Auswirkungen einiger dieser Ereignisse, insbesondere der EURO-Einführung und der damit verbundenen ‚T-EURO-Debatte' sowie der Ölpreisanstiegen samt den damit verbundenen Benzinpreissteigerungen waren für alle direkt erfahrbar, so dass sich hier die Frage stellt, ob es überhaupt Medieneffekte gegeben hat.

Ein abschließender Beitrag fasst die Gemeinsamkeiten und die Besonderheiten der vier Fallstudien zusammen. Dabei sollen einerseits die Agenda-Setting Effekte und ihre Dynamik dargelegt werden. Im Zentrum stehen die Fragen: Zeigen sich systematische Zusammenhänge zwischen Berichterstattung der Massenmedien und Problemeinschätzung der Bevölkerung? Lässt deren zeitliche Struktur auf Kausaleffekte der Medien auf die Bevölkerungseinschätzung schließen? Wie schnell treten Effekte auf und wie lange dauern sie an? Andererseits sollen auch Kontextfaktoren von Agenda-Setting Prozessen in den Blick genommen werden: Zeigen sich die erwartbaren Unterschiede zwischen erfahrbaren und nicht erfahrbaren Themenfeldern? Differieren Agenda-Setting Effekte nach Themensensibilität unterschiedlicher Bevölkerungssegmente? Finden sich Hinweise auf Auswirkungen von Agenda-Setting Effekten auf Wahl- oder Konsumverhalten?

Literatur

Brosius, H.-B., & Kepplinger, H. M. (1990). The agenda-setting function of television news – static and dynamic views. *Communication Research, 17,* 183–211.

Brosius, H.-B., & Weimann, G. (1996). Who sets the agenda? Agenda-setting as a two step flow. *Communication Research, 23,* 561–580.

Boyle, T. (2001). Intermedia agenda-setting in the 1996 presidential election. *Journalism and Mass Communication Quarterly, 78,* 26–44.

Cohen, B. C. (1963). *The press and foreign policy.* Princeton: University Press.

Demers, D. P., Craff, D., Choi, Y.-H., & Pessin, B. M. (1989). Issue obtrusiveness and the agenda-setting effects of national network news. *Communication Research, 16,* 793–812.

Eichhorn, W. (1996). *Agenda-Setting-Prozesse. Eine theoretische Analyse individueller und gesellschaftlicher Themenstrukturierung*. München: R. Fischer.

van Eimeren, B., & Frees, B. (2013). Rasanter Anstieg des Internetkonsums – Online fast drei Stunden täglich im Netz. Ergebnisse der ARD/ZDF-Onlinestudie 2013. *Media Perspektiven, 7-8/2013*. 358–372.

Erbring, L., Goldenberg, E. N., & Miller, A. H. (1980). Front page news and real-world cues – a new look at agenda-setting by the media. *American Journal of Political Science, 24*, 16–49.

Esser, H. (1999). *Soziologie: Spezielle Grundlagen. Band 1: Situationslogik und Handeln*. Frankfurt a. M.: Campus.

Funkhouser, G. R. (1973). The issues of the sixties, an exploratory study in the dynamics of public opinion. *Public Opinion Quarterly, 37*, 62–75.

Gehrau, V. (2013). Issue diversity in the Internet age – changes in nominal issue diversity in Germany between 1944 and 2005. *Studies in Communication and Media, 2*, 129–142.

Huck, I., Quiring, O., & Brosius, H.-B. (2009). Perceptual phenomena in the agenda setting process. *International Journal of Public Opinion Research, 21*, 139–164.

Hügel, R., Degenhardt, W., & Weiss, H.-J. (1989). Structural equation models for the analysis of the agenda-setting process. *European Journal of Communication, 4*, 191–210.

Kim, S.-H., Scheufele, D. A., & Shanahan, J. (2002). Think about it this way: Attribute agenda-setting function of the press and the public's evaluation of local issues. *Journalism and Mass Communication Quarterly, 79*, 7–25.

Krause, B., & Fretwurst, B. (2009). Kurzfristige Agenda-Setting-Effekte von Fernsehnachrichten. Eine Zeitreihenanalyse am Beispiel Ausländerfeindlichkeit und Rechtsextremismus. In B. Krause, B. Fretwurst, & J. Vogelgesang (Hrsg.), *Fortschritte der politischen Kommunikationsforschung* (S. 171–196). Wiesbaden: VS Verlag für Sozialwissenschaften.

Krause, B., & Gehrau, V. (2007). Das Paradox der Medienwirkung auf Nichtnutzer. Eine Zeitreihenanalyse auf Tagesbasis zu den kurzfristigen Agenda-Setting-Effekten von Fernsehnachrichten. *Publizistik, 52*, 191–209.

Luhmann, N. (1996). *Die Realität der Massenmedien*. Opladen: Westdeutscher.

Maurer, M. (2004). Das Paradox der Medienwirkungsforschung. Verändern Massenmedien die Bevölkerungsmeinung, ohne Einzelne zu beeinflussen? *Publizistik, 49*, 423–438.

McCombs, M. E., & Shaw, D. (1972). The agenda setting function of mass-media. *Public Opinion Quarterly, 36*, 176–187.

McCombs, M. E., & Zhu, J.-H. (1995). Capacity, diversity, and volatility of the public agenda. Trends from 1954 to 1994. *Public Opinion Quarterly, 59*, 495–525.

Nguyen Vu, H. N., & Gehrau, V. (2010). Agenda diffusion – an integrated model of agenda-setting and interpersonal communication. *Journalism and Mass Communication Quarterly, 87*, 100–116.

Potter, W. J. (2011). Conceptualizing mass media effects. *Journal of Communication, 61*, 896–915.

Potter, W. J., & Riddle, K. (2007). A content analysis of the media effects literature. *Journalism & Mass Communication Quarterly, 84*, 90–104.

Roskos-Ewoldsen, D. (1997). Attitude accessibility and persuasion – review and a transactive model. In B. R. Burleson (Hrsg.), *Communication yearbook 20* (S. 185–225). Thousand Oaks: Sage.

Roskos-Ewoldsen, D., Roskos-Ewoldsen, B., & Dillman Carpentier, F. R. (2002). Media priming – a synthesis. In J. Bryant & D. Zillmann (Hrsg.), *Media effects – advances in theory and research* (S. 97–120). Mahwah: Erlbaum.

Rössler, P. (1997). *Agenda-Setting – theoretische Annahmen und empirische Evidenzen einer Medienwirkungshypothese.* Opladen: Westdeutscher.

Rössler, P. (2008). Agenda-setting, framing, and priming. In W. Donsbach & M. W. Traugott (Hrsg.), *The Sage handbook of public opinion research* (S. 205–217). Los Angeles: Sage.

Scheufele, B. (2008). Das Erklärungsdilemma der Medienwirkungsforschung. Eine Logik zur theoretischen und methodischen Modellierung von Medienwirkungen auf die Meso- und Makroebene. *Publizistik, 53*, 339–361.

Sommer, D., Fretwurst, B., Sommer, K., & Gehrau, V. (2012). Nachrichtenwert und Gespräche über Medienthemen. *Publizistik, 57*, 381–401.

Wanta, W., & Hu, Y.-W. (1994). Time-lag differences in the agenda-setting process – an examination of five news media. *International Journal of Public Opinion Research, 6*, 225–240.

Weaver, D. H. (1980). Audience need for orientation and media effects. *Communication Research, 7*, 361–376.

Weaver, D. H., Zhu, J.-H., & Willnat, L. (1992). The bridging function of interpersonal communication in agenda-setting. *Journalism Quarterly, 69*, 856–867.

Wolling, J., Wünsch, C., & Gehrau, V. (1998). Was ich nicht weiß, macht mich nicht heiß? Eine Agenda-Setting-Untersuchung aus schematheoretischer Perspektive. *Rundfunk und Fernsehen, 46*, 447–462.

Zhu, J.-H. (1992). Issue competition and attention distraction – a zero-sum theory of agenda-setting. *Journalism Quarterly, 69*, 825–836.

Zucker, H. G. (1978). The variable nature of news media influence. In B. D. Rubin (Hrsg.), *Communication yearbook 2* (S. 225–245). New Brunswick: Transaction.

Das Projekt Issues of the Millennium – Anlage und Daten

2

Volker Gehrau, Gianna Haake und Judith Väth

Alle empirischen Studien, die den Zusammenhang zwischen Medienberichterstattung und Vorstellungen der Bevölkerung untersuchen, basieren auf methodischen Entscheidungen. Diese sind oft stärker von Sachzwängen bestimmt – was ist durchführbar, finanzierbar oder vorhanden? – als von theoretischen Vorüberlegungen und fallen je nach Sachlage sehr unterschiedlich aus. Doch selbst wenn die methodischen Entscheidungen rein nach theoretischen Erwägungen getroffen werden, gibt es große Differenzen zwischen verschiedenen Studien, da sie von unterschiedlichen theoretischen Grundpositionen aus konzipiert wurden.

2.1 Anlage des Projekts

In der Agenda-Setting Literatur (im Überblick Rössler 1997; Schenk 2007 oder Maurer 2010) werden im Wesentlichen drei Dimensionen von Entscheidungen diskutiert, die auf die gesamte Forschung zu Massenmedien und Öffentlicher Meinung übertragen werden können: Themenaggregate (insbesondere Einzelthemenversus Mehrthemenanalysen), Personenaggregate (insbesondere Individual- versus Aggregatanalysen) und Zeitaggregate (insbesondere Längsschnitt- versus Quer-

---

V. Gehrau (✉)
Münster, Deutschland
E-Mail: volker.gehrau@uni-muenster.de

G. Haake
E-Mail: gianna.haake@uni-muenster.de

J. Väth
E-Mail: judith.vaeth@uni-muenster.de

schnittsanalysen). Aufgabe des DFG-Projektes Issues of the Millennium[1] ist es zu untersuchen, welchen Effekt methodische Entscheidungen in diesen Bereichen auf die Ergebnisse empirischer Studien haben. Deshalb lautet der offizielle Titel des Projektes: „Einflüsse der Aggregierung von Personen-, Themen- und Zeitangaben auf die Ergebnisse von Agenda-Setting-Studien". Diese Aufgabenstellung kann durch systematische Variationen der Entscheidung auf Basis derselben Daten erfüllt werden, wenn die Daten ausreichend Themen, Personen und Zeitpunkte umfassen und für Massenmedien sowie für die Bevölkerung vorliegen. Allerdings ist die systematische Variation methodischer Entscheidungen nicht Gegenstand der vorliegenden Publikation. Stattdessen werden wichtige methodische Entscheidungen konstant gehalten und bestimmte Themen und Ereignisse fokussiert, um deren Entwicklung detailliert zu untersuchen und zu vergleichen.

Dieser Ansatz intendiert, aus solchen Einzelfallstudien etwas über die Prozesse öffentlicher Meinung als Zusammenspiel von Medienberichterstattung und Bevölkerungsagenda lernen zu können. Dafür ist es zum einen nötig, dass die betrachteten Einzelfälle ein breites Spektrum sozial relevanter Phänomene abdecken. Deshalb stammen die Einzelstudien aus unterschiedlichen gesellschaftlichen Bereichen: 1) Umweltbewusstsein, 2) Terrorismus gekoppelt mit Innerer Sicherheit, 3) Rechtsextremismus gekoppelt mit dem NPD-Verbotsverfahren und 4) Wirtschaft und Konsumklima. Zum anderen sollten dafür die betrachteten Phänomene möglichst längerfristige Prozesse oder Ereignisfolgen umfassen und insofern nicht von den Spezifika der Medienberichterstattung und Bevölkerungsreaktionen auf ein singuläres Ereignis bestimmt werden (Kap. 1).

2.1.1 Anforderungen

Aus der skizzierten Aufgabenstellung ergeben sich Anforderungen an die zu analysierenden Daten. Diese betreffen die Art der Datenerhebung sowie die drei angesprochenen Bereiche Themen, Zeit und Personen.

Um den Zusammenhang zwischen Medienberichterstattung und Bevölkerungsansichten zu untersuchen, sind Bevölkerungs- und Mediendaten nötig. Die Bevölkerungsdaten müssen Angaben darüber enthalten, welche Probleme oder Ereignisse die Bevölkerung zu einem bestimmten Zeitpunkt berühren. Im Endeffekt können solche Daten nur aus repräsentativen Befragungen stammen, die zu mehreren Zeitpunkten nach grob denselben Auswahlverfahren und idealtypisch identischen Fra-

---

[1] Projekt: Issues of the Millennium. Einflüsse der Aggregierung von Personen-, Themen- und Zeitangaben auf die Ergebnisse von Agenda-Setting Studien, Laufzeit: Juli 2011 bis Oktober 2014, Leitung: Volker Gehrau, gefördert durch die Deutsche Forschungsgemeinschaft (DFG).

gen nach demselben Befragungsmodus erhoben wurden. Die Mediendaten müssen Angaben darüber enthalten, welche Medien über welche Ereignisse und Probleme berichtet haben. Es kann sich also nur um Inhaltsanalysedaten handeln und zwar idealerweise derjenigen Medien, die von der Mehrheit der Bevölkerung genutzt werden oder um solche, die stellvertretend dafür stehen, wie etwa die Elitemedien oder Nachrichtenagenturen. Wichtig wäre insbesondere die Berichterstattung in den Fernsehnachrichten, da diese die größte Verbreitung innerhalb der Bevölkerung findet und von einem Großteil als wichtigste Informationsquelle genannt wird.

Für die skizzierte Analyse ist es nötig, eine möglichst detaillierte Kodierung von Ereignissen, Themen und Problemen vorzunehmen. Das ist zum einen nötig, um eine Passung zwischen Angaben auf unterschiedlichen Ebenen herzustellen. Die Medienberichterstattung bezieht sich typischerweise auf Ereignisse und damit auf Begebenheiten, die zeitlich und räumlich begrenzt stattfinden und in der Regel mit bestimmten Akteuren und Situationen verbunden sind (Kepplinger 2001). Insofern ist die Medienberichterstattung relativ konkret. Vorstellungen der Bevölkerung sind demgegenüber meist abstrakter, auch wenn sie sich auf die Medienberichterstattung beziehen. In der Vorstellung werden Ereignisse zu Themen- und Problemfeldern zusammengefasst, die potenziell zeitlich und räumlich unbegrenzt sind und nur selten einen Bezug zu konkreten Situationen und Akteuren aufweisen (Fretwurst 2008). Nur eine sehr kleinteilige Erfassung der Medienberichterstattung sowie der Bevölkerungsvorstellung erlaubt es, beide nach demselben Muster zu kodieren. Zum anderen ist eine detaillierte Erfassung beider nötig, um Vergleiche auf unterschiedlichen Ebenen vornehmen zu können. Je nach Gegenstand der einzelnen Analyse müssen unterschiedlich konkrete Kodierungen möglich sein.

Die Anforderungen in Bezug auf die untersuchten Zeiträume sind ähnlich hoch. Zum einen muss der erfasste Zeitraum möglichst lang sein, damit auch längerfristige Trends und Prozesse untersucht werden können. Zudem ist es nur bei längeren Untersuchungszeiträumen wahrscheinlich, dass mehrere Phänomene desselben Typs untersucht werden können. Darüber soll der Effekt des einzelnen Ereignisses relativiert werden, um den Charakter des zugrundeliegenden Prozesses herausarbeiten zu können, also zum Beispiel von der Besonderheit eines speziellen Wahlkampfs dadurch abstrahieren zu können, dass mehrere Wahlkämpfe berücksichtigt werden. Zum anderen muss die Messfrequenz möglichst hoch sein, idealtypisch auf Tagesbasis, da die relevante Medienberichterstattung in der Regel tagesaktuell ist und die Nutzung dieser Angebote auch nach Tagesrhythmen erfolgt. Zudem lassen sich aus Tagesdaten alle anderen Zeiträume wie Wochen oder Monate erzeugen. Inhaltlich ist zwar für viele Fragen auch eine Analyse von Wochendaten denkbar. Wochendaten haben aber im Vergleich zu Tagesdaten den Nachteil, dass sich aus ihnen wiederum kaum andere Zeiträume wie Monate oder Quartale erzeugen lassen.

Nicht zuletzt sollten die Daten auf Individualniveau vorliegen. Für die Befragungsdaten sind das die Daten der einzelnen Befragten. Nur mit diesen ist es möglich, Medieneffekte auf das Individuum von gesellschaftlichen Effekten zu differenzieren. Darüber hinaus ist es mit Individualdaten möglich, unterschiedliche Effekte auf unterschiedliche Gruppen zu differenzieren, also etwa von einem Phänomen direkt Betroffene von indirekt oder gar nicht Betroffenen zu unterscheiden. Ebenso wichtig sind Individualdaten auf Seiten der Medienberichterstattung, sprich auf der Ebene einzelner Beiträge. Die Berücksichtigung der Gesamtberichterstattung pro Medienangebot (einzelner Zeitungsausgabe oder einzelner Nachrichtensendung) würde unterstellen, dass innerhalb dieser keine Gewichtung bzw. Hierarchie zwischen den einzelnen Beiträgen existiert, es also egal ist, an welcher Stelle eine Information präsentiert wird. Demgegenüber wird im vorliegenden Projekt in Anlehnung an Donsbach (1991) von unterschiedlichen Einflüssen der einzelnen Beiträge ausgegangen je nachdem, wie sie platziert und rubriziert wurden.

2.1.2 Sekundäranalyse

Einen entsprechenden Datensatz selbst zu erheben, überschreitet die Möglichkeiten üblicher kommunikationswissenschaftlicher Projekte. Allein die taggenaue Analyse der relevanten Medienberichterstattung über einen längeren Zeitraum ist im Rahmen eines einzelnen Projektes weder realisierbar noch finanzierbar. Auch die Befragung einer belastbaren Stichprobe über einen längeren Zeitraum auf der Basis einzelner Tage oder Werktage ist im Rahmen eines Einzelprojektes kaum durchführbar. Insofern kann ein entsprechendes Projekt nur als Sekundäranalyse angelegt werden, unter der Voraussetzung, dass dafür geeignete Daten vorhanden sind und für eigene Auswertungen zur Verfügung stehen.

Es gibt in Deutschland mehrere Studien zur Mediennutzung, die regelmäßig durchgeführt werden, insbesondere die Media-Analyse (MA) und die Allensbacher Werbeträgeranalyse (AWA) (Scholl 2003). Diese stehen in beschränktem Umfang für wissenschaftliche Studien zur Verfügung und erstrecken sich pro Erhebungswelle über einen einzelnen Zeitpunkt hinaus. Für die vorgesehene Analyse sind sie jedoch ungeeignet, da sie weder pro Befragungstag auf einer belastbaren Stichprobe basieren noch Angaben zu Vorstellungen der Bevölkerung über gesellschaftsrelevante Bereiche enthalten. Solche Angaben finden sich zwar in regelmäßig erhobenen Angaben zur Sozialstatistik wie der Allgemeinen Bevölkerungsumfrage der Sozialwissenschaften (ALLBUS); sie werden aber in der Regel nur einmal pro Jahr erhoben. Deshalb kommen praktisch nur Daten der kommerziellen Markt-

und Meinungsforschungsinstitute in Frage, die große repräsentative Umfragebusse unterhalten. Diese beinhalten tägliche Befragungen von über hundert Personen, die repräsentativ ausgewählt werden. Meist werden solche Befragungen via Telefon durchgeführt; in jüngster Zeit gibt es auch Versuche der Realisation über Online-Kanäle. Die Befragungen bestehen aus einem Kernbestand an Fragen, der vor allem die soziodemographischen Angaben umfasst, zum Teil aber auch darüber hinausgehende Kontext- oder Einstellungsvariablen, zum Beispiel um aus diesen Milieuzugehörigkeit zu rekonstruieren. Dieser Grundstock wird in der Regel kontinuierlich über einen längeren Zeitraum erfasst. Hinzu kommt ein umfassender Teil an Fragen, der von unterschiedlichen Auftraggebern gebucht wird. In diesem Teil der Befragung können etwa von politischen Parteien Fragen in Auftrag gegeben werden, die gesellschaftliche Probleme oder die Öffentliche Meinung betreffen. Es ist aber kaum anzunehmen, dass die entsprechenden Fragen durchgängig gestellt werden. Zudem sind solche Daten für die Wissenschaft kaum zugänglich, da sie dem Auftraggeber gehören und diese selten bereit sind, ihre Daten weiterzugeben. Schlussendlich bleibt also fast nur die Möglichkeit auf zugängliche Informationen zurückzugreifen, die ein Markt- und Meinungsforschungsinstitut innerhalb der Basisfragen in einem Umfragebus erhoben hat, welche Auskunft über die Vorstellungen der Bevölkerung über gesellschaftlich relevante Phänomene geben.

Ähnlich schwierig ist die Ausgangslage in Bezug auf die Medienberichterstattung. Zwar finden sich Inhaltsanalysen zur Medienberichterstattung über gesellschaftlich relevante Themen und Ereignisse, jedoch fokussieren diese meist nur einen bestimmten Bereich oder ein bestimmtes Ereignis und betrachten häufig nur einen eng begrenzten Zeitraum. Deshalb werden kommunikations- oder politikwissenschaftliche Inhaltsanalysen kaum weiterhelfen. Eine langfristige, kontinuierliche Erfassung von Themen und Akteuren der Medienberichterstattung liefert dagegen der Media Tenor, ein kommerzielles Unternehmen, das die entsprechenden Daten an Organisationen oder größere Wirtschaftsunternehmen verkauft bzw. in deren Auftrag erhebt. Es ist aber zweifelhaft, ob die Daten zugänglich sind und den Anforderungen genügen. Nicht zuletzt bleiben Archive und Datenbanken der Medien, die, wenn sie eine Themenklassifikation oder Zugriffsstichwörter enthalten, auf Thematisierungsverläufe über die Zeit analysiert werden könnten. Hier ist die Frage, a) ob die Angaben für wissenschaftliche Zwecke zugänglich sind, b) inwieweit die vorhandenen Klassifikationen für eine wissenschaftliche Analyse brauchbar sind und c) wie groß der Aufwand ist, aus den Angaben der einzelnen Medien einen brauchbaren Gesamtdatensatz über einen längeren Zeitraum zu erzeugen.

Im Folgenden wird also zu prüfen sein, welche Daten zur Verfügung stehen, wie diese für die geplante Sekundäranalyse aufbereitet wurden und welche Qualität und Probleme sie mit sich bringen.

2.2 Bevölkerungsdaten

Im Datenbestandskatalog des GESIS Instituts in Köln befinden sich unter den Bezeichnungen ZA3063, ZA2983, ZA2984, ZA2985, ZA3162, ZA3289, ZA3486, ZA3675, ZA3909, ZA4070, ZA4192, ZA4343 und ZA4514 Datensätze des Forsa-Instituts[2], die den zuvor formulierten Ansprüchen weitgehend gerecht werden. Diese in den folgenden Studien verwendeten Befragungsdaten wurden in den Jahren 1994–2006 im Rahmen einer Mehrthemenbefragung vom Forsa-Institut erhoben. Im Archiv liegen die Angaben aus den werktäglichen Telefoninterviews in Form von 13 einzelnen Jahresdatensätzen vor. Dort sind auch die eingesetzten Fragebögen verfügbar. Die Daten können für wissenschaftliche Zwecke genutzt werden und wurden im Rahmen des Projektes Issues of the Millennium einer Sekundäranalyse unterzogen, wobei die Daten umfangreich bearbeitet wurden. Die in den weiteren Kapiteln verwendete Quellenbezeichnung *Befragungsdaten* bezieht sich auf diesen aufbereiteten Datensatz, auf dem auch die Auswertungen dieses Bandes beruhen. Die einzelnen Schritte der Bearbeitung sind im Folgenden dokumentiert.

2.2.1 Stichprobe

Zwischen 1994 und 2006 führte Forsa werktäglich 500 Interviews durch, die für die deutsche Bevölkerung ab 14 Jahren repräsentativ sind. Die Stichprobenziehung erfolgte nach dem „Random Digital Dial"-Verfahren, wobei die Stichproben an jedem einzelnen Tag unabhängig voneinander sind. Da das Ergebnis eine reine Zufallsauswahl ist, wurde auf eine Gewichtung der Daten verzichtet. Nach dem Zusammenführen der Jahresdatensätze entstand ein Gesamtdatensatz mit 1.629.844 Fällen. Diese verteilen sich auf über 3.000 Messzeitpunkte. Wochenenden und Feiertage führten jedoch auch zu einer großen Anzahl von fehlenden Tagen im Datensatz, der sich insgesamt auf einen Zeitraum von über 4.000 Tagen erstreckt. Nur in wenigen Fällen wurde auch an einem Samstag oder Sonntag befragt, dann jedoch häufig eine geringere Anzahl von Personen. Teilweise liegt an einzelnen Tagen eine größere Zahl von Befragungen vor. Dies ist in der Regel der Fall, wenn an angrenzenden Tagen weniger Interviews durchgeführt wurden.

Für die geplanten Auswertungen sind schließlich nur die Befragungstage verwertbar, an denen alle relevanten Variablen erfasst wurden. Dies betrifft insbesondere Fragen zu Medienthemen und gesellschaftlichen Problemen. An einigen Tagen während des Untersuchungszeitraums wurden diese nur einem Teil der Befragten gestellt. So ergeben sich Fallzahlen von einem bis 929 pro Tag.

---

[2] Quelle: *FORSA, Berlin (1998–2012): Forsa-Bus 1994–2006. GESIS Datenarchiv, Köln.*

2.2.2 Variablen

Der Omnibus enthält eine große Anzahl soziodemographischer Merkmale der Befragten wie Alter, Familienstatus, Bildungsgrad, berufliche Stellung, Einkommen, Staatsangehörigkeit, Religionszugehörigkeit und Mitgliedschaft in Parteien oder Gewerkschaften sowie Angaben zum vergangenen und geplanten Wahlverhalten, zur Einschätzung von Kanzlerkandidaten und zur Prognose der wirtschaftlichen Entwicklung. Mehrere Regionalvariablen ermöglichen Auswertungen nach Bundesländern oder Größe der Gemeinde.

Zusätzlich wurden von Forsa zwei offene Fragen gestellt, die hier von besonderem Interesse sind. Die erste bezieht sich auf Medienthemen und lautet: „Welche drei Themen, über die in den Zeitungen, im Radio oder im Fernsehen in diesen Tagen berichtet wurde, interessieren sie besonders?" Im Folgenden wird die entsprechende Variable als *Themenaufmerksamkeit* bezeichnet. Da keine Mediennutzungsvariablen erhoben wurden, kann sie stellvertretend als Annäherung an das von einer Person genutzte Medienangebot verstanden werden, da die Frage einerseits auf kürzlich genutzte Medieninhalte abzielt und das Interesse an Themen in den Medien andererseits eine aktive Zuwendung zu entsprechenden Angeboten impliziert. Die zweite Frage erfasste die Problemwahrnehmung mit dem Wortlaut: „Was sind Ihrer Meinung nach in Deutschland zur Zeit die drei größten Probleme?" Sie entspricht damit in etwa den Fragen aus klassischen Agenda-Setting Studien, da sie sich auf Probleme, die gegenwärtig das eigene Land betreffen, bezieht. Die Antworten auf diese Frage werden im Folgenden als *Problemeinschätzung* zusammengefasst. Bis zu zehn Antworten wurden von Forsa in einzelne Variable (Erstantwort, Zweitantwort, etc.) kodiert. Diese offenen Themen- und Problemnennungen der Befragten liegen also nicht als Verbatims sondern als kodierte Ausprägungen vor, die auf von Forsa erstellten Themenlisten basieren.

Die Themenlisten umfassen unterschiedlich breite oder enge Themengebiete, wie beispielsweise an den vier Kodes ‚Politik allgemein', ‚Wirtschafts- und Finanzpolitik', ‚Privatisierung staatlicher Unternehmen' und ‚Privatisierung der Telekom' deutlich wird. Aber nicht nur der Grad der Ausdifferenzierung, sondern auch die Vergabe numerischer Kodes unterscheidet sich zwischen den Jahren. So gab es zum Beispiel bis 1999 den Kode 13 ‚Gesundheitspolitik/-reform', ab 2002 jedoch einen Kode 32 ‚Gesundheitspolitik allgemein' und einen weiteren Kode 33 mit dem Label ‚Gesundheitsreform'. Erst ab 2002 entstand ein relativ einheitliches Kodierschema, in dem auch die Nummerierung der Kodes größtenteils übereinstimmte. Pro Jahr wurden rund 400–500 Kodes vergeben, die teilweise identisch für die Themen- und die Problemfrage angewandt wurden. Insbesondere in den frühen Jahren umfassen die Problemkodes jedoch nur etwa 100 unterschiedliche Ausprägungen.

In den Jahren 1996 bis 2000 wurden einzelne oder mehrere Fragen an einzelnen Tagen oder in ganzen Wochen nicht gestellt. 1998 fehlen Angaben zu Themenaufmerksamkeit und Problemeinschätzung für die Monate Oktober, November und Dezember komplett. Ab dem 6. März 2006 waren diese Fragen kein Bestandteil der Omnibus-Studie mehr. Für die Frage nach den Medienthemen ergibt sich somit eine Stichprobe von 1.452.153, für die Frage nach den Problemen von 1.165.533 Fällen. Die Non-Response-Rate als Summe der Antworten ‚weiß nicht', ‚kein Thema/kein Problem' oder einer Antwortverweigerung betrug bei ersterer rund 14 %, bei letzterer nur etwa 4 %.

2.2.3 Aufbereitung

Da die Ausprägungen der Themen- und Problemvariablen sich zwischen den Jahren unterscheiden, mussten die Datensätze zunächst einzeln entsprechend einem einheitlichen Kodesystem überarbeitet werden. Es war also notwendig, auf Grundlage der Forsa-Kodierungen eine Gesamtliste zu erstellen. Bei der Erstellung wurden inhaltliche Überschneidungen berücksichtigt und ggf. Kodes zusammengefasst. Insbesondere das unterschiedliche Abstraktionsniveau der Kodierungen sowie verschiedene Label für das gleiche oder ein verwandtes Thema führten dabei zu Schwierigkeiten. Schließlich konnte eine Liste mit über 1.800 Themen und über 500 Problemen generiert werden. Die neue Liste spiegelt die alten Forsa-Kodierungen weitestgehend wider, da lediglich eine Anpassung jedoch keine neue inhaltliche Strukturierung stattgefunden hat. Auch die neue Liste enthält demnach unterschiedlich breite Themenkodes quer über alle gesellschaftlichen Teilbereiche hinweg.

Die Antworten aller Befragten wurden entsprechend der neu erstellten Liste in je zehn neue, einheitliche Variablen pro Frage umkodiert. Da das Themenspektrum deutlich breiter ist, finden sich fast alle Probleme auch als Themen im Datensatz wieder; viele Themen wurden jedoch nicht als Probleme genannt. Schließlich wurde für alle Themen und Probleme eine dichotome Variable erstellt, die Auskunft darüber gibt, ob diese von einem Befragten überhaupt genannt wurden, unabhängig davon, ob sie an erster, zweiter oder einer beliebigen weiteren Stelle erfasst wurden. Für Auswertungen zu bestimmten Themengebieten wurden einige Themen bzw. Probleme zu übergeordneten Kodes in neuen Variablen zusammengefasst. Eine Liste der jeweils aufgenommenen Einzelkodes findet sich im Anhang zu denjenigen Kapiteln, in denen entsprechende Aggregate verwendet wurden.

Neben den zwei offenen Fragen wurden auch soziodemografische Angaben und Variablen zum Wahlverhalten angepasst. Dies ermöglichte die Zusammenführung der Jahresdatensätze zu einem Gesamtdatensatz. In diesem neuen Datensatz wurden einige zusätzliche Variablen erstellt. Aus den Jahres-, Monats- und Tagesangaben wurde mit Hilfe des SPSS-Assistenten beispielsweise eine Datumsvariable generiert. Dabei wurden einige Fehlkodierungen von Forsa, die dank ergänzender Kodes wie laufender Tag und laufende Woche leicht identifiziert werden konnten, korrigiert. Die Erstellung einer Gewichtungsvariable, die die unterschiedliche Fallzahl in den einzelnen Jahren berücksichtigt, ermöglichte Auswertungen über den Gesamtzeitraum auf Jahresbasis.

Um die Daten im Hinblick auf Agenda-Setting Effekte zeitreihenanalytisch auszuwerten, mussten die Daten schließlich aggregiert werden. Die Reihe der Tagesaggregate umfasst aufgrund von Wochenenden und Feiertagen zahlreiche fehlende Werte und weist insgesamt mehr Ausreißer auf. Dagegen erscheinen Wochenaggregate als stabiles Maß für die Themenaufmerksamkeit und die Problemeinschätzung. Im Gegensatz zu Monatsaggregaten haben sie den Vorteil, dass auch kurzfristige Schwankungen abgebildet werden. Beim Aggregieren der Daten wurde für jedes Thema und Problem der Mittelwert der zuvor generierten Dummy-Variable in den Wochendatensatz übernommen. Daraus ergibt sich der prozentuale Anteil der Befragten, die in der jeweiligen Woche das Thema als eines der interessantesten Medienthemen oder das Problem als eines der größten in Deutschland benannt haben. Zudem enthält der Datensatz eine Variable mit der Anzahl der pro Woche befragten Personen. Zwischen 1994 und 1998 weist die Wochenreihe einige Lücken auf, für alle Wochen mit gültigen Werten ist die Fallzahl jedoch ausreichend, um aussagekräftige Ergebnisse zu produzieren.

2.3 Mediendaten

Analog zum Zeitraum der verwendeten Befragungsdaten wurden Medieninhaltsdaten benötigt. Die kontinuierlich über den Zeitraum 1994 bis 2006 erhobenen Daten wurden dem Projekt Issues of the Millennium vom privatwirtschaftlichen Unternehmen Media Tenor zur Verfügung gestellt. Media Tenor erfasst täglich die Inhalte ‚meinungsführender Medien' u. a. der wichtigsten TV-Nachrichtensendungen, überregionaler Tageszeitungen und Nachrichtenmagazine inhaltsanalytisch, wobei ein Schwerpunkt auf wirtschaftlicher und innenpolitischer Berichterstattung liegt. Auf Grundlage der von Media Tenor bereitgestellten Daten sollten Themenentwicklungen für die untersuchten Jahre taggenau auf Individualniveau nachvollziehbar sein, da insbesondere durch die kontinuierliche Erhebung der TV-Nachrichten die für Zeitreihenanalysen notwendige Vollständigkeit gegeben ist. Die gelieferten Daten wurden wie folgt bearbeitet und aufbereitet.

2.3.1 Stichprobe

Die von Media Tenor zur Verfügung gestellten Datensätze wurden zunächst zu einem Basisdatensatz fusioniert, der insgesamt 1.601.179 Fälle enthält, wobei ein Fall einem Artikel oder Nachrichtenbeitrag entspricht. Durch die Fusion entstanden etliche Überschneidungen und Dopplungen, so dass der Basisdatensatz zunächst um diese Fälle bereinigt werden musste. Das Sample beinhaltet dabei die Hauptnachrichtensendungen der reichweitenstärksten deutschen TV-Sender HEUTE (ab Mai 1996), TAGESSCHAU (ab Mai 1996), RTL AKTUELL, SAT 1 18.30, HEUTE JOURNAL und TAGESTHEMEN, die überregionalen Qualitätszeitungen SÜDDEUTSCHE ZEITUNG (SZ), FRANKFURTER ALLGEMEINE ZEITUNG (FAZ) und DIE WELT, die überregionale Boulevardzeitung BILD (ab Mai 1999), sowie die wöchentlich erscheinenden Nachrichtenmagazine DER SPIEGEL und FOCUS. Diese Zusammensetzung der Stichprobe gewährleistet ein möglichst umfassendes Abbild der gesamten Print- und TV-Berichterstattung in Deutschland, da die entsprechend reichweitenstärksten Medienangebote darin enthalten sind.

Für den überwiegenden Teil des Untersuchungszeitraums liegen für alle genannten Medien Daten vor, jedoch besteht bei den überregionalen Qualitätszeitungen FAZ, SZ und WELT eine größere Lücke (November 1996 bis März 1998): Für diesen Zeitraum sind für die Printerzeugnisse keine Daten verfügbar, so dass sich Analysen für den entsprechenden Zeitabschnitt ausschließlich auf die TV-Nachrichten beziehen, die gleichwohl angesichts ihrer hohen Reichweiten valide Aussagen ermöglichen. Von dieser Einschränkung abgesehen, weist der Datensatz keine weiteren Lücken auf und ermöglicht somit eine taggenaue Auswertung der Print- und TV-Berichterstattung in Deutschland.

Während bei den Printprodukten nur der Mantel sowie Politik- und Wirtschaftsteil in die Untersuchung aufgenommen werden, liegt für die TV-Nachrichtensendungen eine Vollerhebung vor. Kodiert wurden die Beiträge grundsätzlich aus der Inlandsperspektive, trotzdem wurde auch die Auslandsberichterstattung erhoben, wenn ein Bezug zu Deutschland, der EU oder einer ihr nahestehenden Organisationen erkennbar war. Die Daten liegen auf Individualniveau vor: Analyseeinheit ist jeweils der Einzelbeitrag, erfasst werden unter anderem das Hauptthema des jeweiligen Beitrages, Veröffentlichungsdatum, Medium und Rubrik der Veröffentlichung, Platzierung, Akteure, Bezugsgebiet und Darstellungsform.

Nach allen Bereinigungsschritten (Kap. 2.3.3) umfasst das Sample 579.055 Fälle, die Anzahl der Beiträge pro Tag liegt dabei im Mittel bei 133, im Wochenmittel bei 622. Bedingt durch die bereits angesprochenen systematischen Lücken im Hinblick auf einzelne Medien, ergeben sich für die Fallzahlen in den verschiedenen Jahren unterschiedliche Werte: So liegt die Anzahl der Fälle pro Tag für die Jahre 1994 bis 1998 im Mittel bei 87, für die Jahre 1999 bis 2006 bei 159. Zwar bleiben diese Unterschiede für die zeitreihenanalytische Auswertung auf Wochenbasis ohne Folgen, sind jedoch bei der Interpretation der Ergebnisse zu berücksichtigen.

2.3.2 Variablen

Bedingt durch die Tatsache, dass es sich bei den Medieninhaltsdaten um ursprünglich im Rahmen einer Auftragsforschung inhaltsanalytisch erfasste Daten handelt, schwankt die Anzahl der im fusionierten Datensatz verfügbaren Variablen im gesamten Zeitverlauf. Die für die hier vorgestellten Beiträge maßgeblichen Variablen sind jedoch für den gesamten Untersuchungszeitraum verfügbar und in ihrer Erfassung durchweg kohärent geblieben. Für die Analysen in diesem Band wurden das Hauptthema eines Artikels, sowie die Regionalvariablen verwendet: Während letztere beispielsweise die Differenzierung des Datensatzes zur Betrachtung von Ereignissen in verschiedenen Bezugsräumen ermöglicht, kommt ersterer im Kontext der Agenda-Setting Forschung naheliegenderweise die größte Bedeutung im Hinblick auf die Medieninhalte zu.

Die Kodierung der Beiträge erfolgte anhand eines Kodebuches, welches sich im Laufe der Jahre sukzessive ausdifferenziert hat: Während in den Jahren bis 1996 30 Einzelkodes verwendet wurden, die grobe Kategorien wie etwa ‚Umweltpolitik', ‚Wirtschaftspolitik', oder ‚Justiz' umfassten, wurden diese in den Jahren von 1996 bis 2001 durch Einführung einer zweiten Hierarchieebene auf 367 Kodes erweitert, die durch differenziertere Kategorien wie beispielsweise ‚Konjunkturelle Lage', ‚Globale Erwärmung' oder ‚Mietrecht' bereits deutlich feinere Unterscheidungen ermöglichen. Ab 2001 wurde das Kodebuch schließlich um eine dritte Ebene auf 4.191 Themenkodes erweitert und umfasst seitdem neben den zuvor genannten auch spezielle Kodes für konkrete Entwicklungen oder Ereignisse, wie beispielsweise ‚Klimakonferenzen', ‚Abwrackprämie', ‚Entsenderichtlinie' oder ‚Antidiskriminierungsgesetz'. Auf diese Weise bieten die Daten spätestens ab 1996 die Möglichkeit einer sowohl umfassenden als auch hinreichend differenzierten Betrachtung der Medienberichterstattung im Untersuchungszeitraum. Die Themen-Variable der Inhaltsdaten des Media Tenors wird im Folgenden als *Medieninhaltsdaten* bezeichnet.

Als weitere Variablen gehen das Medium, in dem der jeweilige Beitrag veröffentlicht wurde, und das Veröffentlichungsdatum in den Datensatz mit ein. Die Variable ‚Rubrik' wurde zur Identifizierung derjenigen Beiträge, die auf den Titelseiten der Tageszeitungen erschienen sind, verwendet (Kap. 2.3.3). Weiterhin wurde die Darstellungsform erfasst, die zwar nicht als eigenständige Variable in die Analysen einbezogen wurde, jedoch eine weitere Differenzierung der Beiträge ermöglichte: Angesichts der Vollerhebung der TV-Daten wurden dort auch Beiträge erfasst, die im Hinblick auf das forschungsleitende Interesse keine originären Medieninhalte darstellten, wie etwa Moderationen oder die Verlesung der Lottozahlen. Diese konnten mittels der Darstellungsform identifiziert und im Zuge der Datenbereinigung aus dem Datensatz entfernt werden. Zudem wurden Urheberschaft und in Einzelfällen die Wertung des jeweiligen im Beitrag behandelten Sachverhaltes erhoben, die jedoch für die hier vorliegenden Untersuchungen keine Rolle spielten und daher nicht verwendet wurden. Die ursprünglichen Medieninhaltsdaten umfassten weiterhin etliche formale Variablen, wie etwa Länge, sowie zusätzliche inhaltliche Variablen, wie beispielsweise Akteure o.ä. Diese wurden für die weitere Analyse ebenfalls nicht berücksichtigt.

2.3.3 Aufbereitung

Neben den bereits angesprochenen Bereinigungsschritten wurden einige Fehlkodierungen im Datensatz bereinigt und korrigiert: Dazu zählten beispielsweise die fehlerhafte Vergabe von Kodes, die nicht im Kodebuch aufgeführt waren oder etwa mithilfe der Regionalvariable als fehlerhaft identifiziert werden konnten. Zudem wurde der Datensatz um die im Gesamtzeitraum sehr selten vergebenen Themenkodes bereinigt. Dieses Verfahren wurde gewählt, um den Kodieraufwand zu verringern und sich auf die Auswertung der für das Forschungsinteresse relevanten Medieninhalte zu beschränken. Nach dieser Reduktion wurde auf der Grundlage der variierenden Kodeschemata für das Hauptthema im Untersuchungszeitraum eine einheitliche Kodeliste erstellt, um eine bessere Vergleichbarkeit zwischen den Zeitabschnitten zu gewährleisten und den unterschiedlichen Abstraktionsgraden innerhalb der verwendeten Kodes Rechnung zu tragen. Für die weitere Analyse einzelner Themengebiete wurden zudem die ursprünglich in den Medieninhaltsdaten vergebenen Kodes teilweise rekodiert und zu neuen Themenvariablen zusammengefasst, was in den jeweiligen Kapiteln entsprechend dargestellt ist (Anhänge zu den Kap. 4 bis 7). Weiterhin wurden die Daten um Fälle, die keinen Deutschlandbezug aufwiesen oder eindeutig im Zuge partikularer Sonderuntersuchungen erhoben wurden, bereinigt. Zudem wurden die bereits zuvor angesprochenen Schritte zur Bereinigung, wie etwa der Ausschluss einzelner Beiträge über die entsprechende Darstellungsform, durchgeführt.

Während für die TV-Nachrichten aufgrund einer Vollerhebung bereits von Beginn an eine vollständige Erfassung sämtlicher Themen gewährleistet werden konnte, waren angesichts der Schwerpunktsetzung des Media Tenors auf innenpolitische und wirtschaftliche Themen und die daraus resultierende ausschließliche Verwendung von Mantel sowie Politik- und Wirtschaftsbuch bei den Printmedien weitere Anpassungen des Samples notwendig. Um eine Verzerrung der Stichprobe zugunsten einzelner Themenschwerpunkte zu verhindern, wurde für die Printmedien die Beschränkung auf Beiträge, die auf der Titelseite erschienen waren, festgelegt (Erbring et al. 1980). Dieses Vorgehen ermöglicht vor allen Dingen eine hohe Anschlussfähigkeit und Vergleichbarkeit der Printdaten mit den TV-Daten, da der Titelseite einer Zeitung, ähnlich wie einer TV-Nachrichtensendung, ein ‚Scheinwerfer-Effekt' (Schönbach 1983) zugesprochen werden kann. Dort werden im Regelfall nicht einzelne Themen vertieft dargestellt, sondern die relevantesten Themen und Meldungen schlaglichtartig behandelt. Insofern werden für die hier dargestellten Untersuchungen Beiträge aus TV-Nachrichten sowie Titelseiten-Beiträge der Tageszeitungen verwendet.

Für die Zeitreihenanalyse wurden die Medieninhaltsdaten ebenfalls auf Tages-, Wochen- und Monatsbasis aggregiert. Da trotz der vorgenommenen Bereinigungen die Basis der analysierten Medienberichte in einigen Jahren aufgrund von zusätzlich aufgenommenen oder ausgeschlossenen Themen schwankt, handelt es sich im Unterschied zu den Befragungsdaten nicht um Mittelwert- sondern Summenaggregate. Da an allen Tagen, und dementsprechend auch in allen Wochen und Monaten, eine ausreichend große Fallzahl vorhanden ist, weist keine der aggregierten Datenreihen Lücken auf und liefert die für eine zeitreihenanalytische Auswertung ausreichende Anzahl an Messpunkten.

2.4 Datenfusion

Das nächste Ziel besteht darin, die Daten der Medienberichterstattung mit denen aus der Bevölkerungsumfrage zusammenzubringen. Das ist theoretisch nach drei Prinzipien möglich: Man könnte den einzelnen Medienberichten Publikumsangaben nach deren Nutzern zuordnen oder den Personen die von ihnen genutzten Charakteristika der Medienberichterstattung. Im ersten Fall würde man auf der Basis von Medienberichten, im zweiten auf der Basis von befragten Personen auswerten. Da in den Daten keine Angaben über Mediennutzung vorliegen, wird in den nachfolgenden Studien ein dritter Weg über ein externes Fusionskriterium gewählt, nämlich dieselbe Zeiteinheit auf der Basis vergleichbarer Inhalte.

Deshalb müssen zunächst die Angaben aus der Inhaltsanalyse und der Befragung so umkodiert werden, dass sie sich aufeinander beziehen lassen. Dabei stellt sich das

Grundproblem der eher am konkreten Ereignis orientierten Medienberichterstattung und den eher an abstrakten Problemfeldern orientierten Publikumsangaben. Danach müssen die auf synchronisierte Zeiteinheiten aggregierten Daten nach Zeiteinheiten zusammengeführt werden.

2.4.1 Inhaltliche Synchronisation der Angaben

Eine sehr vielversprechende Themenstruktur, die auf die vorliegenden Daten übertragen werden kann, bietet das Schema der German Longitudinal Election Study (GLES, Rattinger et al. 2011), das erfolgreich in Befragungen und Inhaltsanalysen insbesondere für die Analyse politischer Themen zum Einsatz kam. Neben politischen Strukturen und Prozessen wird damit ein breites Feld politischer Inhalte erfasst. Das GLES-Kodebuch[3] unterscheidet bei der Kodierung politischer Inhalte vier Ebenen. Ausgehend von zwölf übergeordneten Politikfeldern wie beispielsweise ‚Sozialpolitik' wurden untergeordnete Kategorien wie etwa ‚Familienpolitik' gebildet, die wiederum in spezielle Themen wie Kinder ausdifferenziert wurden. Schließlich wurden für Sonderthemen eigene Kodes unter diesen spezifischen Kategorien angelegt. Die von der GLES verwendeten Kategorien können aber auch über den politischen Kontext hinaus als inhaltliche Strukturierung der Medien- und Publikumsagenda eingesetzt werden, indem etwa die Kategorie ‚Umweltpolitik' in eine Kategorie ‚Umwelt' umgewandelt wurde, unter der auch ‚Naturkatastrophen', die nicht von politischer Bedeutung sind, zusammengefasst werden können. Durch eine Kooperation mit den Wissenschaftlern des GLES-Teams konnte eine valide Zuordnung der in Befragungs- und Mediendaten vorhandenen Kodes zu den Kategorien des GLES-Kodebuches erfolgen.

Innerhalb der Befragungsdaten wurden zunächst alle Probleme eindeutig einer Kategorie zugeordnet. Lediglich 0,3 % der Erstnennungen auf die Frage nach den drei größten Problemen konnten nicht eindeutig verortet werden und fielen in eine Restkategorie. Das gleiche Vorgehen wurde auch auf die Medienthemenvariable angewandt. Hier fielen 31 % der Antworten in die Residualkategorie, da Themen unter drei Bedingungen in die Restkategorie einsortiert wurden: Zum einen wurden jene Antworten aussortiert, die keinen Deutschlandbezug aufweisen, da die Vergleichbarkeit mit der auf Deutschland bezogenen Problemfrage und den Medieninhalten in diesen Fällen nicht gegeben ist. In einem zweiten Schritt wurden bestimmte Themen, die nicht als *Issues* im Sinne der Agenda-Setting Forschung – also als

---

[3] Das GLES-Kodeschema ist online verfügbar unter: http://www.gesis.org/wahlen/gles (Zugegriffen: 2.5.2012).

gesellschaftlich relevante Probleme – verstanden werden, in der weiteren Analyse nicht gesondert ausgewiesen. Schließlich wurde, um den Rekodierungsaufwand zu begrenzen, auf eine Zuordnung von Themen mit weniger als 50 Nennungen im Gesamtzeitraum verzichtet. Analog zu den Bevölkerungsdaten wurde mit den Medieninhaltsdaten verfahren: Sie wurden nahezu vollständig und entsprechend der Logik der Befragungsdaten den einzelnen Kategorien des GLES-Schemas zugeordnet. Die inhaltliche Zuordnung von Einzelkodes aus Medieninhaltsanalyse und Befragung wurde schließlich noch einmal abgeglichen, um eine möglichst gute Passung und somit Auswertbarkeit im Hinblick auf Fragestellungen des Agenda-Settings zu gewährleisten.

2.4.2 Synchronisation der Daten nach Zeitintervallen

Zur Fusion beider Datensätze wurde die Woche als Basis gewählt. Diese Entscheidung stellt in mehrfacher Hinsicht einen Kompromiss dar. Auf Wochenbasis ist es zwar nicht möglich, kurzfristige Effekte, die nur ein bis zwei Tage andauern, als Kausaleffekte zu identifizieren. Die Medien- und die Bevölkerungsdaten würden dann zeitgleich korrelieren und es wäre nicht mehr möglich Konstellationen zu differenzieren, bei denen a) tatsächlich, also auch auf den Tag bezogen, beide zeitgleich korrelieren und bei denen b) tatsächlich die Mediendaten von gestern mit den Publikumsdaten von heute korrelieren, was einem Medieneffekt auf das Publikum entspricht, oder bei dem c) die Publikumsdaten von gestern mit den Mediendaten von heute korrelieren, was einen Effekt des Publikums auf die Medien anzeigen würde. Bei zeitgleichen Daten auf Wochenbasis lässt sich Kausalität nur über Plausibilität argumentieren. Die Wochendaten bieten aber den Vorteil, mittel- und längerfristige Effekte abbilden zu können. Die meisten Effekte, die zwischen Medien und Publikum diskutiert werden, sind zumindest über einen Zeitraum mehrerer Tage konzipiert. Damit müssten sie in den meisten Fällen über die Wochengrenze hinausreichen und als Effekt zwischen zwei aufeinanderfolgenden Wochen identifizierbar sein. Im Gegenzug gibt es viele gesellschaftliche Effekte, die rein auf Tagesbasis kaum zu identifizieren sind, weil sie zunächst von der Bevölkerung in die Medien oder von den Medien in die Bevölkerung diffundieren müssen, um anschließend noch synchronisiert zu werden. Solche Effekte lassen sich nur über mehrere Wochen beobachten. Allerdings bringt die Woche als Analysebasis hier auch Beschränkungen mit sich, da sehr langfristige Entwicklungen, wie z. B. ein gesellschaftlicher Wertewandel, auch auf Wochenbasis noch nicht zu identifizieren sind, zumindest nicht als Kausalverhältnis zwischen Medien und Bevölkerung.

Man kann entsprechende Phänomene nur als Trend im Zeitverlauf der jeweiligen Datenreihe feststellen.

Die Wochenbasis bringt jedoch den entscheidenden Vorteil mit sich, fehlende Daten ausgleichen zu können. Da die Befragung nur werktags durchgeführt wurde, fehlen Angaben von allen Samstagen, Sonn- und Feiertagen. In den Daten der Medieninhaltsanalyse finden sich ähnliche Probleme. Viele Tageszeitungen erscheinen nicht am Sonntag. Zudem erscheinen Tageszeitungen in der Regel nicht an Feiertagen.

Um den Vorteil der Wochenbasis realisieren zu können, wird im Hinblick auf die Befragungsdaten in der Regel mit relativen, nicht mit absoluten Maßen gearbeitet. Es wird also nicht untersucht, wie viele Befragte in einer betrachteten Woche ein Thema genannt haben, weil etwa die Anzahl in einer Woche mit Feiertagen automatisch kleiner wäre als in einer Woche ohne Feiertage. Deshalb wird statt der Anzahl mit dem jeweiligen Anteil gearbeitet. Es wird also betrachtet, wie viel Prozent der Befragten in der betrachteten Woche Angaben machen, die im Kern ein Thema, wie etwa die Außenpolitik, betreffen. Für den jeweiligen Prozentwert ist dabei unerheblich, wie viele Untersuchungstage ihm zugrunde liegen. Problematisch ist lediglich, wenn nur an den fehlenden Tagen bestimmte Sachverhalte, also z. B. Außenpolitik, relevant waren, die dann aber im Wochenaggregat gar nicht vertreten sind, weil sie nur an den fehlenden Untersuchungstagen aufgetreten sind.

Bei der Medienberichterstattung wurde von dieser Form der Aggregierung abgewichen und stattdessen Summen gebildet. Pro Woche werden also die Anzahl der Medienberichte zu einem Thema angegeben ohne ihr Verhältnis zu anderen Themen zu berücksichtigen. Grund dafür ist die diskontinuierliche Kodierung von einzelnen Themen insbesondere aus dem Bereich der Auslandsberichterstattung, die zu Schwankungen der Basis führt und damit die Reliabilität der Prozentzahlen reduziert. Da Daten zur Medienberichterstattung durch die Kodierung der Fernsehnachrichten auch für Feiertage vorliegen, ergeben sich hier weniger Schwierigkeiten aufgrund fehlender Tage, als für die Befragungsdaten erwartbar wären. Die Befragungsdaten sind diesbezüglich fehleranfälliger, da dort die Wochenend- und Feiertage komplett unberücksichtigt bleiben. In der Befragung wurden aber Vorstellungen erhoben, die sich nicht von Tag zu Tag komplett ändern. Es ist also anzunehmen, dass das Wochenaggregat, das meistens aus Angaben von Montag bis Freitag stammt, die fehlenden Angaben von Samstag und Sonntag relativ gut abbildet. Eine hundertprozentige Entsprechung wird es aber nicht geben, insbesondere dann nicht, wenn am Freitagabend ein wichtiges Ereignis stattfindet, das den Samstag und Sonntag dominiert und am Montagmorgen von einem anderen Ereignis abgelöst wird. Entsprechende Wochen mit Problemen in den Befragungsdaten werden vorgekommen sein; sie fallen aber wegen der Länge des untersuchten Zeitraums statistisch nicht ins Gewicht.

Der typische Datensatz der nachfolgenden Beiträge besteht aus Wochen als einzelne Fälle. Identifizierbar werden die Wochen über das Jahr und die Kalenderwoche im Jahr. Für jede Woche schließen sich Variablen zur Medienberichterstattung an, die jeweils widerspiegeln, wie viele der untersuchten Medienbeiträge in der Woche einem bestimmten Themenkode entsprechen. Die Befragungsangaben beginnen mit einzelnen Variablen zu den interessanten Medienthemen (Themenaufmerksamkeit). Jede Variable entspricht dem Prozentwert der Personen, die das betrachtete Thema genannt haben. Es folgen die Variablen zur Problemnennung (Problemeinschätzung). Auch hier liegt pro betrachtetem Themenkode eine Variable vor, die angibt, wie viel Prozent der Befragten Angaben gemacht haben, die dem entsprechenden Themenkode zugeordnet wurden. Die Wochenlogik erlaubt es, die vorhandenen Daten um alle externen Daten zu erweitern, die entweder auf Wochenbasis vorliegen oder sich anhand des Datums Wochen zuordnen lassen. Denkbar wäre z. B. die Fusion mit Wirtschaftsdaten wie dem durchschnittlichen DAX-Kurs oder Klimadaten. Auf diese Weise können die vorhandenen Daten auch mit konkreten Ereignissen in Verbindung gebracht werden, wie Debatten bzw. Beschlüssen im Bundestag zu bestimmten Themenfeldern oder extremen Wetterereignissen wie Hochwasserperioden, Dürren oder Orkanen.

2.4.3 Festlegungen

Die endgültige Modellierung der Daten erfordert darüber hinaus noch weitere Festlegungen in Bezug auf die Zeit-, Personen- und Themenaggregate.

Das gewählte Zeitaggregat ist die Woche. Dabei gilt der Wechsel von Sonntag auf Montag als Wochenwechsel. Wegen der Feiertage, insbesondere über die Jahreswechsel, konnte es vorkommen, dass in einzelnen Wochen nicht befragt wurde, so dass die entsprechenden Wochen als fehlend betrachtet wurden. In allen anderen Wochen gingen mindestens 1.000 Fälle in die Analyse ein.

In den Untersuchungswochen wurden jeweils alle Personen berücksichtigt; die jeweiligen Werte spiegeln also die Gesamtbevölkerung ab 14 Jahren wider. In einigen Fällen ist es darüber hinaus wichtig, Personengruppen zu unterscheiden, die unterschiedlich sensibel für bestimmte Problemfelder sind, wie zum Beispiel Ältere in Bezug auf das Thema Rente. In solchen Fällen werden Gruppenaggregate gegenübergestellt. Das kann entweder für den gesamten Datensatz erfolgen, indem Parameter wie Prozent- oder Mittelwerte zwischen den Gruppen – z. B. Alters- oder Wählergruppen – verglichen werden. Alternativ werden die entsprechenden Werte innerhalb jeder Gruppe pro Woche berechnet und ein Vergleich im Zeitverlauf zwischen den Datenreihen vorgenommen.

In Bezug auf die Themenaggregate gilt zunächst der Grundsatz, möglichst auf allen Ebenen dieselbe Themenkodierung zu benutzen, also für die Medienberichterstattung wie für die Themenaufmerksamkeit sowie für die Problemeinschätzung. Abweichungen von diesem Grundsatz ergeben sich dann, wenn bestimmte Ausprägungen auf bestimmten Ebenen nicht vorkommen, was in der Regel sehr konkrete Kodes bei der Problemeinschätzung oder sehr abstrakte Kodes bei der Medienberichterstattung betrifft. Des Weiteren wird in einigen Studien die Erfahrbarkeit, von Themen bzw. Problemen als situatives Merkmal modelliert. Dann findet eine Unterscheidung zwischen verschiedenen Gruppen von Themen oder Ereignissen statt.

2.5 Datenanalyse

Da die Studien im zweiten Teil des Bandes längere Zeiträume und nicht singuläre Ereignisse betrachten, ist eine Analyse der Zeitverläufe per Augenschein nicht ausreichend, um das Zusammenspiel zwischen Ereignisverläufen, Medienberichterstattung und Bevölkerungseinschätzung zu analysieren. Deshalb liegt allen Studien ein Analysemodell zugrunde, das dann mittels Zeitreihenanalyse geprüft wird.

2.5.1 Analysemodelle

Die vier Fall-Studien im zweiten Teil des Buches folgen alle derselben Grundlogik. Diese geht von Ereignissen aus, also von Anschlägen, Umweltkatastrophen, Parlamentsbeschlüssen oder Preisänderungen, oder von Quasi- bzw. Pseudoereignissen, wie Stellungnahmen, Pressekonferenzen etc., die in einer oder mehreren Wochen im Untersuchungszeitraum stattgefunden haben. Dabei fokussiert jede einzelne Studie ein bestimmtes Themenfeld.

Zunächst wird eine Standardberichterstattung über verschiedenste Themenfelder angenommen. In der Folge von Ereignissen, die einem spezifischen Themenfeld zugeordnet sind, kommt es zu fokussierterer Berichterstattung in Fernsehnachrichten und Tageszeitungen. Darüber hinaus kann es im Anschluss Hintergrundberichterstattung geben, die das Ereignis kontextualisiert, erklärt und kommentiert. Die Berichterstattung kann ein erstes Feedback auslösen, indem gesellschaftliche Akteure auf die Berichterstattung reagieren, z. B. indem sie diese richtigstellen oder kommentieren, was dann wiederum Gegenstand der Medienberichterstattung wird. Meist ist aber – abgesehen von der rein zeitlichen Abfolge – nicht weiter relevant, was im Einzelnen Aktion und was Reaktion ist. Darüber hinaus wird es Prozesse geben, in denen Ereignisse und die dazugehörige Berichterstattung im Verlauf in einen neuen Kontext gestellt werden, sei es durch die beteiligten Akteure selbst oder durch die Medienberichterstattung. Dann ändert sich der thematische Bezugsrahmen; es erfolgt ein Re-Framing durch gesellschaftliche Akteure oder die Medien.

Im nächsten Schritt reagiert die Bevölkerung auf die Ereignisse und die dadurch angestoßene Medienberichterstattung. Die Bevölkerungsdaten erlauben es, dabei zwei Prozesse zu differenzieren: Zum einen wird das Interesse gegenüber der Medienberichterstattung auf bestimmte Themenbereiche gelenkt oder fokussiert. Dann steigt in der entsprechenden Woche der Anteil der Befragten, die ein bestimmtes Themenfeld in der Medienberichterstattung der vergangenen Tage besonders interessiert hat. Dieser Indikator wird als *Themenaufmerksamkeit* bezeichnet. Zum anderen kann sich die Einschätzung verändern, welche Probleme derzeit für Deutschland besonders wichtig sind. Dann wird der Anteil für die untersuchte Problemeinschätzung in der jeweiligen Woche entsprechend hoch sein. Dieser Indikator wird als *Problemeinschätzung* bezeichnet. Die Themenaufmerksamkeit wird relativ nahe an die Medienberichterstattung gekoppelt sein, weil nur den Themen Interesse entgegengebracht werden kann, die in den letzten Tagen in der Medienberichterstattung vertreten waren. Fraglich bleibt, ob Themenaufmerksamkeit eine Bedingung oder ein Katalysator für die Problemeinschätzung darstellt. Das macht dann Sinn, wenn man als Basisfunktion von einem individuellen Lernprozess ausgeht (Rössler 2008), bei dem das Publikum durch die Medien auf ein Thema aufmerksam wird und infolge dessen ‚lernt', dass das Thema wichtig ist. Da im Aggregat aber nicht nur individuelle Phänomene abgebildet werden und auch diese unbewusst ablaufen könnten, ist Themenaufmerksamkeit wahrscheinlich weder eine notwendige noch eine hinreichende Bedingung für Problemeinschätzung. Nichtsdestotrotz ist es naheliegend, in einem Kaskadenmodell die Themenaufmerksamkeit zwischen der Medienberichterstattung und der Problemeinschätzung zu positionieren. Allerdings sind unterschiedliche Feedback-Effekte zu erwarten, zum Beispiel dass die Problemeinschätzung nicht nur von der Themenaufmerksamkeit abhängt, sondern diese auch unterstützt – weil man sich gerade wegen der Problemeinschätzung für die entsprechenden Medienthemen interessiert. Aber auch Rückkopplungen mit den vorgelagerten Ebenen sind plausibel, wenn die Medien über das veränderte Interesse oder die Problemeinschätzung der Bevölkerung berichten oder gesellschaftliche Akteure darauf reagieren, indem sie etwa Stellungnahmen abgeben, über die die Medien dann wieder berichten.

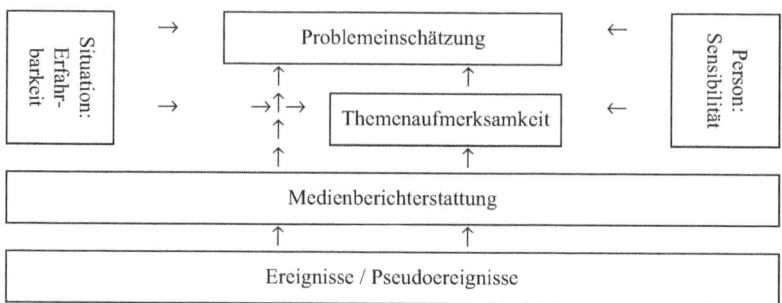

Abb. 2.1 Einflussfaktoren im Agenda-Setting Prozess

Das analytische Grundmodell, das den im zweiten Abschnitt präsentierten Fall-Studien zugrunde liegt, schließt Rückkopplungen nicht aus, modelliert diese aber in der Regel nicht explizit mit. Sie sind eher Gegenstand der Interpretation der Ergebnisse. Vereinfacht lautet die angenommene Grundkonstellation also, dass Ereignisse geschehen, die zu Medienberichterstattung über das Ereignis führen, die wiederum in Kombination mit der Standardberichterstattung zu Themenaufmerksamkeit und Problembeinschätzung in der Bevölkerung führen. Flankiert wird dieser Prozess durch Bevölkerungsmerkmale, indem sich der Prozess zum Beispiel in einzelnen Bevölkerungsgruppen schneller oder stärker vollzieht als in anderen, oder durch Kontextmerkmale, also etwa der Frage wie direkt ein Problemfeld für die Bevölkerung erfahrbar ist.

Die im Grundmodell dargestellten Zusammenhänge lassen sich mit typischen kommunikationswissenschaftlichen Ansätzen in Verbindung bringen. Der Zusammenhang zwischen Ereignissen und der damit verbundenen Medienberichterstattung entspricht der Konstellation des *Agenda-Building* (Lang und Lang 1981; Abb. 2.1): Akteure halten Veranstaltungen wie zum Beispiel Pressekonferenzen zu bestimmten Themen ab, damit die Medien über diese berichten und damit das entsprechende Thema auf die Medienagenda setzen. Oft besteht ein Zusammenhang mit *Issue-Monitoring* (Röttger 2008), also der genauen Beobachtung der Medienagenda durch gesellschaftliche Akteure sowie mit dem *Agenda-Surfing* (Brettschneider 2002), also dem Versuch von Akteuren, sich an aufkommende Themen zum eigenen Vorteil anzulehnen, oder mit *Agenda-Cutting* (Brettschneider 2002), dem Versuch, aufkommende Themen, die den Akteuren schaden könnten, durch andere Themen zu verdrängen. Der Zusammenhang zwischen Medienberichterstattung und Publikumsvorstellungen entspricht der *Agenda-Setting* Hypothese, dass jene Themen, über die die Medien viel berichten, den Problemen entsprechen, welche die Bevölkerung für wichtig erachtet, wobei eine klare Kausalität von den Medien auf die Bevölkerung unterstellt wird. Dabei ähnelt die Themenaufmerksamkeit dem aus der klassischen Agenda-Setting Forschung bekannten Konzept der *Awareness* (McCombs 1977). Die Problemeinschätzung entspricht demgegenüber eher dem Konzept der *Salience* (McCombs 1977). Bei den persönlichen Faktoren, die den Agenda-Setting Effekt moderieren, ist insbesondere die *Isssue Sensitivity* (Erbring et al. 1980) zu berücksichtigen, nach der Personengruppen, die für ein bestimmtes Thema sensibel sind, geringeren Medieneffekten unterliegen als Personen, die für das entsprechende Thema nicht sensibel sind. Auf der situativen Ebene spielt vor allem *Obtrusiveness* (Zucker 1978) eine Rolle, nach der bei Themen, die von der Bevölkerung direkt erfahrbar sind, wie zum Beispiel Arbeitslosigkeit, nur geringe oder gar keine Medieneffekte zu erwarten sind, gegenüber großen Medieneffekten bei nicht direkt erfahrbaren Themen wie Außenpolitik (Schenk 2007, S. 433–525).

2.5.2 Analyseverfahren

Bei der Analyse wird zwischen Agenda-Building und Agenda-Setting unterschieden. Die Agenda-Building Prozesse, also das Verhältnis zwischen Ereignissen und Akteuren einerseits und Medienberichterstattung andererseits, werden über den Zeitverlauf und Plausibilität modelliert, jedoch nicht im strengen Sinne statistisch analysiert. Demgegenüber sind die Agenda-Setting Effekte Gegenstand von Zeitreihenanalysen (McCleary und Hay 1980; Scheufele 1999).

Die Zeitreihenanalysen beginnen mit der univariaten Identifikation von internen Zeitstrukturen. Das geschieht über ARIMA-Modelle, die angeben, ob die Zeitreihe einem Trend unterliegt, also die Werte im Zeitverlauf durchschnittlich ansteigen oder absinken, und wie die Zeitreihe auf externe Einflüsse reagiert. Den Trend bildet das Modell mit dem Parameter I ab, der entweder am Kurvenverlauf (Messwerte nach Untersuchungswoche) zu identifizieren ist (im Mittel ansteigende oder abfallende Werte) oder durch eine signifikante Korrelation zwischen Messwert und Messzeitpunkt. Die Reaktion der Datenreihe auf externe Einflüsse wird an den Folgewerten auf eine reiheninterne Veränderung festgemacht. Dabei wird die reiheninterne Veränderung, also ein im Vergleich zu den Vorgängerwerten starker Anstieg oder Abfall von Werten, als wahrscheinlich durch externen Input verursacht betrachtet. In diesem Zusammenhang stellt sich die Frage, ob die jeweils nachfolgenden Messwerte einer Systematik unterliegen. Das ARIMA-Modell unterscheidet zwei Arten von reiheninternen Reaktionen.

Ein MA-Prozess (moving average) liegt dann vor, wenn in der Regel zum folgenden Messzeitpunkt auch eine ungewöhnliche Abweichung des Wertes zu den Vorgängerwerten festzustellen ist. Folgt auf einen überdurchschnittlichen Messwert systematisch ein weiterer überdurchschnittlicher Messwert (oder beide sind unterdurchschnittlich) und ab dem zweiten Folgewert wieder eine Zufallsverteilung, dann wird ein positiver MA-Parameter identifiziert. Folgen systematisch auf überdurchschnittliche Messwerte Folgewerte, die unterdurchschnittlich ausfallen (und umgekehrt), dann wird ein negativer MA-Parameter identifiziert, vorausgesetzt ab dem zweiten Folgewert folgt wieder eine zufällige Verteilung. Die Werte des MA-Parameters, die in der Regel zwischen -1 und 1 liegen, geben an, wie stark sich die Abweichung des Messwertes (der als Reaktion auf einen Input interpretiert wird) auf den Folgewert auswirkt, wobei einer Korrelationslogik entsprechend der Wert null keine Auswirkung bedeutet. Identifiziert werden MA-Prozesse über die Autokorrelationsfunktionen (ACF) und die partielle Autokorrelationsfunktion (PCF), die die Korrelation bzw. die partielle Korrelation der Datenreihe mit sich selbst um ein oder mehrere Zeitpunkte versetzt wiedergibt. Bei MA-Prozessen findet sich nur eine Autokorrelation um einen Zeitpunkt versetzt (lag_1), sowie in der Regel mehrere partielle Autokorrelationen ab dem lag_1 mit abnehmenden Werten. Auf Wochenbasis spiegeln MA-Prozesse Phänomene wider, die, wenn sie in einer Woche passieren, in der Folgewoche noch festzustellen sind, aber nicht länger.

AR-Prozesse (auto regression) beschreiben demgegenüber Phänomene, die sich über mehrere Folgemesszeitpunkte erstrecken, allerdings mit abnehmender Tendenz. Positive AR-Parameter geben an, dass systematisch auf überdurchschnittliche Werte (die als Reaktion auf einen externen Input betrachtet werden) an den folgenden Messpunkten auch überdurchschnittliche Werte festzustellen sind, wobei der Grad der Überdurchschnittlichkeit mit Abstand zum Input abnimmt. Negative AR-Parameter beschreiben dieselbe Konstellation mit inversen Reaktionen. Auch hier liegen die Parameterwerte in der Regel zwischen -1 und 1 s.o., wobei die Null das Fehlen eines AR-Prozesses bedeutet. Identifiziert werden AR-Prozesse über ACF und PCF. In der ACF zeigt sich der AR-Prozess über mehrere aufeinander folgende signifikante Autokorrelationen, die vom Wert her kontinuierlich abnehmen. In der PCF ist demgegenüber nur der erste zeitversetzte Zusammenhang signifikant. Ein AR-Prozess könnte etwa durch langsames Vergessen innerhalb der Bevölkerung zustande kommen. In der Woche eines Inputs wird dieser von fast allen genannt, in der Folgewoche von den meisten, in der drauf folgenden Woche noch von einigen usw., solange kein neuer Input folgt.

Streng genommen handelt es sich bei den oben skizzierten Prozessen um AR1- und MA1-Prozesse, weil die eigentliche, starke Reaktion um einen Messpunkt versetzt erfolgt. Diese könnte aber mehrere Messpunkte andauern. Bei MA-Prozessen wären dann die ersten Autokorrelationen ungefähr gleich stark und auch in der PCF festzustellen und würden erst danach absinken. Bei AR-Prozessen wären in der ACF zunächst gleich große Effekte, die in den Folgepunkten absinken würden; die ersten, gleich großen Effekte fänden sich auch in der PCF. Die Anzahl der großen Effekte gibt die Ordnung der Prozesse wieder, Prozesse zweiter Ordnung sind AR2- und MA2-Prozesse, dritter Ordnung AR3- und MA3-Prozesse usw. Bei den vorhandenen Datenreihen sind AR1- und MA1-Prozesse naheliegend und AR2- sowie MA2-Prozesse möglich, wenngleich nicht wahrscheinlich und auch nur schwer interpretierbar. Prozesse höherer Ordnung sind sehr unwahrscheinlich und – wenn sie identifiziert würden – wohl eher als Artefakte einzustufen.

Die eigentliche Agenda-Setting Analyse findet aber zwischen unterschiedlichen Datenreihen statt, wobei die Bevölkerungsdaten – insbesondere die Problemeinschätzung – als Referenz gewählt wurde. Wenn sich die Medienberichterstattung über bestimmte Themen schnell in einer gestiegenen Problemeinschätzung der entsprechenden Themen niederschlägt, dann korrelieren beide Datenreihen zum Zeitpunkt t_0, das heißt, Wochen überdurchschnittlicher Medienberichterstattung sind zugleich Wochen überdurchschnittlicher Problemeinschätzung. Streng genommen lässt sich dann über die Kausalität keine Aussage treffen; die typische Produktionslogik der Medien legt aber eher einen Effekt der Medien auf die Bevölkerung nahe als umgekehrt. Der vermutete Kausaleffekt ist dann gegeben, wenn zwischen den Datenreihen eine Kreuzkorrelation zum lag_{t-1} auftritt, der besagt, dass die Medienberichterstattung der Vorwoche mit der Problemeinschätzung der aktuellen Woche korreliert. Da diese Berichterstattung aber bereits erfolgte, kann die Kausalrichtung nur von den Medien auf die Bevölkerung und nicht umgekehrt sein. Entsprechendes gilt auch für noch weiter zeitversetzte Effekte, solange es sich um negative Zeitverzüge t_{-n} handelt. Positive Zeitverzüge t_n würden Effekte der Problemeinschätzung in der Bevölkerung auf die Medienberichterstattung der Folgewochen bedeuten, wobei t_1 die Folgewoche, t_2 die darauf folgende Woche usw. bezeichnet. Auch wenn solche Zusammenhänge denkbar sind, wird man sie gemäß der üblichen Medieneffektlogik nur in Ausnahmefällen erwarten. Erwarten würde man stattdessen zeitgleiche und Effekte mit negativem Zeitverzug. Darüber hinaus ist wahrscheinlich, dass die Medieneffekte recht unmittelbar einsetzen und sich dann im Zeitverlauf abschwächen. Deshalb müssten die Zusammenhänge mit zunehmendem Zeitverzug eher geringer werden. Wenn zeitversetzte Effekte größer sind als zeitnahe, müsste dafür eine plausible Begründung gefunden werden, um die Ergebnisse zu interpretieren.

Allerdings birgt die Betrachtung der einfachen Kreuzkorrelationen zwischen den Zeitreihen die Gefahr von Fehlinterpretationen, da z. B. die interne Dynamik in einer Reihe fälschlich als Effekt der anderen interpretiert werden könnte. Nehmen wir einmal an, die Bevölkerung würde ein Ereignis direkt wahrnehmen, in seiner Problemeinschätzung stark darauf reagieren und diese Reaktion würde gemäß eines AR1-Prozesses über einige Folgewochen noch mit abnehmender Tendenz feststellbar sein. Nehmen wir zusätzlich an, die Medienberichterstattung würde erst in der Woche nach dem Ereignis einsetzen, dann könnte man zu Unrecht die höhere Problemeinschätzung der Folgewochen der Medienberichterstattung aus der Folgewoche zuschreiben. Deshalb ist es nötig, die Datenreihen um die internen Strukturen zu bereinigen. Wenn man also vorher festgestellt hat, dass die Bevölkerungsdaten einem bestimmten AR1-Prozess unterliegen, dann kann man diesen Prozess in der Datenreihe eliminieren. Würde man, um auf das Beispiel zurückzukommen, den AR1-Prozess in den Bevölkerungsdaten bereinigen, dann bliebe nur die zeitnahe Reaktion der Bevölkerung auf das Auslöseereignis und die Effekte auf die Folgewochen verschwänden, so dass dieses Mal auch kein eigener Medieneffekt festgestellt würde. Ein Medieneffekt würde nur dann gefunden, wenn die Effekte in den Folgewochen größer sind als der bereinigte AR1-Prozess, der ja de facto auf das Ereignis zurückgeht. Bleiben in den Folgewochen aber trotz Bereinigung statistisch aussagekräftige Korrelationen bestehen, nur dann hätte die Medienberichterstattung einen eigenen Effekt.

Da weder die Kausalität noch die Art der Zusammenhänge zwischen Medienberichterstattung und Bevölkerungseinschätzung bekannt sind, werden zur Sicherheit alle Datenreihen bereinigt. Das hat eine sehr konservative Prüfung der Zusammenhänge zur Folge. Da die interne Struktur in den meisten Datenreihen relativ viel Varianz determiniert, bleibt in den Reihen nach der Bereinigung nur noch wenig Varianz übrig, an der sich die Zusammenhänge zwischen den Reihen festmachen lassen. Anders ausgedrückt müssen die Gemeinsamkeiten zwischen zwei Datenreihen sehr groß sein, um noch als Gemeinsamkeiten feststellbar zu sein, wenn man von jeder Datenreihe die Zusammenhänge der Werte innerhalb der Reihe abzieht.

2.5.3 Ergebnislogik

Wie für Analysen längerer Zeiträume üblich werden die Ergebnisse sowohl graphisch als auch tabellarisch präsentiert.

Die graphische Darstellung erfolgt in der Form einfacher Koordinatenkreuze. Die horizontale x-Achse gibt den Zeitverlauf wieder. Gemäß der Grundentscheidungen sind Wochen die kleinsten darstellbaren Zeiteinheiten. Diese lassen sich aber nur dann darstellen, wenn alle Datenreihen auf Wochendaten basieren. Werden die vorhandenen Daten mit weiteren Datenreihen kombiniert, erfolgt die Darstellung teilweise in größeren Zeitaggregaten, etwa in Monaten. Die y-Achse gibt demgegenüber die Summe der Medienberichte bzw. den Anteil der Befragten wieder, auf den ein betrachteter Themenkode in der entsprechenden Woche kommt. In der Grafik entspricht eine Linie dem Verlauf eines Themenkodes über die Zeit, so dass unterschiedliche Linien unterschiedliche Themenkodes oder unterschiedliche Datenreihen (Medieninhalte, Themenaufmerksamkeit, Problemeinschätzung) repräsentieren.

Die zentralen Tabellen in den nachfolgenden Kapiteln geben Kreuzkorrelationen wieder. Diese beruhen – wie oben dargestellt – auf den um interne Strukturen bereinigten Datenreihen der Medienberichterstattung, der Themenaufmerksamkeit bzw. der Problemeinschätzung. In der Regel werden bei den vorhandenen relativ langen Zeitreihen Parameter ab Wert über 0.1 bzw. unter −0.1 signifikant. In beiden Fällen handelt es sich aber um schwache Zusammenhänge. Substanzielle Zusammenhänge liegen in Größenordnungen um 0.2 bzw. −0.2 und starke Zusammenhänge sind größer als 0.3 bzw. kleiner als −0.3. In den Zeilen der Tabellen sind die jeweiligen Zusammenhänge dargestellt, in der Regel der Zusammenhang zwischen Medienberichterstattung und Problemeinschätzung. Die Logik der Zeilen entspricht immer der Logik von Medienwirkungen. Die Spalten geben den jeweiligen Zeitverzug an. In der Mitte steht jeweils t_0, also die Korrelation zwischen den Reihen zum selben Zeitpunkt. Zusammenhänge, die gemäß der Medienwirkungslogik den Einfluss des Medieninputs aus den Vorwochen auf die Bevölkerungsvorstellung der aktuellen Woche abschätzen, finden sich links davon als negativer Zeitverzug t_{-n}. Die Spalten rechts von lag_{t0} stellen einen positiven Zeitverzug t_n dar, der den Einfluss der aktuellen Bevölkerungseinschätzung auf die Medienberichterstattung der Folgewochen abbildet und einer Medienwirkung widersprechen würde.

Nicht zuletzt lassen sich die Ergebnisse nur vor dem Hintergrund der allgemeinen gesellschaftlichen Situation richtig einordnen. Deshalb wird im folgenden Kapitel kurz dargestellt, wie sich die gesellschaftliche Problemeinschätzung im Untersuchungszeitraum entwickelt hat.

Literatur

Brettschneider, F. (2002). Die Medienwahl 2002. Themenmanagement und Berichterstattung. *Aus Politik und Zeitgeschichte, 49–50*, 36–47. (Bundeszentrale für politische Bildung (Hrsg.))

Demers, D. P., Craff, D., Choi, Y.-H., & Pessin, B. M. (1989). Issue obtrusiveness and the agenda-setting effects of national network news. *Communication Research, 16*, 793–812.

Donsbach, W. (1991). *Medienwirkung trotz Selektion. Einflussfaktoren auf die Zuwendung zu Zeitungsinhalten*. Köln: Böhlau.

Erbring, L., Goldenberg, E. N., & Miller, A. H. (1980). Front page news and real-world cues – a new look at agenda-setting by the media. *American Journal of Political Science, 24*, 16–49.

Fretwurst, B. (2008). *Nachrichten im Interesse der Zuschauer. Eine konzeptionelle und empirische Neubestimmung der Nachrichtenwerttheorie*. Konstanz: UVK.

Kepplinger, H. M. (2001). Der Ereignisbegriff in der Publizistikwissenschaft. *Publizistik, 46*, 117–139.

Lang, G. E., & Lang, K. (1981). Watergate: An exploration of the agenda-building process. In G. C. Wilhoit & H. De Bock (Hrsg.), *Mass communication review yearbook* (Bd. 2, S. 447–468). Beverly Hills: Sage.

Maurer, M. (2010). *Agenda-setting*. Baden-Baden: Nomos.

McCleary, R., & Hay, R. A. (1980). *Applied time series analysis for the social sciences*. Beverly Hills: Sage.

McCombs, M. (1977). Newspaper versus television: Mass communication affects across time. In D. Shaw & M. McCombs (Hrsg.), *The emergence of American political issues: The agenda-setting function of the press* (S. 89–106). St. Paul: West Publishing.

Rattinger, H., Roßteutscher, S., Schmitt-Beck, R., Weßels, B., et al. (2011). *Zwischen Langeweile und Extremen: Die Bundestagswahl 2009*. Baden-Baden: Nomos.

Rössler, P. (2008). Agenda-setting, framing, and priming. In W. Donsbach & M. W. Traugott (Hrsg.), *The Sage handbook of public opinion research* (S. 205–217). Los Angeles: Sage.

Röttger, U. (2008). Issues management. In G. Bentele, R. Fröhlich, & P. Szyszka (Hrsg.), *Handbuch der Public Relations. Wissenschaftliche Grundlagen und berufliches Handeln* (S. 597–598). Wiesbaden: VS Verlag für Sozialwissenschaften.

Schenk, M. (2007). *Medienwirkungsforschung*. Tübingen: Mohr.

Scheufele, B. (1999). *Zeitreihenanalyse in der Kommunikationsforschung. Eine praxisorientierte Einführung in der uni- und multivariate Zeitreihenanalyse mit SPSS for Windows*. Stuttgart: Edition 451.

Scholl, A. (2003). *Die Befragung. Sozialwissenschaftliche Methode und kommunikationswissenschaftliche Anwendung*. Konstanz: UVK bei UTB.

Schönbach, K. (1983). *Das unterschätzte Medium. Politische Wirkungen von Presse und Fernsehen im Vergleich*. München: Saur.

Zucker, H. G. (1978). The variable nature of news media influence. In B. D. Rubin (Hrsg.), *Communication yearbook 2* (S. 225–245). New Brunswick: Transaction.

Die Sorgen der Deutschen – Die Bevölkerungsagenda zur Jahrtausendwende

3

Gianna Haake und Judith Väth

Wer weiß nicht mehr, was am 11. September 2001 geschehen ist? Neben den Terroranschlägen von New York, die wohl jedem präsent sind, erinnern sich die meisten Deutschen auch noch an den großen Parteispendenskandal der CDU, der in den Jahren 1999 und 2000 an die Öffentlichkeit gelangte. Doch waren es wirklich diese Ereignisse, die der deutschen Bevölkerung um die Jahrtausendwende auf der Seele lagen? Fühlen wir uns seitdem weniger sicher oder hat die Politikverdrossenheit zugenommen? Vielleicht war es eher der Skandal um BSE-verseuchtes Rindfleisch oder die Einführung des Euro, die nachhaltige Spuren in unserem Bewusstsein hinterlassen haben.

Die Frage nach dem in der Wahrnehmung der Bevölkerung größten Problem eines Landes bietet die Grundlage zur Erfassung gesellschaftlicher Realität und gesellschaftlichen Wandels. Mit dieser Frage kann die Themenstruktur gesellschaftlicher Kommunikationsprozesse abgebildet werden, die nach Luhmann (1970) als Steuerungsmechanismus der öffentlichen Meinungsbildung und des politischen Systems fungieren kann. Deren besondere Relevanz stellte bereits Smith fest: „The most important problem question provides a grand overview of social change, describes history from the perspective of the participants, and helps to define distinct historical periods and identify turning points" (Smith 1985, S. 264). Demnach bietet sich eine Untersuchung der von der Bevölkerung meistgenannten Probleme sowie deren jeweiliger Gewichtung an, um sich einen Überblick über die essentiellen Themen der Gesellschaft aus der Perspektive ihrer Mitglieder zu verschaffen. Zudem gilt es Wendepunkte in der öffentlichen Themenwahrnehmung zu identifizieren, um Verän-

G. Haake (✉)
Münster, Deutschland
E-Mail: gianna.haake@uni-muenster.de

J. Väth
E-Mail: judith.vaeth@uni-muenster.de

derungen in der gesellschaftlichen Entwicklung ausmachen zu können. Die Vielfalt der sich bietenden Auswertungsmöglichkeiten zeigt auch die große Zahl von Studien, die auf derartigen Daten basieren und die unterschiedlichsten Fragestellungen behandeln. Die Ergebnisse sind relevant für alle, die Gesellschaft beschreiben, verstehen oder gestalten möchten und die vorliegenden Daten eröffnen einen Blick aus der Mikroperspektive, wie er zuvor nicht möglich gewesen ist. Der folgende Überblick soll insbesondere einen Kontext bieten, vor dem Studien zur öffentlichen Wahrnehmung einzelner Themen interpretiert und eingeordnet werden können.

3.1 Hintergrund und Forschungsstand

3.1.1 Relevanz der Bevölkerungsagenda

Die Frage, mit welchen Problemen sich die Bevölkerung über einen bestimmten Zeitraum auseinandergesetzt hat, ist in früheren Studien u. a. zur Charakterisierung der Befindlichkeit der Bevölkerung während dieser Zeit ausgewertet worden. Beschäftigen die Menschen eher Probleme, die den Einzelnen und seine soziale und ökonomische Situation betreffen oder eher allgemeine gesellschaftliche Probleme? Da die öffentliche Meinung sich auf aggregierter Ebene über lange Zeiträume als relativ stabil erwiesen hat (Page und Shapiro 1992), lassen sich auf der Grundlage einer Betrachtung von über einem Jahrzehnt voraussichtlich Schwerpunkte der öffentlichen Aufmerksamkeit gegenüber bestimmten Themen ausmachen, die auch über den Untersuchungszeitraum hinaus Gültigkeit haben. Andererseits deuten Abweichungen von langfristigen Trends auf besondere Ereignisse oder einschneidende Entwicklungen hin, die große Relevanz besitzen und Gesellschaften vermutlich dauerhaft prägen.

Zum anderen ist die jeweilige Agenda der wichtigsten Probleme einer Gesellschaft interessant, weil sie Auswirkungen auf die zur entsprechenden Zeit handelnden gesellschaftlichen und privaten Akteure hat. In der Forschung gibt es verschiedene Ansätze, die das Meinungsklima mit der persönlichen Meinung in Verbindung bringen. So können sich etwa die in der Jugend oder dem jungen Erwachsenenalter wahrgenommenen Probleme langfristig niederschlagen (Klein 2003) oder auch die aktuell wahrgenommene Mehrheitsmeinung zu einem bestimmten Problem (Noelle-Neumann 1991). Insofern ist es für die Analyse des Verhaltens von Personen hilfreich zu reflektieren, unter welchen gesellschaftlichen Problembedingungen sie sozialisiert bzw. untersucht wurden, auch wenn die entsprechenden Probleme selbst gar nicht im Fokus der Analyse stehen. Hierzu bieten die nachfolgend präsentierten Daten eine Grundlage für die Jahre um die Jahrtausendwende.

3.1.2 Theoretische Überlegungen zur Bevölkerungsagenda

Empirisch wurde die Frage nach dem größten Problem eines Landes intensiv im Rahmen der Agenda-Setting Forschung analysiert, die den Blick auf den Zusammenhang zwischen Medien und öffentlicher Wahrnehmung richtet. Das Forschungsinteresse richtet sich im Augenblick jedoch lediglich auf die Entwicklung der Problemeinschätzung in der Bevölkerung. Daher wird die Liste der am meisten genannten Probleme im Folgenden als Bevölkerungsagenda oder öffentliche Agenda bezeichnet. Diese Bezeichnung soll nicht darüber hinwegtäuschen, dass es sich um ein aus den Daten generiertes Konstrukt handelt, das selbst nicht Gegenstand der öffentlichen Wahrnehmung ist.

Durch die Messung der wahrgenommenen Relevanz von Themen, lässt sich die Struktur der politischen Kommunikation offenlegen. Themen stellen den „Reduktionsmechanismus der politischen Kommunikation, der mit dem Begriff der öffentlichen Meinung erfaßt war" (Luhmann 1970, S. 9), dar. Als Themen bezeichnet Kepplinger (2001) Zustände ohne klar abgrenzbaren Beginn oder Ende. Zum einen sind sie Sammelkategorien, unter denen Ereignisse zusammengefasst werden können, zum anderen fungieren sie aber auch als übergeordnete Sinnstrukturen (Kepplinger 2001, S. 120). Sie können Unsicherheit reduzieren und eine gemeinsame Struktur geben, die zur Grundlage von Kommunikation wird (Luhmann 1970, S. 9): Erst das geteilte Wissen um ein Thema ermöglicht einen Meinungsaustausch. Somit ist eine hohe Platzierung eines Themas auf der Bevölkerungsagenda ein Indikator dafür, dass es im politischen Kommunikationsprozess jene Resonanz erfährt, die notwendig ist, um einen Meinungsbildungsprozess in Gang zu setzen. Die empirische Erhebung zeigt also eine Themenstruktur der politischen Kommunikation, die zwar nichts über die geäußerten Meinungen oder die Durchsetzung von Meinungen verrät, jedoch offenlegt, zu welcher Zeit über welche Themen öffentlich kommuniziert werden kann.

Welche Themen es auf die öffentliche Agenda schaffen, also im politischen Kommunikationsprozess Resonanz und Antwortbereitschaft hervorrufen, hängt von den Aufmerksamkeitsregeln ab, denen die öffentliche Meinung folgt. Luhmann (1970) selbst führt sechs mögliche Faktoren an, die Aufmerksamkeit lenken: 1) die Priorität bestimmter Werte, 2) Krisen oder Krisensymptome, 3) den Status des Absenders einer Kommunikation, 4) Symptome eines politischen Erfolges, 5) die Neuheit von Ereignissen und 6) Schmerzen oder zivilisatorische Schmerzsurrogate. In der Regel existiert ein Thema bereits abseits der öffentlichen Aufmerksamkeit, bevor es auf die Agenda tritt.

3.1.3 Empirische Befunde zur Bevölkerungsagenda

Den breitesten empirischen Überblick über die Probleme der Bevölkerung eines Landes bieten die Auswertungen der Gallup-Daten aus den USA. Über einen Zeitraum von einem halben Jahrhundert von 1935 bis 1984 wurde die Frage nach dem größten Problem des Landes von Gallup in ähnlicher Formulierung in fast 180 Erhebungswellen gestellt, was durchschnittlich 3–4 Befragungen pro Jahr entspricht (Smith 1985, S. 264). Auch danach wurde weiterhin in unregelmäßigen Abständen nach dem größten Problem gefragt. Zwar kodierte Gallup bei dieser offen gestellten Frage meistens auch Mehrfachantworten, im Durchschnitt führte dies jedoch nur zu 1,07 Problemnennungen (McCombs und Zhu 1995, S. 506). Die Zuordnung der Antworten zu Problemkategorien ist in den verschiedenen Studien, die auf diese Daten zurückgreifen, unterschiedlich.

Smith (1985) stellt Ergebnisse aus den Gallup-Befragungen zur öffentlichen Meinung für einen Zeitraum von einem halben Jahrhundert dar. Er unterscheidet dabei elf breite Problemkategorien. In seinen Analysen geht es ihm einerseits um Verschiebungen in der Problemeinschätzung der Bevölkerung und andererseits um Trends bezüglich der meistgenannten Probleme. Dazu beschreibt er zunächst die Zeitpunkte, zu denen sich eine Veränderung an Platz eins der öffentlichen Agenda ergibt. So ist die erste Phase des Untersuchungszeitraums beispielsweise durch die große Depression Mitte der 1930er Jahre geprägt, als die Wirtschaft die größte Sorge der US-Amerikaner gewesen ist. Diese wird dann jedoch mit Beginn des Zweiten Weltkrieges abgelöst. Smith stellt fest, dass es insbesondere die Außenpolitik und die Wirtschaft sind, die den US-Amerikanern Sorgen bereiten und die sich in verschiedenen zeitlichen Phasen als meistgenanntes Problem jeweils abwechseln. In den 1960er Jahren schätzte die US-amerikanische Bevölkerung dann für etwa zwei Jahre die Bürgerrechte als größtes Problem ein, bevor mit dem Vietnamkrieg die Außenpolitik wieder mehr in den Vordergrund rückte. Von 1973 bis zum Ende des Erhebungszeitraums 1984 gewinnt schließlich die Ökonomie langfristig die Oberhand. Für rund zehn Jahre wird sie häufig von mehr als 60 % der Befragten als größtes Problem genannt. Wie für die Zeitpunkte großer Veränderungen identifiziert Smith auch für die Verläufe einzelner Themenkomplexe in der öffentlichen Wahrnehmung die historischen Rahmenbedingungen als mögliche Einflussfaktoren. Insgesamt scheint die Wahrnehmung eines ökonomischen Problems eng mit der aktuellen Wirtschaftslage des Landes zusammen zu hängen. Andere Themen hängen dagegen stärker von konkreten Ereignissen ab: Dies trifft etwa auf die Bürgerrechte zu, die im Zuge sozialer Unruhen ins öffentliche Problembewusstsein gelangten und anschließend fast vollständig in Vergessenheit geraten sind. Als wenig problematisch wurde nach Smith die Regierung wahrgenommen: Lediglich

Watergate resultierte in einem Anstieg der Einschätzung der Regierung als Problem auf 23 % (Smith 1985, S. 267).

Zahlreiche andere Wissenschaftler haben ebenfalls mit den Gallup-Daten gearbeitet, wobei sie jeweils andere Problemkodierungen vorgenommen haben. Neuman (1990) nimmt eine empirische Auswertung der Frage nach dem größten Problem in den USA für zehn Themen vor. Dabei geht es ihm um eine Klassifikation der Probleme je nach Platzierung und Verweildauer auf der öffentlichen Agenda. Er bezeichnet die Probleme Vietnamkrieg, Energiekrise und Rassenunruhen, die zeitweise mehr als die Hälfte der Befragten beschäftigten, als Krisen mit einem klaren Beginn und Ende auf der Bevölkerungsagenda. Als symbolische Krise, die weniger Besorgnis hervorruft, stuft er die Watergate-Affäre und das Armutsproblem ein. Inflation und Arbeitslosigkeit stehen mit 81 bzw. 62 % weit oben auf der Bevölkerungsagenda und werden daher von Neuman als dauerhafte Probleme bezeichnet. Schließlich erscheint Kriminalität als Nicht-Problem und schafft es maximal auf 17 % der Nennungen durch die Befragten (Neuman 1990, S. 170).

Mit seinem Beitrag „The Issues of the Sixties" legte Funkhouser (1973) eine vielbeachtete Studie zur Bevölkerungsagenda vor, die ebenfalls auf den Gallup-Daten basiert. Wie Smith stellt er fest, dass in den 1960er Jahren die Probleme Vietnamkrieg und Rassenbeziehungen[1] die öffentliche Einschätzung dominieren: In einigen Jahren machen sich über 50 % der Befragten Sorgen um eines dieser beiden Probleme, wobei der Anteil für Rassenbeziehungen zwischen zwei Befragungswellen um bis zu 30 Prozentpunkte innerhalb eines Jahres variieren kann. Aufgrund einer insgesamt detaillierteren Problemdefinition im Vergleich zu Smith kam er jedoch zu differenzierteren Ergebnissen: Neben den zwei höchstplatzierten Problemen auf der Bevölkerungsagenda kann er die Inflation als großes Problem in der öffentlichen Wahrnehmung identifizieren. Während für die Probleme Vietnamkrieg und Rassenbeziehungen ein starker Zusammenhang zwischen Medienagenda und Bevölkerungsagenda besteht, scheinen die bis zu 16 % der Bevölkerung, die Inflation nennen, diese dagegen eher unmittelbar wahrzunehmen.

Eine vierte Studie, die auf der Grundlage der Gallup-Daten entstand, legten McCombs und Zhu (1995) vor, deren Hauptaugenmerk auf der Diversität und Volatilität der öffentlichen Agenda liegt. Zunächst zeigen sie einen langfristigen Trend bezüglich der nominellen Vielfalt der Agenda gemessen an der Anzahl der genannten Probleme pro Befragtem: Zwischen Mitte der 1950er und Mitte der 1970er

---

[1] Funkhousers Kategorie Rassenbeziehungen schließt das Thema Bürgerrechte ein, das Smith als eines der größten Probleme der 1960er Jahre identifiziert hat. Die Werte für Rassenbeziehung liegen dadurch etwas höher als die von Smith gemessenen Anteile für Bürgerrechte.

Jahre steigt diese an, während sie im Anschluss bis Mitte der 1990er Jahre wieder fällt. Einen gegenläufigen Trend finden sie für die Entropie der Bevölkerungsagenda: Diese nimmt zunächst bis Mitte der 70er Jahre ab und steigt anschließend deutlich an. Zudem zeigen McCombs und Zhu auf, wie häufig und für welchen Zeitraum verschiedene Probleme auf der Agenda stehen. Nach ihrer Definition ist ein Problem genau dann im öffentlichen Problembewusstsein zu verorten, wenn es einen gewissen Schwellenwert überschritten hat; ihm also ein bestimmter Anteil der öffentlichen Aufmerksamkeit geschenkt wird. Die Grenze wurde auf 10 % der Befragten festgelegt, da sich dieser im Vergleich zu anderen Werten als optimal in Bezug auf die Erklärungskraft der Ergebnisse erwies (McCombs und Zhu 1995, S. 516). Die in den Befragungen genannten Probleme ordnen sie 18 Oberkategorien zu. So kommen sie zu dem Ergebnis, dass Probleme wie Geld und Regierung/Politik, die immer wieder auf der Agenda stehen, lange im öffentlichen Bewusstsein verbleiben: Internationales etwa, das neben Geld und Regierung/Politik das am häufigsten genannte Problem ist, befindet sich insgesamt 13 Mal für durchschnittlich 25 Monate auf der Agenda, während dagegen Probleme wie Umwelt und Sozialleistungen, die nur wenige Male auf der Agenda auftauchen, in der Regel nach kurzer Zeit wieder aus dem öffentlichen Bewusstsein verschwinden.

Die vorhandene Literatur zu den Gallup-Studien konzentriert sich vor allem auf die Fragen, welche Probleme in bestimmten historischen Phasen jeweils als größte Probleme gesehen wurden und wie die Einschätzung einzelner Probleme über einen längeren Zeitraum verläuft. Sie gibt damit erste Antworten auf die Frage nach den Charakteristika und der Entwicklung der öffentlichen Meinung über lange Zeiträume. Ein Vergleich der Studienergebnisse wird jedoch erschwert durch unterschiedliche Problemdefinitionen und Erhebungsverfahren. Die vier auf den Gallup-Daten basierenden US-amerikanischen Studien fassen jeweils andere Antworten zu einem Problemkode zusammen. Trotzdem lässt sich feststellen, dass es in verschiedenen Phasen bestimmte gesellschaftliche Entwicklungen gibt, die das Problembewusstsein der Bevölkerung dominieren: Dies ist in Phasen von Kriegen beispielsweise die Außenpolitik und in Phasen der wirtschaftlichen Instabilität die Inflation oder die Arbeitslosigkeit. Diese großen Probleme kommen immer wieder auf und halten sich oft längerfristig auf der Agenda, andere Probleme treten dagegen eher kurzfristig und in Folge konkreter Ereignisse ins Problembewusstsein. Insbesondere für die Identifikation unterschiedlicher historischer Phasen ist der sehr lange Untersuchungszeitraum, über den sich die Gallup-Studien erstrecken, notwendig. Problematisch sind dagegen die unregelmäßigen Abstände, in denen die Befragungen durchgeführt wurden. Solche diskontinuierlichen Einzelerhebungen erschweren dynamische Analysen (Neuman 1990, S. 161).

3.1.4 Forschungsfragen

Im Hinblick auf die deutsche Öffentlichkeit liegen deutlich weniger Studien vor. Brosius und Kepplinger (1995) untersuchten in ihrer Studie von 1986 die Einschätzung von 16 Problemen in der deutschen Bevölkerung. Anders als in den Gallup-Studien verwendeten sie geschlossene Fragen, bei denen die Interviewten jedes Thema einzeln als mehr oder weniger problematisch einstufen konnten. Arbeitslosigkeit und Umweltschutz führten die Rangliste der größten Probleme an und wurden mit 80 bzw. 65 % von mehr als der Hälfte aller Befragten als wichtige Probleme genannt. Die besondere Stellung des Umweltproblems führen die Autoren auf die Atomkatastrophe in Tschernobyl zurück: Das Tschernobyl-Unglück betraf einen großen Teil der Bevölkerung direkt, trat unerwartet auf und stellte einen Bezug zur deutschen Atomkraftnutzung her. Demzufolge, so die Argumentation, verdränge es andere Probleme von der Agenda. Dennoch waren auch 1986 die Probleme Rente (46 %), Steuern (33 %) und Öffentliche Sicherheit (29 %) von Bedeutung für die Deutschen.

Obwohl die Daten kontinuierlich über ein Jahr erhoben wurden und somit grundsätzlich dynamische Analysen ermöglichen, ist der Zeitraum zu kurz um historische Phasen und langfristige Veränderungen zu analysieren. Smith (1985) hebt jedoch gerade den Wert von Analysen im Hinblick auf gesellschaftlichen Wandel hervor, wie sie mit den vorliegenden Daten in einem Umfang möglich ist, der weit über bisherige Studien hinaus geht. Trotz einer relativen Stabilität ist dabei nicht nur von langfristigen Trends, sondern auch von kurzfristigen Schwankungen auszugehen, die bei der Analyse des Auftretens und des Verbleibs von Problemen im Bewusstsein der Bürger von Interesse sind. Der Verlauf der Problemeinschätzung kann Aufschluss darüber geben, ob das Meinungsklima zu verschiedenen Zeiten grundlegende Unterschiede aufweist. Dementsprechend fassen zwei Fragen das Forschungsinteresse hinter den folgenden Auswertungen zusammen:

1. *Welche Themen stellen aus Sicht der deutschen Bevölkerung die größten Probleme dar?*
2. *In welchen zeitlichen Phasen werden welche Themen als besonders problematisch wahrgenommen?*

Die erste Forschungsfrage lässt sich durch eine einfache Auswertung von Nennungshäufigkeiten verschiedener Probleme beantworten. Die zweite Frage erfordert hingegen Kriterien anhand derer zeitliche Phasen eingeteilt werden. Das besondere Augenmerk der oben vorgestellten Studien aus den USA liegt auf folgenden Merkmalen: 1) Wechsel an Position eins der Bevölkerungsagenda, 2) deutliche

Veränderungen in der Wahrnehmung einzelner großer Probleme, 3) Zusammensetzung der Agenda insgesamt. Diese Kennzeichen werden im Folgenden zur Unterscheidung von zeitlichen Phasen herangezogen.

3.2 Datenlage und angewandte Methoden

Während die repräsentative Omnibus-Studie von Forsa noch etliche weitere Variablen umfasst, steht allein die Frage mit dem Wortlaut: „Was sind Ihrer Meinung nach in Deutschland derzeit die drei größten Probleme?" im Zentrum dieser Auswertung. Diese Formulierung unterscheidet sich von den Gallup-Studien in der Hinsicht, dass in den USA nach dem einen wichtigsten Problem gefragt wurde. Bei Forsa lag die Anzahl der durchschnittlich genannten Probleme pro Befragten mit 2,46 daher deutlich höher als bei Gallup mit 1,07. In Deutschland wurden die aktuell wahrgenommenen Probleme also nahezu vollständig erfasst, da die Zahl der tatsächlich genannten Probleme in der Regel niedriger war als in der Frage gefordert. Die hier angegeben Prozentwerte beziehen sich dabei immer auf den Anteil an Befragten, der ein Problem als eines der größten Probleme in Deutschland benannt hat, unabhängig ob an erster, zweiter oder einer beliebigen anderen Stelle[2]. Es ist zu erwarten, dass die Prozentanteile für einzelne Probleme bei diesem Verfahren höher liegen als bei den Gallup-Befragungen, in denen lediglich nach einem Problem gefragt wurde. Da die Anzahl der genannten Probleme in den deutschen Daten ca. um das 2,3-Fache höher liegt als in den US-amerikanischen, soll hier mit dem 2,3-fachen Schwellenwert im Vergleich zur Studie von McCombs und Zhu (1995) gearbeitet werden, um festzulegen, wann ein Problem auf die nationale Agenda tritt und einen relevanten Teil der Bevölkerung beschäftigt. Die Grenze beträgt somit 23 % der Befragten.

Um eine inhaltliche Strukturierung der Problemnennungen in Deutschland vorzunehmen, eignen sich die Strukturierungen der Studien aus den USA als Vorlage kaum. Im Wesentlichen sind hier drei Einschränkungen zu machen: 1) Die Wissenschaftler arbeiten mit jeweils unterschiedlichen Problemkategorien, 2) die Zuordnung von Nennungen zu Kategorien wird in den Studien unzureichend expliziert, 3) Probleme hängen von historischen und nationalen Gegebenheiten ab und sind nicht immer auf einen anderen Zeitraum sowie ein anderes Land übertragbar. Für die vorliegende Studie bietet daher das Schema der German Longitudinal Election Study (GLES) eine insbesondere für die Analyse politischer Themen gut

---

[2] bis zu zehn Antworten wurden von Forsa kodiert (Kap. 2.2).

geeignete Systematik, die auch auf die Forsa-Daten übertragbar ist. Das Kodeschema des langfristig angelegten deutschen Wahlforschungsprojekts GLES kam bereits in einigen Befragungen und Inhaltsanalysen erfolgreich zum Einsatz (Rattinger et al. 2011). Neben politischen Strukturen und Prozessen wird damit ein breites Feld politischer Inhalte erfasst. Durch eine Kooperation mit dem GLES-Team konnte eine valide Zuordnung der vorhandenen Kodes zu den Kategorien des GLES-Kodebuches erfolgen. Lediglich 0,3 % der Erstnennungen auf die Frage nach den drei größten Problemen fielen in eine Restkategorie für nicht politische Probleme. Alle anderen Antworten konnten einer der zwölf Hauptkategorien für politische Inhalte, der Kategorie politische Prozesse oder der Kategorie politische Strukturen zugeordnet werden.

Die angegebenen Prozentwerte sowie alle weiteren im Folgenden präsentierten Ergebnisse beziehen sich auf Analysen auf Wochenbasis. Mittelwerte werden also ebenfalls auf der Basis von Wochenmittelwerten berechnet. Die Wochenaggregate weisen die geringste Zahl an Ausreißern auf und erlauben einen detaillierten Blick auf Entwicklungen und Veränderungen. Sie entsprechen außerdem der Auswertungslogik von Brosius und Kepplinger (1995) und stellen somit eine bessere Grundlage für Vergleiche dar.

Aufgrund von Lücken im Datensatz, die teilweise einige Tage oder Wochen, aber auch den gesamten Zeitraum zwischen Oktober und Dezember 1998 umfassen, war eine lineare Interpolation der Daten auf Ebene der Wochenmittelwerte notwendig. Diese stellt sicher, dass Jahre, in denen Werte für einzelne Wochen fehlen, bei der Berechnung von Mittelwerten über einen längeren Zeitraum nicht unterrepräsentiert sind. Angesichts der insgesamt breiten Datengrundlage und der im Verhältnis geringen Zahl von ersetzten Werten (7,3 %) sollte dieses einfache Verfahren die Ergebnisse kaum verzerren.

3.3 Ergebnisse

3.3.1 Die größten Probleme in Deutschland

Das Problem Arbeitsmarkt erwies sich über den gesamten Zeitraum hinweg als dominantes Problem mit großem Abstand zu allen anderen genannten Problemen. Insgesamt wird der Arbeitsmarkt im Durchschnitt von 73 % der Befragten als eines der drei größten Probleme in Deutschland genannt, wobei dieser Wert fast vollständig durch die Nennung des Problems Arbeitslosigkeit zu erklären ist. 31 % aller Befragten nennen den Arbeitsmarkt als erste Antwort. Zum Vergleich: Das

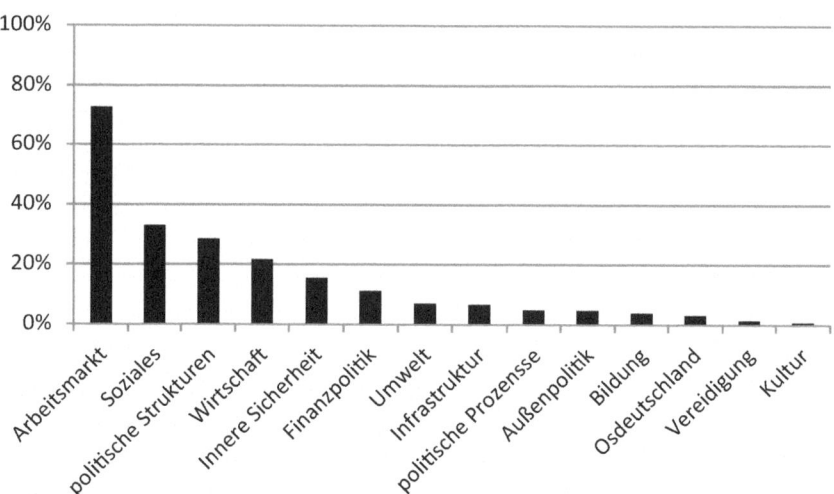

Abb. 3.1 Die größten Probleme in Deutschland aus Sicht der Bevölkerung. Basis: $n = 631$ Wochen. FORSA Umfragebus: offene Frage nach den drei wichtigsten Problemen. (Kap. 2.2)

zweitgrößte Problem ist Soziales, das von insgesamt 33 % der Befragten als großes Problem betrachtet und von 23 % an erster Stelle genannt wird. Als drittgrößtes Problem folgen die politischen Strukturen (28 %), die vor allem Mitte der 1990er Jahre als Problem benannt werden. Zwei weitere Probleme, die immer wieder auch für längere Zeit auf der Agenda stehen sind Wirtschaft (22 %) und Innere Sicherheit (15 %) (Abb. 3.1).

3.3.2 Die Bevölkerungsagenda in verschiedenen Phasen

Bisher wurde die Bevölkerungsagenda in der Literatur unter den Gesichtspunkten betrachtet, welches Problem an Position eins der Bevölkerungsagenda stand, wann deutliche Veränderungen bezüglich der Wahrnehmung einzelner Problem stattgefunden haben und aus welchen Problemen sich die Agenda insgesamt zusammensetzte. In den hier ausgewerteten Daten dominiert das Problem Arbeitsmarkt mit einer Ausnahme von wenigen Wochen die Problemeinschätzung der Deutschen. Da dieses Problem also als gesetzt angenommen werden kann, richtet sich der Blick stärker auf das jeweils zweit- und drittplatzierte Problem, wenn es um Wechsel in der Rangfolge der Probleme im oberen Teil der Agenda geht. Mit den Problemen Soziales und politische Prozesse gibt es zwei Probleme, die ebenfalls von einem großen Anteil der Befragten als problematisch bewertet werden und die sich wechselseitig auf Platz zwei der Agenda ablösen. Zudem wird ein besonderes Augenmerk auf den Verlauf der Einschätzung des Problems Arbeitsmarkt gelegt; aber auch andere wichtige Probleme zeigen über die Jahre kleinere und größere Schwankungen. Schließlich wird anhand des Schwellenwertes bestimmt, zu welchen Zeiten wie viele Probleme auf der Agenda stehen und um welche Probleme es sich dabei handelt. Das Problem Arbeitsmarkt etwa steht über den gesamten Zeitraum von mehr als zwölf Jahren auf der Agenda. Fast durchgehend mit nur wenigen Unterbrechungen steht auch Soziales auf der Agenda. Dagegen bleiben die politischen Strukturen teilweise für längere Zeiträume unter dem Schwellenwert von 23 %.

Zusammengenommen legen die Kriterien 1) Verlauf der Wahrnehmung des Problems Arbeitslosigkeit, 2) Rangfolge weiterer großer Probleme und 3) Problemstruktur der Agenda insgesamt eine induktive Einteilung des Untersuchungszeitraums in vier Phasen nahe. Die identifizierten Phasen entsprechen etwa den Kalenderjahren, gehen aber teilweise fließend ineinander über, weshalb die Festlegung eines fixen Datums als Grenze zwischen zwei Phasen wenig sinnvoll erscheint. Trotzdem können die Übergänge als Wendepunkte beschrieben werden, die auf strukturelle Veränderungen in der öffentlichen Agenda hindeuten.

Die erste Phase erstreckt sich über die Jahre 1994 und 1995. Sie ist noch stärker als anderen Phasen durch die Dominanz des Problems Arbeitsmarkt gekennzeichnet. Sie lässt sich daher als „Phase der Dominanz" beschreiben. Der Arbeitsmarkt bereitet in diesem Zeitraum bis zu 77 % der Befragten Sorgen. Zudem sind mit Soziales und politische Strukturen zwei weitere große Probleme präsent. Sie liegen mit einem durchschnittlichen Anteil von 29 bzw. 31 % der Befragten etwa gleich auf. Zu Beginn der ersten Phase stellen zunächst die politischen Strukturen das zweitgrößte Problem nach Arbeitslosigkeit dar und erreichen Werte bis zu 41 %. Darunter fallen in erster Linie Problemnennungen, die sich auf die normative Ordnung beziehen; dies schließt Kritik an Politikern und Parteien, aber auch an der Verfasstheit der Gesellschaft oder gesellschaftlichen Werten ein. Ab dem Ende des Jahres 1994 sind es eher soziale Probleme, die von einem größeren Anteil der Bevölkerung als Problem eingestuft werden. Zudem treten in dieser Phase mehrmals Innere Sicherheit und Wirtschaft als Probleme auf. Dabei ist es insbesondere das Problem Kriminalität/Gewalt und 1994 zusätzlich das Problem Rechtsextremismus, die den Wert für Innere Sicherheit in die Höhe treiben. Die Wirtschaft schwankt zwischen 14 und 29 % im Wochenmittel. Die Umwelt schafft es nur in zwei Wochen des Jahres 1995 auf die Agenda (Abb. 3.2).

Das Problem Arbeitsmarkt wird in der zweiten Phase von 1996–1998 von einem noch größeren Anteil als in der ersten Phase als Problem wahrgenommen: Es werden Höchstwerte von 90 % pro Woche erreicht. Gleichzeitig nimmt aber auch

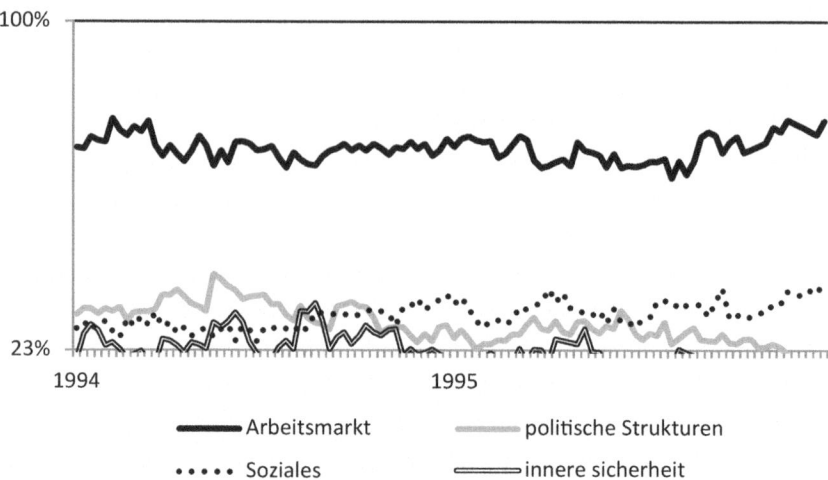

Abb. 3.2 Phase 1. Basis: $n = 105$ Wochen. FORSA Umfragebus: Werte über dem Schwellenwert für offene Frage nach den drei wichtigsten Problemen. (Kap. 2.2)

die Bedeutung des Problems Soziales in diesem Zeitraum weiter zu und wird im Mittel von 39 % der Befragten genannt. Damit gibt es in dieser Phase nur zwei Dauerthemen auf der Agenda, so dass diese die Bezeichnung „Zwei-Themen-Phase" erhält. Auf Platz drei der Liste der größten Probleme wechseln sich in diesen Jahren die politischen Strukturen und die Wirtschaft mehrmals ab. Beide Probleme schwanken um den Schwellenwert und schaffen es nur für kürzere Zeiträume auf die Bevölkerungsagenda. Als weiteres Problem ist lediglich die Innere Sicherheit einige Male für wenige Wochen im öffentlichen Problembewusstsein. Mit durchschnittlich drei Problemen, die sich gleichzeitig auf der Agenda befinden, weist die zweite Phase die schmalste Agenda auf (Abb. 3.3).

Mit dem Jahr 1999 beginnt die dritte Phase. Während Ende 1998 noch 80 % der Befragten den Arbeitsmarkt als großes Problem nennen, halbiert sich dieser Wert bis zum Ende des Jahres 2000. Der deutliche Abwärtstrend in der Einschätzung des Arbeitsmarktes als Problem beginnt dabei zunächst langsam und mündet schließlich in einem starken Abfall in der zweiten Hälfte des Jahres 2000. Die dritte Phase ist insgesamt weniger durch dominante Probleme gekennzeichnet, da neben dem Arbeitsmarkt auch Soziales im Laufe der zwei Jahre als Problem an Bedeutung verliert. Soziale Probleme verschwinden sogar für kurze Zeiten ganz von der Agenda. Auch die anderen großen Probleme stehen weniger im Vordergrund. Die Wirtschaft verschwindet in dieser Zeit wieder von der Agenda und geht auf bis zu 3 % zurück. Die politischen Strukturen werden dagegen wieder von mehr Personen genannt und

3 Die Sorgen der Deutschen

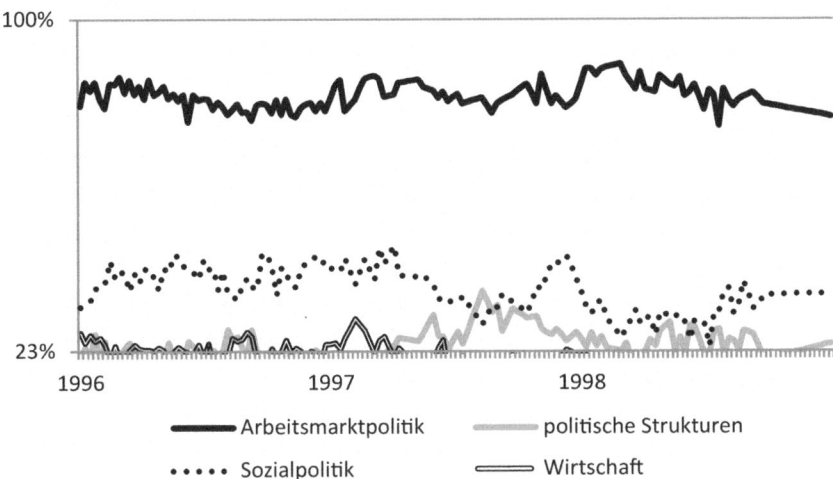

Abb. 3.3 Phase 2. Basis: $n = 155$ Wochen. FORSA Umfragebus: Werte über dem Schwellenwert für offene Frage nach den drei wichtigsten Problemen. (Kap. 2.2)

stehen dauerhaft auf der Agenda. Es handelt sich um eine „Phase des Übergangs", denn die Problemnennungen verteilen sich zunehmend gleichmäßig auf mehrere Probleme. Verschiedene Themen bereiten den Deutschen zwischenzeitlich Sorgen. Die Innere Sicherheit gelangt beispielsweise im Jahr 2000 für einige Woche wiederholt ins öffentliche Problembewusstsein. Ein detaillierterer Blick in die Daten liefert dazu inhaltliche Erklärungen: Der Spendenskandal rund um Helmut Kohl und die CDU lässt den Kode Korruption und damit das Problemfeld Innere Sicherheit auf die Agenda treten und führt auch zu einer gesteigerten Problemeinschätzung gegenüber den politischen Strukturen. Die Innere Sicherheit sehen die Deutschen Mitte 2000 zusätzlich durch den Rechtsextremismus bedroht. Kurzzeitig stellt in der dritten Phase auch die Energie aus dem Problemfeld Infrastruktur ein Problem dar. Ansonsten liegt Infrastruktur in dieser Phase mit durchschnittlich 9 % jedoch deutlich unter dem Schwellenwert. Gleiches gilt für Außenpolitik, die zwischen 1999 und 2000 durchschnittlich 6 % aller Nennungen erreicht, jedoch 1999 in zwei Wochen während des Kriegseinsatzes der Bundeswehr in Jugoslawien die Aufmerksamkeit der Bevölkerung verstärkt auf sich zieht. Ende des Jahres 2000 taucht schließlich die Wirtschaft wieder auf der Agenda auf. Im Übergang von der dritten zur vierten Phase steht die Wirtschaft für kurze Zeit auf Platz eins der meistgenannten Probleme vor dem Arbeitsmarkt. Ausgelöst wird dieses Hoch von bis zu 55 % vom BSE-Skandal, der unter dem Problemfeld Agrar- und Forstwirtschaft kodiert wurde, welches gemäß dem GLES-Schema Wirtschaft zugeordnet ist (Abb. 3.4).

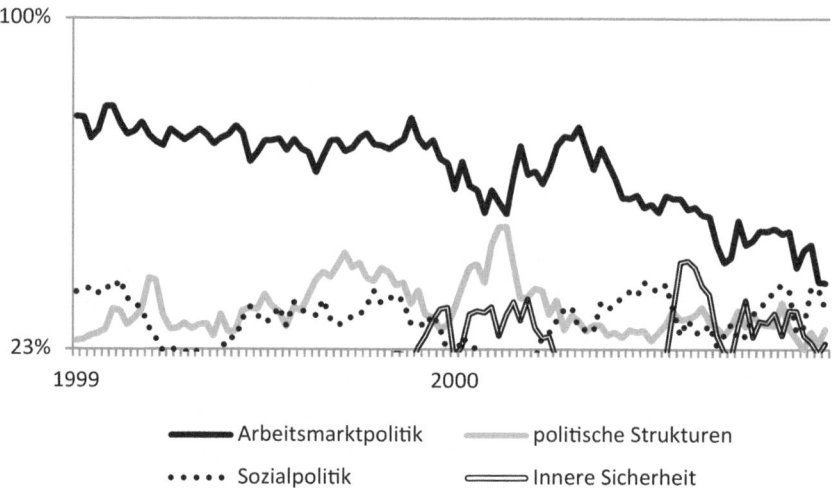

Abb. 3.4 Phase 3. Basis: $n = 105$ Wochen. FORSA Umfragebus: Werte über dem Schwellenwert für offene Frage nach den drei wichtigsten Problemen. (Kap. 2.2)

Die vierte Phase von 2001 bis 2006 ist mit über vier Jahren die längste. Der Arbeitsmarkt wird wieder zunehmend als Problem wahrgenommen und erreicht 2005 Werte von über 85 %. Soziales wird in den Jahren 2003 und 2004 teilweise von mehr als 45 % der Befragten als Problem genannt. In der „Vielthemen-Phase" stehen aber noch eine Reihe weiterer Probleme auf der Agenda. So bereiten in dieser Phase die politischen Strukturen den Deutschen fast durchgehend Sorgen und auch die Wirtschaft rangiert mit einigen meist kurzen Pausen im Problembewusstsein der Bevölkerung weit oben. Neben diesen vier großen Problemen gelangen zeitweise auch andere Probleme ins öffentliche Bewusstsein. Dazu gehört erstmals die Finanzpolitik. In nur wenigen Wochen kommen die Innere Sicherheit, beispielsweise in der Folge der Terroranschläge am 11. September 2001 in New York, die politischen Strukturen, die Umwelt und die Infrastruktur hinzu. So stehen durchschnittlich vier Probleme gleichzeitig auf der Agenda, womit diese Phase die breiteste Agenda aufweist (Abb. 3.5).

Zusammenfassend lässt sich für den gesamten Untersuchungszeitraum festhalten, dass insgesamt zehn Probleme auf der Bevölkerungsagenda auftauchen, einige davon jedoch nur für wenige Wochen. Arbeitsmarkt und Soziales bereiten den Deutschen dagegen in allen Phasen große Sorgen und auch politische Strukturen und Wirtschaft werden immer wieder problematisiert. Daraus lässt sich schlussfolgern, dass vor allem Themen wie Arbeitslosigkeit, die Sozialsysteme, wirtschaftliche

3 Die Sorgen der Deutschen

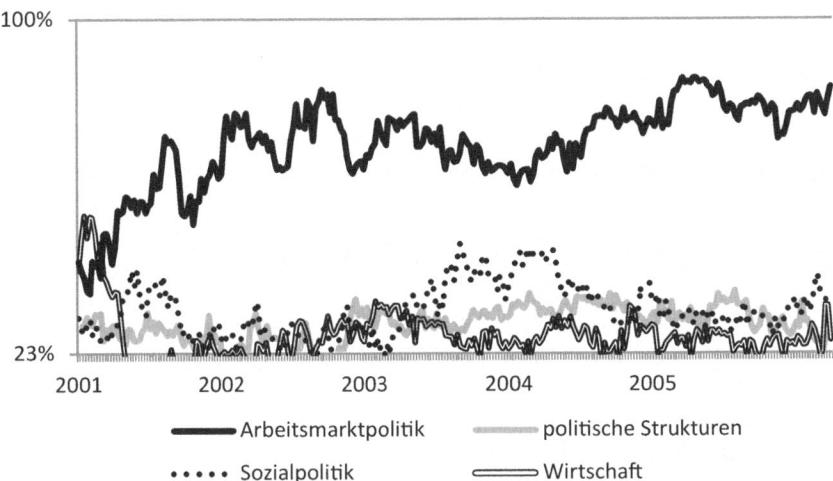

Abb. 3.5 Phase 4. Basis: $n = 270$ Wochen. FORSA Umfragebus: Werte über dem Schwellenwert für offene Frage nach den drei wichtigsten Problemen. (Kap. 2.2)

Lage und gesellschaftliche Werte, die im direkt erfahrbaren Nahbereich der Menschen liegen, Sorgen bereiten. Dagegen scheinen Innere Sicherheit, Umwelt und Infrastruktur eher kurzfristig bei bestimmten Ereignissen oder Entwicklungen in den Vordergrund zu treten. Kaum Gedanken machen sich die Deutschen in den betrachteten zwölf Jahren über Kultur (maximal 3,7 %), politische Prozesse (11 %), zu denen etwa Wahlkämpfe und Konflikte zwischen politischen Akteuren zählen, Ostdeutschland (15 %), Verteidigung (17 %) und Bildung (19 %). Diese Probleme überschreiten zu keinem Zeitpunkt den Schwellenwert, um auf die öffentliche Agenda zu treten. Sie scheinen entweder recht abstrakt zu sein oder nur einen Teil der Gesellschaft direkt zu betreffen.

3.4 Öffentliche Einschätzung von Problemen

Abschließend sollen die hier beschriebenen Ergebnisse eingeordnet werden, indem sie einerseits mit Erkenntnissen aus anderen Studien, insbesondere den Gallup-Studien aus den USA, und andererseits auf der theoretischen Ebene mit den Kriterien von Luhmann (1970) zur Lenkung von Aufmerksamkeit auf der öffentlichen Agenda in Bezug gesetzt werden. Die Auswertung von Befragungsdaten über mehr als zwölf Jahre hat gezeigt, dass das Problem Arbeitslosigkeit von den Deutschen mit großem Abstand als das größte Problem im Land angesehen wird. Diese Ergebnisse decken sich mit Auswertungen der Gallup-Daten aus den USA: Arbeitslosigkeit ist nach Neuman (1990) auch dort ein häufig genanntes Problem. McCombs und Zhu (1995) zeigen, dass das Problemfeld Arbeit häufig für längere Zeit auf der Agenda steht. Smith (1985) wendet auf die Gallup-Daten einen breiteren Wirtschaftsbegriff an, der eine Unterscheidung zwischen Arbeitsmarkt und Wirtschaft nicht zulässt, den gesamten Themenkomplex jedoch ganz oben auf der Agenda verortet. Andere Auswertungen für die USA zeigen, dass unter den ökonomischen Problemen insbesondere die Inflation mit hohen Werten heraussticht (u. a. Erbring et al. 1980; Funkhouser 1973). Jennings und Wlezien (2011) stellten über einen Zeitraum von 25 Jahren für Großbritannien die Dominanz des Problems Arbeitslosigkeit fest. Grundsätzlich weisen die Ergebnisse aus anderen Industriestaaten also in eine Richtung, die mit den hier präsentierten Daten vergleichbar ist. Dabei überwiegt in Europa eher die Sorge um die Arbeitslosigkeit, während in den USA die Inflation als das größere Problem gesehen wird. Möglicherweise stellt das Ende der „Phase des Übergangs" jedoch einen Wendepunkt in der Problemeinschätzung der Deutschen dar. Zu Beginn der „Vielthemen-Phase" stabilisieren sich Finanz- und Wirtschaftsprobleme weiter oben auf der Agenda, während Innere Sicherheit und Umwelt kaum noch als Problem gesehen werden. Nationale Unterschiede zeigen sich bei der Einschätzung sozialer Probleme. In den deutschen Daten sind darunter u. a. Armut, Rente und Gesundheit zusammengefasst. Das Problem Armut wird nach Neuman jedoch maximal von 8 % der Befragten in den USA genannt. Bei McCombs und Zhu (1995) spielen Sozialwesen und Gesundheit keine Rolle. In Großbritannien dagegen ist Gesundheit zwischen 1977 und 2001 das am dritthäufigsten genannte Problem, während Renten und Sozialhilfe nur von wenigen Befragten als besonders wichtig eingeschätzt werden.

Langfristige Trends innerhalb einer nationalen Agenda, die auf kulturell geprägten Einstellungen und Werten beruhen, sind in der Regel recht stabil, wie Shaw und Gaffey (2012) am Beispiel der Einstellung zu Ungleichheit und Steuerpolitik in den USA zeigen. Die Unterschiede deuten daher möglicherweise darauf hin, dass in manchen Gesellschaften aufgrund von verbreiteten Einstellungen und Werten einigen Problemen mehr Gewicht beigemessen wird als in anderen. Die Ergebnisse stützen somit die Annahme Luhmanns (1970), dass die Priorität bestimmter Werte eine Aufmerksamkeit lenkende Funktion übernimmt und darüber die öffentliche Problemstruktur mitbestimmt wird.

Dagegen lässt sich für die USA deutlich zeigen, dass die Problematisierung von Außenpolitik und Verteidigung zu verschiedenen Messpunkten über einen längeren Zeitraum von historischen Ereignissen, wie beispielsweise dem Vietnamkrieg abhängt. Die vergleichsweise geringe Bedeutung dieser Probleme in Deutschland kann mit dem abweichenden Beobachtungszeitraum und dessen Abstand zur Zeit des Kalten Krieges sowie mit der getrennten Erfassung der beiden Probleme zusammenhängen. So sticht in der vorliegenden Studie etwa der Konflikt in Jugoslawien eher kurzfristig heraus. Wie die Terroranschläge vom 11. September 2001 in New York entsprechen solche Ereignisse am ehesten Luhmanns (1970) Kriterium des zivilisatorischen Schmerzsurrogates, das die Aufmerksamkeit der Bevölkerung lenkt.

Die gleiche Wirkung schreibt Luhmann Krisen oder Krisensymptomen zu, was sich ebenfalls in den Daten widerspiegelt. Als Beispiele sind hier der CDU-Spendenskandal und der BSE-Skandal zu nennen, die sich über die Wahrnehmung der politischen Prozesse bzw. der Wirtschaft hinaus auf die Bevölkerungsagenda auswirken, indem sie andere Probleme kurzzeitig zurückdrängen. Dass konkrete Ereignisse zwischenzeitlich zu starken Verschiebungen auf der Bevölkerungsagenda führen können, zeigt schließlich auch das Elbe-Hochwasser, das für wenige Wochen das Problem Umwelt ins öffentliche Bewusstsein rückt und dabei andere Probleme zurückdrängt. Allerdings ist es durchaus bemerkenswert, wie kurz die Aufmerksamkeitsspanne in allen hier aufgeführten Fällen ist, und wie schnell sich die Bevölkerungsagenda wieder in einem Zustand einpendelt, der nicht von den genannten Zwischenfällen verursacht zu sein scheint.

Andererseits können die Ergebnisse in einen politischen Kontext eingeordnet werden. Die Wahrnehmung von Arbeitslosigkeit als Problem nimmt in Deutschland nach der Wahl 1998, die einen Regierungswechsel von einer konservativen hin zu einer sozialdemokratisch-grünen Koalition begründete, stark ab. Leider lässt sich aufgrund einer Datenlücke in den drei unmittelbar auf die Wahl folgenden Monaten keine kurzfristige Reaktion auf das Ergebnis messen, dieser Trend jedoch, der bereits kurz vor der Wahl einsetzte, setzt sich deutlich bis Anfang des Jahres 2001 fort. Die Wahl fällt also mit dem Wendepunkt von der „Zwei-Themen-Phase" zur „Phase des Übergangs" zusammen. Hier schlägt sich möglicherweise der im Wahlkampf beschworene „Wechsel" (von Webel 1999, S. 26) als von der Bevölkerung wahrgenommene Stimmung in ihrer Agenda nieder. Offenbar konnte die neue Regierung, die Arbeitslosigkeit zu ihrem zentralen Wahlkampfthema gemacht hatte (Donsbach 1999, S. 49), den Erwartungen der Wähler jedoch nicht entsprechen, da sich der Trend zur Mitte der Legislaturperiode umkehrt und der Arbeitsmarkt wieder zu seiner alten Bedeutung zurückkehrt. Vor allem solche mittelfristigen Phänomene, wie das phasenweise Absinken des Arbeitsmarktes, können anhand politischer Rahmenbedingungen und Wechselwirkungen zwischen Politik und öffentlicher Meinung erklärt werden. Sowohl Luhmann (1970) als auch Downs (1972) in seiner Beschreibung des „Issue-Attention Cycle" erwähnen den Einfluss politischer Erfolgsaussichten auf den Verlauf von Themen in der öffentlichen Wahrnehmung, wobei ein anzunehmender Erfolg das Thema an Bedeutung gewinnen lässt.

Zusammenfassend lässt sich festhalten, dass die Bevölkerungsagenda durch kulturelle, politische und konkret-historische Rahmenbedingungen mitbestimmt wird, die sich teils langfristig, teils kurzfristig auf die Wahrnehmung verschiedener Probleme auswirken.

3.5 Schlussbemerkungen

Die hier vorgestellten Ergebnisse zeigen grundlegende Stimmungen und Entwicklungen in der öffentlichen Meinung der Bundesrepublik Deutschland auf. Um die Daten handhab- und darstellbar zu machen, wurde auf sehr breite Problemdefinitionen aggregiert. Da jedoch Unterkategorien teilweise gegenläufige, sich gegenseitig überlagernde Entwicklungen zeigen, gehen dadurch zahlreiche Informationen verloren. Für zukünftige Forschung wären demzufolge Auswertungen mit einem Fokus auf Teilbereiche der Daten wünschenswert, die detaillierte Erkenntnisse liefern. Ein vielversprechender Ansatz sind dabei Agenda-Setting Studien zu Einzelthemen, wie sie im vorliegenden Sammelband anhand von vier Beispielen durchgeführt wurden. Die hier gewählten Auswertungsstrategien dienten zunächst einer groben Einordnung und Beschreibung der Daten, die Hinweise darauf geben soll, wie sich die Problemeinschätzung der Deutschen um die Jahrtausendwende entwickelt hat. Die daraus abgeleiteten allgemeinen Schlussfolgerungen müssen an anderer Stelle überprüft und weiterentwickelt werden.

Literatur

Brosius, H.-B., & Kepplinger, H. M. (1995). Killer and victim issues – Issues competition in the agenda-setting process of German television. *International Journal of Public Opinion Research, 7,* 211–231.

Donsbach, W. (1999). Sieg der Illusion. Wirtschaft und Arbeitsmarkt in der Wirklichkeit und in den Medien. In E. Noelle-Neumann, H. M. Kepplinger, & W. Donsbach (Hrsg.), *Kampa. Meinungsklima und Medienwirkung im Bundestagswahlkampf 1998* (S. 40–77). München: Verlag Karl Alber.

Downs, A. (1972). Up and down with ecology – The „issue attention cycle". *The Public Interest, 28,* 38–50.

Erbring, L., Goldenberg, E. N., & Miller, A. H. (1980). Front-page news and real-world cues: A new look at agenda-setting by the media. *American Journal of Political Science, 24,* 16–49.

Funkhouser, G. R. (1973). The issues of the sixties: An exploratory study in the dynamics of public opinion. *Public Opinion Quartely, 37,* 62–75.
Jennings, W., & Wlezien, C. (2011). Distinguishing between most important problems and issues? *Public Opinion Quarterly, 75,* 545–555.
Kepplinger, H. M. (2001). Der Ereignisbegriff in der Kommunikationswissenschaft. *Publizistik, 46,* 117–139.
Klein, M. (2003). Gibt es die Generation Golf? Eine empirische Inspektion. *Kölner Zeitschrift für Soziologie und Sozialpsychologie, 55,* 99–115.
Luhmann, N. (1970). Öffentliche Meinung. *Politische Vierteljahresschrift, 11,* 2–28.
McCombs, M., & Zhu, J.-H. (1995). Capacity, diversity and volatility of the public agenda. Trends from 1954 to 1994. *Public Opinion Quarterly, 59,* 495–525.
Neuman, W. R. (1990). The threshold of public attention. *Public Opinion Quarterly, 54,* 159–176.
Noelle-Neumann, E. (1991). *Öffentliche Meinung. Die Entdeckung der Schweigespirale* (erweitere Ausgabe). Frankfurt a. M.: Ullstein.
Page, B. I., & Shapiro, R. Y. (1992). *The rational public. Fifty years of trends in Americans' policy preferences.* Chicago: The University Press of Chicago.
Rattinger, H., Roßteutscher, S., Schmitt-Beck, R., Weßels, B. (2011). *Zwischen Langeweile und Extremen: Die Bundestagswahl 2009.* Baden-Baden: Nomos. GLES-Kodeschema online verfügbar unter: http://www.gesis.org/wahlen/gles. Zugegriffen: 2. Mai 2012.
Shaw, G. M., & Gaffey, L. (2012). The poll-trends: American public opinion on economic inequality, taxes and mobility, 1990–2011. *Public Opinion Quarterly, 76,* 576–596.
Smith, T. W. (1985). The polls: America's most important problems. Part I: National and international. *Public Opinion Quartely, 49,* 264–274.
von Webel, D. (1999). Der Wahlkampf der SPD. In E. Noelle-Neumann, H. M. Kepplinger, & W. Donsbach (Hrsg.), *Kampa. Meinungsklima und Medienwirkung im Bundestagswahlkampf 1998* (S. 13–39). München: Verlag Karl Alber.

Umwelt. Ein sterbendes Issue

Alicia Boonk, Cara Hinnah, Kristina Hollmann und Sophia Mandow

> *„Der Planet hat seine Grenzen und doch schreitet die Zerstörung der natürlichen Lebensgrundlagen unaufhörlich voran. Die Artenvielfalt schwindet. Das Klima heizt sich auf. Die letzten Primärwälder werden vernichtet. Böden erodieren, Frischwasserreserven sind bedroht. Schwer abbaubare toxische Chemikalien belasten die Biosphäre. Atommüllberge wachsen stetig und die Weltmeere werden übernutzt und verschmutzt (Greenpeace 2013)".*

4.1 Einleitung

So düster, wie die Umweltschutzorganisation Greenpeace den Zustand unserer Erde beschreibt, könnte man annehmen, dass das Thema Umwelt und Umweltschutz auch in den Medien und in den Köpfen der Menschen eine große Rolle

---

A. Boonk (✉)
Ahaus, Deutschland
E-Mail: alicia.boonk@uni-muenster.de

C. Hinnah
Osnabrück, Deutschland
E-Mail: CCHinnah@gmx.de

K. Hollmann
Bad Salzuflen, Deutschland
E-Mail: hollmann.kristina@web.de

S. Mandow
Bremen, Deutschland
E-Mail: sophiamandow@wtnet.de

spielt. Schließlich ist es längst unstrittig, dass diese Entwicklungen unser aller Leben grundlegend verändern werden, wenn wir unser Verhalten nicht langfristig ändern. Doch inwieweit stellt *Umwelt* für die Deutschen tatsächlich ein relevantes Issue, also ein wichtiges Thema in der öffentlichen Wahrnehmung, dar? Oder anders gefragt: Übersetzt sich die Bedrohung unserer Umwelt auch in ein entsprechendes Problembewusstsein im Denken der deutschen Bevölkerung?

Für die erste Hälfte der 1980er Jahre lässt sich diese Frage eindeutig bejahen: In der Hochphase der Umweltbewegung und eines stark ausgeprägten Umweltbewusstseins gründeten sich die Partei ‚Die Grünen' (1980) sowie die bekannten Umweltschutzorganisationen ‚Greenpeace Deutschland' (1980) und ‚Robin Wood' (1982). Im Laufe des Jahrzehnts wurde diese erhöhte Aufmerksamkeit durch die Folgen des sauren Regens, das Atomunglück in Tschernobyl und die Abholzung der Regenwälder weiter intensiviert. Doch blieb das Issue *Umwelt* auch bis zum Millennium und darüber hinaus von solch großer Relevanz für die deutsche Bevölkerung?

Der Klärung dieser Frage dient diese Studie. Beachtenswert ist in diesem Zusammenhang, dass sich das Issue *Umwelt* heutzutage durch eine entscheidende Besonderheit auszeichnet: Die meisten umweltbezogenen Themen und Probleme sind für die Deutschen heute nicht mehr direkt erfahrbar, etwa das Regenwaldsterben oder der Klimawandel. Daher ist anzunehmen, dass sie einen Großteil ihrer Informationen aus den Medien erhalten. Folglich wird vermutet, dass die Wahrnehmung des Issues *Umwelt* durch die Bevölkerung maßgeblich durch die Medienberichterstattung beeinflusst wird. Diese nimmt an, dass die Bevölkerung auf diejenigen Themen und Probleme aufmerksam wird, über die die Medien aktuell berichten, und diese entsprechend für wichtig erachtet.

Auf dieser Basis soll im vorliegenden Beitrag untersucht werden, ob und wie die Medienberichterstattung die Wahrnehmung von *Umwelt* beeinflusst. Welche auf Umwelt bezogenen Issues erzeugen eine besonders hohe Themenaufmerksamkeit und Problemeinschätzung in der Bevölkerung, welche nicht? Diese Prozesse zu verstehen ist insbesondere für die Kommunikation von Umweltschutzorganisationen, aber auch von Unternehmen wichtig, um Spenden- oder CSR-Kampagnen möglichst wirkungsvoll zu gestalten. So zeichnet sich besonders der hier betrachtete Zeitraum durch einen starken Relevanzzuwachs von Umweltbewusstsein und Nachhaltigkeit in Unternehmen aus. Eine der bekanntesten Aktionen stellt in diesem Zusammenhang sicherlich die Krombacher Regenwaldkampagne (seit 2002) dar. Dieser Trend zu mehr Nachhaltigkeitskommunikation zeigt sich zum Teil in der tatsächlichen Durchführung von Umweltprojekten und Ökozertifizierungen, häufig aber auch allein durch umstrittene Greenwashing-Kampagnen.

4 Umwelt. Ein sterbendes Issue

Da das Forsa-Institut von 1994 bis 2006 montags bis freitags in repräsentativen Telefoninterviews die deutsche Bevölkerung nach den drei interessantesten Medienthemen und den drei wichtigsten Problemen in Deutschland befragte, kann auf ein langfristiges Meinungsbild zurückgegriffen werden. Ein umfassendes Bild der Medienberichterstattung zum Issue *Umwelt* in dieser Zeit liefern die Daten des Media Tenors (Kap. 2.2 und 2.3).

In diesem Beitrag werden zunächst die Relevanz und Charakteristika des Issues *Umwelt* detailliert erläutert und potenziell relevante Ereignisse und Akteure im beobachteten Zeitraum identifiziert. Dabei sollen neben der theoretischen Einordnung auch Erkenntnisse zur Relevanz des Issues in der Vergangenheit herangezogen werden. Aus den gewonnenen Erkenntnissen werden daraufhin ein Wirkungsmodell und Hypothesen für die sich anschließende Analyse der Dynamik der öffentlichen Meinung bezüglich des Issues *Umwelt* abgeleitet. Dazu werden die Verläufe der Medienberichterstattung, der Themenaufmerksamkeit und der Problemeinschätzung von *Umwelt* über die Zeit analysiert und daraufhin untersucht, ob eine gegenseitige Beeinflussung besteht. Dabei sollen auch potenzielle Einflüsse der soziodemographischen Merkmale Alter und Bildung sowie der Wahlabsicht untersucht werden. Im abschließenden Teil sollen so Handlungsempfehlungen für die strategische Kommunikation von Organisationen und Unternehmen in Bezug auf das Issue *Umwelt*, beispielsweise im Hinblick auf CSR- und Nachhaltigkeitskommunikation abgeleitet werden.

4.1.1 Hintergrund

Umwelt wird je nach wissenschaftlicher Disziplin und je nach Kontext unterschiedlich definiert. Diesem Beitrag liegt die Definition als ‚natürliche' bzw. ‚ökologische Umwelt' zugrunde: *Umwelt* wird als komplexes System von Lebewesen, Luft, Wasser, Boden und der zwischen diesen Elementen bestehenden Wechselwirkungen verstanden (Günther o. J.). Zudem werden durch den Menschen vollzogene Eingriffe, etwa durch Gesetzgebung oder positives wie negatives Umwelthandeln, mit eingeschlossen. Die soziale Umwelt, d. h. die Beziehungen der Menschen untereinander, wird dementsprechend nicht betrachtet, obwohl diese Sicht in das Alltagsverständnis des Begriffs oftmals einfließt.

Für die Modellierung öffentlicher Meinung im Hinblick auf das Issue *Umwelt* ist es zunächst notwendig zu klären, durch welche Besonderheiten es sich auszeichnet und durch welche Faktoren es möglicherweise beeinflusst wird. In der Vergangenheit hat sich die Forschung sowohl in Deutschland als auch im Ausland bereits mit der Wichtigkeit des Issues im hier betrachteten Sinne auseinandergesetzt, sodass auf einige Erkenntnisse im Zusammenhang mit der Agenda-Setting Hypothese zurückgegriffen werden kann.

4.1.2 *Umwelt*: Ein ‚unobtrusive issue'

Heutige Umweltrisiken entziehen sich laut Becks Ausführungen zur Risikogesellschaft der tradierten Wahrnehmung der Menschen. Sie machten zudem nicht vor nationalen Grenzen halt und seien so komplex, dass sie nur noch von einer kleinen wissenschaftlichen Teilöffentlichkeit voll und ganz nachvollzogen werden könnten (Beck 1986). Beispiele dafür sind Phänomene wie Gentechnik, Feinstaub, Chemikalien oder der Klimawandel (Kuckartz und Rheingans-Heintze 2006, S. 18–20). Bei Letzterem trete zudem der globale Nord-Süd-Gegensatz deutlich zutage: Der größte Teil der den Klimawandel verursachenden Emissionen entfalle auf die Industrieländer der Nordhalbkugel, die sich jedoch durch finanzielle und materielle Ressourcen sowie technische Innovationen deutlich besser vor den Konsequenzen schützen könnten. Die Auswirkungen machen sich vorrangig in den Entwicklungsländern auf der Südhalbkugel bemerkbar, die sich diesen aufgrund mangelnder Kapazitäten nicht entziehen könnten (Dingwerth 2008, S. 3–4). Selbst Umweltrisiken, die landesbezogen resonanzfähig werden, wie etwa die Qualität von Luft, Wasser und Lebensmitteln, ließen sich häufig nicht mehr selbst in Erfahrung bringen (Haan 1995, S. 22). So seien viele nationale, sichtbare Umweltprobleme in Deutschland, wie etwa die Schaumberge auf den Flüssen Ende der 1980er, bereits gelöst worden (Mast und Fiedler 2005, S. 569).

Dementsprechend haben Forschungsergebnisse, beispielsweise zum Klimawandel, gezeigt, dass die meisten Menschen ihre Informationen über Umweltprobleme aus den Massenmedien beziehen (u. a. Neverla und Schäfer 2012). Somit wird in diesem Beitrag davon ausgegangen, dass es sich bei *Umwelt* um ein ‚unobtrusive issue', d. h. ein nicht selbst erfahrbares Issue, handelt. Dementsprechend kann eine große Wirkung der Medien auf die Themenaufmerksamkeit und Problemeinschätzung der Menschen angenommen werden, da ihnen keine konkurrierenden Quellen wie eigene Erfahrungen entgegenwirken können (Gonzenbach 1996, S. 8). Daher kann beim Issue *Umwelt* von Agenda-Setting Effekten ausgegangen werden.

4.1.3 Das Issue *Umwelt* in der Agenda-Setting Forschung

Die Agenda-Setting Hypothese nimmt an, dass sich Medien-, Publikums- und Politikagenda gegenseitig beeinflussen, wobei der Einfluss der Politik- auf die Publikumsagenda indirekt über die Medienberichterstattung erfolge. Dies wird dadurch begründet, dass politische Entscheidungen und Debatten in der repräsentativen Demokratie für die Bevölkerung kaum direkt erfahrbar seien. Alle Akteure – Medien, Bevölkerung und Politik – werden zudem von realen Ereignissen in ihrer Themenpriorisierung angeregt (Rössler 1997, S. 16). Dies lässt sich auf das Issue *Umwelt* mit einigen Besonderheiten übertragen. So beeinflusst die Zivilgesellschaft die Medien etwa durch Aktionen und Kampagnen von NGOs, die Eingang in die Berichterstattung finden. Die Politik hat Einfluss auf die Medien durch das Treffen von Entscheidungen, die Bezug zur *Umwelt* haben und somit berichtenswert sind. Dies zeigt sich etwa bezüglich des Klimawandels, der größtenteils erst Einzug in die mediale Berichterstattung gehalten hat, als die Politik diese Entwicklung zum Thema gemacht hat (Rhomberg 2012, S. 32). Die Medien können wiederum die Politik beeinflussen, indem sie etwa Umweltskandale aufdecken und eine neue Umweltgesetzgebung einfordern.

Im Falle des speziellen Issues *Umwelt* wird in Bezug auf den Zusammenhang zwischen Medienberichterstattung und Themenaufmerksamkeit bzw. Problemeinschätzung nicht von Kumulations-, sondern von Impulsmodellen ausgegangen. Das heißt, dass nicht von einem linearen Zusammenhang zwischen Medienberichterstattung und Themenaufmerksamkeit bzw. Problemeinschätzung ausgegangen wird, sondern von einer je nach Thema sowie Intensität und Dauer der Berichterstattung unterschiedlich hohen Reaktionsschwelle in der Bevölkerung und der dementsprechenden mehr oder weniger starken Übersetzung in ihr Themen- und Problembewusstsein. In diesem Sinne könnte es bei einigen umweltbezogenen Medienthemen sogar zu einem ‚Echoeffekt' kommen: „Erfolgt die Berichterstattung über ein Thema zwar nur über kürzere Zeiträume, dafür aber intensiv, so hat dies einen Einfluß auf das Problembewußtsein der Bevölkerung, der länger anhält als die verstärkte Berichterstattung über das Ereignis selbst." (Haan 1995, S. 20). Dieses ‚Echomodell' stellt eine spezifische Unterart des Impulsmodells dar, bei dem auf eine kurze und intensive Berichterstattung ein länger anhaltendes ‚Echo' in Form einer erhöhten Problemeinschätzung folgt: „extraordinary peaks of reporting (after extraordinary events) have long-term effects on the public." (Brosius und Kepplinger 1992, S. 18). Es bleibt abzuwarten, ob sich dieses Modell auch in den hier untersuchten Daten zeigen wird. Weitere Untersuchungen dazu, welchem Modell der Zusammenhang zwischen Medienberichterstattung und Themenaufmerksamkeit bzw. Problemeinschätzung bezüglich des Issues *Umwelt* folgt, gibt es nämlich bisher nicht. In Deutschland hat die Prüfung der Agenda-Setting Hypothese für das Issue *Umwelt*, wie etwa im US-amerikanischen Raum in einer Studie von Ader (1995), bisher nicht ausführlich stattgefunden. Es gibt allerdings einige Studien, die Elemente des Agenda-Setting Prozesses betrachten, wenn auch nicht unter der hier behandelten Fragestellung. Da sie aber wichtige Grundlagen zum allgemeinen Verständnis der öffentlichen Auseinandersetzung mit Umweltthemen bieten, sollen im Folgenden zentrale Ergebnisse zur Umweltberichterstattung und zur allgemeinen Entwicklung des Issues vorgestellt werden.

4.1.4 Entwicklung der Umweltberichterstattung

Dernbach verortet den Beginn der Umweltberichterstattung am Ende der 1970er Jahre, als das Thema aus den USA nach Europa gelangte und durch die aufkommende Anti-Atomkraft- und Ökologie-Bewegung verstärkt worden sei. Mit der Tschernobyl-Katastrophe 1986 habe sich die Ökologieberichterstattung schließlich fest etabliert und ihren Höhepunkt in den 1990er Jahren mit der Einrichtung eigener Umweltseiten in vielen Redaktionen erreicht. Dernbach bezeichnet diese Phase als „Projektjournalismus [...], denn nicht mehr die Nachrichten über weit entfernte, abstrakte und mehr oder weniger dramatische Umweltkatastrophen standen im Mittelpunkt, sondern die Umwelt vor der Haustür." (Dernbach 2011, S. 180). Jedoch habe dieser Trend nur relativ kurz angehalten: Viele Redaktionen hätten die Umweltseiten spätestens zur Jahrtausendwende wieder gänzlich abgeschafft oder in Wissenschafts- oder Wissensseiten integriert; das einstmals eigenständige Thema Umwelt sei fortan hauptsächlich als Aspekt der Politik-, Wirtschafts- und Wissenschaftsberichterstattung oder ereignisinduziert betrachtet worden. Dernbach vermutet die Gründe dafür vor allem in einer Abnutzung des Themas und der Medienkrise 2001/2002. Dementsprechend habe der Umweltjournalismus ab den 2000er Jahren nur noch ein „Schattendasein" (Dernbach 2011, S. 181) geführt; Steingart sprach anlässlich des 20-jährigen Bestehens des Bundesumweltministeriums gar von einer „Phase der Apathie" (Steingart 2006; zit. n. Stracke-Neumann 2006). Als Gegenbewegung dazu sei jedoch um das Millennium herum die Umweltkommunikation der Unternehmen deutlich erstarkt, welche das Issue in Ermangelung intensiver journalistischer Bearbeitung zunehmend selbst gestalten konnten (Dernbach 2011, S. 180–181).

Eine empirisch fundierte Übersicht der Berichterstattung von 1996 bis 2002 liefert Subroweit (2006). Er untersuchte die Entwicklung der Berichterstattung zu Umweltthemen in TV und Wochenzeitungen im Vergleich. Für die Wochenzeitungen fand er einen leicht abfallenden Trend, während in den TV-Nachrichten ab Ende 2000 eine deutliche Steigerung der Berichte zu erkennen sei (Subroweit 2006, S. 234–237).

Zur Entwicklung der Medienberichterstattung zum umweltrelevanten Thema Klimawandel haben Schäfer, Ivanova und Schmidt für den Zeitraum von 1997 bis 2009 das Leitmedium ‚Süddeutsche Zeitung' untersucht. Diese Erhebung ergab, dass die Berichterstattung stetig von 0,16 % in der Phase von 1997 bis 2000 auf 0,89 % in der Phase von 2006 bis 2009 gestiegen sei. Eine Intensivierung der Berichterstattung lasse sich besonders im Rahmen von Weltklimagipfeln beobachten. Dabei spielten insbesondere politische und weniger wissenschaftliche Diskussionen eine Rolle (Schäfer et al. 2012, S. 126–128).

4.1.5 Entwicklung des Issues *Umwelt* in der Wahrnehmung der Bevölkerung

Hillmann sieht das Issue *Umwelt* stark vom Phänomen des Wertewandels betroffen. So habe das Issue ab 1970 zunächst eine starke Aufwertung und Ausbreitung erfahren, die zur Ausbildung einer ökologischen Wertorientierung im Sinne von Ehrfurcht vor dem Leben, Umweltschutz und Naturverbundenheit geführt hätte. Auch Themen wie Ressourcenschonung, ein umweltschonender Lebensstil und Generationengerechtigkeit hätten eine Rolle gespiegelt. Die verstärkte Ökonomisierung der Gesellschaft seit den 1990er Jahren habe jedoch wesentlich zur Abschwächung der Relevanz dieser Wertorientierung beigetragen: Sie sei mittlerweile erheblich abgebremst, wenn nicht sogar zum Stillstand gekommen (Hillmann 2001, S. 33–34). Ähnliches konstatieren Hellbrück und Kals (2012, S. 88): Nach einem Wandel von materialistischen zu postmaterialistischen Werten (z. B. Umweltschutz) seit den 1970er Jahren seien letztere im Zuge steigender Arbeitslosigkeit und einer schlechteren Wirtschaftslage zunehmend hinterfragt worden oder in den Hintergrund getreten.

Dies wird durch Haans Analyse der Befragungen des EMNID-Instituts zu den wichtigsten Themen und Ereignissen bestätigt: Diese zeigte deutlich, dass Umweltthemen in Folge einer verstärkten Thematisierung des sauren Regens ab Mitte 1984 einen deutlichen Aufmerksamkeitsschub erfuhren. Dieser wurde insbesondere durch die Tschernobyl-Katastrophe 1986 weiter intensiviert, um 1988 durch das Robbensterben in der Nordsee seinen Höhepunkt zu erreichen. Zu diesem Zeitpunkt waren Umweltthemen die wichtigsten Probleme für die Deutschen. Nach dem Fall der Mauer 1989 sei diese Aufmerksamkeit für *Umwelt* jedoch nie wieder erreicht worden (Haan 1995, S. 20).

Interessante und daran anschließende Ergebnisse zur Thematik liefert auch die Studie ‚Umweltbewusstsein in Deutschland', die seit 1996 im Zwei-Jahres-Turnus vom Umweltbundesamt in Auftrag gegeben wird. Dazu wurden jeweils rund 2.000 Deutsche unter anderem dazu befragt, wo sie das Thema Umweltschutz in einer Rangordnung im Vergleich zu anderen Politikfeldern wie z. B. Arbeitslosigkeit verorten würden. Im Gegensatz zur EMNID-Umfrage muss somit beachtet werden, dass gezielt nach dem Stellenwert von Umweltschutz im Vergleich zu anderen Themen gefragt wurde, sodass die Befragten dieses Politikfeld wahrscheinlich tendenziell als wichtiger bewerteten als bei einer offenen Frage. Zusammenfassend für den in dieser Studie erfassten Zeitraum lässt sich sagen, dass das Umweltbewusstsein seit der zweiten Hälfte der 1990er Jahre stetig gesunken ist. Als Gründe werden wirtschaftliche Probleme nach der Wiedervereinigung, die Lösung verschiedener Umweltprobleme etwa in Bezug auf Luft- und Wasserqualität und die fehlende Erfahrbarkeit heutiger Umweltprobleme genannt (Kuckartz und Rheingans-Heintze 2006, S. 18–19). Dies äußere sich ebenfalls in einer abnehmenden Zahlungsbereitschaft für den Umweltschutz. Ab dem Jahr 2000 stuften allerdings trotz geringer tagespolitischer Relevanz wieder mehr Befragte das Thema *Umwelt* als wichtiges langfristiges Politikfeld ein (Kuckartz 2000, S. 5–6). Auch wenn danach das Thema Arbeitslosigkeit wieder an Relevanz gewann, wurde *Umwelt* 2006 zum zweitwichtigsten Politikfeld, da der weltweite Klimawandel Einzug in das öffentliche Bewusstsein gefunden hatte (Kuckartz und Grunenberg 2002, S. 9; Kuckartz und Rheingans-Heintze 2004, S. 9, 2006, S. 10).

Huber sieht den Grund für den fast stetigen Bedeutungsverlust des Issues *Umwelt* in einer Institutionalisierung und Professionalisierung des Themas. Die große Umweltbewegung der 1970er und 1980er Jahre sei zwar größtenteils zum Erliegen gekommen, dafür habe sich *Umwelt* als Problem mittlerweile gesellschaftlich etabliert: Die Partei Bündnis 90/Die Grünen ist Oppositions- und sogar Regierungspartei geworden, Umweltpolitik gehört zur Regierungsroutine, es wurden Umweltforschungsinstitute eingerichtet und selbst die Industrie betreibt Umweltschutz (Huber 2011, S. 132–133). Dies deckt sich auch mit der im vorherigen Kapitel angeführten ‚Übernahme' der Umweltkommunikation durch Unternehmen. Was also als „fundamentalökologische [...] Industrie- und Kapitalismuskritik" begann, sei nun in der gesamten Bevölkerung angekommen und „normal geworden" (Huber 2011, S. 100). Und auch Dernbach stellt fest, dass wir uns „in einer Zeit [befinden], in der selbst eine von der CDU geführte Regierung unter Angela Merkel bisweilen die Grünen rechts zu überholen scheint, in der große Unternehmen, die im umweltsensiblen Bereich produzieren, beachtliche finanzielle Beträge für den Schutz der Umwelt und ökologische Nachhaltigkeitsberichte ausgeben" (Dernbach 2011, S. 181).

Angesichts dieser Umstände stellt sich die Frage, wie sich dieser Wertewandel in der Themenaufmerksamkeit und Problemeinschätzung der deutschen Bevölkerung widerspiegelt. Wird *Umwelt* um die Jahrtausendwende als interessantes Thema und Problem aufgefasst oder führt die Ökonomisierung in Verbindung mit der Institutionalisierung der Umweltproblematik zu einem Bedeutungsverlust? Bevor diesen Fragen weiter nachgegangen wird, sollen als letzter Vorbereitungsschritt wichtige Ereignisse und Akteure identifiziert werden, die im Untersuchungszeitraum potenziell einen Einfluss auf die Medienberichterstattung und damit auch auf die Wahrnehmung des Issues *Umwelt* in der Bevölkerung gehabt haben könnten.

4.1.6 Ereignisse und Akteure im Umweltdiskurs 1994 bis 2006

Die Ereignisse, Entscheidungen, Diskurse und Akteure, die im betrachteten Zeitraum von Januar 1994 bis März 2006 einen Einfluss auf die Wahrnehmung des Issues *Umwelt* durch Medien und Bevölkerung gehabt haben könnten, lassen sich in acht Kategorien systematisieren:

1. Die **Umweltgesetzgebung** verabschiedete von 1994 bis 2006 eine Reihe wegweisender, kontrovers diskutierter Gesetze: Am 22. Dezember 1998 wurde bleihaltiges Benzin verboten, am 1. April 1999 die Ökosteuer eingeführt, am 1. April 2000 trat das Erneuerbare-Energien-Gesetz in Kraft und am 1. Januar 2003 wurde eine Pfandpflicht für Einwegbehälter eingeführt.
2. Auch eine Reihe nationaler und insbesondere internationaler **politischer Konferenzen** beschäftigte sich im Untersuchungszeitraum mit der Umweltproblematik. Am 28. März 1995 fand der erste Klimagipfel der Vertragsstaatenkonferenz in Berlin statt. Ende Juni 1997 trafen sich die Vereinten Nationen und zahlreiche Vertreter von NGOs zum Weltgipfel Rio + 5 in New York, der speziell Umwelt- und Entwicklungsfragen in den Fokus nahm. Vom 26. August bis zum 4. September 2002 fand dieser Gipfel zum zehnjährigen Jubiläum erneut statt; dabei wurde die sogenannte Erd-Charta verabschiedet. Im Dezember 1997 fand die Klimakonferenz in Kyoto statt, die am 11. Dezember mit dem Kyoto-Protokoll beschlossen wurde. Dieses fand am 18. Oktober 2000 in einem nationalen Klimaschutzprogramm seine Umsetzung in Deutschland. Vom 16. bis 27. Juli 2001 wurde in Bonn die viel beachtete UN-Weltklimakonferenz abgehalten. Mitte September 2000 fand der Millennium-Gipfel der UN statt, auf dem die Millenniumsziele, u. a. mehr Nachhaltigkeit, beschlossen wurden. Schließlich fanden Mitte Juli 2001 und Anfang Juni 2005 G8-Gipfel statt, die sich auch intensiv mit der Umweltproblematik beschäftigten.
3. Darüber hinaus ist zu vermuten, dass **politische Akteure**, insbesondere die Partei Bündnis 90/Die Grünen, einen Einfluss auf die Wahrnehmung der Umweltproblematik hatten. Im September 1998 wurde die Partei mit 6,7 % erstmals Teil der Bundesregierung als Koalitionspartner der SPD; der Grünen-Abgeordnete Jürgen Trittin wurde zum Umweltminister ernannt. Im September 2002 konnten die Grünen ihr Wahlergebnis auf 8,6 % ausbauen und damit ihre Regierungsbeteiligung fortsetzen. Dementsprechend rückten Umweltthemen

stärker in den Fokus der Regierung. Daneben lassen sich im Bereich der Politik eine Vielzahl anderer Akteure ausmachen; insbesondere das Bundesumweltministerium mit dem jeweils vorstehenden Bundesumweltminister spielt hier eine große Rolle: Bis 1994 erfüllte Klaus Töpfer (CDU) diese Aufgabe, danach übernahm Angela Merkel (CDU) für vier Jahre das Amt (1994 bis 1998) und schließlich der erste ‚grüne' Umweltminister, Jürgen Trittin (bis November 2005). International sind zudem die UN, die in regelmäßigen Abständen Umwelt- bzw. Klimakonferenzen abhält, die G8 sowie die WHO zu nennen, die Gegenstand der Medienberichterstattung sein könnten.

4. Auch **Ereignisse und Entscheidungen im Bereich der Atomenergie** im untersuchten Zeitraum könnten das Issue *Umwelt* beeinflusst haben: 1995 wurde ein erster Castorbehälter nach Gorleben transportiert; diese Transporte setzten sich in den folgenden Jahren regelmäßig fort. Am 14. Juni 2000 wurde der Atomausstieg beschlossen. Neben einer Reihe weiterer kleinerer Störfälle gelangte am 29. Juni 2005 radioaktives Wasser aus dem Atomkraftwerk in Forsmark, Schweden, in die Ostsee. Dieses Feld weist sich durch eine enge Verwobenheit von Politik und Wirtschaft aus; hier nehmen sowohl Energieunternehmen als auch atompolitische Institutionen Einfluss. Dazu zählen unter anderen die Internationale Atomenergie-Organisation (IAEO) und das Atomforum. Zudem sind auch zivilgesellschaftliche Akteure wie die Anti-AKW-Bewegung zu nennen.

5. Neben politischen Ereignissen könnten auch **wissenschaftliche Institutionen** Medienberichterstattung und Aufmerksamkeit beim Publikum beeinflusst haben. Laut Brand „existiert seit den siebziger Jahren ein sich sukzessive verdichtendes, professionelles System wissenschaftlicher Umweltbeobachtung und Kontrolle, das die Öffentlichkeit mit einem endlosen Strom an mehr oder weniger bedrohlichen Informationen" (Brand 1995, S. 49) über Umweltthemen versorge. Auf internationaler Ebene spielt der Klimarat der UNO, auf nationaler Ebene z. B. der Sachverständigenrat für Umweltfragen eine Rolle, denn durch die Globalität heutiger Umweltprobleme ist die Wissensintensität bei umweltpolitischen Entscheidungen stetig gestiegen. Diese Expertengruppen tragen folglich maßgeblich zur Auswahl und Interpretation umweltpolitischer Themen bei (Dingwerth 2008, S. 3).

6. Zudem ist anzunehmen, dass im zivilgesellschaftlichen Bereich eine Vielzahl an **Umwelt- und Naturschutzorganisationen** Einfluss auf das Issue nehmen könnte, etwa in Form von medienwirksam inszenierten Kampagnen. Hier lassen sich exemplarisch die Umweltschutzorganisationen Greenpeace, der WWF, der Naturschutzbund und Robin Wood anführen. Ihr primäres Ziel liegt in der Beeinflussung politischer Akteure meist über die Erzeugung medialer Öffentlichkeit (Schmidt 2012, S. 69). Dies gelingt insbesondere Greenpeace: Eine Studie von Rossmann (1993, S. 58) zeigt, dass deren PR-Mitteilungen meist so

4 Umwelt. Ein sterbendes Issue

gut wie unverändert in die Medien gelangen, sodass Greenpeace über das Potenzial verfügt, die Schwerpunkte der Themensetzung zu *Umwelt* in den Medien nach eigenen Maßstäben zu steuern.
7. Im beobachteten Zeitraum kam es zudem zu einer Vielzahl von **Natur- und Wetterkatastrophen**. Mehrere schwerwiegende Hochwasser führten zu massiven Schäden, insbesondere das Elbehochwasser in Sachsen-Anhalt im April 1994, das Oderhochwasser im Juli und August 1997 sowie das Elbehochwasser im August 2002. Folgenreiche Stürme stellten Orkan Lothar Ende Dezember 1999 mit einem Gesamtschaden von 1,6 Mrd. € und Orkan Jeanett Ende Oktober 2002 mit einem Schaden von 1,7 Mrd. € in Deutschland (Münchener Rückversicherungs-Gesellschaft 2011, S. 9) sowie der Hurrikan Katrina in den USA dar. Zudem kam es zu hitzebedingten Ereignissen: Im Frühling und Sommer 2000 wurden die bis dahin höchsten gemessenen UV-Belastungen in Deutschland registriert und im Juli und August 2003 kam es durch eine Hitzewelle zu zahlreichen Bränden in Europa.
8. Außerdem ereigneten sich im betrachteten Zeitraum einige folgenschwere **Umweltskandale**. Zuallererst ist hier die starke Kontroverse rund um die geplante Versenkung der Bohrplattform Brent Spar durch Shell (Gehrau 2009) und die aufmerksamkeitsstarke Gegenmobilisierung durch Greenpeace zwischen April und Ende Juni 1995 zu nennen, die Einfluss auf die Thematisierung und Problematisierung gehabt haben könnten. Zudem kam es zu mehreren Tankerunglücken, bei denen große Mengen Öl ausliefen, welche die Umwelt in den betroffenen Gebieten nachhaltig schädigten. In diesem Zusammenhang wird der Einfluss von Unternehmen als Akteure der Wirtschaft auf die Umweltthematik sichtbar (Neverla und Schäfer 2012, S. 20).

An dieser umfangreichen Aufstellung wird deutlich, dass sich das Issue *Umwelt* als äußerst vielschichtiges und komplexes Feld erweist, das von einer Vielzahl von gesellschaftlichen Teilbereichen, Akteuren und Ereignissen beeinflusst werden kann. In der folgenden Studie sollen daher aufmerksamkeitssteuernde Ereignisse und Akteure identifiziert werden.

4.2 Studie

In diesem Kapitel sollen nun zunächst aus Erkenntnissen der Agenda-Setting Forschung heraus ein Modell zur möglichen Wirkungsweise von Medienberichterstattung auf das Denken der Bevölkerung in Bezug auf das Issue *Umwelt* entwickelt und daraus Hypothesen für die nachfolgende Analyse generiert werden. Daneben sollen, insbesondere im Hinblick auf die strategische Analyse dieser Ergebnisse, Eigenschaften möglicher Zielgruppen als differenzierende Variablen untersucht werden.

4.2.1 Modell

Zur Analyse der Dynamik der öffentlichen Meinung über *Umwelt* wird ein Input-Output-Modell zugrunde gelegt. Wie bereits erläutert wurde, kann insbesondere bei diesem Issue davon ausgegangen werden, dass ein Großteil der Informationen über Ereignisse, Entscheidungen und Diskurse für die Menschen nicht direkt erfahrbar ist, sondern über Medienberichterstattung vermittelt wird. Diese Berichterstattung wiederum wird heutzutage, wie z. B. Dernbach anmerkt, vor allem durch externe Ereignisse initiiert (Dernbach 2011, S. 180–181). Daher wird erwartet, dass ein bestimmtes Ereignis zu Berichten in den Massenmedien führt, also die Medienagenda beeinflusst.

Gemäß des Agenda-Setting Ansatzes sollte diese Berichterstattung über Umweltthemen die Bevölkerung auf das Thema aufmerksam machen, was sich in einem erhöhten Bewusstsein für das Thema widerspiegeln sollte: Es wird angenommen, dass die Medienberichterstattung einen Einfluss auf die Themenaufmerksamkeit der Bevölkerung hat. Allerdings ist davon auszugehen, dass in den Medien behandelte Themen meist nur einen kurzfristigen Effekt auf die Aufmerksamkeit des Publikums haben. Dagegen entwickele sich die Einschätzung eines Issues als wichtiges Problem eher durch gesellschaftliche Prozesse und Interaktionen mit der sozialen Umwelt in Folge der Medienrezeption. Insofern wird ein Transfereffekt der erzeugten Aufmerksamkeit für das Thema auf eine erhöhte Wichtigkeit des Issues, die Problemeinschätzung von *Umwelt*, erwartet (Schenk 2007, S. 504). In diesem Sinne müssten sich zeitversetzte Einflüsse zwischen der Intensität der Medienberichterstattung und der Aufmerksamkeit gegenüber dem Thema *Umwelt* sowie zwischen der Aufmerksamkeit und der Problemeinschätzung nachweisen lassen.

Daneben wird in der neueren Forschung darauf hingewiesen, dass Personenmerkmale, unter denen auch Einstellungen gefasst werden, die Themenaufmerksamkeit und Problemeinschätzung beeinflussen. Daher soll auch der differentielle Einfluss bestimmter Personenmerkmale wie Alter und Bildung, auf die bei der Herleitung der Hypothesen genauer eingegangen wird, sowohl in der Analyse von Aufmerksamkeit und Wichtigkeitszuschreibung als auch bei der Messung des Medieneinflusses untersucht werden. Folgendes Wirkungsmodell wird dabei zugrunde gelegt (Abb. 4.1):

4 Umwelt. Ein sterbendes Issue

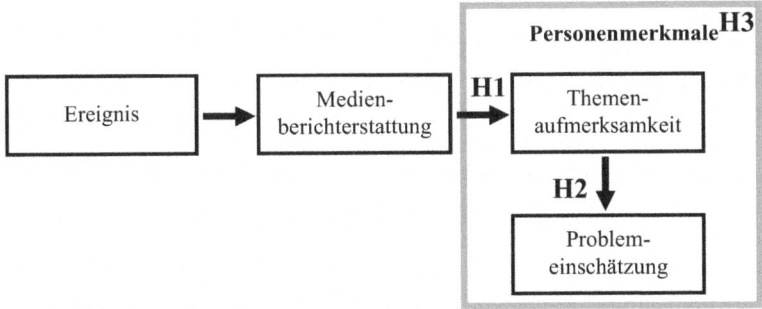

Abb. 4.1 Vermutete Entwicklung zum Einfluss von Medienberichterstattung auf die Themenaufmerksamkeit und Problemeinschätzung von Umwelt

4.2.2 Forschungsfragen und Hypothesen

Analog zu den drei im Modell beschriebenen Zusammenhängen lassen sich drei Hypothesen mit entsprechenden weitergehenden Annahmen generieren:
 Da viele umweltbezogene Themen heutzutage für die Bevölkerung nicht mehr direkt erfahrbar (‚unobtrusive') sind (bspw. Gonzenbach 1996, S. 8), lässt sich entsprechend der Agenda-Setting Hypothese vermuten, dass die Wahrnehmung des Issues durch die Bevölkerung in erster Linie durch Medienberichterstattung über entsprechende Themen beeinflusst wird. Daraus wird folgende Hypothese abgeleitet:

▶ **Hypothese 1** Eine intensivere Medienberichterstattung über Umweltthemen führt zu einer erhöhten Aufmerksamkeit gegenüber dem Thema Umwelt.

Dabei ist davon auszugehen, dass bestimmte Themenbereiche eher eine erhöhte Aufmerksamkeit bei den Rezipienten erzielen als andere. So stellen aus den acht oben identifizierten Ereigniskategorien offenbar Natur- und Wetterkatastrophen die für die Bevölkerung auffälligsten, potenziell umweltrelevanten Ereignisse dar. Zum einen nämlich folgen sie stark der Logik des Mediensystems, wie etwa Haan anmerkt: „Die Selektion von Ereignissen konzentriert sich eher auf Katastrophen als auf Ereignisse, deren Aktualität eventuell noch verbürgt, deren Neuigkeitswert aber nicht sehr hoch ist." (Haan 1995, S. 29). Zum anderen werden Natur- und Wetterkatastrophen in den Medien häufig auf Umweltverschmutzung und den Klimawandel zurückgeführt (Höppe 2011, S. 13). Daher lässt sich vermuten, dass insbesondere Berichterstattung über Natur- und Wetterkatastrophen die Aufmerksamkeit gegenüber dem Thema *Umwelt* erhöht.

Dies kann gleichfalls bezüglich der Medienberichterstattung über umweltpolitische Diskussionen und Entscheidungen vermutet werden, denn „Umweltthemen erlangen eine umso höhere Aufmerksamkeit, je stärker die öffentliche Debatte über sie polarisiert ist, je dramatischer die öffentliche Auseinandersetzung ist, je mehr sie Ängste und Hoffnungen, kontroverse Weltbilder und ideologische Positionen mobilisiert" (Brand 1995, S. 52). Dabei sorgen insbesondere umweltpolitische Debatten auf globaler Ebene, wie etwa Konferenzen zum Klimawandel, für eine steigende Medienberichterstattung, gefolgt von innerstaatlichen Diskursen (Rhomberg 2012, S. 39). Daher sollen Natur- und Wetterkatastrophen sowie Konferenzen in der Medienberichterstattung separat auf ihre Wirkung auf die Aufmerksamkeit gegenüber dem Thema *Umwelt* getestet werden.

Analog zu den Grundannahmen des Agenda-Setting Prozesses und des daraus abgeleiteten oben aufgeführten Modells ist die reine Aufmerksamkeit für ein Thema in den Medien die notwendige Voraussetzung für die Ausbildung einer Problemeinschätzung (Rössler 1997, S. 259). Daraus folgt:

▶ **Hypothese 2** Eine erhöhte Aufmerksamkeit gegenüber dem Thema Umwelt führt zu einer erhöhten Einschätzung von Umwelt als Problem.

Da die Aufmerksamkeit für ein Thema aber nicht zwangsläufig in einem Problembewusstsein (Problemeinschätzung) resultieren muss (s. o.), kann angenommen werden, dass die Themenaufmerksamkeit auf einem höheren Niveau als die Problemeinschätzung verläuft.

Da sich, wie oben angesprochen, bezüglich des Issues *Umwelt* ein Wertewandel vollzogen hat, besteht die Möglichkeit, dass die vermuteten Wirkungsverläufe nicht im gesamten Zeitraum konstant sind. Aus diesem Grund könnte es sinnvoll sein, den Untersuchungszeitraum in verschiedene Phasen zu unterteilen, die eine unterschiedliche öffentliche Wahrnehmung von *Umwelt* vermuten lassen.

Wie bereits bei der Herleitung des Modells angemerkt wurde, wird des Weiteren davon ausgegangen, dass der Transfereffekt der Themenaufmerksamkeit auf die Problemeinschätzung von individuellen Personenmerkmalen beeinflusst wird. So halten unter anderen Franzen und Meyer bezogen auf das Issue *Umwelt* fest, dass „individuelle Einflussfaktoren wie Bildung, Alter, Geschlecht und die politischen Einstellungen [...] einen mutmaßlichen Zusammenhang mit dem Umweltbewusstsein aufweisen" (Franzen und Meyer 2004, S. 122). Da jedoch nicht nur der Transfereffekt, sondern bereits Wahrnehmungsprozesse höchst individuell sind, ist zu vermuten, dass diese Personenmerkmale nicht nur das Maß der

4 Umwelt. Ein sterbendes Issue

Problem-, sondern auch der Themenaufmerksamkeit bestimmen, indem sie die Reaktion auf Medienberichterstattung und die Selektion von Themen beeinflussen. So wurde bereits empirisch gezeigt, dass Personen, die aufgrund spezifischer Personenmerkmale ein höheres Interesse an einem Issue haben, weniger durch Medienberichterstattung beeinflusst werden, da sie sich bereits eine Meinung zum Thema gebildet haben (Rössler 1997, S. 174). Dementsprechend weist auch Haan darauf hin, dass Rezipienten „nach eigenen Bedeutungszuschreibungen, Erwartungen und Interessen eine Auswahl vornehmen […] und nach [ihren] Wert- und Normvorstellungen werden die Informationen kontradiktorisch oder verstärkend aufs Problembewusstsein wirken." (Haan 1995, S. 24). Daraus wird folgende Hypothese abgeleitet:

▶ **Hypothese 3** Personenmerkmale beeinflussen die Themenaufmerksamkeit und Problemeinschätzung des Issues Umwelt.

Der Einfluss des Alters auf das Umweltbewusstsein wurde beispielsweise von Preisendörfer untersucht. Eine gewisse Grundsensibilisierung für das Issue *Umwelt* konnte inzwischen in allen Altersgruppen gefunden werden, allerdings hat sich gezeigt, dass in den 1990er Jahren eindeutige Unterschiede bestanden: Das Umweltbewusstsein bei den 18–30-Jährigen war signifikant höher als in anderen Altersgruppen (Preisendörfer 1999, S. 119). Daher lässt sich ableiten:

▶ Die Themenaufmerksamkeit und Problemeinschätzung von Umwelt ist bei jüngeren höher als bei älteren Personen. Daher werden Ältere stärker durch Medienberichterstattung beeinflusst.

Bei der Untersuchung von Bildungseffekten haben Kuckartz und Rheingans-Heintze (2006, S. 51) festgestellt, dass mit steigendem Bildungsabschluss Umwelt als wichtiger erachtet wird. Dementsprechend wird vermutet:

▶ Die Themenaufmerksamkeit und Problemeinschätzung von Umwelt ist bei Menschen mit höherem Bildungsabschluss höher als bei Personen mit niedrigerem Bildungsabschluss. Daher werden Personen mit höherem Bildungsabschluss weniger durch Medienberichterstattung beeinflusst.

Außerdem konnte festgestellt werden, dass „primär schon vorhandene umweltbezogene Einstellungen zu ökologischer Problemperzeption [führen]" und damit „die Rezeption von massenmedial aufbereiteten Umweltthemen und ihr Einfluß aufs Bewußtsein immer schon abhängig von einer vorgängigen Einstellung gegenüber der Umwelt" seien (Haan 1995, S. 25). Da die Partei Bündnis 90/Die Grünen für Umweltschutz steht, lässt sich vermuten, dass Personen mit einer Präferenz für diese Partei *Umwelt* als besonders wichtig erachten. Daraus folgt die Vermutung:

▶ Die Themenaufmerksamkeit und Problemeinschätzung von Umwelt ist bei Personen, die die Absicht äußern, bei der nächsten Wahl die Partei Bündnis 90/Die Grünen zu wählen, höher als bei Personen mit anderer Wahlabsicht. Daher werden die (potenziellen) Wähler der Grünen weniger durch Medienberichterstattung beeinflusst.

Diese Hypothesen und Vermutungen sollen im Folgenden überprüft werden.

4.2.3 Vorgehen

Zur empirischen Analyse des Modells sind sowohl Daten über die Medienberichterstattung als auch über die öffentliche Meinung notwendig. Um den Einfluss der Medienberichterstattung über Umweltthemen auf die Aufmerksamkeit gegenüber dem Thema *Umwelt* und ein erhöhtes Problembewusstsein bezüglich des Issues zu untersuchen, greift diese Studie auf zwei Datenquellen zurück: Zunächst stellen die in Kap. 2.3 beschriebenen Befragungsdaten von Forsa nach den wichtigsten Medienthemen und aktuellsten Problemen in der Bundesrepublik Deutschland die Datengrundlage dar. Dabei spiegelt die Frage nach den wichtigsten Medienthemen die Aufmerksamkeit für ein Thema wieder, die Frage nach den Problemen korrespondiert mit der Wichtigkeit eines Issues.

Sowohl für die Themen- als auch die Problemfrage wurde bei Nennung im Datensatz einheitlich und fast über den gesamten Zeitraum die Antwort ‚Umwelt allg. (Umweltthemen, Umweltschutz)' kodiert. Insofern bezeichnet die Variable *Problemeinschätzung* in der vorliegenden Studie die Antworten ‚Umwelt', ‚Umweltthemen' oder ‚Umweltschutz' auf die Problemfrage. Die gleichlautende Variable bei der Themennennung wird hier als abstrakte Themenaufmerksamkeit bezeichnet. Sie bildet die Nennungen von *Umwelt* als Thema im Allgemeinen ab. Zusätzlich zu dieser engen Themendefinition wurde für die Themenaufmerksamkeit eine inhaltlich weiter gefasste Variable aggregiert, die sich aus mehreren durch Forsa kodierten Antwortvariablen zusammensetzt. Dabei wurden zusätzlich zu der Antwort ‚Umwelt allg. (Umweltthemen, Umweltschutz)' analog zu den oben aufgeführten Ereigniskategorien auch konkretere Antworten der Befragten mit einbezogen. Setzt die Antwort ‚Umwelt allg. (Umweltthemen, Umweltschutz)' in den meisten

Fällen eine Abstraktionsleistung voraus, ist es durchaus möglich, dass die Befragten auch Themen nennen, die für das Issue *Umwelt* eindeutig relevant sind, die aber nicht mit dem Label ‚Umwelt' versehen werden. Daher ist es sinnvoll, auch diese konkreten Antworten, wie z. B. ‚Greenpeace', ‚Umweltgipfel in Berlin', ‚Öltankerunglück in der Nordsee' oder ‚Hochwasser' einzubeziehen (vollständige Liste siehe Kapitel 4.5.1). Diese Variable wird als *Themenaufmerksamkeit gesamt* bezeichnet und umfasst durch die Einbeziehung konkreter, ereignisbezogener Maßnahmen, Ereignisse und Vorkommnisse sämtliche Antworten, die das Issue *Umwelt* tangieren.

Um die Befragungsdaten mit der Medienberichterstattung in Beziehung setzen zu können, wurde auf die Daten des Media Tenors zurückgegriffen (Kap. 2.3). Aus diesen Daten wurde entsprechend der GLES-Kategorien eine Variable aggregiert, die sich aus den GLES-Unterkategorien hinsichtlich der Themen Umwelt allgemein, Umweltpolitik, Umweltschutz, Umweltschäden/Umweltverschmutzung, Ökosteuer, Klimaschutz, Klimawandel, Naturschutz, Naturkatastrophen, Tierschutz sowie Atomenergie/-ausstieg zusammensetzt. Diese wird im Folgenden als Medienberichterstattung bezeichnet. Zudem wurden für die Überprüfung der Hypothese 3 die im Befragungs-Datensatz ebenfalls erhobenen Variablen *Altersgruppe, höchster allgemeinbildender Schulabschluss* und *Bundestagswahlabsicht* herangezogen.

Bei allen Variablen wurden die Daten über das Datum synchronisiert und auf Wochenbasis aggregiert, um sie zueinander in Beziehung zu setzen. Die Interpretation der Daten soll einerseits anhand der Kurvenverläufe und andererseits anhand einer Zeitreihenanalyse mittels Kreuzkorrelationen erfolgen.

4.3 Ergebnisse

Im Folgenden werden nun die Ergebnisse zur Überprüfung des Modells vorgestellt. Dabei werden zunächst die jeweiligen Kurvenverläufe der Medienberichterstattung sowie der Themenaufmerksamkeit und der Problemeinschätzung beschrieben, um dann ihre Wechselwirkungen aufzuzeigen. Diese werden zeitreihenanalytisch durch Kreuzkorrelationen der Variablen statistisch analysiert. Dabei wird der betrachtete Zeitraum außerdem anhand des Verlaufs der Problemeinschätzung in drei Phasen geteilt, um eine mögliche Veränderung der Wirkungszusammenhänge zwischen den Variablen zu prüfen. Zudem wird der Einfluss der Faktoren Alter, Bildung und Wahlabsicht untersucht.

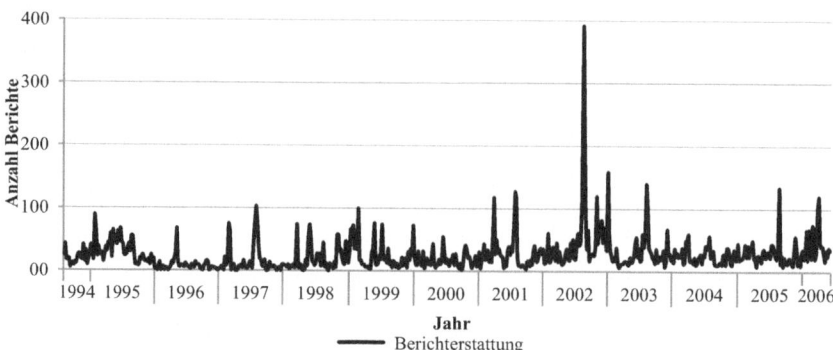

Abb. 4.2 Medienberichterstattung über Umwelt. Basis: $n = 622$ Wochen. Inhaltsanalyse Media Tenor: Fernsehnachrichten und Titelseiten von Zeitungen. (Kap. 2.3)

4.3.1 Die Beachtung und Problematisierung von *Umwelt* im Zeitverlauf

Medienberichterstattung Bei der Betrachtung des Verlaufs der Medienberichterstattung über *Umwelt* in der Zeit von 1994 bis 2006 (Abb. 4.2) zeigt sich, dass diese auf einem relativ stabilen Grundniveau verläuft und sich insbesondere vor 2002 nur gelegentlich Peaks zeigen, die auf mögliche berichterstattungsintensive Ereignisse hinweisen. Ab Ende 2001 steigt das Niveau der Berichterstattung dauerhaft leicht an; das Thema schien etwas an Relevanz zu gewinnen. So erreichen die Peaks der Berichterstattung ab diesem Zeitpunkt ein höheres Niveau als noch zuvor. Zudem erscheint die Kurve etwas volatiler. Das höhere Niveau und die höhere Dynamik der Kurve ab diesem Zeitraum könnten möglicherweise durch die verstärkte Berichterstattung zum Klimawandel, wie sie auch von Schäfer et al. (2012) festgestellt wurde, bedingt sein (Abb. 4.2).

Betrachtet man die Peaks, so fällt deutlich ins Auge, dass Wetter- bzw. Naturextremereignisse offenbar eine vergleichsweise hohe Erklärungskraft für den Verlauf der Medienberichterstattung haben. Ähnlich wie in der Studie von Schäfer et al. (2012, S. 132) zeigen sich v. a. deutliche Peaks in der Berichterstattung bei Hochwasserereignissen wie dem Rheinhochwasser 1995, dem Oderhochwasser 1997, dem Alpenhochwasser 1999 sowie bei den Elbehochwassern 2002 und 2006. Der Höhepunkt umweltbezogener Berichterstattung im gesamten Untersuchungszeitraum lässt sich zum Zeitpunkt der Woche des Elbehochwassers vom 13. bis 18. August

2002 (33. KW) feststellen. Auch zur Zeit der Orkane Lothar 1999, Jeanett 2002 und Katrina 2005 erhöhte sich die Berichterstattung deutlich. Damit können neun der 14 höchsten Peaks im Untersuchungszeitraum durch extreme Wetterereignisse erklärt werden.

Neben den Natur- und Wetterkatastrophen, die wie erwähnt der Logik des Mediensystems entgegenkommen, scheinen auch gesellschaftliche bzw. politische Aktivitäten die Berichterstattung über *Umwelt* bestimmt zu haben. Dies spiegelt sich in der Kurve im Anstieg der Berichterstattung während der UN-Weltklimakonferenz 2001 und des Weltgipfels Rio + 10 sowie an dem siebenwöchigen Hoch während der Debatte um die Entsorgung der Ölplattform Brent Spar wider.

Damit bestätigen sich auch in dieser Studie augenscheinlich die dargestellten Erkenntnisse der bisherigen Forschung: Wie Dernbach bereits konstatierte, bewegt sich die Umweltberichterstattung nur auf einem niedrigen Niveau, auch wenn nach 2001 eine leicht ansteigende Relevanz zu erkennen ist (Dernbach 2011, S. 181). Zudem zeigt sich, dass sich die Medienberichterstattung über Umweltthemen, wie bereits 1995 von Haan (1995 S. 29) festgestellt, meist nur auf aktuelle (Katastrophen-)Ereignisse konzentriert und diese auch nur kurzzeitig aufgreift: Mit wenigen Ausnahmen nimmt die Berichterstattung in der Woche eines Ereignisses zu, geht über diese Woche jedoch nicht hinaus. Intensiviert sich die Berichterstattung in überdurchschnittlichem Maße, wie insbesondere während der Hochwasser, findet sich zum Teil auch ein Peak über zwei bis drei Wochen. Eine Berichterstattung über sieben Wochen, wie im Fall der Entsorgung von Brent Spar, ist jedoch extrem selten.

Themenaufmerksamkeit Bei der Analyse der Themenaufmerksamkeit von *Umwelt* durch die Bevölkerung werden wie erwähnt zwei verschiedene Definitionen des Themas *Umwelt* untersucht. Zum einen wird *Umwelt* als abstraktes Thema verstanden, das in der Befragung explizit genannt wurde: die abstrakte Themenaufmerksamkeit. Zum anderen werden auch konkrete umweltrelevante Themen einbezogen: die Themenaufmerksamkeit gesamt. Aufgrund dieser Erweiterung der abstrakten Themenaufmerksamkeit verläuft die Kurve der Themenaufmerksamkeit gesamt zwangsläufig auf höherem Niveau als die der abstrakten Themendefinition (Abb. 4.3a).

Die Wahrnehmung des abstrakten Themas *Umwelt* in den Medien nimmt über den gesamten Zeitraum deutlich ab (Abb. 4.3b): Während das Thema von 1994 bis Mitte 1995 normalerweise von ca. vier Prozent der Befragten als wichtiges Medienthema genannt wurde und sich zu bestimmten Zeitpunkten sogar eine Verdoppelung der Nennungen zeigt, fällt das Niveau zum Ende des Jahres 1995 deutlich

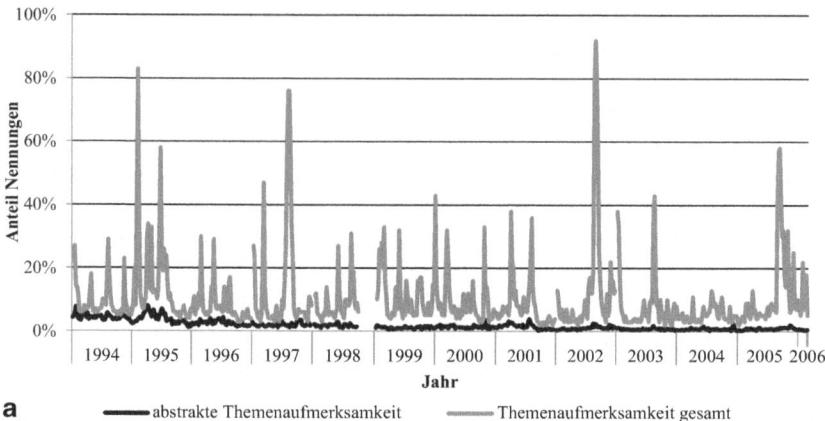

a   —— abstrakte Themenaufmerksamkeit   —— Themenaufmerksamkeit gesamt

Abb. 4.3 a Wahrnehmung des Themas Umwelt

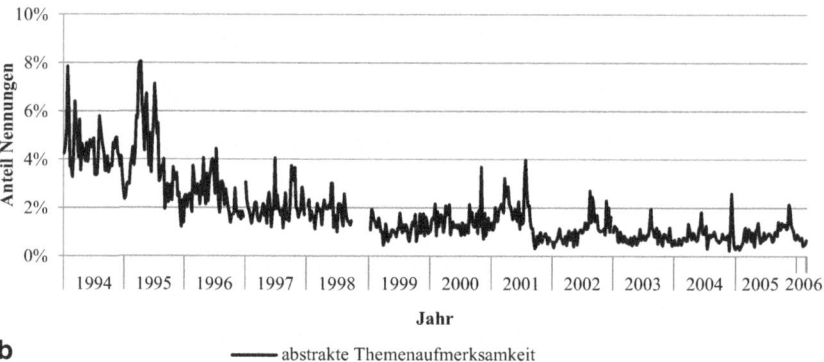

b   —— abstrakte Themenaufmerksamkeit

Abb. 4.3 b Wahrnehmung des abstrakten Themas Umwelt (vergrößerter Maßstab). Basis: $n = 615$ Wochen. FORSA Umfragebus: offene Frage nach den drei interessantesten Medienthemen. (Kap. 2.2)

auf nur noch ca. zwei bis drei Prozent ab. Auch wenn sich weiterhin mehrere starke Ausschläge zeigen, so erreichen diese nur noch einen Peak von maximal 4,5 %, im Durchschnitt aber deutlich weniger.

In der Mitte des Jahres 1998 nennt erstmals weniger als ein Prozent der Bevölkerung *Umwelt* als wichtiges Medienthema. Der Trend verstärkt sich in den kommenden Jahren, das Thema verliert mehr und mehr an Beachtung in der Bevölkerung: 1999 liegt die Themenaufmerksamkeit fast konstant unter einem

Prozent. Größere Peaks lassen sich jedoch erst wieder Ende 2000 beobachten; hier gewinnt das Thema an Relevanz. Im Herbst 2000 wird die Vier-Prozent-Marke erreicht. Doch ab September 2001 bricht diese erhöhte Aufmerksamkeit wieder vollkommen ein; das Thema verharrt im Bereich zwischen einem halben und einem Prozent. Lediglich zu einigen Zeitpunkten rückt es wieder etwas stärker in den Fokus der Bevölkerung (bis zu 2,5 %). Folglich hat die Wahrnehmung des abstrakten Themas *Umwelt* in den Medien deutlich abgenommen und bewegt sich ab 2001 fast in der Bedeutungslosigkeit.

Bezieht man nun auch umweltbezogene Themen, Ereignisse und Akteure mit ein, so zeigt sich eine gänzlich andere anderer Verlauf der Aufmerksamkeit in der Bevölkerung (Abb. 4.3a): Die Kurve verläuft sehr volatil, es gibt über die Zeit immer wieder hohe Peaks, bei denen umweltrelevante Themen, Ereignisse und Akteure von einem Großteil der Bevölkerung in der Medienberichterstattung wahrgenommen wurden. Durchschnittlich erreichen diese ein Niveau von 20 bis 40 %, teilweise aber auch 80 oder 90 %. Einzig von Mitte 2003 bis Mitte 2005 ist das Interesse an Umweltthemen in den Medien sowie in der Bevölkerung sehr gering.

Die Aufmerksamkeit gegenüber vorwiegend konkreten umweltrelevanten Themen verläuft also über den gesamten Zeitraum in ähnlicher Weise. Ein wesentlicher Bedeutungsverlust der Themenaufmerksamkeit von *Umwelt* gesamt ist im Gegensatz zu der abstrakten Themenaufmerksamkeit nicht festzustellen.

Problemeinschätzung Die Einschätzung von *Umwelt* als Problem verläuft auf einem deutlich höheren Niveau als die Aufmerksamkeit gegenüber dem abstrakten Thema *Umwelt*. *Umwelt* ist offenbar für die Bevölkerung eher ein Problem als ein bloßes Medienthema. Dies könnte zwei Ursachen haben: a) *Umwelt* als Problem besetzt unabhängig von der Medienberichterstattung einen festen Platz in Form eines Wertes im Bewusstsein der Menschen oder b) die Wahrnehmung von *Umwelt* als Problem wird eher durch die mit *Umwelt* assoziierten Themen (abgebildet in der weiten Themendefinition) beeinflusst als von der abstrakten Themenaufmerksamkeit von *Umwelt*.

Insgesamt zeigt sich bei der Betrachtung des Verlaufs der Problemeinschätzung, dass sie bis Mitte der 1990er Jahre relativ hoch ist, dann abzusinken beginnt, bis sie ab dem Jahr 2003 nur noch auf sehr niedrigem Niveau verläuft.

In den Jahren 1994 und 1995 wird die Wahrnehmung von *Umwelt* als Problem durch zwei Peaks bestimmt: Im Sommer 1994 nennen bis zu 19 % der Deutschen *Umwelt* als ein relevantes Problem; im Sommer 1995 gar 23 %, d. h. fast ein Viertel der Bevölkerung.

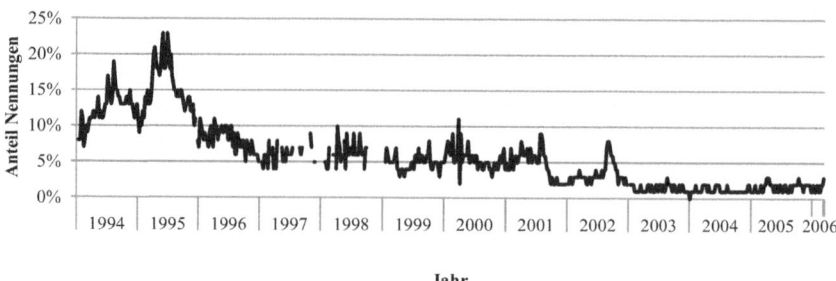

Abb. 4.4 Problemeinschätzung des Themas Umwelt. Basis: $n = 588$ Wochen. FORSA Umfragebus: offene Frage nach den drei wichtigsten Problemen. (Kap. 2.2)

Zum Ende des Jahres 1995 nimmt die Nennung von *Umwelt* als Problem jedoch deutlich ab: Anfang 1996 verharrt sie zunächst bei etwa acht Prozent; Anfang 1997 hat sie sich auf nur noch vier Prozent halbiert. Danach nehmen die Nennungen zwar wieder zu und erreichen Anfang 1998 noch einmal zehn Prozent, sinken ab 1999 aber erneut auf ein Niveau von ca. fünf Prozent ab. Abgesehen von einigen Peaks im Frühjahr 2000 und im Jahr 2001 verbleibt die Zahl der Nennungen auf diesem Niveau; ab September 2001 halbiert sie sich noch einmal auf 2,5 % und verbleibt nach einem letzten Peak im Sommer 2002, bei dem noch einmal acht Prozent *Umwelt* als Problem nennen, auf einem konstanten Niveau zwischen ein und zwei Prozent.

Es ist zu vermuten, dass der drastische Abfall der Problemeinschätzung mit dem einsetzenden Wertewandel zu Ungunsten des Issues *Umwelt* zusammenhängt. Dies könnte mit der schwierigen Wirtschafts- und Arbeitsmarktsituation zusammenhängen. So stieg die Arbeitslosenquote bis 1997 stetig an (11,4 %), sinkt dann zwar bis 2001 auf 9,4 %, erreicht aber 2005 wieder einen Wert von 11,7 % (Bundeszentrale für politische Bildung 2012). Vorangegangene Studien haben gezeigt, dass Arbeitslosigkeit als viel beachtetes Thema und Problem besonders in Krisenzeiten Themen wie Umwelt und Umweltschutz verdrängt (z. B. Kuckartz und Grunenberg 2002; Kuckartz und Rheingans-Heintze 2004, 2006). Denkbar wäre zudem, dass das abnehmende Problembewusstsein bezogen auf *Umwelt* mit einer zunehmenden Institutionalisierung des Issues zusammenhängt (Huber 2011, S. 132–133). Daraus könnte bei der Bevölkerung das Gefühl resultieren, dass sich bereits genug Akteure mit der Lösung von Umweltproblemen beschäftigen und diese dementsprechend für sie persönlich an Relevanz verlieren (Abb. 4.4).

4 Umwelt. Ein sterbendes Issue

Zusammenhänge zwischen den Kurvenverläufen Beim Vergleich der drei Kurvenverläufe zur Medienberichterstattung, Themenaufmerksamkeit und Problemeinschätzung (Abb. 4.5a und 4.5b) zeigen sich tendenziell ähnliche Verläufe: Die oben aufgeführten Wetterkatastrophen und politischen Ereignisse lassen sich augenscheinlich nicht nur als Medienereignisse, sondern ebenfalls bei der Themenaufmerksamkeit und der Problemeinschätzung wiederfinden. Allerdings muss zwischen der abstrakten Themenaufmerksamkeit von *Umwelt* und dem Einbezug konkreter umweltbezogener Themen, Ereignisse und Akteure unterschieden werden: Als abstraktes Thema wird *Umwelt* im Untersuchungszeitraum deutlich weniger wahrgenommen. Lediglich zur Zeit des Weltklimagipfels 1999, der Diskussion um die Ölplattform Brent Spar 1999, des UN-Weltklimagipfels 2001 und des Elbehochwassers 2002 zeigt sich eine leicht erhöhte abstrakte Themenaufmerksamkeit. Offensichtlich wird das Issue eher nicht losgelöst von aktuellen Anlässen als Thema wahrgenommen. Die folgende Analyse unter Berücksichtigung außermedialer Ereignisse bezieht sich daher auf die Themenaufmerksamkeit gesamt, also auf konkrete umweltbezogene Themen und Ereignisse.

Ein erster deutlicher Peak der Umweltberichterstattung Anfang 1995 (4. bis 5. KW) fällt mit dem **Rheinhochwasser** Ende Januar 1995 zusammen. Dies schlägt sich auch im Verlauf der Themenaufmerksamkeit gesamt nieder, die unter anderem den Code ‚Hochwasser' umfasst: 83 % der Bevölkerung nannten hier dieses Thema. Die Problemeinschätzung von *Umwelt* jedoch befindet sich zu diesem Zeitpunkt an einem Tiefpunkt (neun Prozent der Nennungen); das Hochwasser wird anscheinend kaum in ein Umweltproblem übersetzt.

Nach dem Rheinhochwasser steigt die Problemeinschätzung langsam bis zur Mitte des Jahres 1995 an: Über mehrere Wochen verlaufen hier Medienberichterstattung, Themenaufmerksamkeit und Problemeinschätzung auf einem hohen Niveau (19. bis 27. KW), als am 20. Juni 1995 bekannt wird, dass die **Ölplattform Brent Spar** nicht versenkt wird. Zu diesem Zeitpunkt verdreifacht sich die Berichterstattung gegenüber dem früheren mittelhohen Niveau (25. KW) und 23 % der Befragten nennen *Umwelt* als Problem, wodurch sich einer der höchsten Peaks des Untersuchungszeitraums beobachten lässt. Demgegenüber erzeugt der vom 27. März bis zum 9. April 1995 (13. bis 14. KW) folgende **Weltklimagipfel** in Berlin offenbar nur wenig umweltrelevante Berichterstattung, während die Aufmerksamkeit gegenüber umweltbezogenen Themen, Ereignisse und Akteure hier auf 34 % stark ansteigt.

Nach einem weiteren Peak im August 1995 (35. KW), der möglicherweise mit der Diskussion um die Sicherheit des Atomendlagers Gorleben zusammenhängt, flaut die Umweltberichterstattung zusammen mit Themenaufmerksamkeit und Problemeinschätzung deutlich ab. Bis 1998 verlaufen alle Kurven insgesamt auf niedrigem

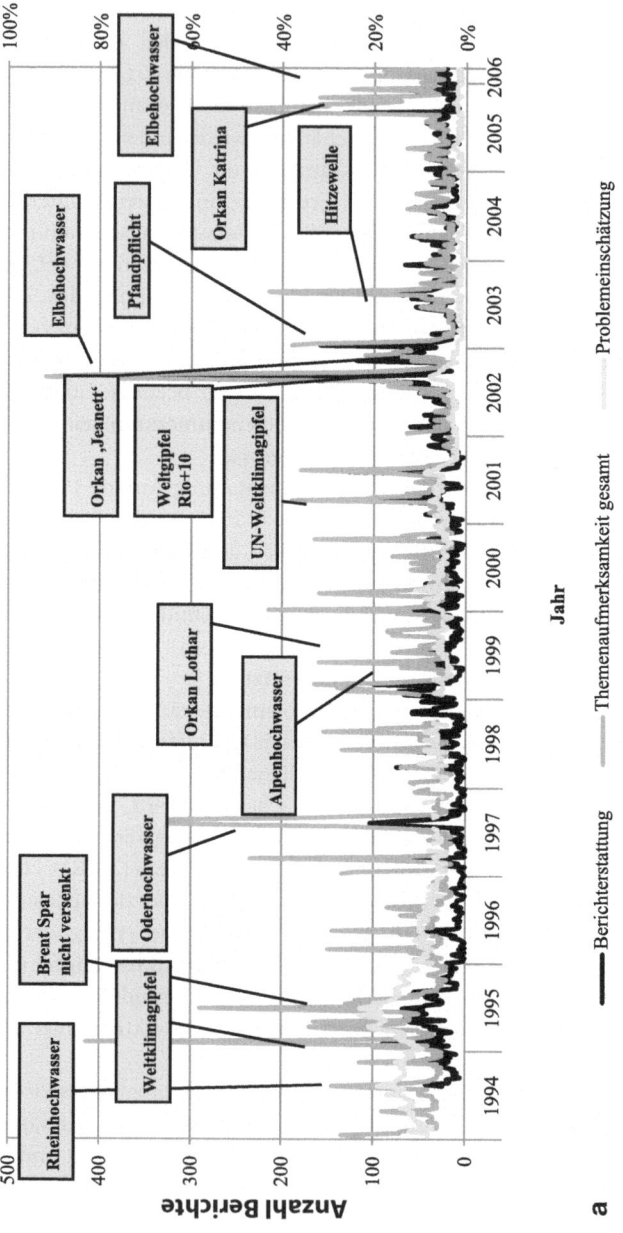

Abb. 4.5 a Berichterstattung, Themenaufmerksamkeit (gesamt) und Problemeinschätzung für das Thema Umwelt. Basis: n = 622 Wochen. Inhaltsanalyse Media Tenor: Fernsehnachrichten und Titelseiten von Zeitungen. (Kap. 2.3). FORSA Umfragebus: offene Frage nach den drei interessantesten Medienthemen und den drei wichtigsten Problemen. (Kap. 2.2)

4 Umwelt. Ein sterbendes Issue

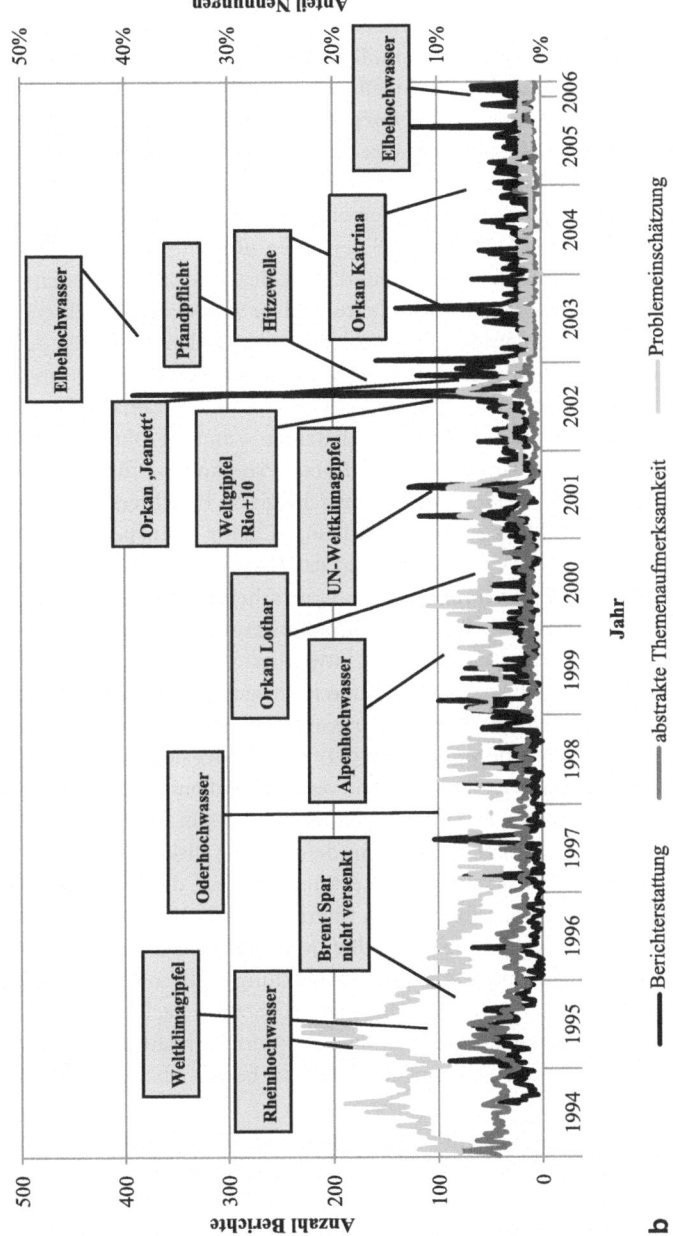

Abb. 4.5 b Berichterstattung, Themenaufmerksamkeit (abstrakt) und Problemeinschätzung für das Thema Umwelt (vergrößerter Maßstab beim Anteil der Nennungen). Basis: n = 622 Wochen. Inhaltsanalyse Media Tenor: Fernsehnachrichten und Titelseiten von Zeitungen. (Kap. 2.3). FORSA Umfragebus: offene Frage nach den drei interessantesten Medienthemen und den drei wichtigsten Problemen. (Kap. 2.2)

Niveau. Im Februar und Mai 1996 sowie März 1997 steigt die Themenaufmerksamkeit jeweils kurzzeitig an, ohne dass jedoch eine stark erhöhte umweltrelevante Berichterstattung ausgemacht werden kann. Im März 1997 gibt es einen gleichzeitigen Ausschlag von Themenaufmerksamkeit und Berichterstattung während der in Bonn stattfindenden Tagung von **Nebenorganen der UN-Weltklimakonferenz** (9. bis 10. KW). Der einzige äußerst starke Anstieg von Berichterstattung und Themenaufmerksamkeit während dieser Zeit ist dem **Oder-Hochwasser** im Sommer 1997 (31. KW) zuzuordnen. Die Problemeinschätzung bleibt währenddessen auf einem niedrigen Niveau. Ab Mitte 1998 gewinnen umweltbezogene Themen, Ereignisse und Akteure in der Themenaufmerksamkeit wieder an Prominenz; es zeigen sich mehrere deutliche Peaks. Parallele Ausschläge von Medienberichterstattung, Themenaufmerksamkeit und Problemeinschätzung werden verursacht durch das **Alpenhochwasser** im Mai 1999 (21. KW) sowie den **Orkan ‚Lothar'** im Dezember 1999 (51. KW). Nach Ausschlägen der Themenaufmerksamkeit im März 2000 – hier gemeinsam mit der Problemeinschätzung – und im Oktober 2000 – möglicherweise in Folge der Umsetzung des Kyoto-Protokolls –, die keiner Berichterstattung folgen, gibt es einen starken Ausschlag von Berichterstattung und Themenwahrnehmung im März 2001 während eines **Castor-Transports** ins Zwischenlager in Gorleben (13. KW). Danach steigt das Niveau der Kurven dauerhaft leicht an und die Zahl der Peaks nimmt zu; das Issue scheint leicht an Relevanz zu gewinnen. Insbesondere nach der **UN-Weltklimakonferenz** in Bonn vom 16. bis 22. Juli 2001 (29. KW) intensiviert sich die Umweltberichterstattung. Allerdings kann der Effekt erst eine Woche nach der Konferenz ausgemacht werden, während die Problemeinschätzung mit 9 % schon in der Konferenzwoche ihren Höhepunkt erreicht. Um eine weitere Woche verschoben (31. KW) findet sich ein starker Anstieg der Themenaufmerksamkeit auf 36 %. Die verspätete öffentliche und mediale Reaktion könnte in der Logik von Konferenzen begründet sein, deren Ergebnisse erst am Ende vorliegen und im Nachhinein in den Medien diskutiert werden. In diesem Fall war besonders die nachträgliche Reaktion der USA, die aus dem Kyoto-Protokoll ausgestiegen sind, von öffentlichem Interesse: Nach der Erweiterung des Protokolls auf der Bonner Konferenz beurteilten Journalisten die USA als isoliert gegenüber der Allianz aus Europa und den Entwicklungsländern (bspw. Rosenkranz im Spiegel 2001, S. 30). Da die Problemeinschätzung nach den ungefähr zeitgleichen Peaks von Themenaufmerksamkeit und Berichterstattung langsamer absinkt als die anderen beiden Kurven, liegt hier der bereits oben beschriebene Echoeffekt vor.

Der Höhepunkt der umweltbezogenen Berichterstattung im gesamten Untersuchungszeitraum wird zum Zeitpunkt der Woche des **Elbe-Hochwassers** vom 13. bis 18. August 2002 (33. KW) erreicht: Es erscheinen beinahe 400 Artikel und Beiträge in den analysierten Medien und damit zweieinhalb Mal so viele wie beim zweitstärk-

4 Umwelt. Ein sterbendes Issue

sten Peak. Eine Woche später steigt auch die Themenaufmerksamkeit mit 92 % der Nennungen auf den höchsten gemessenen Wert und bei der Problemeinschätzung zeigt sich mit acht Prozent ebenfalls ein starker und längerfristiger Ausschlag. Der acht Tage später beginnende **Weltgipfel Rio + 10** in Johannesburg vom 26. August bis 4. September 2002 zeigt sich lediglich in der Berichterstattung als leichter Peak, erklärt aber möglicherweise auch das relativ langsame Nachlassen der Problemeinschätzung nach dem Hochwasser. Hier liegt somit ebenfalls ein Echoeffekt vor. Das zweite umweltrelevante Ereignis des Jahres folgt mit dem **Orkan ‚Jeanett'** am 27. Oktober, der zwar eine hohe Berichterstattung (44. KW), jedoch offenbar keinen Effekt bei der Themenaufmerksamkeit und Problemeinschätzung verursacht.

Medien und Themenaufmerksamkeit reagieren jedoch gleichermaßen, als am 1. Januar 2003 die **Pfandpflicht** für Einwegbehälter in Kraft tritt und ebenso während der europaweiten **Hitzewelle** mit Waldbränden etwa vom 3. bis 13. August 2003 (32. KW). Bei der Problemeinschätzung können hingegen keine Effekte festgestellt werden.

Bis Mitte 2005 verlaufen alle Kurven auf einem recht niedrigen Niveau, bevor mit dem **Hurrikan ‚Katrina'** vom 29. August bis etwa 6. September 2005 (35. bis 36. KW) die Berichterstattung, und insbesondere zwei Wochen später die Themenaufmerksamkeit auf 58 %, erneut stark ansteigen. Dabei beginnen beide Effekte mit dem Auftreten des Hurrikans in Florida. Während die Medienresonanz jedoch schon mit den konkreten Wetterereignissen in Florida und New Orleans endet, bleibt das Interesse an Medienberichten auch noch während der Rettungs- und Evakuierungsarbeiten bestehen. Die Problemeinschätzung zeigt keinen Effekt. Im Januar und Februar gibt es verschiedene Ausschläge bei Berichterstattung und Themenaufmerksamkeit, bis die Berichterstattung den letzten Höhepunkt im Untersuchungszeitraum während des **Elbehochwassers** vom 4. bis etwa 9. April 2006 erreicht.

Insgesamt bestehen augenscheinlich regelmäßige Zusammenhänge zwischen der Berichterstattung und der Themenaufmerksamkeit gesamt. Daneben reagiert die Themenaufmerksamkeit allerdings auch auf umweltrelevante Medienthemen, über die nicht auffällig stark berichtet wird. Dies entspricht dem von Haan angeführten Impulsmodell: Das Thema scheint so interessant zu sein, dass die reine Erwähnung genügt, um als besonders relevant angesehen zu werden. Entgegen der ursprünglichen Vermutungen kann kein erhöhtes Interesse der Bevölkerung für Natur- und Wetterkatastrophen oder politische Ereignisse als Medienthemen festgestellt werden.

Demgegenüber zeigt die Problemeinschätzung seltene und dabei längerfristige Effekte und bleibt insgesamt relativ unabhängig von Berichterstattung und der weiten Themenaufmerksamkeit: Die Entwicklung von der hohen Themenrelevanz am Anfang der 1990er Jahre über die längerfristige mittlere Relevanz bis zum Hochwasser-Peak 2002 ist erkennbar, nach 2002 bewegt sich die Problemeinschätzung aber unabhängig von den anderen Kurven auf einem sehr niedrigen Niveau. Dies spricht dafür, dass die Ausbildung einer Problemeinschätzung bezüglich des Issues *Umwelt* ein abstrakter, von Einzelthemen losgelöster Prozess ist.

Die Erkenntnisse der Deskription sollen im Folgenden anhand der statistischen Analyse erweitert und vertieft werden.

4.3.2 Zeitversetzte Einflüsse von Medienberichterstattung, Themenaufmerksamkeit und Problemeinschätzung

Um nun zeitreihenanalytisch die Wirkungsverläufe zwischen den vier beschriebenen Datenreihen feststellen zu können, müssen zunächst die Zeitreihen separat betrachtet und von internen Strukturen bereinigt werden.

Im Falle der Medienberichterstattung konnte die Datenreihe durch einen signifikanten AAR11-Prozess fast vollständig bereinigt werden. Bei der Aufmerksamkeit gegenüber dem abstrakten Thema *Umwelt* wird durch das kontinuierlich abnehmende Niveau der Nennungen eine Differenzierung notwendig. Danach konnte die Reihe durch einen höchstsignifikanten AR1- sowie MA1-Prozess komplett bereinigt werden. Bei der Aufmerksamkeit gegenüber den aggregierten konkreten umweltbezogenen Themen muss die Datenreihe aufgrund des gleichbleibenden Niveaus nicht differenziert werden, es liegt kein Trend vor. Durch einen signifikanten AR2-Prozess konnte sie vollständig bereinigt werden. Bei der Problemeinschätzung von *Umwelt* ist im Verlauf deutlich ein Trend erkennbar, weshalb die Reihe zunächst differenziert und damit stationär gesetzt wurde. Danach konnte sie durch einen signifikanten MA1-Prozess bereinigt werden.

Aufgrund der großen Anzahl der Messpunkte treten gelegentlich signifikante negative Korrelationen zwischen den Datenreihen auf (Kap. 2.5). Sie sind mit großer Wahrscheinlichkeit als Methodenartefakte anzusehen, welche aufgrund der mehreren hundert Messpunkte und des Prewhitenings (Bereinigung) aufgetreten sind, und werden hier nicht berücksichtigt. Daher sind auch signifikante Korrelationen unter einem Wert von 0,20 nur unter Vorbehalt zu interpretieren (Kap. 2.5.3). Wenn im Folgenden auch geringere Werte betrachtet werden, sind diese lediglich als Tendenzen zu verstehen.

Der bereits identifizierte Zusammenhang zwischen der Medienberichterstattung über Umweltthemen und der Aufmerksamkeit der Bevölkerung gegenüber diesen Themen bestätigt sich tendenziell in den Kreuzkorrelationen – wenn auch nicht in einem so deutlichen Maße, wie nach erster Betrachtung zunächst hätte

4 Umwelt. Ein sterbendes Issue

Tab. 4.1 Kreuzkorrelationen von Berichterstattung, abstrakter Themenaufmerksamkeit, Themenaufmerksamkeit gesamt und Problemeinschätzung

	t_{-3}	t_{-2}	t_{-1}	t_0	t_{+1}	t_{+2}	t_{+3}
(1) Berichterstattung[b] → abstrakte Themenaufmerksamkeit[c]	0,04	0,00	0,04	0,16[a]	0,05	−0,02	−0,04
(2) Abstrakte Themenaufmerksamkeit[c] → Problemeinschätzung[d]	−0,10[a]	0,03	0,13[a]	0,36[a]	0,10[a]	0,10	0,09
(3) Berichterstattung[b] → Themenaufmerksamkeit gesamt[c]	0,02	0,03	0,22[a]	0,58[a]	−0,10	−0,03	−0,05
(4) Themenaufmerksamkeit gesamt[c] → Problemeinschätzung[d]	0,02	0,06	0,10[a]	0,21[a]	−0,02	−0,01	−0,02
(5) Berichterstattung[b] → Problemeinschätzung[d]	0,05	0,06	0,12[a]	0,16[a]	0,04	0,04	0,07

Basis: $n = 585$ mit ARIMA bereinigten Daten
[a] Korrelation ist größer als die Signifikanzgrenze von zweimal dem Standardfehler
[b] Inhaltsanalyse Media Tenor: Fernsehnachrichten und Titelseiten von Zeitungen. (Kap. 2.3)
[c] FORSA Umfragebus: offene Frage nach den drei interessantesten Themen. (Kap. 2.2)
[d] FORSA Umfragebus: offene Frage nach den drei wichtigsten Problemen. (Kap. 2.2)
(Die Nummerierungen der Zusammenhänge werden in Abb. 4.6 wieder aufgegriffen.)

angenommen werden können: Es kann ein schwacher Zusammenhang zwischen der umweltbezogenen Medienberichterstattung und der Aufmerksamkeit der Menschen bezüglich des abstrakten Themas *Umwelt* in der gleichen Woche festgestellt werden. Da die Korrelation jedoch nur schwach ist (0,16) und unterhalb des aussagekräftigen Wertes von 0,20 liegt, ist dieser Zusammenhang nicht eindeutig interpretierbar, zumal keine kausale Ursache-Wirkungs-Beziehung feststellbar ist, da im Vergleich mit der Vorwoche kein Zusammenhang messbar ist (Tab. 4.1 (1)).

In Bezug auf Hypothese 1 erweist sich die aggregierte Variable zu konkreten umweltbezogenen Themen als deutlich belastbarer: Kreuzkorreliert man die bereinigten Datenreihen der Aufmerksamkeit gegenüber verschiedenen, umweltbezogenen Themen mit der Medienberichterstattung, so zeigt sich in der gleichen Woche ein starker Zusammenhang (0,58). Zudem kann eine kausale Wirkungsrichtung bestimmt werden, da sich auch im Vergleich mit der Berichterstattung der Vorwoche immer noch ein substanzieller Zusammenhang (0,22) zeigt (Tab. 4.1 (3)). Damit wird deutlich, dass sowohl die Medienberichterstattung der gleichen als auch der Vorwoche die Aufmerksamkeit der Deutschen für konkrete Umweltthemen im Zeitraum von 1994 bis 2006 deutlich beeinflusst hat. Hypothese 1 kann also bestätigt werden:

▶ Eine intensivere Medienberichterstattung über Umweltthemen führt zu einer erhöhten Aufmerksamkeit gegenüber dem Thema *Umwelt*.

Im zweiten Schritt wurde dem Modell entsprechend der Einfluss der Aufmerksamkeit gegenüber dem abstrakten Thema *Umwelt* auf die Problemeinschätzung getestet. Hier zeigt sich bei der Kreuzkorrelation der beiden bereinigten Datenreihen ein mittlerer Zusammenhang (0,36) zwischen den beiden Variablen in der gleichen Woche. Die kausale Wirkungsrichtung ist hier allerdings nicht eindeutig zu bestimmen, sondern allenfalls zu vermuten, da zwar sowohl ein Zusammenhang in der Vorwoche (0,13) als auch eine Woche später (0,10) festgestellt werden kann, beide Werte jedoch für eine eindeutige Bestimmung von Kausalität zu schwach sind (Tab. 4.1 (2)).

Bei der Themenaufmerksamkeit gesamt hingegen ist der Zusammenhang mit der Problemeinschätzung zwar immer noch eindeutig, aber wesentlich schwächer ausgeprägt (0,21). Dafür kann eine Kausalität zumindest angenommen werden: Aufgrund einer schwachen Korrelation in der Vorwoche (0,10) ist zu vermuten, dass die Wahrnehmung von konkreten umweltbezogenen Themen die Problemeinschätzung beeinflusst (Tab. 4.1 (4)). Somit kann Hypothese 2 teilweise bestätigt werden:

▶ Eine erhöhte Aufmerksamkeit gegenüber dem Thema *Umwelt* führt zu einer erhöhten Einschätzung von *Umwelt* als Problem.

Über die oben genannten Hypothesen hinaus kann auch ein direkter Zusammenhang zwischen Problemeinschätzung und Medienberichterstattung vermutet werden. Auch wenn die signifikanten Korrelationen sehr schwach sind und ähnlich wie bei der abstrakten Themenaufmerksamkeit in der gleichen Woche nur ein sehr schwacher Zusammenhang (0,16) vorliegt, lässt sich doch anhand der graduellen Zunahme der Korrelationsmaße mutmaßen, dass hier tendenziell ein Einfluss der Medienberichterstattung auf die Problemeinschätzung der Bevölkerung von *Umwelt* bestehen könnte (Tab. 4.1 (5)). Zwar ist dieser direkte Einfluss in dem dieser Untersuchung zugrunde liegenden Modell nicht vorgesehen, widerlegt es aber nicht, sondern verdeutlicht vielmehr den Einfluss der Medienberichterstattung. Da dieser über die vermittelnde Variable der Themenaufmerksamkeit deutlich stärker ist als der nur sehr schwache direkte Effekt der Medienberichterstattung auf die Problemeinschätzung, ist weiterhin von dem Wirkungsverlauf, wie er im Mo-

4 Umwelt. Ein sterbendes Issue

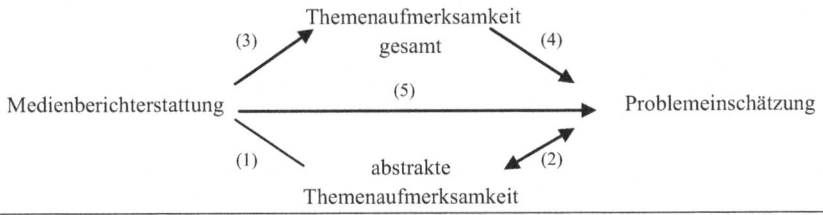

— signifikanter Zusammenhang, keine Kausalität feststellbar
→ signifikanter, kausaler Zusammenhang

Abb. 4.6 Wirkungsverläufe

Tab. 4.2 Kreuzkorrelationen von Berichterstattung über Naturkatastrophen mit der abstrakten und gesamten Themenaufmerksamkeit sowie der Problemeinschätzung

	t_{-3}	t_{-2}	t_{-1}	t_0	t_{+1}	t_{+2}	t_{+3}
Berichterstattung[b] → abstrakte Themenaufmerksamkeit[c]	0,05	0,01	−0,03	0,06	0,02	−0,03	−0,02
Berichterstattung[b] → Themenaufmerksamkeit gesamt[c]	0,01	0,05	0,27[a]	0,53[a]	−0,03	0,00	−0,03
Berichterstattung[b] → Problemeinschätzung[d]	0,07	0,09	0,06	0,04	−0,02	−0,08	−0,03

Basis: $n = 585$ Wochen mit ARIMA bereinigten Daten
[a] Korrelation ist größer als die Signifikanzgrenze von zweimal dem Standardfehler
[b] Inhaltsanalyse Media Tenor: Fernsehnachrichten und Titelseiten von Zeitungen. (Kap. 2.3)
[c] FORSA Umfragebus: offene Frage nach den drei interessantesten Themen. (Kap. 2.2)
[d] FORSA Umfragebus: offene Frage nach den drei wichtigsten Problemen. (Kap. 2.2)

dell angenommen wird, auszugehen. Abbildung 4.6 macht alle Zusammenhänge deutlich.

Zudem wurde vermutet, dass Berichterstattung über Naturkatastrophen und Umweltpolitik einen besonders starken Einfluss auf die Themenaufmerksamkeit und Problemeinschätzung der Bevölkerung hat. Die vorangegangene Deskription zeigte in einigen dieser Fälle Ausschläge – jedoch nicht in stärkerem Maße als bei anderen Themen. Statistisch zeigt sich ebenfalls keinerlei Zusammenhang zwischen der Medienberichterstattung über Naturkatastrophen[1] und der abstrakten Themenaufmerksamkeit sowie der Problemeinschätzung von *Umwelt* (Tab. 4.2

---

[1] Für die Analyse wurde die Ausprägung ‚Naturkatastrophen' der GLES-Variable ‚Umwelt' der rekodierten Medieninhaltsdaten verwendet.

Tab. 4.3 Kreuzkorrelationen von Berichterstattung über Umweltpolitik mit der abstrakten und gesamten Themenaufmerksamkeit sowie der Problemeinschätzung

	t_{-3}	t_{-2}	t_{-1}	t_0	t_{+1}	t_{+2}	t_{+3}
Berichterstattung[b] → abstrakte Themenaufmerksamkeit[c]	0,04	0,03	0,12[a]	0,20[a]	−0,03	0,04	−0,01
Berichterstattung[b] → Themenaufmerksamkeit gesamt[c]	0,03	−0,02	0,00	0,10[a]	−0,02	0,02	0,00
Berichterstattung[b] → Problemeinschätzung[d]	0,06	0,11[a]	0,11[a]	0,17[a]	0,10[a]	0,07	−0,07

Basis: $n = 584$ Wochen mit ARIMA bereinigten Daten
[a] Korrelation ist größer als die Signifikanzgrenze von zweimal dem Standardfehler
[b] Inhaltsanalyse Media Tenor: Fernsehnachrichten und Titelseiten von Zeitungen. (Kap. 2.3)
[c] FORSA Umfragebus: offene Frage nach den drei interessantesten Themen. (Kap. 2.2)
[d] FORSA Umfragebus: offene Frage nach den drei wichtigsten Problemen. (Kap. 2.2)

(1, 3)). Allerdings zeigt sich ein starker kausaler Effekt der Medienberichterstattung über Naturkatastrophen auf die Wahrnehmung vorwiegend konkreter Umweltthemen in den Medien (Tab. 4.2 (2)). Dies erklärt sich durch die in der weiten Themendefinition enthaltenen Antworten wie ‚Naturkatastrophen allg‘, ‚Unwetter in Deutschland‘ ‚Hochwasser‘ und Ähnlichem: Deren Eintreten und die Berichterstattung darüber erregten offenbar eine erhöhte Aufmerksamkeit bezüglich der jeweiligen Ereignisse.

Anders verhält es sich mit der Berichterstattung über Umweltpolitik[2]: Zwischen der Medienberichterstattung und der Aufmerksamkeit gegenüber konkreten Umweltthemen besteht nur in der aktuellen Woche ein zwar signifikanter, aber kaum zu interpretierender Zusammenhang Dafür beeinflusst die Medienberichterstattung sowohl die abstrakte Themenaufmerksamkeit als auch die Problemeinschätzung von *Umwelt* schwach. Dies ist zunächst ebenfalls in dieser Form kaum interpretierbar, der graduelle Anstieg aus der Vorwoche bzw. Vorvorwoche lässt jedoch tendenziell einen Zusammenhang zwischen den Zeitreihen vermuten (Tab. 4.3). Der nur sehr schwache Zusammenhang erklärt allerdings auch, warum sich in der Deskription keine überdurchschnittlichen Ausschläge zeigten.

Zusammenfassend lässt sich folglich festhalten: Berichten die Medien über ein umweltrelevantes Thema, hat dies einen zumindest schwachen Einfluss auf die Wahrnehmung des Publikums gegenüber dem Medienthema *Umwelt*. Teilweise bestätigte sich hierbei die Vermutung, dass insbesondere Berichterstattung

---

[2] Für die Analyse wurde die Ausprägung ‚Umweltpolitik‘ der GLES-Variable ‚Umwelt‘ der rekodierten Medieninhaltsdaten verwendet.

4 Umwelt. Ein sterbendes Issue   97

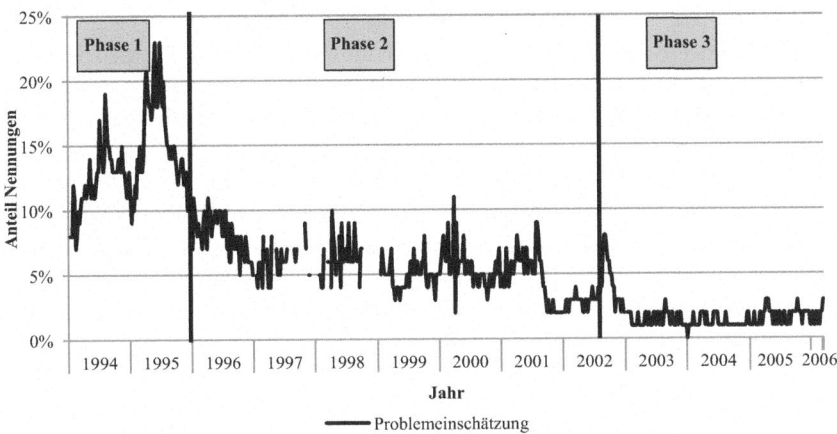

Abb. 4.7 Problemeinschätzung, Unterteilung nach Phasen. Basis: $n = 588$ Wochen. FORSA Umfragebus: offene Frage nach den drei wichtigsten Problemen. (Kap. 2.2)

über Naturkatastrophen und Umweltpolitik eine erhöhte Themenaufmerksamkeit verursacht. Die Themenaufmerksamkeit wiederum hat einen Einfluss auf die Wahrnehmung von *Umwelt* als Problem. Allerdings zeigte sich darüber hinaus, dass auch die Medienberichterstattung einen direkten Einfluss auf die Einschätzung von *Umwelt* als Problem beim Publikum haben kann.

4.3.3 Kreuzkorrelationen nach Phasen

Aufgrund des stufenartigen Verlaufs der Variable *Umwelt* als Problem (Abb. 4.4) wurden in einem zweiten Schritt drei Phasen identifiziert, die jeweils ein unterschiedliches Niveau aufweisen und deren separate Betrachtung potenziell wichtige Erkenntnisse zur Entwicklung der Beziehung zwischen Medienberichterstattung und Themenaufmerksamkeit bzw. Problemeinschätzung liefern könnte (Abb. 4.7).

Phase 1 Als erste Phase wurde der Zeitraum von Januar 1994 bis Dezember 1995 angelegt, da dieser die Hochphase der Problemeinschätzung hinsichtlich des Issues *Umwelt* darstellt. Sie ist durch einen ersten starken Anstieg der Aufmerksamkeit gekennzeichnet (bis auf fast 25 %), gefolgt von einem drastischen Rückgang nach der Klimakonferenz in Berlin 1995.

Da die Kurven der Problemeinschätzung und der abstrakten Themenaufmerksamkeit in dieser Phase kontinuierlich ansteigen, mussten sie zunächst differenziert werden. Bei der Problemeinschätzung wurde zusätzlich ein MA1-Prozess festgestellt. Bei der Aufmerksamkeit gegenüber umweltbezogenen Themen wurden ein AR1- und ein MA1-Prozess identifiziert, bei der Medienberichterstattung ein AR1-Prozess. Mithilfe dieser ARIMA-Modelle konnten alle Reihen bereinigt werden.

Überprüft man mittels Kreuzkorrelationen die Wirkung der Medienberichterstattung auf die Themenaufmerksamkeit, so zeigt sich nur bei Einbezug konkreter umweltbezogener Themen ein starker signifikanter Zusammenhang (0,57), bei dem allerdings keine Kausalität feststellbar ist (Tab. 4.4 (3)). Die Wahrnehmung des abstrakten Medienthemas Umwelt steht hingegen nicht in Zusammenhang mit der Medienberichterstattung (Tab. 4.4 (1)).

Die Korrelation der Themenaufmerksamkeit mit der Problemeinschätzung zeigt, dass zwischen der Wahrnehmung vorwiegend konkreter umweltbezogener Themen in den Medien und der Problemeinschätzung ein schwacher Zusammenhang (0,22) besteht, allerdings ebenfalls ohne kausale Richtung (Tab. 4.4 (4)). Eine Wirkung der Medienberichterstattung auf die Problemeinschätzung über die vermittelnde Variable der Themenaufmerksamkeit gesamt ist also anzunehmen, aber nicht eindeutig festzustellen. Die Kreuzkorrelation zwischen dem abstrakten Thema *Umwelt* und der Problemeinschätzung zeigt, dass auch andere Wirkungsverläufe möglich sind: Zwischen diesen beiden Variablen besteht ein leichter kausaler Zusammenhang, der einen Effekt der Problemeinschätzung auf die Themenaufmerksamkeit zeigt (Tab. 4.4 (2)). Hier bestimmt entgegen der Vermutung die Problemeinschätzung einer Person, ob sie das Thema *Umwelt* in den Medien aufmerksam verfolgt.

Zwischen Problemeinschätzung und Medienberichterstattung besteht in dieser Phase kein direkter Zusammenhang (Tab. 4.4 (5)), was das zugrunde liegende Modell, das von einer vermittelnden Funktion der Themenaufmerksamkeit ausgeht, stützt. In dieser Phase kann es, wie bereits erläutert, jedoch nicht eindeutig bestätigt werden. Vielmehr zeigt sich eine entscheidende Rolle der Problemeinschätzung bei der Wahrnehmung von Medienthemen.

Phase 2 Die zweite Phase stellt den Zeitraum von Dezember 1995 bis September 2001 dar. In diesem verläuft die Problemeinschätzung der Bevölkerung größtenteils auf einem Niveau zwischen fünf und zehn Prozent. Sie ist gekennzeichnet durch zahlreiche Ausschläge, bewegt sich aber generell auf einem deutlich niedrigeren Niveau als in Phase 1.

Die Zeitreihen der Problemeinschätzung und der Themenaufmerksamkeit dieser Phase mussten zunächst aufgrund ihres Verlaufs differenziert werden. Bei der

4 Umwelt. Ein sterbendes Issue

Tab. 4.4 Kreuzkorrelationen von Berichterstattung, abstrakter Themenaufmerksamkeit, Themenaufmerksamkeit gesamt und Problemeinschätzung nach Phasen

		t_{-3}	t_{-2}	t_{-1}	t_0	t_{+1}	t_{+2}	t_{+3}
(1) Berichterstattung[b] → abstrakte Themenaufmerksamkeit[c]	Phase 1	0,11	0,02	−0,09	0,14	−0,08	0,10	−0,22
	Phase 2	−0,04	−0,02	0,13	0,15[a]	0,12	−0,04	−0,00
	Phase 3	0,13	0,09	0,12	0,30[a]	0,06	−0,02	−0,07
(2) Abstrakte Themenaufmerksamkeit[c] → Problemeinschätzung[d]	Phase 1	−0,18	−0,18	−0,00	0,27[a]	0,23[a]	0,28[a]	0,13
	Phase 2	−0,05	0,05	0,02	0,29[a]	0,09	0,00	0,06
	Phase 3	0,01	−0,02	0,09	0,37[a]	0,06	0,09	−0,02
(3) Berichterstattung[b] → Themenaufmerksamkeit gesamt[c]	Phase 1	0,08	0,02	0,21	0,57[a]	−0,22	0,28[a]	0,01
	Phase 2	−0,12	−0,02	0,18[a]	0,64[a]	−0,05	0,06	−0,02
	Phase 3	0,05	0,05	0,19[a]	0,71[a]	−0,06	−0,05	−0,04
(4) Themenaufmerksamkeit gesamt[c] → Problemeinschätzung[d]	Phase 1	−0,05	−0,05	0,12	0,22[a]	−0,03	−0,01	−0,05
	Phase 2	0,01	0,07	0,03	0,14[a]	−0,06	−0,04	0,05
	Phase 3	−0,02	0,10	0,17[a]	0,42[a]	0,08	0,05	0,05
(5) Berichterstattung[b] → Problemeinschätzung[d]	Phase 1	−0,05	0,13	0,06	0,06	0,12	0,08	−0,10
	Phase 2	0,08	0,01	0,13	0,15[a]	0,06	−0,07	−0,11
	Phase 3	0,30[a]	0,30[a]	0,30[a]	0,25[a]	0,08	0,05	0,07

Basis: $n = 585$ Wochen mit ARIMA bereinigten Daten
[a] Korrelation ist größer als die Signifikanzgrenze von zweimal dem Standardfehler
[b] Inhaltsanalyse Media Tenor: Fernsehnachrichten und Titelseiten von Zeitungen. (Kap. 2.3)
[c] FORSA Umfragebus: offene Frage nach den drei interessantesten Themen. (Kap. 2.2)
[d] FORSA Umfragebus: offene Frage nach den drei wichtigsten Problemen. (Kap. 2.2)

Problemeinschätzung wurde zusätzlich ein MA1-Prozess und für die Themenaufmerksamkeit ein AR1- und ein MA1-Prozess festgestellt – sowohl für die abstrakte als auch für die erweiterte Definition. Bei der Medienberichterstattung ließ sich ein AR1-Prozess finden. Mithilfe der entsprechenden ARIMA-Modelle wurden die Zeitreihen vollständig bereinigt.

Bei der Kreuzkorrelation der Reihen zeigt sich ein kausaler Effekt der Medienberichterstattung auf die Aufmerksamkeit gegenüber vorwiegend konkreten umweltbezogenen Themen (Tab. 4.4 (3)). Zwischen Medienberichterstattung und der Wahrnehmung gegenüber dem abstrakten Thema *Umwelt* in den Medien zeigt sich lediglich ein äußerst schwacher, signifikanter Zusammenhang ohne eindeutige kausale Wirkungsrichtung (Tab. 4.4 (1)). Ein stärkerer Zusammenhang, allerdings ebenfalls ohne kausale Wirkungsrichtung, lässt sich zwischen der Aufmerksamkeit gegenüber diesem abstrakten Umweltthema und der Problemeinschätzung bezüglich des Issues *Umwelt* feststellen (Tab. 4.4 (2)). Zwischen den Datenreihen zur gesamten Themenaufmerksamkeit und der Problemeinschätzung zeigt sich ebenfalls nur ein äußerst schwacher, kaum zu interpretierender Zusammenhang ohne kausale Richtung (Tab. 4.4 (4)).

Zwischen Problemeinschätzung und Medienberichterstattung zeigt sich in dieser Phase ebenfalls nur ein sehr schwacher Zusammenhang zum Zeitpunkt t_0 (Tab. 4.4 (5)).

In der zweiten Phase zeigen sich somit ebenfalls keine eindeutigen Wirkungsverläufe. Die Medienberichterstattung beeinflusst zwar die Themenaufmerksamkeit gesamt, doch entgegen des vermuteten Modells bricht der Wirkungsverlauf hier ab. Es lässt sich weder ein direkter noch ein durch die Themenaufmerksamkeit vermittelter Zusammenhang zwischen Medienberichterstattung und Problemeinschätzung feststellen.

Phase 3 Die dritte Phase beschreibt den Zeitraum von September 2001 bis März 2006. Hier bewegt sich die Problemeinschätzung nochmals auf einem deutlich niedrigeren Niveau als in Phase zwei, durchschnittlich bei etwa zwei Prozent. Die Ausschläge sind hier nur noch minimal. Lediglich im August und September 2002 gibt es einen Ausreißer nach oben – zur Zeit des Elbehochwassers und des UN-Weltgipfels für Nachhaltige Entwicklung Rio + 10. Hier nennen acht Prozent der Bevölkerung *Umwelt* als eines der wichtigsten Probleme.

In dieser Phase konnten für alle Wahrnehmungsverläufe – sowohl für die Problemeinschätzung als auch für die Themenaufmerksamkeit nach der abstrakten und erweiterten Definition – AR1- und MA1-Prozesse festgestellt werden. Bei der Medienberichterstattung wurde nur ein AR1-Prozess gefunden. Eine Differenzierung war bei allen Reihen aufgrund ihres stabilen Verlaufs nicht notwendig. Auch in dieser Phase konnten die Zeitreihen vollständig bereinigt werden.

Mittels Kreuzkorrelationen zeigt sich zwischen der Reihe der Aufmerksamkeit gegenüber dem abstrakten Thema *Umwelt* und der Medienberichterstattung ein mittlerer Zusammenhang (0,30), eine eindeutige Wirkungsrichtung lässt sich jedoch nicht feststellen (Tab. 4.4 (1)). Anders ist es bei dem Zusammenhang zwischen den Reihen der Wahrnehmung vorwiegend konkreter Umweltthemen und der Medienberichterstattung. Hier zeigt sich ein sehr starker kausaler Effekt der Medienberichterstattung auf die Themenaufmerksamkeit (Tab. 4.4 (3)).

Beide Zeitreihen zur Themenaufmerksamkeit stehen wiederum in Zusammenhang mit der Problemeinschätzung. Bei der Aufmerksamkeit gegenüber dem abstrakten Thema *Umwelt* zeigt sich ein mittlerer Zusammenhang (0,37). Eine Kausalität ist hier allerdings nicht feststellbar (Tab. 4.4 (2)). Eine Kausalität besteht nur bei dem Zusammenhang zwischen der Wahrnehmung vorwiegend konkreter umweltbezogener Themen in den Medien und der Problemeinschätzung. Es ist ein (mittel -)starker Effekt der Themenaufmerksamkeit auf die Problemeinschätzung messbar (Tab. 4.4 (4)).

In dieser Phase lässt sich demnach das vermutete Modell bestätigen: Die Medienberichterstattung beeinflusst die Themenaufmerksamkeit, die wiederum die Problemeinschätzung beeinflusst. Allerdings ist diese Wirkungsrichtung nur für die Wahrnehmung vorwiegend konkreter umweltbezogener Medienthemen eindeutig. Bei der Aufmerksamkeit gegenüber dem abstrakten Thema *Umwelt* wäre grundsätzlich auch ein Wirkungsverlauf, der genau andersherum verläuft, möglich, allerdings aufgrund des eindeutigen Effekts bei der weiten Definition unwahrscheinlich. In Phase 3 lässt sich im Gegensatz zu den vorherigen Phasen auch ein direkter mittlerer Effekt der Medienberichterstattung auf die Problemeinschätzung feststellen (Tab. 4.4 (5)). Da der Effekt über den vermittelnden Faktor der Themenaufmerksamkeit gesamt jedoch größer ist, ist dies kein Umstand, der das vermutete Modell widerlegt. Der direkte Effekt spricht vielmehr für die äußerst hohe Bedeutung der Medienberichterstattung für die Wahrnehmung von *Umwelt* als Problem in der dritten Phase.

Abbildung 4.8 fasst die Wirkungsverläufe in den drei Phasen zusammen. Im Vergleich zeigt sich, dass nur in der dritten Phase ab September 2001 eine eindeutige Wirkung der Medienberichterstattung auf die Problemeinschätzung (über die vermittelnde Variable der Themenaufmerksamkeit) festzustellen ist. Vor dem Hintergrund, dass dies die Phase mit einer äußerst niedrigen Problemeinschätzung ist und die beiden vorherigen Phasen eine (deutlich) höhere Problemeinschätzung aufweisen, liegt die Vermutung nahe, dass die Medienberichterstattung bei dem Issue *Umwelt* nur einen Effekt haben kann, wenn es in der Bevölkerung als eher nachrangig erachtet wird. Besteht ohnehin schon ein hohes Problembewusstsein, hat die Medienberichterstattung kaum einen Effekt. In diesem Fall ist sogar ein umgekehrter Effekt, dass die Problemeinschätzung die Themenaufmerksamkeit beeinflusst, wie in Phase 1 vorgefunden wurde, möglich. Personen, die Umwelt als ein Problem wahrnehmen, achten auch verstärkt auf Umweltthemen in den Medien. Die Ergebnisse decken sich hier mit dem zugrunde liegenden Modell: Die Medienberichterstattung hat insbesondere dann (entweder vermittelt über die Themenaufmerksamkeit oder direkt) einen Einfluss auf die Problemeinschätzung, wenn Menschen ein geringes Interesse für das Issue *Umwelt* aufweisen und somit keine vorgefestigten Meinungen und Positionen diesem Prozess zuwider laufen können. In Phasen, in denen das Issue gesellschaftlich von höherer Relevanz und das Interesse an diesem somit höher ist, ist der Einfluss demgegenüber deutlich geringer, teilweise sogar gar nicht vorhanden.

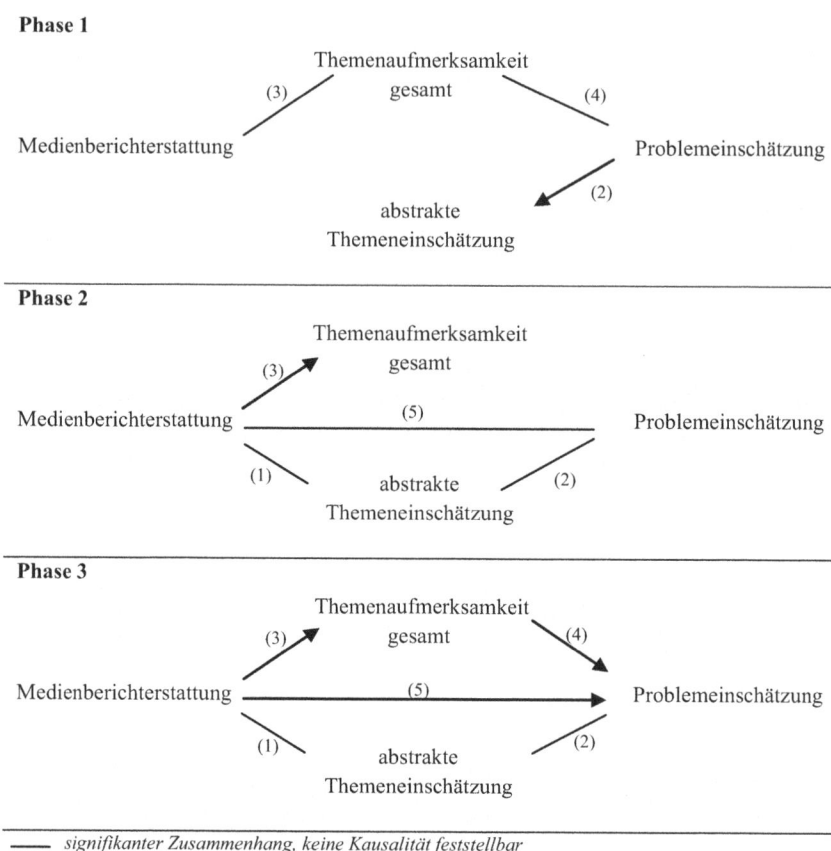

── signifikanter Zusammenhang, keine Kausalität feststellbar
──▶ signifikanter, kausaler Zusammenhang

Abb. 4.8 Wirkungsverläufe in den drei Phasen

4.3.4 Themenaufmerksamkeit und Problemeinschätzung bei verschiedenen Gruppen

Im Folgenden soll nun die Abhängigkeit der Themenaufmerksamkeit und Problemeinschätzung von *Umwelt* von verschiedenen Personenmerkmalen geprüft werden, wie sie in Hypothese 3 vermutet wird. Hierfür wurden separate Zeitreihen für jede Gruppe erstellt, diese zunächst miteinander verglichen und schließlich zur Prüfung einer potenziell unterschiedlichen Beeinflussung durch die Medienbe-

4 Umwelt. Ein sterbendes Issue

richterstattung mit der entsprechenden Datenreihe kreuzkorreliert. Zuvor wurden alle Datenreihen weitestgehend bereinigt. Die Gruppenbildung erfolgte anhand inhaltlicher Merkmale, wodurch sich teilweise unterschiedlich große Gruppengrößen ergaben. Da in der Analyse die Mittelwerte der einzelnen Gruppen verwendet wurden, ist nicht von Verzerrungen auszugehen.

Alter Um die vermuteten Auswirkungen des Alters von Personen auf ihre Themenaufmerksamkeit und Problemeinschätzung von *Umwelt* und ihre diesbezüglich möglicherweise unterschiedlich starke Beeinflussung durch die Medienberichterstattung zu untersuchen, wurden für die Analyse vier Altersgruppen gebildet: 14–25-Jährige (14,4 % der Stichprobe), 26–45-Jährige (40,4 %), 46–65-Jährige (30,3 %) und 66–99-Jährige (14,2 %).

Betrachtet man die Verläufe der beiden Themenaufmerksamkeits-Variablen in Bezug auf Altersunterschiede, so lassen sich keine systematischen Unterschiede feststellen. Bei der Problemeinschätzung zeigt sich jedoch ein anderes Bild (Abb. 4.9).

Anfang der 1990er Jahre zeigen sich deutliche Unterschiede zwischen den Altersgruppen. Je jünger eine Person ist, desto stärker nimmt sie offenbar *Umwelt* als ein relevantes Problem wahr. Diese Unterschiede bleiben bis zum Ende der 1990er Jahre bestehen. Mit dem generellen Absinken der Problemeinschätzung nehmen aber auch die Unterschiede zwischen den Altersgruppen ab, sodass sich im Verlauf der 2000er Jahre die Problemeinschätzung bei den verschiedenen Altersgruppen auf niedrigem Niveau angleicht. Trotzdem schlägt sich dieser Unterschied für die Gesamtzeit auch statistisch nieder: Während von den 14–25-Jährigen 7,1 % und von den 26–45-Jährigen 6,9 % der Befragten *Umwelt* als Problem nennen, gaben dies nur 3,3 % der 46–65-Jährigen und 4,5 % der über 66-Jährigen an.

Entsprechend der Annahme, dass jüngere Menschen eine stärkere Einschätzung von *Umwelt* als Problem haben und somit weniger von Medien beeinflusst werden, wurde vermutet, dass die Medienberichterstattung bei Älteren einen größeren Einfluss haben müsste als bei Jüngeren.[3] Diese Annahme konnte auf niedrigem Niveau bestätigt werden. Während sich bei der jüngsten Altersgruppe keinerlei Einfluss der Berichterstattung auf die Aufmerksamkeit gegenüber dem abstrakten Thema *Umwelt* zeigt, ist aufgrund der äußerst schwachen, jedoch in allen drei älteren Altersgruppen ausgeprägten Korrelationen unter Umständen ein Zu-

---

[3] Die Variablenreihen konnten auch nach Alter getrennt mit den gleichen Modellen bereinigt werden wie die Reihen im Aggregat. Einzige Ausnahme stellt die Variable ‚abstrakte Themenaufmerksamkeit' in der Altersgruppe der 66- bis 99-Jährigen dar, bei welcher zusätzlich zu einem MA1- ein MA2-Prozess berechnet wurde.

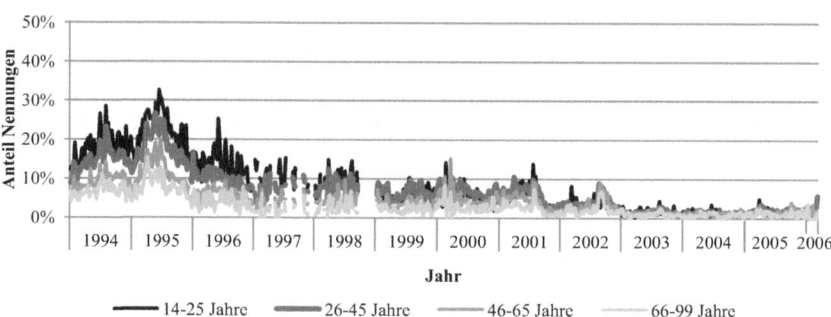

Abb. 4.9 Problemeinschätzung Umwelt nach Altersgruppen. Basis: $n = 588$ Wochen. FORSA Umfragebus: offene Frage nach den drei wichtigsten Problemen und Alter. (Kap. 2.2)

sammenhang wahrscheinlich. Analog dazu zeigt sich bei der Übersetzung der abstrakten Themenaufmerksamkeit in eine erhöhte Problemeinschätzung nur bei den beiden höheren Altersgruppen (46–65 und 66–99 Jahre) ein eindeutiger kausaler Effekt der Themenaufmerksamkeit auf die Problemeinschätzung, und zwar bei den 46–65-Jährigen interessanterweise noch deutlicher als bei den noch Älteren. Bei der jüngsten Altersgruppe, den 14–25-Jährigen, ist nur eine äußerst schwache, kaum valide interpretierbare signifikante Korrelation der beiden Datenreihen ohne eindeutige Wirkungsrichtung feststellbar. Bei den 26–45-Jährigen, scheint sogar ein umgekehrter Einfluss der Problemeinschätzung auf die Themenaufmerksamkeit vorzuliegen (Tab. 4.5). Insgesamt sprechen diese Ergebnisse für eine höhere Beeinflussung Älterer durch die Medien.

Der Effekt der Medienberichterstattung auf die Themenaufmerksamkeit gesamt ist jedoch über alle Altersgruppen sehr ähnlich: In der gleichen Woche zeigt sich ein fast identisch starker signifikanter Zusammenhang zwischen der Medienberichterstattung und der Themenaufmerksamkeit gesamt. Die mittelstarken Korrelationen zwischen der Medienberichterstattung der Vorwoche und der aktuellen Themenaufmerksamkeit sind ebenfalls in allen Altersgruppen ähnlich stark ausgeprägt, sodass hier der Effekt eindeutig, jedoch ohne allzu große Unterschiede zwischen den Gruppen festzumachen ist (Tab. 4.5). Bei der Übersetzung dieser gesamten Themenaufmerksamkeit in eine erhöhte Problemwahrnehmung findet sich nur bei der Gruppe der 46–65-Jährigen ein eindeutig interpretierbarer, schwacher Zusammenhang. Tendenziell ist aufgrund der in allen drei Altersgruppen ausgeprägten Korrelationen auch ein Zusammenhang in der Gruppe der 26–45-Jährigen und der 66–99-Jährigen wahrscheinlich, jedoch aufgrund der sehr schwachen Korrelationen nicht eindeutig. Bei der jüngsten Altersgruppe ist keinerlei Zusammenhang feststellbar (Tab. 4.5).

4 Umwelt. Ein sterbendes Issue

Tab. 4.5 Kreuzkorrelationen von Berichterstattung, abstrakter Themenaufmerksamkeit, Themenaufmerksamkeit gesamt und Problemeinschätzung nach Alter

		t_{-3}	t_{-2}	t_{-1}	t_0	t_{+1}	t_{+2}	t_{+3}
Berichterstattung[b]	14–25 Jahre	0,01	0,01	0,06	0,03	0,05	–0,00	0,00
→ abstrakte Themenaufmerksamkeit[c]	26–45 Jahre	0,07	0,00	0,05	0,10[a]	0,06	–0,01	–0,03
	46–65 Jahre	–0,00	0,04	0,06	0,18[a]	–0,01	0,02	–0,04
	66–99 Jahre	0,03	0,01	0,05	0,13[a]	0,05	–0,05	0,03
Abstrakte Themenaufmerksamkeit[c]	14–25 Jahre	–0,06	0,01	0,05	0,10[a]	0,03	0,07	0,07
→ Problemeinschätzung[d]	26–45 Jahre	–0,06	0,04	0,09	0,28[a]	0,15[a]	0,12[a]	–0,02
	46–65 Jahre	–0,09	–0,01	0,16[a]	0,37[a]	0,05	0,06	–0,03
	66–99 Jahre	–0,00	0,07	0,15[a]	0,26[a]	0,12	–0,02	0,05
Berichterstattung[b]	14–25 Jahre	0,01	0,03	0,24[a]	0,54[a]	–0,12[a]	0,00	–0,01
→ Themenaufmerksamkeit gesamt[c]	26–45 Jahre	0,01	0,04	0,23[a]	0,56[a]	–0,12[a]	0,02	–0,04
	46–65 Jahre	0,01	0,05	0,22[a]	0,57[a]	–0,11[a]	0,00	–0,03
	66–99 Jahre	0,01	–0,00	0,26[a]	0,57[a]	–0,11[a]	–0,01	–0,02
Themenaufmerksamkeit gesamt[c]	14–25 Jahre	0,03	–0,01	0,07	0,05	–0,01	0,03	–0,02
→ Problemeinschätzung[d]	26–45 Jahre	0,01	0,11[a]	0,07	0,15[a]	–0,03	0,00	–0,02
	46–65 Jahre	0,03	0,05	0,11[a]	0,20[a]	–0,04	–0,01	–0,01
	66–99 Jahre	0,05	0,06	0,06	0,12[a]	0,04	–0,01	–0,02
Berichterstattung[b]	14–25 Jahre	0,02	0,04	0,03	0,04	0,05	0,01	–0,04
→ Problemeinschätzung[d]	26–45 Jahre	0,07	0,05	0,10[a]	0,14[a]	0,03	–0,03	–0,05
	46–65 Jahre	0,02	0,07	0,14[a]	0,13[a]	0,00	–0,05	–0,07
	66–99 Jahre	0,09	0,07	0,07	0,13[a]	0,02	–0,06	–0,07

Basis: n = 585 Wochen mit ARIMA bereinigten Daten
[a] Korrelation ist größer als die Signifikanzgrenze von zweimal dem Standardfehler
[b] Inhaltsanalyse Media Tenor: Fernsehnachrichten und Titelseiten von Zeitungen. (Kap. 2.3)
[c] FORSA Umfragebus: offene Frage nach den drei interessantesten Themen. (Kap. 2.2)
[d] FORSA Umfragebus: offene Frage nach den drei wichtigsten Problemen. (Kap. 2.2)

Ein Zusammenhang zwischen der Berichterstattung und der Problemeinschätzung ist allenfalls bei den drei höheren Altersgruppen aufgrund der Konsistenz der Korrelationen in allen drei Gruppen wahrscheinlich, jedoch aufgrund der nur sehr schwachen Werte nicht eindeutig.

Somit kann Hypothese 3 in Bezug auf die Variable Alter größtenteils bestätigt werden: Die Einschätzung von *Umwelt* als Problem ist bei Jüngeren höher als bei älteren Personen. Ältere werden damit etwas stärker durch die Medienberichterstattung beeinflusst als Personen unter 25 Jahren. Entsprechend übersetzt sich eine erhöhte Themenaufmerksamkeit auch nur bei den Älteren, insbesondere in der Gruppe der 46–65-Jährigen, in eine erhöhte Problemeinschätzung. Die Vermutung, dass jüngere Personen auch eine höhere Themenaufmerksamkeit haben als Ältere, wurde jedoch nicht bestätigt.

Bildung Um zu prüfen, welchen Einfluss das Bildungsniveau der Befragten auf die Themenaufmerksamkeit und Problemeinschätzung in Bezug auf *Umwelt* hat, wurde die Frage nach dem höchsten allgemeinbildenden Schulabschluss als Variable herangezogen. Darauf aufbauend wurden zwei Gruppen gebildet: Befragte, die die Angabe machten, einen Haupt- oder Realschulabschluss oder einen Abschluss der Polytechnischen Oberschule nach der 8. bzw. 10. Klasse erworben zu haben sowie Personen ohne Schulabschluss[4] wurden der Gruppe ‚Sekundarstufe I oder ohne Abschluss' (im Folgenden: Sek.I) zugeordnet (62,4 % der Stichprobe). Diejenigen Befragten, die eine allgemeine oder fachgebundene Hochschulreife hatten, wurden der Gruppe Sekundarstufe II-Abschluss (Sek.II) zugeordnet (30,4 % der Stichprobe). Die übrigen sieben Prozent machten keine Angaben zum Schulabschluss und wurden in der Analyse daher nicht berücksichtigt.

Weder bei der abstrakten Themenaufmerksamkeit (1,9 % in Gruppe Sek.I; 2,0 % in Gruppe Sek.II) noch bei der Themenaufmerksamkeit gesamt (10,1 % in Gruppe Sek.I; 10,4 % in Gruppe Sek.II) zeigen sich große Unterschiede zwischen den Gruppen. Diese werden jedoch bei der Betrachtung des Verlaufs der Problemeinschätzung nach Bildungsgruppen sichtbar (Abb. 4.10). Hier zeigt sich, dass Befragte mit Sek.II-Abschluss insbesondere in den 1990er Jahren, aber auch noch zu Beginn der 2000er Jahre *Umwelt* deutlich häufiger als Problem nannten als Befragte mit Sek.I-Abschluss, teilweise zeigen sich Unterschiede von bis zu zehn Prozentpunkten. Ab Ende 2001 werden diese Unterschiede mit dem generellen Absinken der Problemnennungen von *Umwelt* geringer und verschwinden in der Mitte der

---

[4] Diese machen nur einen sehr geringen Teil (1,6 %) der Gesamtstichprobe aus und werden daher nicht als eigene Gruppe betrachtet.

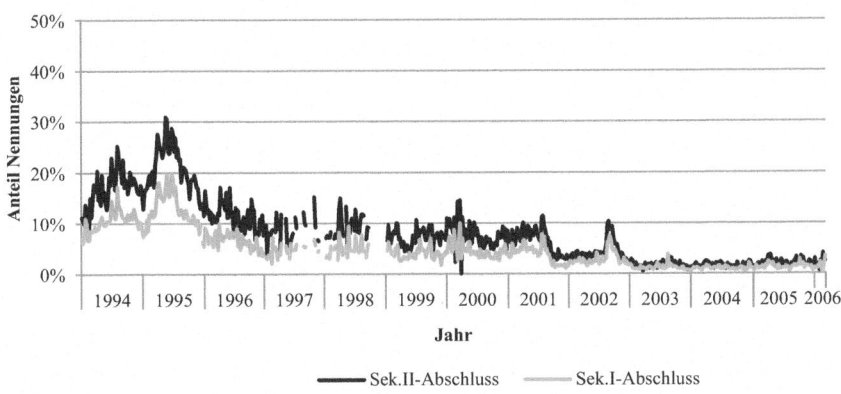

Abb. 4.10 Einschätzung des Problems Umwelt nach Bildungsgrad. Basis: $n = 588$ Wochen. FORSA Umfragebus: offene Frage nach den drei wichtigsten Problemen und nach höchstem Bildungsabschluss. (Kap. 2.2)

2000er Jahre fast vollständig. Für den Gesamtzeitraum ergibt sich daher, dass Personen mit Sek.II-Abschluss *Umwelt* als Problem häufiger benennen (6,8 %) als solche mit Sek.I-Abschluss (5,1 %). Somit zeigt sich auch hier ein differenziertes Bild: Während bis Mitte 2002 durchaus bestätigt werden kann, dass die Einschätzung von Umwelt als Problem bei Personen mit höherer Bildung höher ist, zeigt sich danach nur noch ein äußerst geringer Unterschied.

Dementsprechend wurde vermutet, dass Personen mit höherem Schulabschluss in ihrer Themenaufmerksamkeit und der daraus resultierenden Problemeinschätzung weniger durch die Medienberichterstattung beeinflusst werden. Diese Annahme kann bestätigt werden. Wenn die Unterschiede zwischen den Gruppen auch nur gering sind, sind bei Personen mit höherem Bildungsabschluss durchgehend niedrigere Effekte feststellbar. Die grundsätzlichen Wirkungsrichtungen unterscheiden sich bei den Gruppen allerdings kaum: Beim Einfluss der Berichterstattung auf die abstrakte Themenaufmerksamkeit zeigen sich bei beiden Gruppen schwache Zusammenhänge ohne eindeutige kausale Richtung. Diese abstrakte Themenwahrnehmung setzt sich aber in beiden Gruppen eindeutig in eine höhere Problemeinschätzung um. Die Medienberichterstattung hat bei beiden Gruppen einen eindeutigen kausalen Effekt auf die gesamte Themenaufmerksamkeit. Nur bei Personen mit Sek.I-Abschluss setzt sich dieser Effekt allerdings eindeutig kausal in eine erhöhte Problemeinschätzung um. Bei Personen mit Sek.II-Abschluss ist hier lediglich ein schwacher Zusammenhang ohne Wirkungsrichtung feststellbar.

Ein direkter Zusammenhang zwischen Berichterstattung und Problemeinschätzung zeigt sich bei beiden Gruppen nur in sehr schwacher Form, bei Personen mit Sek.I-Abschluss mit und bei Personen mit Sek.II-Abschluss ohne kausale Richtung (Tab. 4.6).

Hypothese 3 kann demnach in Bezug auf die Variable Schulabschluss als Indikator für Bildung ebenfalls größtenteils bestätigt werden. Bei der Betrachtung der Themenaufmerksamkeit im Zeitverlauf zeigen sich zwar auch hier keine Unterschiede zwischen den Gruppen, die Problemeinschätzung weist jedoch zumindest bis Anfang der 2000er Jahre deutliche Unterschiede auf:

▶ Personen mit höherer Bildung haben eine höhere Problemeinschätzung und werden dementsprechend weniger von der Medienberichterstattung beeinflusst.

Wahlabsicht Als drittes Personenmerkmal wurde die Wahlabsicht untersucht. Hierbei wurde zwischen Personen, die die Absicht äußern, bei der nächsten Wahl die Partei Bündnis 90/Die Grünen zu wählen (6,2 % der Gesamtstichprobe) und Personen mit anderen politischen Präferenzen unterschieden.

Sowohl bei der Aufmerksamkeit gegenüber dem abstrakten Thema als auch vorwiegend konkreten Umweltthemen konnten Unterschiede zwischen den Gruppen eindeutig erkannt und statistisch nachgewiesen werden: Potenzielle Wähler der Grünen gaben doppelt so häufig an, dass sie sich für das abstrakte Thema *Umwelt* in den Medien interessiert haben (3,8 %), wie Wähler anderer Parteien (1,8 %); auch vorwiegend konkrete Medienthemen (Themenaufmerksamkeit gesamt) nannten sie mit 13,4 % deutlich häufiger als Personen mit anderweitiger Wahlabsicht (10 %). Noch deutlicher wird der Unterschied der beiden Gruppen bei der Problemeinschätzung (Abb. 4.11): Die Wahrnehmung von *Umwelt* als Problem ist daher bei Personen, die die Grünen wählen würden, über den gesamten Zeitraum (auch nach 2002) deutlich höher: Im ersten Teil der Kurve beträgt der Unterschied zwischen den beiden Kurven mindestens zehn, oft sogar mehr als 20 Prozentpunkte. Ab Ende 2002, wenn die Problemeinschätzung in der gesamten Bevölkerung nur noch sehr gering ist, sinkt auch die Problemeinschätzung der (potenziellen) Wähler der Grünen und der Unterschied zu den Personen mit anderen politischen Präferenzen wird geringer. Er bleibt aber deutlich erkennbar und beträgt noch etwa fünf Prozentpunkte. Durchschnittlich gesehen ergibt sich so eine Differenz von 8,3 Prozentpunkten: Während im Mittel fast 14 % der potenziellen Grünen-Wähler *Umwelt* als Problem nennen, sind dies nur etwas mehr als fünf Prozent der Personen mit anderen Wahlabsichten.

4 Umwelt. Ein sterbendes Issue

Tab. 4.6 Kreuzkorrelationen von Berichterstattung, abstrakter Themenaufmerksamkeit, Themenaufmerksamkeit gesamt und Problemeinschätzung nach Schulabschluss

		t_{-3}	t_{-2}	t_{-1}	t_0	t_{+1}	t_{+2}	t_{+3}
Berichterstattung[b]	Sek.I	0,03	−0,02	0,05	0,15[a]	0,08	−0,02	−0,04
→ abstrakte Themenaufmerksamkeit[c]	Sek.II	0,04	0,04	0,08	0,10[a]	0,00	−0,01	−0,01
Abstrakte Themenaufmerksamkeit[c]	Sek.I	−0,06	0,02	0,13[a]	0,36[a]	0,09[a]	−08	−0,01
→ Problemeinschätzung[d]	Sek.II	−0,12	0,07	0,12[a]	0,28[a]	0,05	0,05	0,03
Berichterstattung[b]	Sek.I	0,01	0,05	0,22[a]	0,59[a]	−0,11[a]	0,01	−0,03
→ Themenaufmerksamkeit gesamt[c]	Sek.II	−0,01	0,05	0,25[a]	0,55[a]	−0,13[a]	0,01	−0,04
Themenaufmerksamkeit gesamt[c]	Sek.I	0,00	0,08	0,10[a]	0,19[a]	−0,06	0,00	−0,02
→ Problemeinschätzung[d]	Sek.II	0,06	0,04	0,08	0,15[a]	−0,03	0,01	−0,00
Berichterstattung[b]	Sek.I	0,03	0,08	0,13[a]	0,15[a]	0,01	−0,03	−0,10[a]
→ Problemeinschätzung[d]	Sek.II	0,07	0,04	0,08	0,12[a]	0,06	−0,05	−0,03

Basis: $n = 585$ Wochen mit ARIMA bereinigten Daten
[a]Korrelation ist größer als die Signifikanzgrenze von zweimal dem Standardfehler
[b]Inhaltsanalyse Media Tenor: Fernsehnachrichten und Titelseiten von Zeitungen. (Kap. 2.3)
[c]FORSA Umfragebus: offene Frage nach den drei interessantesten Themen. (Kap. 2.2)
[d]FORSA Umfragebus: offene Frage nach den drei wichtigsten Problemen. (Kap. 2.2)

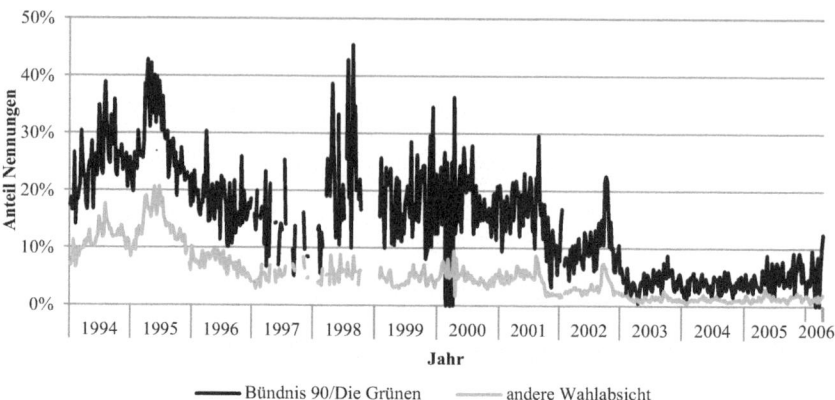

Abb. 4.11 Einschätzung des Problems Umwelt nach Wahlabsicht. Basis: $n = 588$ Wochen. FORSA Umfragebus: offene Frage nach den drei wichtigsten Problemen und nach Wahlabsicht. (Kap. 2.2)

Prüft man schließlich den Einfluss der Medienberichterstattung auf diese zwei Gruppen, so fallen eindeutige Unterschiede auf. Während bei potenziellen Grünen-Wählern kein Zusammenhang zwischen der Medienberichterstattung und der Aufmerksamkeit gegenüber dem abstrakten Thema *Umwelt* auftritt, zeigt sich bei Personen mit anderer Wahlabsicht eine signifikante Korrelation. Zudem werden potenzielle Wähler der Grünen zwar immer noch stark, aber deutlich weniger als bei Personen mit anderer Wahlabsicht in ihrer gesamten Themenaufmerksamkeit beeinflusst (Tab. 4.7).

Der deutlichste Unterschied zeigt sich jedoch beim Zusammenhang zwischen der abstrakten Themenaufmerksamkeit und der Problemeinschätzung: Dieser verläuft bei den Grünenwähler in die entgegengesetzte Richtung, d. h. die Themenaufmerksamkeit wird bei ihnen durch die Problemeinschätzung beeinflusst – allerdings nur in sehr schwacher Weise. Zwischen der gesamten Themenaufmerksamkeit und der Problemeinschätzung zeigt sich bei der Gruppe der Grünen-Wähler kein Zusammenhang (Tab. 4.7). Daraus lässt sich schließen, dass das stärker ausgeprägte Problembewusstsein bzgl. *Umwelt* bei den potenziellen Wählern der Grünen zugleich, wie vermutet, deutlich weniger abhängig von der Medienberichterstattung ist und in umgekehrter Richtung sogar auf die Aufmerksamkeit gegenüber dem abstrakten Medienthema *Umwelt* wirkt.

Bei Personen, die eine andere Wahlabsicht äußern, lässt sich eine mittlere Korrelation zwischen der Aufmerksamkeit gegenüber dem abstrakten Thema *Umwelt*

Tab. 4.7 Kreuzkorrelationen von Berichterstattung, abstrakter Themenaufmerksamkeit, Themenaufmerksamkeit gesamt und Problemeinschätzung nach Wahlabsicht

		t_{-3}	t_{-2}	t_{-1}	t_0	t_{+1}	t_{+2}	t_{+3}
Berichterstattung[b] → abstrakte Themenaufmerksamkeit[c]	Grün	0,05	0,02	0,07	−0,02	0,09	−0,02	−0,01
	Andere	0,04	0,01	0,07	0,20[a]	0,04	−0,03	−0,03
Abstrakte Themenaufmerksamkeit[c] → Problemeinschätzung[d]	Grün	−0,02	0,01	0,04	0,19[a]	0,11[a]	0,04	0,10[a]
	Andere	−0,03	0,05	0,12[a]	0,35[a]	0,11[a]	0,06	0,04
Berichterstattung[b] → Themenaufmerksamkeit gesamt[c]	Grün	0,01	0,05	0,23[a]	0,46[a]	−0,12[a]	0,03	0,00
	Andere	0,00	0,03	0,24[a]	0,54[a]	−0,12[a]	0,02	−0,01
Themenaufmerksamkeit gesamt[c] → Problemeinschätzung[d]	Grün	0,02	0,01	0,03	0,09	−0,01	−0,06	0,09
	Andere	0,01	0,10[a]	0,08	0,25[a]	0,01	−0,01	−0,03
Berichterstattung[b] → Problemeinschätzung[d]	Grün	0,09	0,03	0,06	0,03	0,02	−0,05	−0,02
	Andere	0,05	0,08	0,13[a]	0,20[a]	0,03	−0,05	−0,09

Basis: $n = 585$ Wochen mit ARIMA bereinigten Daten
[a] Korrelation ist größer als die Signifikanzgrenze von zweimal dem Standardfehler
[b] Inhaltsanalyse Media Tenor: Fernsehnachrichten und Titelseiten von Zeitungen. (Kap. 2.3)
[c] FORSA Umfragebus: offene Frage nach den drei interessantesten Themen. (Kap. 2.2)
[d] FORSA Umfragebus: offene Frage nach den drei wichtigsten Problemen. (Kap. 2.2)

und der Problemeinschätzung nachweisen. Die Wirkungsrichtung ist hier allerdings aufgrund der schwachen Korrelationen bei t_{-1} und t_1 nicht eindeutig. Auch zwischen der gesamten Themenaufmerksamkeit und der Problemwahrnehmung lässt sich bei dieser Gruppe eine mittlere Korrelation finden (Tab. 4.7).

Ein direkter Effekt der Berichterstattung auf die Problemeinschätzung zeigt sich analog zu den obigen Ergebnissen nur bei Personen, die nicht die Absicht äußern, die Grünen zu wählen (Tab. 4.7).

Damit bestätigt sich die eingangs angeführte Vermutung: Personen, die die Absicht äußern, bei der nächsten Wahl die Partei Bündnis 90/Die Grünen zu wählen, haben eine höhere Themenaufmerksamkeit und Problemeinschätzung in Bezug auf *Umwelt* als Personen mit anderen politischen Präferenzen und werden dementsprechend weniger von der Medienberichterstattung beeinflusst.

Vor dem Hintergrund dieser Ergebnisse zu den Persönlichkeitsmerkmalen Alter, Bildung und Wahlabsicht, lässt sich Hypothese 3 bestätigen:

▶ Personenmerkmale beeinflussen die Themenaufmerksamkeit und Problemeinschätzung in Bezug auf das Issue Umwelt.

Einschränkungen müssen jedoch in Bezug auf die Variable der Themenaufmerksamkeit gemacht werden, da diese nur bei der Wahlabsicht in eindeutigem Zusammenhang mit Personenmerkmalen stand.

4.4 Fazit

In der vorliegenden Studie wurde untersucht, wie sich das Issue *Umwelt* in der öffentlichen Meinung von 1994 bis 2006 entwickelt hat und welche Faktoren dessen Relevanz sowohl in den Medien als auch in den Köpfen der Menschen beeinflussten. Dabei haben sich verschiedene Entwicklungen gezeigt: Die Medienberichterstattung über Umweltthemen fand über den gesamten Untersuchungszeitraum auf eher geringem Niveau statt, wobei einzelne umweltrelevante Ereignisse kurzzeitig stark hervorgehoben wurden. Die Wahrnehmung der jeweiligen konkreten Ereignisse als Medienthemen in der Bevölkerung war durchgängig relativ hoch und folgte im gesamten Zeitraum (der Agenda-Setting Hypothese entsprechend) in weiten Teilen der Medienberichterstattung, während die Aufmerksamkeit gegenüber dem abstrakten Thema *Umwelt* auf deutlich geringerem Niveau verlief und weniger von der Medienberichterstattung beeinflusst wurde. Die Wahrnehmung von *Umwelt* als Problem war zu Beginn der 1990er Jahre recht hoch, sank jedoch im Untersuchungszeitraum immer weiter ab und wurde, wenn man den gesamten Untersuchungszeitraum betrachtet, sowohl von der Wahrnehmung des abstrakten Medienthemas *Umwelt* als auch von der Aufmerksamkeit gegenüber konkreten Umweltthemen beeinflusst.

Allerdings wurde durch die Einteilung der Analyse in verschiedene Phasen Analyse verschiedener Phasen festgestellt, dass in Bezug auf das Issue *Umwelt* nicht durchgängig von klassischen Agenda-Setting Effekten der Medien auf die Themenaufmerksamkeit und über diese auf die Problemeinschätzung auszugehen ist. So zeigte sich ein großer Einfluss der Medienberichterstattung lediglich in Zeiten, in denen *Umwelt* nur verhältnismäßig wenig Aufmerksamkeit durch die Bevölkerung erfährt. In den 1990er Jahren, in denen *Umwelt* noch als deutlich wichtiger wahrgenommen wurde, scheinen in erster Linie andere Umstände wie grundsätzliche Werte in der Gesellschaft und vorgefestigte Meinungen die Problemeinschätzung zu bestimmen.

Als weitere Einflussfaktoren in Bezug auf die Wahrnehmung von *Umwelt* als Problem konnten Alter, Bildung und die Wahlabsicht zugunsten der Partei Bündnis 90/Die Grünen ausgemacht werden. Jedoch zeigte sich auch hier, dass sich die zunächst drastischen Unterschiede über den Zeitverlauf deutlich abschwächen, wenn nicht sogar vollständig auflösen. Allerdings wurden deutliche Unterschiede in der Beeinflussung der Wahrnehmung durch die Medienberichterstattung deutlich: So wurden Gruppen mit durchgängig höherer Einschätzung des Issues *Umwelt* als Problem, wie Jüngere, Personen mit höherem Schulabschluss und (potenzielle) Wähler der Partei Bündnis 90/Die Grünen, weniger bzw. gar nicht von Medienberichterstattung beeinflusst, während dies bei anderen Gruppen durchaus der Fall war. Somit scheint die Höhe der Problemeinschätzung ein entscheidender Faktor zu sein, der bestimmt, wie stark Medien Einfluss nehmen können. Ist die Problemeinschätzung durch gesellschaftliche Umstände oder individuelle Merkmale bzw. Einstellungen ohnehin höher, haben Medien einen geringeren Effekt, als wenn sie generell niedriger ist.

Insgesamt zeigen die Daten einen langfristigen Relevanzverlust des Issues *Umwelt* in der Bevölkerung. Betrachtet man die Entwicklung der Umweltprobleme und -politik von den 1970er Jahren bis über den Untersuchungszeitraum hinaus, zeigt sich eine Etablierung des Issues *Umwelt* in Politik und Gesellschaft, etwa durch die Regierungsbeteiligung der Grünen, und gleichzeitig eine Entemotionalisierung der Diskussion. Dies kann auf mehrere Gründe zurückgeführt werden:

Erstens lässt sich vermuten, dass nach einer Hochphase der Umweltproblematik von der Mitte der 1980er Jahre bis zur Mitte der 1990er Jahre, in deren Verlauf viele Umweltprobleme für die Menschen tatsächlich direkt erfahrbar waren (beispielsweise saurer Regen oder die Auswirkungen der Atomkatastrophe von Tschernobyl), die direkte Wahrnehmung von Umweltproblemen im neuen Jahrtausend schwieriger wurde. Aktuelle Umweltprobleme sind jedoch zunehmend abstrakter und komplexer und haben eher langfristige Auswirkungen, wie beispielsweise der Klimawandel. Da es Menschen schwer fällt, zu komplexen Sachverhalten eine emotionale Beziehung aufzubauen (Mast und Fiedler 2005, S. 670), geht die Beachtung des Themas zurück. Zudem wäre es möglich, dass große Teile der Bevölkerung aufgrund der komplexen Struktur der heutigen Umweltprobleme und der geringen Auswirkungen des individuellen Handels resignieren und sie etwa die Folgen des Klimawandels als unausweichlich ansehen (Kruse 2005, S. 112).

Zweitens hat die jahrzehntelange, auch internationale Umweltpolitik gezeigt, dass gemeinsamer Umweltschutz aufgrund unterschiedlicher Nationalinteressen nur auf niedrigem Niveau betrieben werden kann und gerade globale Probleme nicht kurzfristig zu lösen sind. Dies stellt auch Klaus Dingwerth in Bezug auf das 1997 beschlossene Kyoto-Protokoll fest: „Der Euphorie zu Beginn der 1990er Jahre folgte spätestens nach dem Ausstieg der Vereinigten Staaten aus dem

Kyoto-Protokoll eine Welle der Ernüchterung. Diese hielt auch nach dem 2002 in Johannesburg abgehaltenen Weltgipfel für Nachhaltige Entwicklung: (World Summit on Sustainable Development, WSSD) an" (Dingwerth 2008, S. 2). Schließlich kann aufgrund des großen medialen Interesses an Wetterextremen und der Diskussion um die Erderwärmung in den vergangenen Jahren vermutet werden, dass die Diskussion über Umweltthemen abgelöst wurde durch eine Klimadebatte, die in den Erhebungsdaten noch nicht in ihren erforderlichen Spezifika erfasst wurde.

Abzuwarten bleibt, ob die überraschende Erkenntnis, dass die Atomkraft keinen nennenswerten Effekt auf Medienberichterstattung, Themenaufmerksamkeit und Problemeinschätzung hatte, in Zukunft an Gültigkeit verlieren wird. Die Nuklearkatastrophe von Fukushima im März 2011 und die energiepolitischen Reaktionen etwa in Deutschland haben möglicherweise zu einer erhöhten Sensibilität gegenüber diesem Issue geführt, deren Langfristigkeit jedoch noch nicht abzuschätzen ist.

Aufschlussreich sind diese Erkenntnisse auch für die Akteure im Bereich der strategischen Kommunikation in Unternehmen und Organisationen. Vor dem Hintergrund, dass das Issue *Umwelt* heutzutage kaum noch von großem Interesse ist bzw. als wichtiges Problem bewertet wird, scheint es derzeit auf den ersten Blick für Unternehmen wenig sinnvoll, zur Profilierung und zum Aufbau von Vertrauen auf Umweltkommunikation zu setzen. Insbesondere für Umweltorganisationen, die keine thematischen Ausweichmöglichkeiten haben, kann dies ein großes Problem darstellen. Dennoch ist es möglich, dass gerade in der geringen Bedeutung des Issues für die Bevölkerung Chancen liegen: Schließlich hat diese Analyse gezeigt, dass Medienkommunikation nur dann einen Einfluss auf die Problemeinschätzung haben kann, wenn diese grundsätzlich relativ niedrig ist.

Auch die Bedeutung der Berücksichtigung der jeweiligen Zielgruppe wurde in diesem Beitrag deutlich, da es von Personenmerkmalen abhängt, wie das Issue *Umwelt* bewertet wird. Hier tut sich jedoch wieder das Problem auf, dass Medien nur bei denjenigen, die sich weniger für das Issue interessieren, einen Einfluss haben.

Die strategische Kommunikation steht demnach vor einem Dilemma: Ist das Issue *Umwelt* populär, wirkt die Medienkommunikation schlechter oder gar nicht. Ist es nicht populär, hat die Kommunikation einen Einfluss auf seine Wahrnehmung in der Bevölkerung. Es stellt sich für Unternehmen und Institutionen also die Frage, ob sich Umweltkommunikation positiv auf die jeweils verfolgten Ziele auswirken kann, auch wenn das Issue eigentlich nicht von sehr großem Interesse ist.

Vor dem Hintergrund des Wertewandels durch die zunehmende Institutionalisierung der Umweltproblematik lässt sich annehmen, dass Unternehmen selbst dazu beigetragen haben, dass *Umwelt* in der Bevölkerung nicht mehr als besonders wichtiges Problem angesehen wird. Offen bleibt die Frage, ob Umweltkommunikation deswegen mittlerweile vollkommen wirkungslos ist oder ob sie eine notwendige Bedingung ist, die erfüllt werden muss, um als Unternehmen gesellschaftlich anerkannt zu werden. Als neue Möglichkeit, sich zu positionieren, sah Andreas Steinert von der Agentur Kohtes Klewes (Bonn) schon 2001 die Ausrichtung der Unternehmenskommunikation am Thema Nachhaltigkeit – also der Verknüpfung von Ökonomie, Ökologie und Sozialem. Dieses habe *Umwelt* weitgehend abgelöst (Steinert 2001, S. 3–5). Ob dies trotz der Komplexität und mangelnden Emotionalität wirklich zielführend ist, bleibt jedoch abzuwarten.

4.5 Anhang

4.5.1 Themenaggregate: Umwelt

Weite Themendefinition:[5]
Umwelt allgemein: Umweltthemen, Umweltschutz, Naturkatastrophen allgemein, Waldbrände allgemein, Waldbrände in USA, Brände, Feuer in Australien: Buschbrände, Klima- und Wetterkatastrophen allgemein, Unwetter allgemein, Sturm in Deutschland, Orkan über Europa, Hurricanes, Tornados allgemein, Tornados in USA, Unwetter Südeuropa, Dürrekatastrophen allgemein, Schneechaos, Schneechaos USA, Schneechaos in den Alpen, Hochwasser allgemein, Überschwemmung Polen, Überschwemmung in Afrika, Hochwasser in China, Hochwasser in Deutschland, Wetter: Hitze, Ozonwerte: Fahrverbot, Sommersmog, Ozonloch, Versenkung der Bohrinsel, Umweltkatastrophe in den Pyrenäen, Öltankerunglück in der Nordsee, Tankerunglück vor Frankreich, Tankerunglück in der Ostsee, Tankerunglück, Ölpest allgemein, Umweltpolitik allgemein, Dosenpfand, Feinstaub-Rili, Maßnahmen gegen Feinstaub, Klimagipfel: -konferenz, Umweltgipfel in Berlin, Nuklearunfall in Japan, Tschernobyl allgemein, Stilllegung der Reaktoren von Tschernobyl, 10 Jahre Tschernobyl, Tschernobyl Stör-

---

[5] Hierbei wurden nur Codes aufgenommen, die mindestens 100 Nennungen vorweisen konnten.

fall, Atomenergie, -ausstieg, -kraft, Castortransporte, Atomkraft: Gorleben, Entsorgung, Müllprobleme

Medienberichterstattung
Umwelt/Umweltpolitik, Bewahrung von Natur und Umwelt, Feinstaub, Umweltauflagen, EU-Umweltpolitik, Unternehmen: Umweltpolitik, Umweltpolitik, Zustand von Natur und Umwelt, Natürliche Ressourcen (Wasser, Öl, Bodenschätze), Nachhaltige Entwicklung, allgemein, Beziehung zwischen Mensch und Umwelt, Qualität der Luft, Recycling, allgemein, Umweltverträglichkeitsprüfung, Verschmutzungsquoten, Umwelt, Umweltpolitik allgemein, andere Aspekte, Zustand von Natur und Umwelt, Umwelt, Umweltpolitik allgemein, andere Aspekte, Umweltpolitik, Energiepolitik, Natur und Umwelt, Energie, Anderes Thema: Verkehr und Umwelt, Umweltschutz, Umweltverschmutzung allgemein, Umweltverschmutzung durch Öl-Unfälle, Umweltverschmutzung durch Auto-Abgase, Umweltverschmutzung durch Lärm, Klinikabfälle, Abfall, Abfallwirtschaft, Verpackung, Folgen von Umweltkriminalität, Umweltkriminalität, Abholzung von Wäldern, Elektrosmog, Abfall, Abfallwirtschaft, Verpackungen, „Grüner Punkt" und Abfallwirtschaft, Deutsche Shell AG (z. B. Auswirkungen der Versenkung von Brent Spar), Folgen französischer Atomversuche, Klimaschutz allgemein, Unternehmen: Auswirkungen/Umsetzung des Emissionshandels, CO^2-Emission, Ozon, Ozonverordnungen, Verschmutzungsrechte/Emissionsrechte, Kyoto-Protokoll, Klimakonferenzen, Weltgipfel für nachhaltige Entwicklung, Ozon, Ozonverordnungen, Ozon (Sommersmog, Ozonverordnung, Grenzwerte, Fahrverbote), Sekretariat der UN-Klima-Rahmenkonvention in Bonn, Wetter allgemein, Wetterbericht, Länderübergreifender Naturschutz, Flussgebiets-Management, Aufforstung, Schutz von Küsten und maritimen Gebieten, Wasser-/Gewässerschutz, UN Coastcare programme, Trockenlegung von Sümpfen, Überschwemmung/„Flut", Umwelt(-katastrophen), Dürre, Hitzewelle, Waldbrände, Schnee/-stürme, Naturkatastrophen, anderes, Katastrophenschutz, Hochwasser-Schutz, (Gesetzgebung), Ölbrände, Auswirkungen von Naturkatastrophen/Unwetter auf die Wirtschaft, Auswirkungen von Naturkatastrophen/Unwetter auf die soziale Lage, Auswirkungen von Naturkatastrophen auf die Umwelt,

Naturkatastrophen, Unfälle und Unglücksfälle (z. B. Erdbeben, Brände), Kernenergie, Kernenergie: Ausstieg aus der Kernenergie, Kernenergie: Unfälle/Störfälle, Verstrahlung, radioaktive Kontamination, Kernenergie Entsorgung (Morsleben, Gorleben), Kernenergie (andere Aspekte), Plutoniumverarbeitungsanlagen in Hanau, Atomares Zwischenlager in Gorleben, Atomares Endlager in Moorleben, illegaler Umgang mit Nuklearmaterial, Klimaänderung/Globale Erwärmung, Versteppung, Erosion, Dürre, Klimaänderung/Globale Erwärmung

4.5.2 Ergänzung zu Tab. 4.4

Kreuzkorrelationen von Berichterstattung, abstrakter Themenaufmerksamkeit, Themenaufmerksamkeit gesamt und Problemeinschätzung nach Phasen
Die Datenreihen wurden phasenweise wie folgt bereinigt:

	Phase 1	Phase 2	Phase 3
Medienberichterstattung[a]	100	100	100
Abstrakte Themenaufmerksamkeit[b]	010	111	101
Themenaufmerksamkeit gesamt[b]	101	111	101
Problemeinschätzung[c]	011	011	101

[a] Inhaltsanalyse Media Tenor: Fernsehnachrichten und Titelseiten von Zeitungen. (Kap. 2.3)
[b] FORSA Umfragebus: offene Frage nach den drei interessantesten Themen. (Kap. 2.2)
[c] FORSA Umfragebus: offene Frage nach den drei wichtigsten Problemen. (Kap. 2.2)

Literatur

Ader, C. R. (1995). A longitudinal study of agenda setting for the issue of environmental pollution. *Journalism & Mass Communication Quarterly, 72,* 300–311.
Beck, U. (1986). *Risikogesellschaft. Auf dem Weg in eine andere Moderne.* Frankfurt a. M.: Suhrkamp.
Brand, K.-W. (1995). Der ökologische Diskurs. Wer bestimmt Themen, Formen und Entwicklungen der öffentlichen Umweltdebatte? In de G. Haan (Hrsg.), *Umweltbewusstsein und Massenmedien. Perspektiven ökologischer Kommunikation* (S. 47–62). Berlin: Akademie-Verlag.

Brosius, H.-B., & Kepplinger, H. M. (1992). Linear and nonlinear models of agenda-setting in television. *Journal of Broadcasting & Electronic Media, 36,* 5–23.

Bundeszentrale für politische Bildung. (2012). Arbeitslose und Arbeitslosenquote. http://www.bpb.de/nachschlagen/zahlen-und-fakten/soziale-situation-in-deutschland/61718/arbeitslose-und-arbeitslosenquote. Zugegriffen: 8. Jan. 2014.

Dernbach, B. (2011). Die unterschiedlichen Rhythmen des (Umwelt-)Journalismus und der Nachhaltigkeitskommunikation. *UmweltWirtschaftsforum, 19,* 177–183.

Dingwerth, K. (2008). Globale Umweltpolitik. Berlin-Institut für Bevölkerung und Entwicklung. Demografische Analysen, Konzepte, Strategien. http://www.berlin-institut.org/fileadmin/user_upload/handbuch_texte/pdf_Dingwerth_Globale_Umweltpolitik.pdf. Zugegriffen: 8. Jan. 2014.

Franzen, A., & Meyer, R. (2004). Klimawandel des Umweltbewusstseins? Eine Analyse des ISSP 2000. *Zeitschrift für Soziologie, 33,* 119–137.

Gehrau, V. (2009). Die Dynamik von öffentlicher Meinung und öffentlichem Verhalten am Beispiel von Brent Spar. In U. Röttger (Hrsg.), *PR-Kampagnen. Über die Inszenierung von Öffentlichkeit* (S. 87–108). Wiesbaden: VS Verlag für Sozialwissenschaften.

Gonzenbach, W. J. (1996). *The media, the president and public opinion. A longitudinal analysis of the drug issue, 1984–1991.* New Jersey: Lawrence Erlbaum Associates.

Greenpeace. (2013). Umwelt & Wirtschaft. http://www.greenpeace.de/themen/umwelt_wirtschaft/. Zugegriffen: 20. Okt. 2013.

Günther, E. (o. J.). Definition natürliche Umwelt. Gabler Wirtschaftslexikon online. http://wirtschaftslexikon.gabler.de/Archiv/57499/natuerliche-umwelt-v5.html. Zugegriffen: 11. Jan. 2013.

de Haan, G. (1995). Umweltbewußtsein und Massenmedien. Der Stand der Debatte. In H. In G. de Haan (Hrsg.), *Umweltbewusstsein und Massenmedien. Perspektiven ökologischer Kommunikation* (S. 17–36). Berlin: Akademie-Verlag.

Hellbrück, J., & Kals, E. (2012). *Umweltpsychologie.* Wiesbaden: VS Verlag für Sozialwissenschaften.

Hillmann, K.-H. (2001). Zur Wertewandelforschung: Einführung, Übersicht und Ausblick. In G. W. Oesterdiekhoff & N. Jegelka (Hrsg.), *Werte und Wertewandel in westlichen Gesellschaften. Resultate und Perspektiven der Sozialwissenschaften* (S. 15–40). Opladen: Leske + Budrich.

Höppe, P. (2011). Klimawandel und Wetterextreme. Vortrag des Leiters Geo Risks Research/Corporate Climate Centre, Munich Re am 17.2.2011 in Düsseldorf. http://www.umwelt.nrw.de/klima/pdf/munichre_klimawandel.pdf. Zugegriffen: 8. Jan. 2014.

Huber, J. (2011). *Allgemeine Umweltsoziologie.* Wiesbaden: VS Verlag für Sozialwissenschaften.

Kruse, L. (2005). Nachhaltigkeitskommunikation und mehr: Die Perspektive der Psychologie. In G. Michelsen & J. Godemann (Hrsg.), *Handbuch Nachhaltigkeitskommunikation. Grundlagen und Praxis* (S. 109–120). München: oekom.

Kuckartz, U. (2000). Umweltbewusstsein in Deutschland 2000. Ergebnisse einer repräsentativen Bevölkerungsumfrage. Bundesministerium für Umwelt, Naturschutz und Reaktorsicherheit. Referat Gesellschaftspolitische Grundsatzfragen. Berlin. http://www.umweltbundesamt.de/sites/default/files/medien/publikation/long/3268.pdf. Zugegriffen: 8. Jan. 2014.

Kuckartz, U., & Grunenberg, H. (2002). Umweltpolitik. Umweltbewusstsein in Deutschland 2002. Ergebnisse einer repräsentativen Bevölkerungsumfrage. Bundesministerium für Umwelt, Naturschutz und Reaktorsicherheit. Referat Gesellschaftspolitische Grundsatzfragen. Berlin. http://www.umweltbundesamt.de/sites/default/files/medien/publikation/long/3269.pdf. Zugegriffen: 8. Jan. 2014.

Kuckartz, U., & Rheingans-Heintze, A. (2004). Umweltpolitik. Umweltbewusstsein in Deutschland 2004. Ergebnisse einer repräsentativen Bevölkerungsumfrage. Bundesministerium für Umwelt, Naturschutz und Reaktorsicherheit. Referat Gesellschaftspolitische Grundsatzfragen. Berlin. http://www.umweltbundesamt.de/sites/default/files/medien/publikation/long/2792.pdf. Zugegriffen: 8. Jan. 2014.

Kuckartz, U., & Rheingans-Heintze, A. (2006). *Trends im Umweltbewusstsein. Umweltgerechtigkeit, Lebensqualität und persönliches Engagement*. Wiesbaden: VS Verlag für Sozialwissenschaften.

Mast, C., & Fiedler, K. (2005). Nachhaltige Unternehmenskommunikation. In G. Michelsen & J. Godemann (Hrsg.), *Handbuch Nachhaltigkeitskommunikation. Grundlagen und Praxis* (S. 565–575). München: oekom.

Münchener Rückversicherungs-Gesellschaft. (2011). NatCatSERVICE BRD 1970–2010. http://www.ergo.com/de/Presse/Overview/Pressemappen/Wetterereignisse/Praesentationen. Zugegriffen: 3. Juli 2012.

Neverla, I., & Schäfer, M. S. (2012). Einleitung: Der Klimawandel und das „Medien-Klima". In I. Neverla & M. S. Schäfer (Hrsg.), *Das Medien-Klima. Fragen und Befunde der kommunikationswissenschaftlichen Klimaforschung* (S. 9–28). Wiesbaden: VS Verlag für Sozialwissenschaften.

Preisendörfer, P. (1999). *Umwelteinstellungen und Umweltverhalten in Deutschland. Empirische Befunde und Analysen auf der Grundlage der Bevölkerungsumfragen „Umweltbewusstsein in Deutschland" 1991–1998*. Opladen: Leske + Budrich.

Rhomberg, M. (2012). Wissenschaftliche und politische Akteure in der Klimadebatte. In I. Neverla & M. S. Schäfer (Hrsg.), *Das Medien-Klima. Fragen und Befunde der kommunikationswissenschaftlichen Klimaforschung* (S. 29–46). Wiesbaden: VS Verlag für Sozialwissenschaften.

Rössler, P. (1997). *Agenda-Setting: Theoretische Annahmen und empirische Evidenzen einer Medienwirkungshypothese*. Opladen: Westdeutscher Verlag.

Rosenkranz, G. (2001). Optimismus im Treibhaus. *Der Spiegel, 55*, 30.

Rossmann, T. (1993). Öffentlichkeitsarbeit und ihr Einfluss auf die Medien. Das Beispiel Greenpeace. *Media Perspektiven, 24*, 85–94.

Schäfer, M. S., Ivanova, A., & Schmidt, A. (2012). Issue-Attention: Mediale Aufmerksamkeit für den Klimawandel in 26 Ländern. In I. Neverla & M. S. Schäfer (Hrsg.), *Das Medien-Klima. Fragen und Befunde der kommunikationswissenschaftlichen Klimaforschung* (S. 121–142). Wiesbaden: VS Verlag für Sozialwissenschaften.

Schenk, M. (2007). *Medienwirkungsforschung*. Tübingen: Mohr Siebeck.

Schmidt, A. (2012). Bewegungen, Gegenbewegungen, NGOs: Klimakommunikation zivilgesellschaftlicher Akteure. In I. Neverla & M. S. Schäfer (Hrsg.), *Das Medien-Klima. Fragen und Befunde der kommunikationswissenschaftlichen Klimaforschung* (S. 69–94). Wiesbaden: VS Verlag für Sozialwissenschaften.

Steinert, A. (2001). Situation und Strategie. In G. Schönborn & A. Steinert (Hrsg.), *Sustainability Agenda. Nachhaltigkeitskommunikation für Unternehmen und Institutionen* (S. 3–19). Neuwied: Luchterhand.

Stracke-Neumann, S. (2006). Apathie im Umweltjournalismus? Bericht zur Mediendiskussion zum 20-jährigen Bestehen des deutschen Umweltministeriums in Berlin. http://www.sonnenseite.com/Umwelt,Apathie+im+Umweltjournalismus,16,a5426.html. Zugegriffen: 8. Jan. 2014.

Subroweit, S. (2006). Der Einfluss von Medienberichterstattung auf aggregierte wirtschaftliche und politische Einstellungen. Eine zeitreihenökonometrische Untersuchung. Dissertation. http://d-nb.info/985389117/34. Zugegriffen: 8. Jan. 2014.

New York, Madrid, London – Wie Terroranschläge die Berichterstattung und öffentliche Meinung zu Terrorismus, Innerer Sicherheit und Islamismus beeinflussen

5

Lisa Kohlsche, Julie Peignois, Anne Thoring und Elena von Roëll

> *An die großen Tage der Weltgeschichte, die wie Weichen des Schicksals sind, erinnern sich Menschen Jahre und Jahrzehnte später, erzählen sich immer wieder, wie sie diesen Tag erlebt haben, was sie gemacht haben, woran sie gedacht haben. Wer am 11. September von 15 Uhr an im Fernsehen verfolgt hat, wie United Airlines 175 im Südturm des World Trade Center verschwand und wie später die beiden Türme zusammenfielen, der wird diese Bilder nie mehr aus seinem Kopf bekommen.*
> *(Aust und Schnibben, 2002, S. 7)*

Es gibt Ereignisse in der Menschheitsgeschichte, deren Bilder diejenigen, die zu der Zeit gelebt haben, wohl nie vergessen werden. Die Mondlandung gehört zu diesen Ereignissen, das tödliche Attentat auf den damaligen US-Präsidenten John F. Kennedy genauso. Zeitzeugen können sich meist detailliert daran erinnern, was

---

L. Kohlsche (✉)
Münster, Deutschland
E-Mail: lisa.kohlsche@uni-muenster.de

J. Peignois
Köln, Deutschland
E-Mail: julie_peignois@gmx.net

A. Thoring
Münster, Deutschland
E-Mail: a.thoring@uni-muenster.de

E. v. Roëll
Münster, Deutschland
E-Mail: elena.roell@gmail.com

sie gerade gemacht haben, als sie von dem Ereignis erfuhren, wo sie sich aufgehalten und durch wen sie davon erfahren haben (Emmer et al. 2002, S. 166). In den 2000er-Jahren gehört zu dieser Art von Ereignissen sicherlich der Terroranschlag vom 11. September 2001 – auch, weil der Terror damit plötzlich ins direkte Bewusstsein der westlichen Welt gelangte: „Fanden Anschläge jahrzehntelang meist in weit entfernten Ländern statt, so erstarkte der internationale Terrorismus seit den 1990er Jahren und erreichte mit New York und Madrid die westliche Welt. Die Ereignisse in London stellten in diesem Rahmen [...] eine Fortsetzung dieser Ideologie dar" (Glück 2008, S. 78). Mit dem Anschlag auf die Türme des World Trade Centers in New York und das Pentagon in Washington[1] sowie der Bombenexplosionen im Nahverkehr in Madrid am 11. März 2004 und am 7. Juli 2005 in London rückte ein Thema ins öffentliche Bewusstsein, das bis heute Folgen nach sich zieht.

Die vorliegende Untersuchung beschäftigt sich mit diesen drei großen Terroranschlägen in der westlichen Welt und untersucht zunächst, inwieweit die Anschläge nicht nur *Terrorismus*, sondern auch *Islamismus* und *Innere Sicherheit* auf die Medienagenda gebracht haben.

Medien wird oft ein großer Einfluss auf die Themenaufmerksamkeit und insbesondere die Problemeinschätzung ihres Publikums zugeschrieben (McCombs und Shaw 1972). Dazu soll zunächst untersucht werden, ob die Ereignisse und die folgende Medienberichterstattung dazu geführt haben, dass *Terrorismus*, *Islamismus* und *Innere Sicherheit* von den Mediennutzern, und damit der deutschen Bevölkerung, als relevantes Issue[2] wahrgenommen wird. Darüber hinaus soll im Rahmen der Studie abgeschätzt werden, inwiefern die Problemeinschätzung von *Terrorismus* und v. a. von *Innerer Sicherheit* und *Islamismus* in der Bevölkerung Konsequenzen für das Handeln der politischen Akteure hatte. Politische Handlungen können dabei z. B. Maßnahmen im Bereich der Gesetzgebung zum Schutz der inneren Sicherheit umfassen.

Einführend soll zunächst ein kurzer Überblick über die drei untersuchten Terroranschläge, die beteiligten Akteure und die (politischen) Konsequenzen gegeben werden. Außerdem soll das Verhältnis von Terrorismus und Medien, das einen Einfluss auf potenzielle Agenda-Setting Prozesse haben könnte, betrachtet werden. Anschließend wird die Studie vorgestellt, wobei es zum einen um die theoretischen Grundannahmen, das theoretische Modell und die Hypothesen und zum anderen um Datengrundlage und methodische Aspekte gehen soll. Im Ergebniskapitel und dem anschließenden Fazit werden schließlich die zentralen

---

[1] Im Folgenden wird in diesem Zusammenhang von den Terroranschlägen in New York gesprochen.

[2] Der Begriff Issue umfasst sowohl die Problemeinschätzung der Bevölkerung als auch die Themenaufmerksamkeit im Sinne von sie interessierenden Themen aus den Massenmedien (Anhang zu Kap. 5).

Ergebnisse dargelegt und auch potenzielle Konsequenzen für das politische Handeln und die strategische Kommunikation diskutiert.

5.1 Hintergrund

Mit dem 11. September 2001 fand allgemein das Thema *Terrorismus* sowie dessen Verhältnis zu den Medien verstärkt Eingang in den wissenschaftlichen Diskurs. Dieses Kapitel soll die zentralen Überlegungen und Ergebnisse dahingehend zusammenfassen. Des Weiteren gibt das Kapitel einen Überblick über die Chronologie der drei Anschläge sowie deren zentrale Akteure und aus den Anschlägen folgende (politische) Konsequenzen.

5.1.1 Terrorismus und Medien – ein symbiotisches Verhältnis

Es liegt nicht zuletzt an den Medien, dass sich speziell der 11. September 2001 so stark in das Gedächtnis der Menschen eingebrannt hat. Insbesondere das Fernsehen als glaubwürdiges und aktuelles Leitmedium spielte dabei eine zentrale Rolle, wollten sich die Menschen doch über diesen Informationskanal selbst ein Bild von den Ereignissen machen (Emmer et al. 2002, S. 167). Die Katastrophe wurde fast durchgehend weltweit live über die Fernsehbildschirme übertragen „und avancierte zum Medienereignis mit den meisten Zuschauern in der Fernsehgeschichte" (Schicha und Brosda 2002, S. 7). Durch die dauerhafte Übertragung der Live-Bilder und deren ständige Wiederholung blieben Hintergrundinformationen zur Einordnung der Ereignisse in deren Kontext und eine Reflexion durch Journalisten zunächst außen vor (Debatin 2002, S. 29–32).

Wurden die Medien durch dieses Verhalten zum Spielball der Terroristen? Zumindest lässt sich als These von einer symbiotischen Beziehung im Sinne einer Tauschbeziehung zwischen den Medien und den Terroristen sprechen (Debatin 2002, S. 29–30), „bei de[r] die terroristischen Akteure sich zuweilen parasitär ihres medialen ‚Wirts' bedienen" (Meckel 2008, S. 254). In ihrer Rolle als Multiplikatoren und Selektoren verleihen die Medien dem Terrorismus Aufmerksamkeit in der Öffentlichkeit und messen ihm Wichtigkeit bei. Darüber hinaus legen sie die interpretativen Deutungsrahmen der Ereignisse fest (Gerhards et al. 2011, S. 12). So fand Weller mit Hilfe einer Inhaltsanalyse der deutschen Fernsehberichterstattung zum 11. September heraus, dass sich das Deutungsmuster ‚Krieg' im Hinblick auf die Terroranschläge schnell in den Fernsehsendungen verbreitete und weitreichende politische Reaktionen wie die Einsätze in Afghanistan und im Irak mit sich brachte (Weller 2002, S. 3).

Im Falle der Terroranschläge in New York, Madrid und London spricht man von so genannten Extremereignissen, da sie sämtliche Nachrichtenfaktoren in sehr hohem Maße aufweisen (Emmer et al. 2002, S. 166). Der 11. September weist in hohem Maße Nachrichtenfaktoren wie Relevanz, Überraschung, Visualisierung im Sinne einer Live-Berichterstattung durch das Fernsehen und Schaden im Sinne einer hohen Opferzahl auf (Schicha und Brosda 2002, S. 106; Meckel 2008, S. 251; Emmer et al. 2002, S. 166). So haben Osama Bin Laden und seine Gruppierung Al-Qaida „den Islamismus wieder ganz oben auf die Tagesordnung der internationalen Politik gesetzt und damit all diejenigen westlichen ‚Fachleute' und Politiker in Verlegenheit gebracht, die den Islamismus bereits für tot erklärt hatten" (Fiedler 2002, S. 164).

Die Terroristen scheinen sich der Gestaltung von Medienberichten mittels Nachrichtenwerten durchaus bewusst gewesen zu sein, haben sie möglicherweise sogar bewusst konstruiert und für ihre Kommunikationsstrategie eingesetzt. Ihr Ziel war dabei, über die Massenmedien das Gros der öffentlichen Aufmerksamkeit zu erreichen und so die Ängste der Bevölkerung zu schüren (Gerhards et al. 2011, S. 18). Was für die Terroristen zählt, sind nicht primär die Opfer der Attentate, sondern die Botschaft, die durch die Anschläge vermittelt werden soll (Schmid und de Graaf 1982, S. 14). Mit den Anschlägen sollten eigentlich die politischen Entscheidungsträger adressiert, unter Druck gesetzt und zu von den Terroristen intendierten Handlungen gezwungen werden.

Vor diesem Hintergrund wird in diesem Buchkapitel die Terrorismusdefinition nach Gerhards et al. zu Grunde gelegt, da sie sowohl auf die Akteure, deren Mittel und Ziele sowie die Adressaten des Angriffs eingeht. Die Autoren verstehen unter Terrorismus einen „intentionalen Einsatz von Gewalt gegen Zivilisten durch einen nicht- oder substaatlichen Akteur, welcher mit dieser Gewaltanwendung Angst und Schrecken in Bevölkerungen verbreiten und damit Entscheidungsträger unter Druck setzen sowie weiterreichende politische Ziele befördern will" (Gerhards et al. 2011, S. 19).

5.1.2 Ereignisse und Akteure

New York und Washington, 11. September 2001 Am 11. September 2001 kommt es in den USA zu einem Terrorattentat von zuvor nie da gewesenem Ausmaß. Eine Gruppe islamistischer Terroristen entführt vier Flugzeuge, um drei davon zwischen 08.45 Uhr und 09.03 Uhr Ortszeit in die beiden Türme des World Trade Centers in New York City sowie um 09.43 Uhr in das Pentagon in Washington zu lenken. Ein weiteres Flugzeug stürzt über Pennsylvania ab. Rund 3.000 Menschen verlieren bei diesem Terroranschlag ihr Leben. (Aust und Schnibben 2002, S. 11, 53, 76, Bildteil 7) Kurz danach stürzen beide Türme des World Trade Centers in sich zusammen und begraben tausende Menschen unter sich (Greiner 2011, S. 30). Noch am Tag der Attentate lässt der damalige Nato-Oberbefehlshaber protokollieren, dass er das Terrornetzwerk Al-Qaida unter Führung des Saudi-Arabers Osama Bin Laden für die Drahtzieher hinter den Anschlägen hält. Am 13. Dezember 2001 bestätigt sich diese Vermutung: Bin Laden bekennt sich mit Al-Qaida in einem Video zu den Anschlägen. Die Gruppe der Attentäter setzte sich unter der Führung des Ägypters Mohammed Atta aus 19 Männern zusammen, von denen 15 aus Saudi-Arabien stammten. Einige der Terroristen studierten vorher in Hamburg und bauten dort eine Terrorzelle auf (Aust und Schnibben 2002, S. 18–20, 29, 180, 201–202).

Folgen des 11. September 2001 Als Folge der New Yorker Anschläge proklamiert US-Präsident Georg W. Bush den ‚War on Terror' gegen Al-Qaida sowie jede andere Terrorgruppierung auf der Welt und versammelt zu deren Bekämpfung bereits rund eine Woche nach den Anschlägen eine „Koalition der Willigen" (Greiner 2011, S. 86) um sich (The 9/11 Commission Report 2004, S. 337).

Mit dem Irak, Afghanistan, Libyen, dem Sudan und dem Iran werden dabei fünf Staaten zu so genannten ‚Terror-Staaten' deklariert. Bereits drei Tage nach den Anschlägen reicht das Weiße Haus einen Antrag zur ‚Kriegsvollmacht' im Sinne militärischer Maßnahmen gegen die Terroristen sowie deren Helfer beim Kongress ein. Am 7. Oktober 2001 beginnen die USA einen Luftwaffenkrieg gegen Afghanistan mit dem Ziel, Al-Qaida und die Taliban aus dem Land zu vertreiben. Im Rahmen der Afghanistan-Konferenz der UNO auf dem Bonner Petersberg wird am 6. Dezember 2001 mit den Stammesführern und den politischen Fraktionen des Landes der Einsatz einer Übergangsregierung unter Hamid Karzai sowie die Bereitstellung eines monetären Hilfsfonds und humanitärer Sofortmaßnahmen für das Land beschlossen (Greiner 2011, S. 81, 84–85, 89–92).

2002 forciert Bush einen möglichen Irakkrieg und sucht fortwährend Verbündete in seinem Kampf gegen den Terror. Deutschland verweigert eine militärische Unterstützung, was nach öffentlicher Beurteilung u. a. die Wiederwahl Gerhard Schröders zum Bundeskanzler am 22. September 2002 erklären könnte (FOCUS Online 2007). Am 20. März 2003 beginnen die USA und ihre Verbündeten mit der Bombardierung des Iraks. Bush tarnt das Vorhaben als Präventivkrieg unter der Annahme, der Irak besäße Massenvernichtungswaffen, was sich später als gezielte Täuschung herausstellt (Sueddeutsche.de 2008). Nachdem die Hauptstadt Bagdad erobert und Saddam Hussein gestürzt wurde, erklärt Bush die Angriffe am 1. Mai 2003 für beendet (Zeit Online 2009).

Neben diesen internationalen militärischen Folgen bringen die Terroranschläge von New York auch innenpolitische Folgen für Deutschland mit sich. Am 9. November 2001 verabschiedet der Bundestag ein erstes Sicherheitspaket als

Reaktion auf den 11. September. Es beinhaltet Finanzierungsmöglichkeiten für Anti-Terror-Maßnahmen sowie die Abschaffung des Religionsprivilegs im Vereinsrecht mit dem Ziel, radikale islamistische Vereinigungen zu verbieten. Das zweite Sicherheitspaket, welches die Befugnisse der Sicherheitsbehörden erweitert und das Asylverfahren neu ordnet, folgt noch vor Jahresende am 14. Dezember (RP Online o. J.).

Am 9. Januar 2002 wurde das Terrorismusbekämpfungsgesetz verabschiedet. Es umfasst die Änderung mehrerer bereits bestehender Gesetze, z. B. im Hinblick auf das Zugriffsrecht von Geheimdienst und Strafverfolgungsbehörden auf Flug- und Bankdaten (Bulmahn et al. 2008, S. 48).

Um terroristische ‚Schläfer' leichter enttarnen zu können, beschließt der Bundestag am 26. April 2002 den Anti-Terror-Paragraphen 129b. Dieser ermöglicht die strafrechtliche Verfolgung ausländischer Terrororganisationen in Deutschland.

Trotz Einspruch des Bundesrats verabschiedet der Bundestag am 24. September 2004 das umstrittene Luftsicherheitsgesetz. Das Gesetz besagt, dass Passagierflugzeuge auf Forderung des Verteidigungsministers abgeschossen werden dürfen, um Terroranschläge zu verhindern. Es wird aber am 15. Februar 2006 vom Bundesverfassungsgericht zum Teil für verfassungswidrig erklärt, da ein Abschuss gegen das Grundrecht auf Leben verstoße. Um den Informationsaustausch zwischen den Sicherheitsbehörden der Länder zu verbessern, wird am 14. Dezember 2004 ein von Bund und Ländern gemeinsam initiiertes Terrorismus-Abwehrzentrum (GTAZ) in Berlin eröffnet.

Madrid, 11. März 2004 Am 11. März 2004 explodieren in der spanischen Hauptstadt im morgendlichen Pendlerverkehr Bomben in vier Zügen. Bei den Anschlägen kommen 191 Menschen ums Leben, rund 1.800 werden verletzt. Am gleichen Abend werden in Alcalá, wo drei der vier Züge abgefahren waren, ein gestohlener Lieferwagen mit Zündern und ein Tonband mit Koran-Versen gefunden. Die spanische Regierung unter dem damaligen Ministerpräsidenten José Maria Aznar macht zunächst die baskische Separatistenorganisation ETA für die Anschläge verantwortlich.

Andere Hinweise lassen aber auf einen islamistischen Hintergrund schließen. Bei einer arabischen Zeitung aus London geht ein Bekennerschreiben von Al-Qaida ein. Am Tag danach taucht zudem ein Bekennervideo in der Nähe einer Madrider Moschee auf. Darin bekennt sich ein arabisch sprechender Mann im Namen des Terrornetzwerks Al-Qaida zu dem Attentat (Tagesschau.de 2007). Gesucht wird in Folge dessen nach Mitgliedern der ‚Islamischen Kampfgruppe Marokkos'. Mutmaßliche Verdächtige sprengen sich am 3. April 2004 bei einer Razzia in die Luft (Gerhards et al. 2011, S. 60).

Am 31. Oktober 2007 werden zwei Marokkaner und ein spanischer Sprengstoffbeschaffer zu 129.000 Jahren Haft verurteilt, von denen jeder höchstens 40 verbüßt. 18 weitere Terroristen werden ebenfalls verurteilt (Spiegel Online 2007).

London, 7. Juli 2005 Am Morgen des 7. Juli 2005 sprengen sich in London vier Selbstmordattentäter mit Bomben in drei U-Bahnen und einem Doppeldecker-Bus in die Luft. 52 Menschen sterben und mehr als 700 werden verletzt. Nach dem Anschlag bekennt sich eine Gruppe namens ‚Geheime Gruppe von Al-Qaidas Dschihâd in Europa' im Internet zu den Attentaten (Gerhards et al. 2011, S. 60). Bei den vier Attentätern handelt es sich um Briten mit pakistanischen sowie jamaikanischen Wurzeln, die aus der Nähe von Leeds stammen.

Zwei Wochen später, am 21. Juli, scheitert ein weiterer Anschlagsversuch auf die Londoner U-Bahn. Anfang September strahlt der arabische Sender Al Dschasira ein Video aus, in dem sich das Terrornetzwerk Al-Qaida zu den Anschlägen bekennt. Ob Al-Qaida tatsächlich als Drahtzieher hinter den Londoner Attentaten steht, ist unklar (Spiegel Online 2005).

5.2 Die Studie

Diese Anschläge stellen den gesellschaftlichen Ereignisrahmen der durchgeführten Studie dar, die sich wie folgt zusammensetzt: Zunächst werden die theoretischen Annahmen erläutert, die v. a. das Agenda-Building und das Agenda-Setting umfassen. Darauf aufbauend wird das der Studie zugrunde liegende theoretische Modell vorgestellt, aus dem schließlich die zentralen Hypothesen abgeleitet werden. Im zweiten Teil wird auf die Datengrundlage der Studie und die vorgenommene Rekodierung und Datenbereinigung eingegangen.

5.2.1 Theoretische Komponenten

Es wird angenommen, dass Terroristen die Medien instrumentalisieren, um – über die eigentlichen Anschläge hinaus – ein globales terroristisches Bedrohungsszenario im öffentlichen Gedächtnis zu verankern und so politische Akteure zum Handeln zu veranlassen (Bloch-Elkon 2011, S. 366). Die nachfolgende Analyse stützt sich daher auf Überlegungen zur Entstehung und Beeinflussung der öffentlichen Meinung. Relevant sind insbesondere die eng miteinander verknüpften Konzepte Agenda-Building (Lang und Lang 1981), Agenda-Setting (McCombs und Shaw 1972) und Agenda-Surfing (Schenk 2007, S. 446).

Die öffentliche Meinung wird für diese Studie zum einen als veröffentlichte Meinung operationalisiert, d. h. als Gesamtheit der in den Massenmedien zum Thema *Terrorismus* publizierten Artikel und Beiträge (Neidhardt 1994, S. 26) und zum anderen als Meinungsklima im Sinne eines themenbezogenen Problembewusstseins der Bevölkerung. Der Analyse der öffentlichen Meinung wird ein Input-Output-Modell zugrunde gelegt, welches mit dem Modell vergleichbar ist, das Gehrau (2009, S. 89–90) zur Untersuchung der Dynamik von öffentlicher Meinung und öffentlichem Verhalten am Beispiel von Brent Spar anwendet. Als Input werden dabei die in New York (2001), Madrid (2004) und London (2005) von Terroristen verübten Anschläge verstanden. Diese Handlungen können direkt öffentlichkeitswirksam werden (direkte Betroffenheit) oder sie fließen in die Medienberichterstattung ein und wirken sich indirekt auf das Problembewusstsein der Bevölkerung aus. Den Output stellt einerseits die Verunsicherung der Bevölkerung dar, welche sich in einer gesteigerten Problemeinschätzung bzgl. *Terrorismus, Innerer Sicherheit* und *Islamismus* ausdrückt. Andererseits werden auch (sicherheits-)politische Maßnahmen, die – möglicherweise im Sinne des Agenda-Surfings – dem öffentlichen Problembewusstsein geschuldet sind, als Output verstanden. Das Input-Output-Modell stellt jedoch eine vereinfachte Sichtweise dar, die dynamische Kopplungen zwischen Medienberichterstattung, Problemeinschätzung der Öffentlichkeit und Handlungen politischer Akteure vernachlässigt. Die Dynamik des Prozesses lässt sich auf Basis der Hypothesen von Agenda-Setting, Agenda-Building und Agenda-Surfing untersuchen.

Grundlage für die Analyse ist ein einfaches Kausalmodell (Abb. 5.1), an dessen Ausgangspunkt ein Anschlag islamistischer Terroristen steht (New York/Madrid/London). Im Anschluss sind Berichte in den Massenmedien (zu den Anschlägen und zu angrenzenden Themen wie *Terrorismus* im Allgemeinen, *Innerer Sicherheit* und *Islamismus*) zu erwarten. Diese Form des Einflusses von Akteuren auf die Medienagenda wird in der Kommunikationswissenschaft als Agenda-Building bezeichnet (Lang und Lang 1981). In einem folgenden Schritt tritt der Agenda-Setting Effekt auf: Durch die Berichterstattung über den Terroranschlag (und die angrenzenden Themen) wird die Bevölkerung auf die Themen aufmerksam und hält diese für gesellschaftlich relevant. Das so erzeugte Problembewusstsein wirkt sich auf das Handeln der Bevölkerung aus, die nun möglicherweise Maßnahmen zur Inneren Sicherheit fordert oder zumindest akzeptiert. Dies führt wiederum zu Reaktionen politischer Akteure, beispielsweise im Sinne sicherheitspolitischer Maßnahmen und Gesetze, über die die Medien die Ausgangsthemen erneut aufgreifen. Das Aufgreifen der Terroranschläge zur politischen Profilierung wird dabei als Agenda-Surfing verstanden.

5 New York, Madrid, London

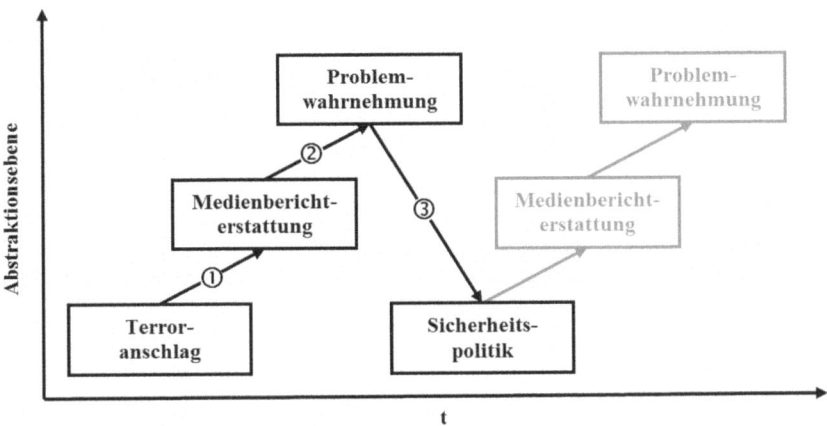

Abb. 5.1 Vermutete Entwicklung im Fall der Terroranschläge von New York, Madrid und London

5.2.2 Forschungsfragen und Hypothesen

Versteht man die öffentliche Meinung als Medienberichterstattung und Problembewusstsein der Bevölkerung, stellt sich die Frage, ob und in welchem Maße es den Terroristen gelungen ist, über Terroranschläge als Input die öffentliche Meinung zu beeinflussen. Darüber hinaus ist zu ermitteln, welchen Effekt die öffentliche Meinung als Output auf politische Akteure im Sinne einer Implementierung sicherheitspolitischer Maßnahmen und Gesetze hatte bzw. inwieweit politische Akteure die Ereignislage und das diesbezügliche öffentliche Problembewusstsein genutzt haben, um sich durch eine an die Situation angepasste Sicherheitspolitik politisch zu profilieren.

Die einzelnen Schritte der vermuteten Prozesse von Agenda-Building, Agenda-Setting und Agenda-Surfing (Abb. 5.1, Schritte 1–3) werden mit Hilfe drei zentraler Hypothesen überprüft. Dabei geht es zunächst um die Instrumentalisierung der Medien durch die Terroristen – aus kommunikationswissenschaftlicher Sicht also um einen Agenda-Building Prozess. Wie in der Literatur bereits vielfach diskutiert wurde, kann von einem quasi symbiotischen Verhältnis zwischen Terrorismus und Medien ausgegangen werden, das auf das Konzept der Nachrichtenwerte zurückzuführen ist (Meckel 2008, S. 251–254). Die Terroranschläge von New York, Madrid und London erfüllen zahlreiche Nachrichtenfaktoren in hohem Maße, sodass folgender Zusammenhang wahrscheinlich ist:

▶ **Hypothese 1** Durch die Terroranschläge in New York, Madrid und London sind *Terrorismus* und *Innere Sicherheit* zu Medienthemen geworden.

Die Ziele der Terroristen gehen jedoch über eine erfolgreiche Medieninstrumentalisierung hinaus. Entscheidend ist, dass die Öffentlichkeit *Terrorismus* – und auch das durch *Terrorismus* tangierte Feld der *Inneren Sicherheit* sowie *Islamismus* (als Hintergrund der Terroranschläge) – wahrnimmt und zwar nicht als reines Medienthema, sondern als gesellschaftlich relevantes Problem (Klein 2009, S. 15; Meckel 2008, S. 254–255; Waldmann 2005, S. 12). Dementsprechend ist für eine Zielerreichung ein Agenda-Setting Prozess notwendig. Sind die Terroranschläge – insbesondere jener in New York – also in solchem Maße ins Blickfeld der Medien geraten, wie es aufgrund ihrer hohen Nachrichtenwerte zu erwarten ist, kann auch folgender Zusammenhang angenommen werden:

▶ **Hypothese 2** Die Medienberichterstattung über Terrorismus führt zur Einschätzung von *Terrorismus, Innerer Sicherheit und Islamismus* als gesellschaftlich relevante Probleme.

Die Hypothesen 1 und 2 nehmen an, dass durch die Terroranschläge nicht nur das Primärthema *Terrorismus* auf die Agenden von Medien und Öffentlichkeit gelangt ist, sondern auch angrenzende Issues. Von besonderer Relevanz sind diesbezüglich erstens das Issue *Innere Sicherheit*, da in diesem Bereich öffentliche Debatten und politische Reaktionen erwartbar sind, sowie zweitens das Issue *Islamismus*, das im Zuge der sich zunehmend aufklärenden Hintergründe des 11. Septembers – insbesondere bedingt durch die Lokalisation der Terrorzelle in Deutschland – für die deutschen Medien und die deutsche Bevölkerung relevant wurde. Damit wird ein Zusammenhang zwischen den Issues *Terrorismus, Innere Sicherheit* und *Islamismus* vermutet, der sich wie folgt darlegt: Durch die Anschläge und die Berichterstattung über *Terrorismus* sind auch die beiden anderen Issues auf die Medien- und die Publikumsagenda gelangt.

Anzunehmen ist, dass der Agenda-Setting Prozess zweistufig über den Zwischenschritt der Wahrnehmung als Medienthema erfolgt. Denn die Medienberichterstattung kann nur dann zu einer Problemeinschätzung bei den Nutzern führen, wenn diese Artikel oder Nachrichtenbeiträge zum Thema wahrgenommen und rezipiert haben. Beide untergeordneten Stufen sollen ergänzend zu Hypothese 2 untersucht werden, um den Kausalzusammenhang der übergeordneten Hypothese ggf. zu untermauern oder im Falle einer Falsifizierung festzustellen, an welcher Stelle das Agenda-Setting scheitert. Die Hypothesen zu diesem Zwischenschritt lauten:

5 New York, Madrid, London

▶ **Hypothese 2a** Die Medienberichterstattung über Terrorismus führt zur Aufmerksamkeit gegenüber *Terrorismus, Innerer Sicherheit und Islamismus* als Medienthemen.

▶ **Hypothese 2b** Die Aufmerksamkeit gegenüber *Terrorismus, Innerer Sicherheit und Islamismus* als Medienthemen führt zur Einschätzung von Terrorismus, Innerer Sicherheit und Islamismus als gesellschaftlich relevante Probleme.

Auch die politische Agenda wird wahrscheinlich durch die Terroranschläge von New York, Madrid und London sowie durch die Reaktion der Medien und der Bevölkerung auf diese Anschläge beeinflusst. Terrorbekämpfung und Innere Sicherheit sind die im politischen Kontext als relevant erscheinenden Themen, derer sich politische Akteure – nicht zuletzt zur eigenen Profilierung – annehmen werden. Ein solcher Agenda-SurfingProzess wird unter Rückbezug auf Hypothese 2 in folgender Form erwartet:

▶ **Hypothese 3** Die öffentliche Einschätzung von Terrorismus, Innerer Sicherheit und Islamismus als Problem führt zu Maßnahmen und neuen Gesetzen im Bereich der Inneren Sicherheit.

Um diese Hypothesen empirisch zu überprüfen, wird auf Medieninhalts- und Befragungsdaten zurückgegriffen, die im Folgenden kurz vorgestellt werden.

5.2.3 Datengrundlage

Um Agenda-Setting Effekte nachzuweisen, werden sowohl Daten zur Medienagenda als auch Daten zur Publikumsagenda benötigt. Hinsichtlich der Medienberichterstattung wurde auf eine vom Media Tenor durchgeführte Medieninhaltsanalyse zurückgegriffen, die Print- und TV-Nachrichten umfasst. Für die Publikumsagenda wurden die Ergebnisse einer von Forsa durchgeführten Telefonbefragung verwendet, die Aufschluss über interessante (Medien-)Themen und gesellschaftlich relevante Probleme aus Sicht der Nutzer gibt. Beide Datensätze liegen für den Zeitraum von Anfang 1994 bis Anfang 2006 vor, wobei aufgrund der Hypothesen fast ausschließlich der Zeitraum ab der 30. Kalenderwoche (KW) 2001, d. h. kurz vor dem 11. September (KW 36), untersucht wurde. Aggregiert wurden beide Datensätze auf Wochenbasis.

Im Folgenden sollen die beiden Datensätze mit den vorgenommenen Rekodierungen kurz vorgestellt und auch ein Überblick über die Datenbereinigung gegeben werden, welche für die spätere Auswertung mittels Zeitreihenanalysen notwendig ist.

5.2.4 Medieninhaltsdaten

Für diese Untersuchung lagen Medieninhaltsdaten aus den Jahren 1994 bis 2006 vor, kodiert wurde jeweils das Hauptthema des Nachrichtenbeitrags oder Artikels. Es werden Inhaltsdaten von sechs Tageszeitungen bzw. wöchentlichen Nachrichtenmagazinen und sechs öffentlich-rechtlichen bzw. privaten TV-Haupt-Nachrichtensendungen verwendet, die für den gesamten Untersuchungszeitraum vollständig vorliegen. Die Anzahl der kodierten Beiträge liegt pro Woche zwischen 444 und 1.020. Da die Anzahl der Beiträge insgesamt zum Teil stark variiert, wurde nicht mit dem Anteil, sondern mit der Anzahl gearbeitet (Kap. 2.3).

Da sich diese Studie insbesondere mit den Terroranschlägen bzw. den Issues *Terrorismus*, *Innere Sicherheit* und *Islamismus* beschäftigt, wurden diese Themen auch bei den Medieninhaltsdaten berücksichtigt. Während es zu *Terrorismus* und *Innerer Sicherheit* mehrere Kodes gab, fehlte ein Kode zum Thema *Islamismus*, sodass es bei der Medienberichterstattung kein genaues Pendant zum Kode ‚Islamismus (als Bewegung in Deutschland)' (Kap. 5.2.5) gibt. Mit Bezug auf *Terrorismus* wurden die Kodes ‚Internationales Geschehen: Terrorismus', ‚Internationaler Terrorismus' und ‚Internationaler Terrorismus allgemein' sowie Kodes zu den Anschlägen vom 11. September als konkrete Ereignisse selbst sowie den Reaktionen darauf, zu einem *Terrorismus*-Index zusammengefasst. Dieser Index wird im Folgenden als ‚*Terrorismus*' bezeichnet. Auch für *Innere Sicherheit* wurde ein Index aus mehreren Kodes zusammengestellt. Dieser Index beinhaltet die Kodes ‚Innere Sicherheit allgemein', ‚Innere Sicherheit anders' und ‚Sicherheitspolitik allgemein' (Anhang zu Kap. 5).

Für die Auswertung der Ergebnisse zu Hypothese 2, welche im nächsten Kapitel vorgestellt werden, wurde auf eine Zeitreihenanalyse zurückgegriffen. Ehe die Zeitreihenanalyse durchgeführt wurde, ist eine Bereinigung der Daten vorgenommen worden. Ziel der Bereinigung war es, systematische Zusammenhänge und Trends aus den Daten herauszurechnen, um bei der Zeitreihenanalyse kausale Zusammenhänge möglichst gut nachweisen zu können. Bei den Medieninhaltsdaten war beim Terrorismus-Index keine Bereinigung notwendig, während der Innere Sicherheit-Index um einen AR1- und einen MA1-Prozess bereinigt wurde (Kap. 2.5.2).

5.2.5 Befragungsdaten

Zentral für diese Studie sind die vom Forsa-Institut gestellten Fragen nach den interessantesten Medienthemen der letzten Tage und nach den wichtigsten Problemen für Deutschland. Im Zuge der Befragung wurden pro Woche zwischen 2.000 und 2.600 Personen befragt. Die interessantesten Themen werden in dieser Studie als *Themenaufmerksamkeit* der Befragten interpretiert. Die wichtigsten Probleme werden als *Problemeinschätzung* verstanden. Sowohl bei der Themenaufmerksamkeit als auch bei der Problemeinschätzung spielen aufgrund der Hypothesen die Issues *Terrorismus, Innere Sicherheit* und *Islamismus* eine zentrale Rolle, für die jeweils ein Index rekodiert wurde (Kap. 2.2).

Bezüglich des Issue *Terrorismus* fehlte bei der Befragung ein eigener Kode. Anstatt eines allgemeinen *Terrorismus*-Kodes hat Forsa einzelne Kodes für die Anschläge in den Vereinigten Staaten, den Anschlag in Madrid, den Anschlag in London sowie Terroranschläge allgemein verwendet. Diese vier Kodes wurden zu einem Index *Terrorismus* zusammengefügt. Im Hinblick auf *Innere Sicherheit* waren für die Studie die Kodes ‚Innere Sicherheit' und ‚Terrorismusbekämpfung in Deutschland' relevant, die zu einem Index *Innere Sicherheit* zusammengeführt wurden. Für das Issue *Islamismus* gab es bei Forsa keinen allgemeinen Kode, der sowohl nationale als auch internationale Aktivitäten umfasst. Stattdessen wird für die vorliegende Studie der einzige in diesem Themenfeld vorhandene Kode, nämlich ‚Islamismus als Bewegung in Deutschland' benutzt, der in dieser Arbeit kurz *Islamismus* genannt wird (Anhang zu Kap. 5).

Für diese drei Issues wurde nach den oben genannten Vorgaben für die Rekodierung jeweils ein Index bzw. bei *Islamismus* ein einzelner Kode für die Themenaufmerksamkeit und die Problemeinschätzung erzeugt, sodass mit jeweils drei Variablen für Themenaufmerksamkeit und Problemeinschätzung gearbeitet wurde.

Da die Befragungsdaten zur Auswertung von Hypothese 2 herangezogen werden, wurde auch hier vor der Zeitreihenanalyse eine Datenbereinigung vorgenommen, die sowohl die Themenaufmerksamkeit als auch die Problemeinschätzung umfasste. Bei der Themenaufmerksamkeit gegenüber *Terrorismus, Innerer Sicherheit* und *Islamismus* wurde jeweils ein AR-Prozess erster Ordnung gefunden und bereinigt. Hinsichtlich der Problemeinschätzung wurde bei *Terrorismus* und *Innerer Sicherheit* ebenfalls ein AR1-Prozess und bei *Islamismus* ein AR2-Prozess bereinigt. Anhand der beschriebenen Medieninhalts- und Befragungsdaten sollen in den folgenden Kapiteln nun die Hypothesen geprüft werden.

5.3 Ergebnisse

In diesem Kapitel sollen die Ergebnisse präsentiert werden, die durch die Analyse der Medieninhalts- und Befragungsdaten sowie die Berücksichtigung realer Ereignisse gewonnen wurden. Die Ergebnisse werden nach den einzelnen Schritten des zugrundeliegenden Modells gegliedert. Der erste Abschnitt bezieht sich auf die Auswirkung der Terroranschläge auf die Medienberichterstattung, also auf das Agenda-Building durch die Terroristen (Hypothese 1). Anschließend werden als Basis für die weiteren Ergebnisse die Verläufe der Themenaufmerksamkeit und der Problemeinschätzung in Bezug auf *Terrorismus, Innere Sicherheit* und *Islamismus* beschrieben. Danach wird das Agenda-Setting überprüft, nämlich die Frage, ob die Medienberichterstattung über *Terrorismus* zu der eingangs beschriebenen Einschätzung von *Terrorismus, Innerer Sicherheit* und *Islamismus* als Probleme geführt hat (Hypothese 2). Abschließend werden die Ergebnisse zu Hypothese 3 vorgestellt, die von einem Einfluss dieser Problemeinschätzung auf die Sicherheitsgesetzgebung, also einem Agenda-Surfing durch die Politik, ausgeht. Im diesem Zusammenhang soll außerdem auf eine Bevölkerungsumfrage der Bundeswehr zur Sicherheitsgesetzgebung eingegangen werden. Anhand dieser Umfrageergebnisse und der Einschätzung von *Innerer Sicherheit* als Problem soll festgestellt werden, ob die verschärften Gesetze tatsächlich von der Bevölkerung gewünscht wurden oder eher eine Überreaktion der Politik darstellten.

5.3.1 Einfluss der Ereignisse auf die Medienberichterstattung

Basierend auf dem Ansatz des Agenda-Buildings geht Hypothese 1 davon aus, dass durch die Terroranschläge von New York, Madrid und London die Issues *Terrorismus* und *Innere Sicherheit* zu Medienthemen wurden. Um die Hypothese zu prüfen, werden die Indizes der Medienberichterstattung einbezogen und in Beziehung zu den Daten der drei Anschläge gesetzt. Wie bereits erwähnt, kann das Thema *Islamismus* aufgrund seiner fehlenden konkreten Kodierung in den vorliegenden Daten nicht einbezogen werden.

In Abb. 5.2 wird deutlich, dass die Terroranschläge von New York einen merklichen Anstieg der Medienberichterstattung über *Terrorismus* zur Folge hatten (KW 37: 23 % aller untersuchten Artikel und Nachrichtenbeiträge). Das Issue *Terrorismus* ist also eindeutig zu einem Medienthema geworden, auch wenn die Medien bereits in der Woche nach dem 11. September deutlich weniger über *Terrorismus* berichteten als direkt nach dem Anschlag (KW 38: 4 %). Die drei folgenden Peaks im Jahr 2002 können auf den Anti-Terror-Paragraphen 129b (KW 17: 3 %), einen Anschlag auf das US-Konsulat in Karachi (KW 24: 2 %) und den ersten Jahrestag des 11. September (KW 37: 2 %) zurückgeführt werden. Die Medienberichterstattung zum Thema *Terrorismus* steigt auch zu den Zeitpunkten der Terroranschläge von Madrid und London an (maximal 2 bzw. 1 %), wenn auch die Berichterstattung im Vergleich zum 11. September deutlich schwächer ausfällt.

5 New York, Madrid, London

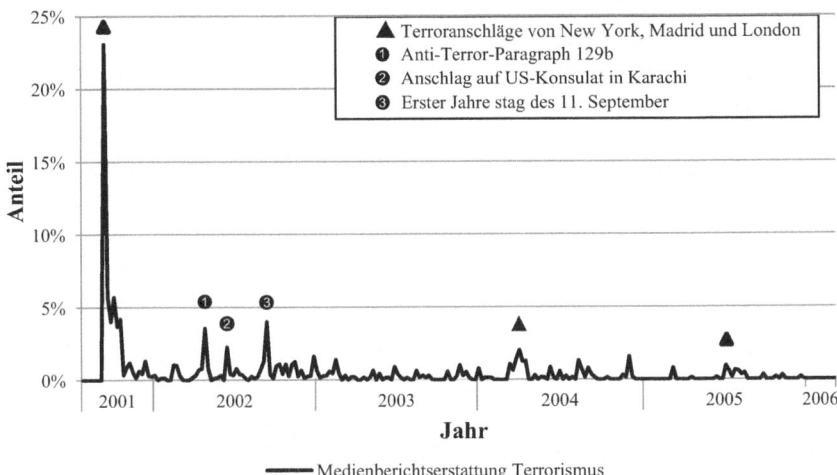

Abb. 5.2 Anteil der Berichterstattung zum Thema Terrorismus (in Prozent). Basis: $n = 239$ Wochen, Inhaltsanalyse Media Tenor: Fernsehnachrichten und Titelseiten von Zeitungen (Kap. 2.3)

Dieser Unterschied könnte wie folgt begründet sein: Der 11. September vereint – wie auch die Anschläge von Madrid und London – diverse Nachrichtenfaktoren, gilt jedoch, anders als die beiden Anschläge in Europa, als absolutes „Extremereignis" (Emmer et al. 2002, S. 166). Betrachtet man das Ziel, die Art und Weise und die Zahl der Opfer des Anschlags, werden die besonders extremen Ausmaße deutlich. Mit den USA als Angriffsziel erreichte der Terrorismus nicht nur vollkommen unerwartet die westliche Welt (Debatin 2002, S. 32), sondern fokussierte auch gleichzeitig eine Weltmacht. Die Art des Anschlags – insbesondere die Nutzung entführter Passagierflugzeuge als Waffen zur Zerstörung des World Trade Centers – war extrem und führte dazu, dass die Ereignisse hochgradig visualisiert wurden.

Indem sich Terroristen der Nachrichtenfaktoren „Relevanz, Überraschung, Konflikthaftigkeit, Kriminalität und Visualisierung bedient" (Schicha 2002, S. 106) haben, wurden die Anschläge noch am selben Tag zum vorrangigen Medienthema. Hervorzuheben ist in diesem Zusammenhang, dass nicht nur eine zeitnahe, sondern sogar eine Live-Übertragung der Ereignisse möglich war: „Zum ersten Mal [hat] eine Weltöffentlichkeit an den Bildschirmen und im Internet live und in Echtzeit verfolgt, wie ein terroristischer Anschlag bislang unbekannten Ausmaßes ‚gelang'" (Meckel 2008, S. 255).

Sowohl diese Gegebenheit als auch die Orientierung an Nachrichtenfaktoren liefern Gründe dafür, dass über den 11. September deutlich häufiger berichtet wurde als über die Anschläge in Madrid und London. Zudem kommt eine Desensibilisierung seitens der Medien bezogen auf das Thema *Terrorismus* als Erklärung in Frage. Die Terroranschläge vom 11. September haben etwas völlig Neues dargestellt. Mit den folgenden Anschlägen in Madrid und London scheint ein gewisser Gewöhnungseffekt eingetreten zu sein. Terroranschläge führen in Folge dessen nicht mehr zu einer derart verstärkten Berichterstattung, wie es beim Anschlag in New York der Fall war (Abb. 5.2).

Abschließend kann bezogen auf Hypothese 1 festgehalten werden, dass die Terroranschläge in New York, Madrid und London *Terrorismus* zu einem Medienthema gemacht haben und die Hypothese dahingehend bestätigt werden kann.

Mit Blick auf *Innere Sicherheit* als Medienthema ergeben sich – wie Abb. 5.3 zeigt – deutlich andere Ergebnisse. Zunächst ist auf die insgesamt geringe Berichterstattung zum Thema *Innere Sicherheit* hinzuweisen (unter 2 % aller pro Woche kodierten Artikel bzw. Nachrichtenbeiträge). Obwohl dies anders zu erwarten war, steigt die Berichterstattung selbst zum Zeitpunkt des Terroranschlags von New York nicht über zwei Prozent (KW 38) der kodierten Artikel und Nachrichtenbeiträge. Allerdings ist hier zu bedenken, dass Media Tenor nur das Hauptthema der Medienbeiträge kodiert. Es ist also durchaus möglich, dass *Innere Sicherheit* häufiger von den Medien thematisiert wurde, dies aber in den vorliegenden Daten nicht angezeigt wird. Wenn, dann wurde das Issue *Innere Sicherheit* in den Medien wohl überwiegend im Kontext von *Terrorismus* thematisiert. Die möglichen Implikationen für Deutschland in Bezug auf *Innere Sicherheit* waren also in der Berichterstattung nicht zentral (siehe z. B. Debatin 2002, S. 32; Schicha 2002, S. 107; Schicha und Brosda 2002, S. 16).

Auch wenn insgesamt nur wenig über *Innere Sicherheit* berichtet wurde, zeigen die beiden ersten Peaks, dass die Berichterstattung zu diesem Thema durch den 11. September ansteigt (KW 38: 1,52 % und KW 41: 1,58 %). Kurz nach den Anschlägen haben also knapp 1,6 % aller untersuchten Artikel oder Nachrichtenbeiträge *Innere Sicherheit* als Hauptthema. Die beiden folgenden Ausschläge könnten als Reaktion auf die Verabschiedung des Anti-Terror-Paragraphen 129b (2002, KW 18: 1,05 %) und den Beginn des Irakkriegs (2003, KW 11: 0,76 % und 12: 0,94 %) verstanden werden. Auch zu den Zeitpunkten der Terroranschläge in Madrid und London lassen sich Anstiege der Medienberichterstattung zum Thema *Innere Sicherheit* finden (2004, KW 12: 0,74 % bzw. 2005, KW 27: 1,61 %). Sie sind aber von mehreren, durch andere Aspekte hervorgerufene Peaks umgeben. Diese lassen sich auf den ersten Blick nicht auf Realereignisse im Rahmen der Themen *Terrorismus*

5 New York, Madrid, London

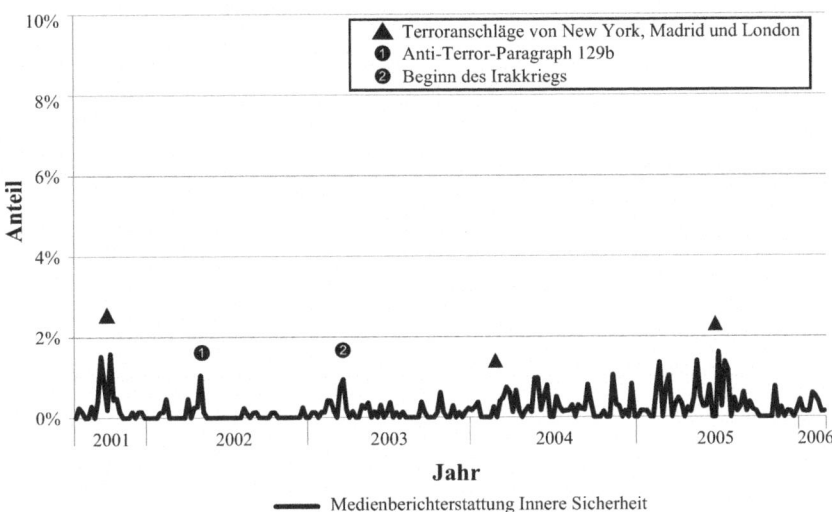

Abb. 5.3 Anteil der Berichterstattung zum Thema Innere Sicherheit (in Prozent). Basis: $n = 239$ Wochen, Inhaltsanalyse Media Tenor: Fernsehnachrichten und Titelseiten von Zeitungen (Kap. 2.3)

und *Innere Sicherheit* zurückführen. Auf das Issue *Innere Sicherheit* scheinen also weitere Faktoren einzuwirken (Abb. 5.3).

Der Anschlag am 11. September hat *Innere Sicherheit* zwar auf die Medienagenda gesetzt, später haben aber noch weitere Aspekte dieses Medienthema beeinflusst. Die Anschläge in Madrid und London haben zudem auch zu einer vermehrten Berichterstattung zum Thema *Innere Sicherheit* geführt, ihr Einfluss ist aber nicht eindeutig erkennbar. Hypothese 1 kann somit für dieses Thema nur eingeschränkt als bestätigt gelten.

5.3.2 Themenaufmerksamkeit und Problemeinschätzung

Im Folgenden wird dargestellt, wie die Teilnehmer der Befragung die zentralen Issues *Terrorismus, Islamismus* und *Innere Sicherheit* als interessantes Medienthema bzw. als Problem für Deutschland wahrgenommen haben. Dabei werden jeweils die stärksten Ausschläge beziffert. Diese Themenaufmerksamkeit und Problemeinschätzung bildet die Grundlage für die Untersuchung der Hypothesen 2 und 3.

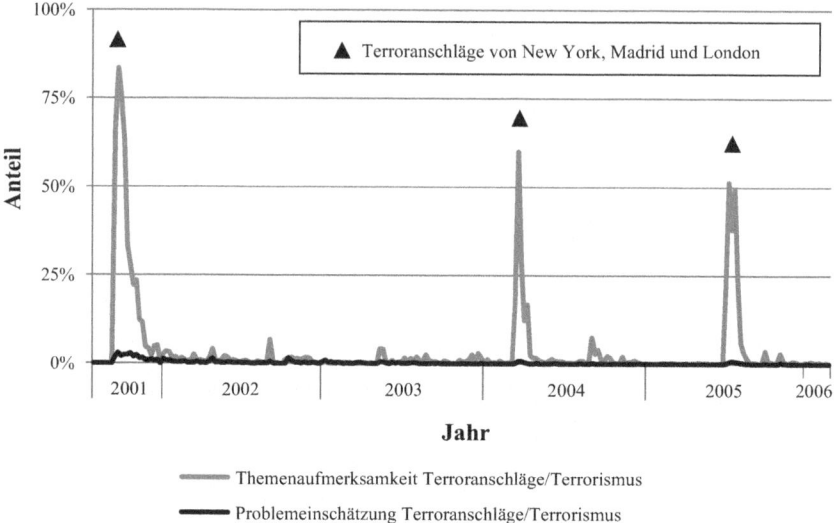

Abb. 5.4 Terrorismus als Medienthema und Problem für Deutschland (Anteil der Nennungen in Prozent). Basis: $n = 239$ Wochen, FORSA Umfragebus: offene Frage nach den drei interessantesten Medienthemen und nach den drei wichtigsten Problemen (Kap. 2.2)

Abbildung 5.4 zeigt die Nennung von *Terrorismus* als interessantes Medienthema und wichtiges Problem für Deutschland. Die drei Ausschläge repräsentieren die Terroranschläge in New York (2001, KW 37), Madrid (2004, KW 11) und London (2005, KW 28). Das Thema *Terrorismus* hat zu den Zeitpunkten der jeweiligen Anschläge eine enorme Aufmerksamkeit erhalten. So nannten rund 84 % der Befragten die Terroranschläge von New York, 60 % die Anschläge von Madrid und 51 % jene in London als interessantes Medienthema. Deutlich wird allerdings auch, dass die Themenaufmerksamkeit von Anschlag zu Anschlag abgenommen hat.

Die Wahrnehmung von *Terrorismus* als Problem unterscheidet sich deutlich von der Themenaufmerksamkeit: Nur wenige Befragte nehmen *Terrorismus* als Problem wahr (New York: 3,0 %; Madrid: 0,7 %; London: 0,8 %). Auch als die Terroranschläge räumlich näher an Deutschland herangerückt sind, steigt die Problemeinschätzung nicht (Abb. 5.4).

Islamismus als Bewegung in Deutschland wird insgesamt von nur wenigen Befragten (unter zwei Prozent) als interessantes Medienthema sowie als Problem genannt (Abb. 5.5). Die Problemeinschätzung ist meist ein wenig schwächer als die Themenaufmerksamkeit. Dennoch verlaufen die beiden Kurven insgesamt sehr ähnlich. Der stärkste Peak ist auch hier auf den Terroranschlag von New

5 New York, Madrid, London

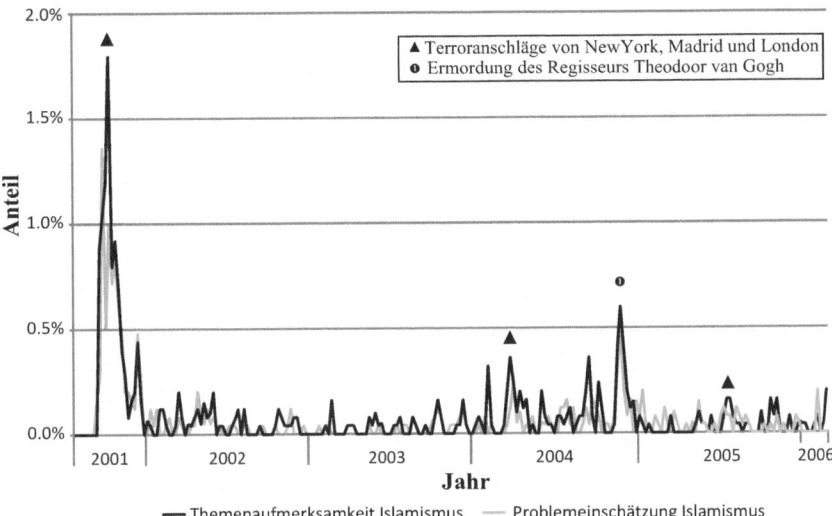

Abb. 5.5 Islamismus als Bewegung in Deutschland als Medienthema und Problem für Deutschland (Anteil der Nennungen in Prozent). Basis: $n = 239$ Wochen, FORSA Umfragebus: offene Frage nach den drei interessantesten Medienthemen nach den drei wichtigsten Problemen (Kap. 2.2)

York zurückzuführen (Themenaufmerksamkeit in 2001, KW 41: 1,8 %; Problemeinschätzung in 2001, KW 39: 1,4 %). Auch die Anschläge von Madrid sind als Peak erkennbar (Themenaufmerksamkeit in 2004, KW 12: 0,4 %; Problemeinschätzung in 2004, KW 13: 0,2 %). Die Terroranschläge in London scheinen hingegen kaum einen Einfluss auf die Wahrnehmung von Islamismus als interessantes Thema oder Problem zu haben (Themenaufmerksamkeit in 2005, KW 28: 0,2 %; Problemeinschätzung in 2005, KW 31: 0,1 %).

Die weiteren Peaks lassen sich aufgrund ihrer geringen Größe nur schwer erklären. Ein deutlicherer Ausschlag lässt sich auf die Ermordung des Regisseurs Theodoor van Gogh zurückführen. Er wurde am 2. November 2004 von dem islamistischen Fundamentalisten Mohammed Bouyeri in Amsterdam ermordet (Themenaufmerksamkeit in KW 47: 0,4 %; Problemeinschätzung in KW 47: 0,5 %).

Bei *Innerer Sicherheit* als Medienthema und Problem markieren drei Peaks die Terroranschläge von New York, Madrid und London (Abb. 5.6), wobei auch bei diesem Issue die Ausschläge von Anschlag zu Anschlag abnehmen. So liegt die Themenaufmerksamkeit beim Anschlag in New York bei 6,0 % und die Problem-

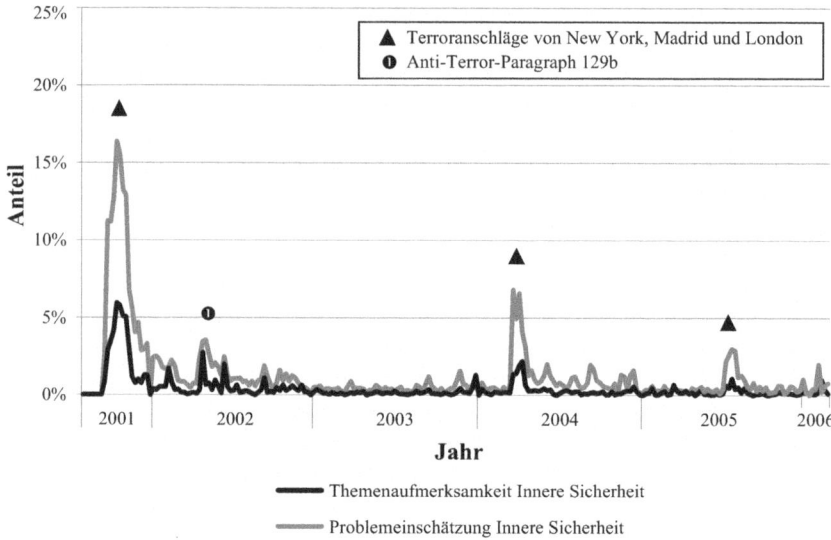

Abb. 5.6 Innere Sicherheit als Medienthema und Problem für Deutschland (Anteil der Nennungen in Prozent). Basis: $n = 239$ Wochen, FORSA Umfragebus: offene Frage nach den drei interessantesten Medienthemen und den drei wichtigsten Problemen (Kap. 2.2)

einschätzung bei 16,4 % (beides 2001, KW 41), während die Themenaufmerksamkeit zum Zeitpunkt des Terroranschlags von Madrid nur noch bei 1,9 % (2004, KW 14) und die Problemeinschätzung bei 6,8 % (2004, KW 12) rangiert. Beim Anschlag von London liegen die Werte dann nur noch bei 1,2 % (2005, KW 32) bezogen auf die Themenaufmerksamkeit sowie bei 3,0 % (2005, KW 30) bzgl. der Problemeinschätzung (Kap. 2.5).

Ein weiterer deutlicher Ausschlag kann auf die Verabschiedung des Anti-Terror-Paragraphen 129b (Themenaufmerksamkeit und Problemeinschätzung in KW 17: 3,4 %) zurückgeführt werden. Eine Besonderheit ist, dass das Issue *Innere Sicherheit* im Vergleich zu den anderen beiden Variablen deutlich stärker als Problem denn als interessantes Medienthema wahrgenommen wird.

5.3.3 Einfluss der Medienberichterstattung auf die Problemeinschätzung

Der zweite Schritt im theoretischen Modell betrifft das klassische Agenda-Setting, d. h. den Einfluss der Medienberichterstattung auf die Problemeinschätzung in der Bevölkerung. Ausgehend vom Agenda-Setting wird vermutet, dass die Berichterstattung über *Terrorismus* zur Wahrnehmung von *Terrorismus, Innerer Sicherheit* und *Islamismus* als gesellschaftlich relevante Probleme geführt hat (Hypothese 2). Dabei wurde für die Medienberichterstattung auf den *Terrorismus*-Index zurückgegriffen. Für die Überprüfung der Hypothese wurde eine Zeitreihenanalyse durchgeführt, mit der systematische Zusammenhänge zwischen der Medien- und der Publikumsagenda und kausale Medieneffekte sichtbar gemacht werden können. Um einen Medieneffekt nachzuweisen, sollte ein signifikanter Zusammenhang zwischen der Medienberichterstattung und der Problemeinschätzung in der/den folgenden Woche(n) bestehen.

Bezüglich der Einschätzung von *Terrorismus* als Problem weist die Zeitreihenanalyse zeitgleich bei t_0 einen moderaten Zusammenhang (0,47) mit der Medienberichterstattung nach. Die Medienberichterstattung über *Terrorismus* und die Einschätzung von Terrorismus als Problem sind also parallel angestiegen. Eine Kausalität kann jedoch anhand dieser Korrelation zunächst nicht nachgewiesen werden. Da sich aber zudem ein leichter Zusammenhang (0,28) bei t_{-1} erkennen lässt, kann dennoch von einem leichten Agenda-Setting Effekt ausgegangen und die Hypothese bestätigt werden. Die Medienberichterstattung über *Terrorismus* hat demnach einen Einfluss darauf, dass in der Folgewoche *Terrorismus* von den Befragten als wichtiges gesellschaftliches Problem genannt wurde.

Im Hinblick auf *Innere Sicherheit* wird die Hypothese durch die Zeitreihenanalyse ebenfalls bestätigt. Bei den Kreuzkorrelationen zeigt sich bei t_{-1} ein starker Zusammenhang (0,58) zwischen der Medienberichterstattung über *Terrorismus* und der Einschätzung von *Innerer Sicherheit* als Problem. Die teils sehr umfangreiche Berichterstattung über *Terrorismus* und insbesondere den 11. September hat also nicht nur *Terrorismus* selbst, sondern auch *Innere Sicherheit* zu einem relevanten Problem gemacht. Möglicherweise wurde im Zusammenhang mit *Terrorismus* auch *Innere Sicherheit* in den Medien thematisiert. Ebenso denkbar ist, dass die Berichterstattung zu einem Gefühl der Angst in der Bevölkerung geführt hat, die sich Gedanken über ihre Sicherheit in Deutschland oder (eventuell nicht ausreichende) Maßnahmen zur Inneren Sicherheit gemacht hat. Die Kreuzkorrelation zeigt außerdem einen leichten Zusammenhang (0,23) bei t_0, der als gleichzeitiger Anstieg der Berichterstattung und der Problemeinschätzung verstanden werden kann.

Im Zusammenhang mit Agenda-Setting wurde als drittes die Einschätzung von *Islamismus* als Problem untersucht. Wie bei *Innerer Sicherheit* lässt auch hier die Kreuzkorrelation einen deutlichen Medieneffekt erkennen. Die starke Korrelation (0,70) tritt dabei zeitversetzt bei t_{-2} auf, d. h. erst zwei Wochen nach der Medienberichterstattung über *Terrorismus* wird *Islamismus* von der Bevölkerung als relevantes Problem wahrgenommen. Diese Zeitverzögerung könnte einerseits dadurch erklärt werden, dass die Bevölkerung einen Zusammenhang zwischen den

Tab. 5.1 Kreuzkorrelationen zwischen Berichterstattung Terrorismus und Problemeinschätzung Terrorismus, Innere Sicherheit und Islamismus

	t_{-3}	t_{-2}	t_{-1}	t_0	t_{+1}	t_{+2}	t_{+3}
Berichterstattung[b] Terrorismus → Problemeinschätzung[c] Terrorismus	0,08	−0,06	0,28[a]	0,47[a]	0,04	0,00	0,02
Berichterstattung[b] Terrorismus → Problemeinschätzung[c] Innere Sicherheit	0,11	0,06	0,58[a]	0,23[a]	0,04	0,08	−0,01
Berichterstattung[b] Terrorismus → Problemeinschätzung[c] Islamismus	−0,11	0,70[a]	0,15[a]	0,11	0,08	0,00	0,05

Basis: $n = 239$ Wochen mit ARIMA bereinigten Daten
[a] Korrelation ist größer als die Signifikanzgrenze von zweimal dem Standardfehler
[b] Inhaltsanalyse Media Tenor: Fernsehnachrichten und Titelseiten von Zeitungen (Kap. 2.3)
[c] FORSA Umfragebus: offene Frage nach den drei wichtigsten Problemen (Kap. 2.2)

Terroranschlägen im Ausland und *Islamismus* in Deutschland erst einmal herstellen muss. Andererseits könnte eine Erklärung auch darin bestehen, dass es „zunächst keine reflektierte Berichterstattung über die Tragödie" (Schicha 2002, S. 107) gab. Die verspätete Hintergrundberichterstattung, in deren Zusammenhang dann auch Aspekte wie *Islamismus* behandelt wurden, kann also auch eine Ursache für die vorgefundene Zeitverzögerung darstellen. In Kap. 5.3.4 soll dieser verzögerte Medieneffekt noch einmal aufgegriffen und mit dem Reframing, d. h. einer Umdeutung oder Uminterpretation der Problemeinschätzung, eine potenzielle Erklärung gegeben werden (Tab. 5.1).

Zusammenfassend lässt sich sagen, dass die Kreuzkorrelationen einen Agenda-Setting Effekt von der Medienberichterstattung auf die Problemeinschätzung der Bevölkerung (Hypothese 2) bestätigen. Die Terroranschläge und die Berichterstattung darüber haben neben *Terrorismus* auch Themen wie *Innere Sicherheit* und *Islamismus* auf die Publikumsagenda gebracht. In Kap. 5.2 wurde gezeigt, dass *Terrorismus* zwar in großem Ausmaß als interessantes Medienthema, aber kaum als Problem wahrgenommen wurde. Im Folgenden soll getestet werden, ob diese hohe Themenaufmerksamkeit gegenüber *Terrorismus*, wenn sie schon nicht zu einer Einschätzung von *Terrorismus* als Problem geführt hat, immerhin andere verwandte Issues auf die Publikumsagenda gebracht hat.

Einfluss der Medienberichterstattung auf die Themenaufmerksamkeit Während Hypothese 2 den Agenda-Setting Prozess allgemein untersucht, werden mit den Hypothesen 2a und 2b einzelne Teilschritte des Prozesses betrachtet. Die Grundannahme ist, dass die Medienberichterstattung über *Terrorismus* zuerst dazu führt, dass *Terrorismus, Innere Sicherheit* und *Islamismus* als interessante Medienthemen wahrgenommen werden. Die Themenaufmerksamkeit führt dann in einem zweiten Schritt zur Einschätzung von *Terrorismus, Innerer Sicherheit* und *Islamismus* als Probleme.

Die erste Kreuzkorrelation betrifft den Zusammenhang zwischen der Berichterstattung über *Terrorismus* und der Themenaufmerksamkeit gegenüber *Terrorismus*. Theoretisch kann ein hoher Medieneffekt vermutet werden, weil die Bevölkerung aufgrund der räumlichen Entfernung v. a. durch die Medien von Terroranschlägen erfährt. Die Kreuzkorrelation offenbart einen starken Zusammenhang (0,59) zwischen Medienberichterstattung und Themenaufmerksamkeit bei t_0, der jedoch noch nicht auf eine Kausalität schließen lässt. Im Fall der untersuchten Terroranschläge sind sehr schnelle Medieneffekte im Rahmen von Tagen oder gar Stunden anzunehmen, die aber bei den vorhandenen Daten auf Wochenbasis nicht erkennbar sind. Die signifikante leichte Korrelation bei t_{-1} (0,24) weist dennoch auf einen Medieneffekt hin.

Anschließend wurde die Verbindung zwischen Berichterstattung über *Terrorismus* und Themenaufmerksamkeit gegenüber *Innerer Sicherheit* untersucht. Hier unterstützt die Kreuzkorrelation die angenommene Kausalität, auch wenn die Korrelationen bei t_{-3}, t_{-2} und t_{-1} (0,14, 0,15 und 0,27) relativ schwach und kaum signifikant sind. Dazu lässt sich bei t_0 ein leichter ungerichteter Zusammenhang (0,26) erkennen.

Zuletzt wurde der Zusammenhang zwischen der Berichterstattung über *Terrorismus* und der Themenaufmerksamkeit gegenüber *Islamismus* betrachtet. Hier finden sich ebenfalls signifikante Zusammenhänge, die für eine Bestätigung der Hypothese sprechen. Die stärkste Korrelation besteht bei t_{-1} (0,48). Die Berichterstattung über *Terrorismus* hat also einen großen Einfluss darauf, dass sich die Mediennutzer für *Islamismus* als Medienthema interessieren. Diese Themenaufmerksamkeit könnte daher kommen, dass in den Medien *Terrorismus* in einen islamistischen Kontext gestellt wurde. Zudem wohnte (mindestens) einer der Attentäter vom 11. September in Deutschland, sodass im Zusammenhang mit dem Anschlag möglicherweise das Vorhandensein einer islamistischen Bewegung in Deutschland in den Medien thematisiert wurde (Tab. 5.2).

Grundsätzlich legen die Kreuzkorrelationen nahe, dass die Medienberichterstattung über Terrorismus, wie vermutet, in der Bevölkerung zu einer Wahrnehmung von *Terrorismus, Innerer Sicherheit* und *Islamismus* als Medienthemen geführt hat.

Tab. 5.2 Kreuzkorrelationen zwischen Berichterstattung Terrorismus und Themenaufmerksamkeit Terrorismus, Innere Sicherheit und Islamismus

	t_{-3}	t_{-2}	t_{-1}	t_0	t_{+1}	t_{+2}	t_{+3}
Berichterstattung[b] Terrorismus → Themenaufmerksamkeit[c] Terrorismus	0,00	0,05	0,24[a]	0,59[a]	0,01	0,06	0,09
Berichterstattung[b] Terrorismus → Themenaufmerksamkeit[c] Innere Sicherheit	0,14[a]	0,15[a]	0,27[a]	0,26[a]	0,05	0,00	0,00
Berichterstattung[b] Terrorismus → Themenaufmerksamkeit[c] Islamismus	0,19[a]	0,14[a]	0,48[a]	0,00	0,07	0,05	−0,02

Basis: $n = 239$ Wochen mit ARIMA bereinigten Daten
[a] Korrelation ist größer als die Signifikanzgrenze von zweimal dem Standardfehler
[b] Inhaltsanalyse Media Tenor: Fernsehnachrichten und Titelseiten von Zeitungen (Kap. 2.3)
[c] FORSA Umfragebus: offene Frage nach den drei interessantesten Medienthemen (Kap. 2.2)

Einfluss der Themenaufmerksamkeit auf die Problemeinschätzung Hypothese 2b betrifft den zweiten vermuteten Zwischenschritt beim Agenda-Setting Prozess und besagt, dass die Themenaufmerksamkeit gegenüber *Terrorismus* zur Einschätzung von *Terrorismus*, *Innerer Sicherheit* und *Islamismus* als Problem führt. Darüber hinaus wird angenommen, dass bei *Innerer Sicherheit* und *Islamismus* jeweils die Themenaufmerksamkeit auch eine Einschätzung dieses Issues als Problem bewirkt.

Für die Themenaufmerksamkeit und Problemeinschätzung bezogen auf *Terrorismus* hat die Zeitreihenanalyse einen mittelstarken Zusammenhang bei t_0 (0,50) ergeben. Hier kann also nicht definitiv gesagt werden, ob die Themenaufmerksamkeit einen Einfluss auf die Problemeinschätzung hat oder andersherum. Aufgrund einer zweiten signifikanten schwachen Korrelation bei t_{-1} (0,23) kann trotzdem von einem leichten Medieneffekt ausgegangen werden. Eventuell fällt dieser Effekt auch deswegen vergleichsweise gering aus, weil die Bevölkerung *Terrorismus* als interessantes Medienthema, aber weniger als gesellschaftlich relevantes Problem genannt hat (Abb. 5.4). Diese Erklärung macht auch vor dem Hintergrund der umfangreichen Berichterstattung über *Terrorismus* Sinn, die zwar von den Lesern als interessant wahrgenommen werden kann, aber nichts zwangsläufig zu einer Problemeinschätzung führt. So können die Befragten zum Thema *Terrorismus* un-

Tab. 5.3 Kreuzkorrelationen zwischen Themenaufmerksamkeit Terrorismus und Problemeinschätzung Terrorismus, Innere Sicherheit und Islamismus

	t_{-3}	t_{-2}	t_{-1}	t_0	t_{+1}	t_{+2}	t_{+3}
Themenaufmerksamkeit[b] Terrorismus → Problemeinschätzung[c] Terrorismus	0,08	0,00	0,23[a]	0,50[a]	0,08	0,05	−0,10
Themenaufmerksamkeit[b] Terrorismus → Problemeinschätzung[c] Innere Sicherheit	0,17[a]	0,18[a]	0,45[a]	0,47[a]	0,00	−0,04	−0,07
Themenaufmerksamkeit[b] Terrorismus → Problemeinschätzung[c] Islamismus	−0,05	0,49[a]	0,29[a]	0,13	0,08	−0,13	−0,03

Basis: $n = 239$ Wochen mit ARIMA bereinigten Daten
[a] Korrelation ist größer als die Signifikanzgrenze von zweimal dem Standardfehler
[b] FORSA Umfragebus: offene Frage nach den drei interessantesten Medienthemen (Kap. 2.2)
[c] FORSA Umfragebus: offene Frage nach den drei wichtigsten Problemen (Kap. 2.2)

terschiedliche Meinungen entwickeln und sich zumindest von der Einschätzung von *Terrorismus* als Problem distanzieren.

Im Hinblick auf den Zusammenhang zwischen der Themenaufmerksamkeit gegenüber *Terrorismus* und der Einschätzung von *Innerer Sicherheit* als Problem kann die Hypothese bestätigt werden. Denn neben dem mittelstarken ungerichteten Zusammenhang bei t_0 (0,47) zeigt sich ein weiterer mittelstarker Zusammenhang bei t_{-1} (0,45), der als Beleg für einen Medieneffekt gewertet werden kann.

Bei der Themenaufmerksamkeit gegenüber *Terrorismus* wurde als drittes untersucht, ob ein Zusammenhang zur Einschätzung von *Islamismus* als Problem besteht. Anhand der Kreuzkorrelation wird auch hier ein Einfluss der Themenaufmerksamkeit auf die Problemeinschätzung ersichtlich, wobei insbesondere die mittelstarke Korrelation bei t_{-2} (0,49) hervorzuheben ist. Wie beim Zusammenhang von Medien- und Publikumsagenda tritt auch hier bei *Islamismus* der größte Effekt wieder um zwei Wochen zeitverzögert auf. Dazu kommt ein zweiter signifikanter leichter Zusammenhang bei t_{-1} (0,29). Daher entspricht auch bei *Islamismus* die gefundene Kausalität der Hypothese, wobei der Effekt mit einer größeren Zeitverzögerung auftritt, als zu vermuten war. Wahrscheinlich ist bei den Befragten eine gewisse Zeit vergangen, ehe sie vom Medienthema *Terrorismus* auf das Problem *Islamismus* in Deutschland geschlossen haben. Genauso könnte ein Reframing der Problemeinschätzung stattgefunden haben (Tab. 5.3).

Die Ergebnisse zur Themenaufmerksamkeit gegenüber *Terrorismus* machen deutlich, dass aus dem Medienthema *Terrorismus* nicht nur die Einschätzung von *Terrorismus* als Problem resultiert. Vielmehr werden z. B. durch die Medien oder durch eine Umdeutung der Berichterstattung durch die Rezipienten auch *Innere Sicherheit* und *Islamismus* zu Problemen. Damit stehen die Terroranschläge in einem größeren gesellschaftlichen Kontext, in dem mehrere Issues zu (neuen) gesellschaftlichen Problemen geworden sind.

Zusätzlich zur Themenaufmerksamkeit gegenüber *Terrorismus* wurde auch die Themenaufmerksamkeit für *Innere Sicherheit* bei der Analyse berücksichtigt. Der größte Zusammenhang besteht bei t_0 (0,60), was auf einen starken ungerichteten Zusammenhang hindeutet. Die angenommene Kausalität konnte aber nicht bestätigt werden. Im Gegenteil: Zwei leichte bis mittlere Korrelationen bei t_1 (0,33) und t_3 (0,28) sprechen doch eher für die umgekehrte Kausalität, nach der die Themenaufmerksamkeit gegenüber *Innerer Sicherheit* auf eine Einschätzung dieses Issues als Problem folgt. Einen plausiblen Grund dafür bieten die speziellen Merkmale der Berichterstattung über die Terroranschläge und vor allem den 11. September. In der Literatur ist bereits angemerkt worden, dass es in den Tagen nach dem 11. September an Hintergrundberichterstattung z. B. über Fragen und Maßnahmen zur *Inneren Sicherheit* gemangelt hat (Schicha 2002, S. 107). Aufgrund dieser verspäteten Berichterstattung über *Innere Sicherheit* ist die verzögerte Themenaufmerksamkeit plausibel. Die Einschätzung von *Innerer Sicherheit* als Problem ist hingegen schon früher z. B. als Konsequenz aus der Themenaufmerksamkeit gegenüber *Terrorismus* oder einer Berichterstattung über Terrorismus entstanden, die wahrscheinlich auch *Innere Sicherheit* am Rande thematisiert. Genauso könnte die Problemeinschätzung zumindest zum Teil durch interpersonale Kommunikation hervorgerufen worden sein. Für diese Annahme spricht auch der große Sensibilisierungseffekt bei t_0, den die Problemeinschätzung für die weitere Aufmerksamkeit gegenüber *Innerer Sicherheit* als Medienthema gehabt haben könnte (Tab. 5.4).

Wird der Einfluss der Themenaufmerksamkeit gegenüber *Islamismus* auf die Einschätzung von *Islamismus* als Problem untersucht, fällt das Ergebnis nicht eindeutig aus. Die beiden stärksten Effekte treten bei t_{-1} (0,43) und t_2 (0,41) auf. Diese beiden Korrelationen widersprechen sich, da der signifikante Zusammenhang bei t_{-1} für die angenommene Kausalität, die Korrelation bei t_2 aber dagegen spricht. Dazu zeigt die Kreuzkorrelation einen leichten ungerichteten Zusammenhang bei t_0 (0,27) sowie einen leichten negativen Zusammenhang bei t_3 (−0,25). Dieser negative Einfluss könnte etwa bedeuten, dass die ständige Medienpräsenz des Themas *Islamismus* zunehmend zu einer Übersättigung und schließlich zu Desinteresse hinsichtlich der zuvor als Problem wahrgenommenen Thematik geführt hat.

Tab. 5.4 Kreuzkorrelation zwischen Themenaufmerksamkeit Innere Sicherheit und Problemeinschätzung Innere Sicherheit und Islamismus

	t_{-3}	t_{-2}	t_{-1}	t_0	t_{+1}	t_{+2}	t_{+3}
Themenaufmerksamkeit[b] Innere Sicherheit → Problemeinschätzung[c] Innere Sicherheit	0,05	0,05	0,17[a]	0,60[a]	0,33[a]	0,13[a]	0,28[a]
Themenaufmerksamkeit[b] Islamismus → Problemeinschätzung[c] Islamismus	0,03	0,04	0,43[a]	0,27[a]	0,15[a]	0,41[a]	−0,25[a]

(Basis: $n = 239$ Wochen mit ARIMA bereinigten Daten)
[a] Korrelation ist größer als die Signifikanzgrenze von zweimal dem Standardfehler
[b] FORSA Umfragebus: offene Frage nach den drei interessantesten Medienthemen (Kap. 2.2)
[c] FORSA Umfragebus: offene Frage nach den dreiwichtigsten Problemen (Kap. 2.2)

Während die Themenaufmerksamkeit gegenüber *Terrorismus* noch einen meist eindeutigen Einfluss auf die jeweilige Problemeinschätzung hat, kann die Hypothese bezüglich der Themenaufmerksamkeit gegenüber *Innerer Sicherheit* und *Islamismus* nicht bestätigt werden. Bei *Innerer Sicherheit* sollte die umgekehrte Kausalität angenommen werden und bei *Islamismus* lassen die widersprüchlichen Ergebnisse keine richtige Interpretation zu. Demnach fungiert die Themenaufmerksamkeit beim Agenda-Setting Prozess nicht immer als verbindende Variable.

5.3.4 Reihenfolge der Themenaufmerksamkeit und Problemeinschätzung

Bis jetzt wurden insbesondere die Hypothesen zum Agenda-Setting untersucht. Dabei hat sich gezeigt, dass nach den Anschlägen und der Berichterstattung darüber neben *Terrorismus* auch die Issues *Innere Sicherheit* und *Islamismus* als interessante Medienthemen und gesellschaftliche Probleme wahrgenommen wurden. Aus diesem Grund soll im folgenden Kapitel analysiert werden, ob es (kausale) Beziehungen zwischen der Aufmerksamkeit bzw. zwischen der Problemeinschätzung für die drei Themen gibt. So könnte etwa vermutet werden, dass erst durch die Themenaufmerksamkeit gegenüber *Terrorismus* auch *Innere Sicherheit* und *Islamismus* als interessante Medienthemen wahrgenommen wurden bzw. durch die Einschätzung als Problem auch die anderen Issues problematisiert wurden.

Tab. 5.5 Kreuzkorrelationen zwischen Themenaufmerksamkeit Terrorismus und Themenaufmerksamkeit Innere Sicherheit und Islamismus

	t_{-3}	t_{-2}	t_{-1}	t_0	t_{+1}	t_{+2}	t_{+3}
Themenaufmerksamkeit[b] *Terrorismus* → Themenaufmerksamkeit[b] *Innere Sicherheit*	0,25[a]	0,22[a]	0,24[a]	0,28[a]	−0,04	−0,04	−0,05
Themenaufmerksamkeit[b] *Terrorismus* → Themenaufmerksamkeit[b] *Islamismus*	0,18[a]	0,19[a]	0,48[a]	0,11	−0,01	−0,07	−0,08

Basis: $n = 239$ Wochen mit ARIMA bereinigten Daten
[a] Korrelation ist größer als die Signifikanzgrenze von zweimal dem Standardfehler
[b] FORSA Umfragebus: offene Frage nach den drei interessantesten Medienthemen (Kap. 2.2)

Reihenfolge der Themenaufmerksamkeit Im Zuge der Terroranschläge von New York, Madrid und London wurde in den Medien viel über *Terrorismus* berichtet und von den Befragten *Terrorismus* als interessantes Medienthema genannt. Wie in Kap. 5.1 gezeigt wurde, sind jedoch auch *Innere Sicherheit* und *Islamismus* – zwar in einem geringeren Maße – als Medienthemen auf Interesse bei den Befragten gestoßen. Im Folgenden wird überprüft, ob es eine bestimmte (zeitliche) Reihenfolge bei der Themenaufmerksamkeit gegeben hat, also beispielsweise die Themenaufmerksamkeit gegenüber *Innerer Sicherheit* und *Islamismus* erst nach der Etablierung von *Terrorismus* als Medienthema aufgekommen ist.

Wird der Zusammenhang zwischen der Themenaufmerksamkeit gegenüber *Terrorismus* und *Innerer Sicherheit* betrachtet, zeigt sich ein leichter kausaler Einfluss der Themenaufmerksamkeit gegenüber *Terrorismus*. Neben der stärksten Korrelation bei t_0 (0,28) hat die Zeitreihenanalyse auch signifikante leichte Korrelationen bei t_{-1}, t_{-2} und t_{-3} (0,24, 0,22 und 0,25) ergeben, welche nahelegen, dass die Themenaufmerksamkeit gegenüber *Terrorismus* zur Aufmerksamkeit gegenüber *Innerer Sicherheit* als Medienthema führt (Tab. 5.5).

Bezüglich der Themenaufmerksamkeit gegenüber *Terrorismus* und *Islamismus* lassen sich ebenfalls signifikante Zusammenhänge finden, die für *Terrorismus* als unabhängige Variable sprechen. So lässt besonders der moderate Zusammenhang bei t_{-1} (0,48) darauf schließen, dass zuerst *Terrorismus* und dann *Islamismus* als interessantes Medienthema wahrgenommen wurde. Diese Annahme wird durch die leichten, aber signifikanten Korrelationen bei t_{-2} und t_{-3} (0,19 und 0,18) unterstützt (Tab. 5.5).

Tab. 5.6 Kreuzkorrelation Themenaufmerksamkeit *Innere Sicherheit* und Themenaufmerksamkeit *Islamismus*

	t_{-3}	t_{-2}	t_{-1}	t_0	t_{+1}	t_{+2}	t_{+3}
Themenaufmerksamkeit[b] *Terrorismus* → Themenaufmerksamkeit[b] *Innere Sicherheit*	0,07	0,15[a]	0,11	0,41[a]	0,22[a]	0,16[a]	0,23[a]

Basis: $n = 239$ Wochen mit ARIMA bereinigten Daten
[a] Korrelation ist größer als die Signifikanzgrenze von zweimal dem Standardfehler
[b] FORSA Umfragebus: offene Frage nach den drei interessantesten Medienthemen (Kap. 2.2)

Nachdem gezeigt wurde, dass die Themenaufmerksamkeit gegenüber *Terrorismus* zur Themenaufmerksamkeit gegenüber *Innerer Sicherheit* und *Islamismus* führt, wurde anschließend überprüft, ob bei der Themenaufmerksamkeit auch ein Zusammenhang zwischen den letztgenannten beiden Issues besteht. Dabei sind die Ergebnisse der Kreuzkorrelation nicht eindeutig. Die stärkste Korrelation bei t_0 (0,41) spricht für einen ungerichteten Zusammenhang, d. h. eine parallele Entstehung der Themenaufmerksamkeit gegenüber *Innerer Sicherheit* und *Islamismus*. Die sehr leichte signifikante Korrelation bei t_{-2} (0,15) deutet zunächst an, dass zuerst die Themenaufmerksamkeit gegenüber *Innerer Sicherheit* entsteht. Aufgrund der signifikanten Korrelationen bei t_1, t_2 und t_3 (0,22, 0,16 und 0,23) liegt es letztlich jedoch näher, dass die Themenaufmerksamkeit gegenüber *Islamismus* bewirkt, dass auch *Innere Sicherheit* als interessantes Medienthema genannt wurde (Tab. 5.6).

Insgesamt haben die Kreuzkorrelationen ergeben, dass zu Beginn der Anschlagsreihe v. a. *Terrorismus* als Medienthema wahrgenommen wurde, was zu erwarten war, da die Anschläge als terroristische Akte aufgrund der hohen Nachrichtenwerte eine starke Berichterstattung ausgelöst haben. Genauso wie die Anschläge und die Berichterstattung über *Terrorismus* zur Einschätzung von *Innerer Sicherheit* und *Islamismus* als Probleme geführt haben (5.3), hat auch die Themenaufmerksamkeit gegenüber *Terrorismus* eine Themenaufmerksamkeit gegenüber *Innerer Sicherheit* und *Islamismus* bewirkt. Wahrscheinlich ist es dabei zunächst zur Wahrnehmung von *Islamismus* und dann zur Wahrnehmung von *Innerer Sicherheit* als Medienthema gekommen. Zusammenfassend lässt sich feststellen, dass auf der Ebene der Themenaufmerksamkeit ein enger Zusammenhang zwischen den drei Issues besteht, der dafür gesorgt hat, dass mit dem Issue *Terrorismus* noch weitere Medienthemen in den Aufmerksamkeitsbereich der Befragten gelangt sind.

Reihenfolge der Problemeinschätzung Die bisherigen Ergebnisse haben gezeigt, dass *Terrorismus* bei den drei Anschlägen das zentrale Medienthema war.

Tab. 5.7 Kreuzkorrelationen zwischen Problemeinschätzung Terrorismus und Problemeinschätzung Innere Sicherheit und Islamismus

	t_{-3}	t_{-2}	t_{-1}	t_0	t_{+1}	t_{+2}	t_{+3}
Problemeinschätzung[b] Terrorismus → Problemeinschätzung[b] Innere Sicherheit	0,01	0,14[a]	0,25[a]	0,49[a]	0,10	0,03	0,07
Problemeinschätzung[b] Terrorismus → Problemeinschätzung[b] Islamismus	−0,02	0,24[a]	0,43[a]	0,02	0,17[a]	0,01	0,23[a]

Basis: $n = 239$ Wochen mit ARIMA bereinigten Daten
[a] Korrelation ist größer als die Signifikanzgrenze von zweimal dem Standardfehler
[b] FORSA Umfragebus: offene Frage nach den drei wichtigsten Themen (Kap. 2.2)

Terrorismus selbst wurde in der Folge jedoch kaum als Problem gesehen, die Medienberichterstattung dazu und die Themenaufmerksamkeit gegenüber *Terrorismus* haben aber zur Einschätzung verwandter Issues als Probleme geführt. Gerade wenn *Terrorismus* in den Medien in den Kontext von *Innerer Sicherheit* und *Islamismus* gestellt wurde, könnte aus der vergleichsweise gering ausgeprägten Einschätzung von *Terrorismus* als Problem eine (deutlich) weiter verbreitete Einschätzung von *Innerer Sicherheit* und *Islamismus* als Probleme entstanden sein. Aus diesem Grund wurde zusätzlich zu den Hypothesen zum Agenda-Setting überprüft, ob es einen Zusammenhang zwischen der Einschätzung von *Terrorismus*, *Innerer Sicherheit* und *Islamismus* als Probleme gibt.

In Bezug auf diesen Aspekt legt die Kreuzkorrelation einen moderaten ungerichteten Zusammenhang bei t_0 (0,49) nahe. In der Regel sind demnach die Einschätzungen von *Terrorismus* und von *Innerer Sicherheit* als Probleme in derselben Woche angestiegen. Der leichte Zusammenhang bei t_{-1} (0,25) spricht zudem dafür, dass tendenziell die Einschätzung von *Terrorismus* als Problem der von *Innerer Sicherheit* vorausgeht, was u. a. aufgrund der verzögerten Hintergrundberichterstattung auch zu erwarten war.

Hinsichtlich der Einschätzung von *Terrorismus* und *Islamismus* als Problem sind die Ergebnisse nicht eindeutig. Ein mittelstarker Zusammenhang bei t_{-1} (0,43) und eine leichte Korrelation bei t_{-2} (0,24) sprechen dafür, dass die Einschätzung von *Islamismus* als Problem auf die Einschätzung von *Terrorismus* als Problem folgt. Die signifikanten leichten Korrelationen bei t_1 und t_3 (0,17 und 0,23) lassen aber eher auf eine umgekehrte Kausalität schließen. Wegen der größeren Korrelationen bei t_{-1} wird jedoch eher von der Einschätzung von *Islamismus* als abhängige Variable ausgegangen (Tab. 5.7).

Tab. 5.8 Kreuzkorrelation zwischen Problemeinschätzung Innere Sicherheit und Problemeinschätzung Islamismus

	t_{-3}	t_{-2}	t_{-1}	t_0	t_{+1}	t_{+2}	t_{+3}
Problemeinschätzung[b] Innere Sicherheit → Problemeinschätzung[b] Islamismus	0,03	0,17[a]	0,54[a]	0,28[a]	0,15[a]	0,21[a]	0,05

Basis: $n = 239$ Wochen mit ARIMA bereinigten Daten
[a] Korrelation ist größer als die Signifikanzgrenze von zweimal dem Standardfehler
[b] FORSA Umfragebus: offene Frage nach den drei wichtigsten Themen (Kap. 2.2)

Die Einschätzung von *Islamismus* wird auch durch die Wahrnehmung von *Innerer Sicherheit* als Problem beeinflusst. Der starke Zusammenhang bei t_{-1} (0,54) und die leichte Korrelation bei t_{-2} (0,17) deuten an, dass die Einschätzung von *Innerer Sicherheit* die Wahrnehmung von *Islamismus* als Problem in der/den folgenden Woche(n) beeinflusst. Jedoch lassen sich neben einem ungerichteten Zusammenhang bei t_0 (0,28) auch leichte Korrelationen bei t_1 und t_2 (0,15 und 0,21) feststellen, die auf die umgekehrte Kausalität hinweisen. Weil die Korrelationen höher sind, wird von einem (nicht ganz eindeutigen) Einfluss der Einschätzung von *Innerer Sicherheit* auf die Wahrnehmung von *Islamismus* als Problem ausgegangen. Demnach ist wahrscheinlich zunächst *Innere Sicherheit* und dann *Islamismus* auf die Publikumsagenda gelangt. Möglicherweise wurden die Maßnahmen zur Inneren Sicherheit besonders als Schutz vor islamistischem Terror verstanden. Zudem könnte z. B. der strengere Umgang mit Muslimen und Personen aus dem Nahen Osten bei den Sicherheitskontrollen an (amerikanischen) Flughäfen dieses Bild verstärkt haben (Tab. 5.8).

Zusammenfassend lässt sich feststellen, dass es Zusammenhänge zwischen den Einschätzungen der einzelnen Probleme gibt, die aber nicht immer eindeutig sind. Tendenziell ist zu vermuten, dass durch die Anschläge und die folgende Medienberichterstattung in der Bevölkerung zuerst *Terrorismus* zum Problem wurde. Ein bis drei Wochen später gelangten dann mit *Innerer Sicherheit* und *Islamismus* zwei verwandte Probleme auf die Publikumsagenda. Dieses Ergebnis unterstützt die Vermutung, dass mit den Anschlägen gewisse gesellschaftliche Konsequenzen einhergehen und bereits bekannte Themen jetzt auch als Probleme wahrgenommen wurden. So kam durch die Anschläge, obwohl sie in einer gewissen Entfernung stattgefunden haben, ein Gefühl der Bedrohung bei den Menschen in Deutschland auf. Dieses Bedrohungsempfinden könnte erklären, warum sich die Deutschen plötzlich Gedanken über *Innere Sicherheit* machten und diese als Problem sahen.

Genauso könnte im Hinblick auf *Islamismus* in Deutschland eine Art Reframing stattgefunden haben. Für die drei untersuchten Terroranschläge haben jeweils islamistische Terroristen die Verantwortung übernommen. Deswegen wurde im Folgenden *Terrorismus* in den Medien zumeist als islamistischer Terror dargestellt. Dieses Framing eines islamistischen Terrorismus hat möglicherweise dazu geführt, dass zunächst *Terrorismus* und später speziell der *Islamismus* als Urheber des Terrorismus problematisiert wurde. Diese Umdeutung in islamistischen Terrorismus könnte zur Folge gehabt haben, dass sich die deutsche Bevölkerung nach etwa zwei Wochen Gedanken darüber gemacht hat, ob es auch in Deutschland eine islamistische Bewegung gibt. Genauso könnten bereits bekannte und vorher als neutral bewertete muslimische Bewegungen plötzlich als radikale bzw. terroristische islamistische Bewegungen gesehen werden. Auch wenn die Terroristen der Anschläge fast ausschließlich aus dem Nahen Osten stammten bzw. dort lebten, ist das Problembewusstsein für eine islamistische Bewegung im eigenen Land möglicherweise in diesem Kontext entstanden. Diese Umdeutung könnte auch erklären, warum das Problembewusstsein für *Islamismus* in Deutschland erst zwei Wochen zeitversetzt nach der Medienberichterstattung und der Themenaufmerksamkeit gegenüber *Terrorismus* zustande gekommen ist.

5.3.5 Einfluss der Problemeinschätzung auf die Sicherheitsgesetzgebung

Im Zuge der Hypothese 3 sollte untersucht werden, ob die Anschläge von New York, Madrid und London im Zusammenhang mit *Innerer Sicherheit* nicht nur die gezeigte Auswirkung auf die Bevölkerung, sondern auch einen Einfluss auf das politische Handeln hatten.

Es stellt sich die Frage, ob sich die Politiker und besonders die Regierung nach dem 11. September und der damit verbundenen Problemeinschätzung in der Gesellschaft verstärkt mit *Innerer Sicherheit* beschäftigt und eventuell neue Maßnahmen zum Schutz Deutschlands vor potenziellen Anschlägen ergriffen haben. Die Befragungsdaten zeigen, dass Maßnahmen und neue Gesetze im Bereich der Inneren Sicherheit zeitlich direkt an die nach den Ereignissen am 11. September 2001 (KW 37) gesteigerte Wahrnehmung von *Innerer Sicherheit* als Problem anschließen. Somit ist ein kausaler Zusammenhang zwischen Problemeinschätzung und politischer Reaktion durchaus möglich. Immerhin nannten bis zu 16 % der Befragten in den Wochen nach den Anschlägen von New York *Innere Sicherheit* als eines der wichtigsten Probleme in Deutschland.

5 New York, Madrid, London

Die am 9. November (KW 45) und 14. Dezember 2001 (KW 50) vom Bundestag verabschiedeten Sicherheitspakete sowie das am 9. Januar 2002 (KW 2) verabschiedete Terrorismusbekämpfungsgesetz als Bündelung einiger Gesetzesänderungen können somit als eine Antwort der Politik auf die gestiegene Wahrnehmung von *Innerer Sicherheit* als Problem in diesem Zeitraum verstanden werden. Da jedoch lediglich die Verabschiedung der Gesetze und Maßnahmen genau datiert und post hoc schwer ermittelbar ist, wann diese initiiert wurden, ist unklar, wie groß das Problembewusstsein zu dem Zeitpunkt war, als die Diskussion um die Gesetze begonnen hat. Möglich ist daher auch, dass die Politik auf die Anschläge selbst reagiert bzw. proaktiv in Bezug auf das Problembewusstsein gehandelt hat. Nach der Etablierung dieser Maßnahmen sinkt das Problembewusstsein zur *Inneren Sicherheit* bei den Befragten zum Teil unter zwei Prozent. Dies kann durchaus darauf zurückzuführen sein, dass die politische Aktivität im Bereich der Inneren Sicherheit die Bevölkerung erst einmal beruhigt hat.

Einen letzten Peak der Problemeinschätzung für diesen Aspekt kennzeichnet die Verabschiedung des Anti-Terror-Paragraphen 129b, der die strafrechtliche Verfolgung von Angehörigen einer ausländischen Terrororganisation in Deutschland erlaubt, am 26. April 2002 (KW 17) durch den Bundestag. In diesem Zeitraum steigt das Problembewusstsein für *Innere Sicherheit* noch einmal auf knapp vier Prozent an. Es ist möglich, dass die Medienberichterstattung und die politischen Diskussionen im Zuge der Verabschiedung des Paragraphen das Issue der Bevölkerung wieder bewusst gemacht und so erneut das Problembewusstsein verstärkt hat. Diese Maßnahme der Politik kann zwar einerseits nicht direkt als Reaktion auf die Problemeinschätzung verstanden werden, da diese zuvor bereits wieder deutlich zurückgegangen war. Da jedoch andererseits nicht bekannt ist, wann exakt die Diskussionen um dieses Gesetz begannen, ist es möglich, dass zu diesem Zeitpunkt noch ein hohes Problembewusstsein vorlag.

Nach dem Terroranschlag in Madrid am 11. März 2004 (KW 11) steigt die Problemeinschätzung noch einmal an: Rund sieben Prozent der Befragten nennen die *Innere Sicherheit* nun als Problem. Im Vergleich zum 11. September ist das weniger als die Hälfte. Nach wenigen Wochen fällt die Problemeinschätzung dann wieder unter zwei Prozent. Im Hinblick auf den Terroranschlag in London am 7. Juli 2005 (KW 27) betrachten im Anschluss sogar nur noch etwa drei Prozent der Befragten *Innere Sicherheit* als Problem. Somit machen sich in Anbetracht der Terroranschläge in Madrid und in London deutlich weniger Menschen um die *Innere Sicherheit* ihres Landes Sorgen als noch nach den Anschlägen in New York. Möglicherweise haben sich viele Menschen zu diesem Zeitpunkt bereits an die potenzielle Bedrohung durch den internationalen Terrorismus gewöhnt. Denn auf den ersten Blick erscheint es logischer, dass die räumliche Nähe zu Madrid und London im Vergleich zu New York eine höhere Wahrnehmung von *Innerer Sicherheit* als Problem hervorbringt. Da der 11. September aber in diesem Sinne der ‚erste' religiös motivierte Anschlag solchen Ausmaßes und damit ein ‚Killer Issue' war, welches auch noch live im Fernsehen übertragen wurde, kann dieser prinzipiell eine größere Wirkung hervorgerufen haben. Auch die kulturelle Nähe der USA zur restlichen westlichen Welt spricht für ein Killer Issue.

Die Eröffnung des gemeinsamen Terrorismus-Abwehrzentrums (GTAZ) in Berlin durch Bund und Länder zur Optimierung des Informationsaustausches zwischen den Sicherheitsbehörden am 14. Dezember 2004 (KW 51) kann zwar als politische Reaktion auf den Anschlag in Madrid und der daraus resultierenden angestiegenen Problemeinschätzung angesehen werden – offensichtlich ‚notwendig' war sie, aufgrund des im Vergleich zum 11. September 2001 deutlich geringeren Problembewusstseins, jedoch nicht. Das gilt auch für das Luftsicherheitsgesetz, welches am 24. September 2004 (KW 39) vom Bundestag gegen den Einspruch des Bundesrats verabschiedet wurde und das Abschießen von Passagierflugzeugen bei akuter Terrorgefahr erlaubt.

Die Wahrnehmung von *Islamismus* und *Terrorismus* als Problem bietet hingegen, im Vergleich zur Wahrnehmung der *Inneren Sicherheit* als Problem, keinen Anhaltspunkt für eine Reaktion seitens der Politik mittels Maßnahmen zur Inneren Sicherheit. Die Einschätzung von *Terrorismus* als Problem überschreitet zwei Prozent im Untersuchungszeitraum nur direkt nach dem 11. September 2001 (KW 37) bis KW 44 und liegt ansonsten deutlich darunter. *Islamismus* erzielt zwischen 2001 und 2006 eine noch geringere Zahl an Nennungen – deutlich unter zwei Prozent. Die Maßnahmen zur Inneren Sicherheit sind also (wenn) eine Reaktion auf die Wahrnehmung von *Innerer Sicherheit* als Problem, nicht auf das Problem *Terrorismus* oder *Islamismus* (Abb. 5.7).

Die Befragungsdaten haben gezeigt, dass die Anschläge nicht zu einer langfristig höheren Einschätzung von *Innerer Sicherheit* als Problem geführt haben. Einerseits ist denkbar, dass gerade die politischen Maßnahmen der Bevölkerung die Angst vor Anschlägen genommen und damit *Innere Sicherheit* von der Problem-Agenda entfernt haben. Andererseits könnte das Problembewusstsein, ohne einen Einfluss der Sicherheitsgesetze, im Laufe der Zeit abgesunken oder durch andere Probleme verdrängt worden sein. In diesem Fall stellt sich die wichtige Frage, ob die Bevölkerung den Sicherheitsgesetzen (ohne ein Gefühl der Bedrohung) überhaupt zustimmt oder ob die Politik mit der Gesetzgebung quasi überreagiert hat.

Laut einer vom Sozialwissenschaftlichen Institut der Bundeswehr (SOWI) in Auftrag gegebenen Studie aus dem Jahr 2007 gehen die beiden Sicherheitspakete und das Terrorismusbekämpfungsgesetz mit der Einstellung der Bevölkerung konform, die Befugnisse der Sicherheitsbehörden auszuweiten, z. B. durch den Zugriff

5 New York, Madrid, London

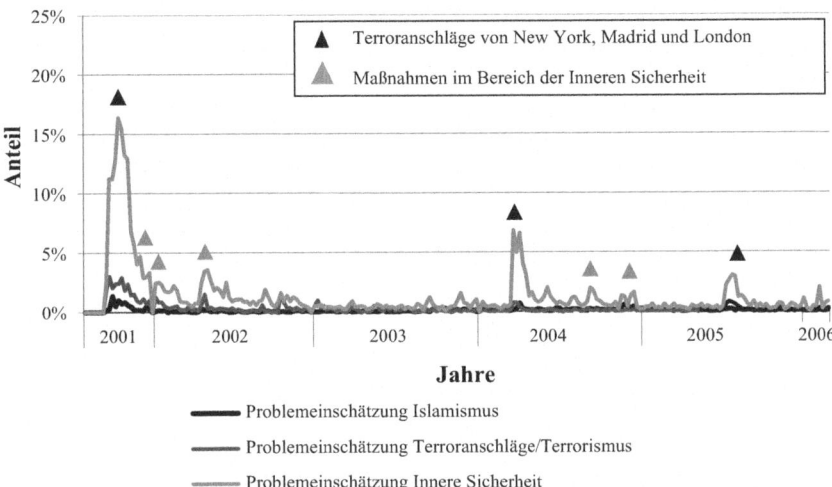

Abb. 5.7 Terrorismus, Innere Sicherheit und Islamismus als Problem für Deutschland (Anteil der Nennungen in Prozent). Basis: $n = 239$ Wochen, FORSA Umfragebus: offene Frage nach den drei interessantesten Medienthemen und den drei wichtigsten Problemen (Kap. 2.2)

auf Kundendaten von Banken und Postdienstleistern sowie die Ausweisung verdächtiger Personen. Auf Ablehnung hingegen stoßen Online-Durchsuchungen im Privatbereich.

Auch der Anti-Terror-Paragraph 129b findet mit der Inhaftierung und Verfolgung potenzieller Terroristen die Zustimmung der Bevölkerung, ebenso das GTAZ im Sinne einer verstärkten Zusammenarbeit der Sicherheitsbehörden (Bulmahn et al. 2008, S. 48 und 54). Anders sieht es beim kontrovers diskutierten Luftsicherheitsgesetz aus: Es findet wenig Zustimmung in der Bevölkerung, wie die SOWI-Befragungen 2006 und 2007 und eine Umfrage der Zeitschrift FOCUS aus 2007 zeigen[3] (Bulmahn et al. 2008, S. 54; FOCUS Online 2007). Der Grund für die Ablehnung mag darin begründet liegen, dass im Falle des Abschusses eines Passagierflugzeugs auch der normale Bürger als Privatperson betroffen sein könnte.

---

[3] 2006 wurde das Luftsicherheitsgesetz wieder diskutiert, da es vom Bundesverfassungsgericht z. T. gekippt wurde. 2007 hingegen brachte der damalige Bundesverteidigungsminister Jung es wieder in die Diskussion, indem er sagte, im Notfall auch ohne gesetzliche Grundlage ein Flugzeug abschießen zu lassen.

Ein weiteres Ergebnis der SOWI-Befragung lässt auf den ersten Blick vermuten, dass der Umfang an politischen Diskussionen um verschärfte Maßnahmen der Inneren Sicherheit nicht mit der Tatsache konform geht, dass die meisten Deutschen sich in ihrem Land relativ sicher fühlen. Sie empfinden z. B. den Klimawandel im Vergleich zum *Terrorismus* als eine deutlich größere Bedrohung. Das Sicherheitsempfinden fällt jedoch geringer aus, wenn die Bevölkerung nach der nationalen Sicherheitslage gefragt wurde. *Terrorismus* wird anscheinend eher als nationales Problem wahrgenommen, denn als Bedrohung der persönlichen Sicherheit. (Bulmahn et al. 2008, S. 28–30)

Wirft man einen Blick auf die Ergebnisse der SOWI-Befragung zur Frage nach dem persönlichen Sicherheitsgefühl in Deutschland, ist die Unsicherheit seit 1996 dahingehend sogar stetig gesunken – allerdings mit Ausnahme der Jahre 2001, 2003 und 2005. Diese Ausreißer können auf die Anschläge in New York, (nachwirkend) Madrid und London sowie den Beginn des Irakkriegs im Jahr 2003 zurückgeführt werden (Bulmahn et al. 2008, S. 24 und 30). Dieses Ergebnis spiegelt auch die bisherige Beschreibung der gestiegenen Einschätzung von *Innerer Sicherheit* als Problem nach den Terroranschlägen wider. Andererseits nimmt die Verunsicherung von Terroranschlag zu Terroranschlag ab, da die Faktoren für ein ‚Killer Issue' im Falle von Madrid und London nicht erfüllt sind und die Menschen die Ereignisse im Gegensatz zum 11. September nicht über die Medien partizipierend beobachten konnten. Sowohl die nach den Ereignissen relativ bald gesunkene Problemeinschätzung als auch das sinkende Unsicherheitsgefühl könnte wiederum auf die von der Politik verabschiedeten Anti-Terror-Maßnahmen zurückzuführen sein. Die Zustimmung der Bevölkerung zu den meisten Gesetzen zeigt, dass die politische Gesetzgebung zumindest nicht konträr zu den Vorstellungen der Deutschen stand. Prinzipiell ist es möglich, dass im Sinne der Hypothese zumindest die öffentliche Wahrnehmung von *Innerer Sicherheit* als Problem speziell nach dem 11. September zu Maßnahmen und neuen Gesetzen im Bereich der Inneren Sicherheit geführt hat, für *Terrorismus* und *Islamismus* gilt dies nicht.

5.4 Fazit

Der Terrorismus des 21. Jahrhunderts „braucht die Medienkommunikation, um wahrgenommen zu werden und zu wirken. Und er verändert die Kommunikationsverhältnisse in der Weltgesellschaft. Sicherheitspolitik schlägt Bürgerfreiheit, so lässt sich diese Wirkungsweise plakativ beschreiben" (Meckel 2008, S. 251). Eine vergleichbare Kausalität spiegelt sich im Input-Output-Modell, das dieser Studie zugrunde liegt, wider. Angenommen wurde, dass sich Terroranschläge über die Medienkommunikation auf das Problembewusstsein der Menschen bzgl. *Terrorismus, Innerer Sicherheit* und *Islamismus* auswirken und somit letztlich zu sicherheitspolitischen Maßnahmen führen. Die Ergebnisse der Studie bestätigen das Modell und die davon abgeleiteten Hypothesen weitestgehend.

So zeigt sich anhand der Ereignischronologie, dass insbesondere der Terroranschlag in New York die Themen *Terrorismus* und *Innere Sicherheit* zu Medienthemen in Deutschland gemacht hat. Der diesbezügliche Einfluss der – sich Deutschland immerhin geographisch zunehmend annähernden – terroristischen Aktionen in Madrid und London auf die Medienagenda fällt jedoch vergleichsweise gering aus. Dies ist nicht allein der Chronologie der Ereignisse zuzuschreiben, sondern auch der Sonderstellung der Anschläge vom 11. September, deren Drahtzieher die Medienkommunikation in besonderem Maße ausgenutzt haben und sich so von den Anschlägen in Europa abgrenzen. Der Einfluss der Ereignisse auf die Thematisierung von *Islamismus* als Bewegung in Deutschland in den Medien konnte aufgrund fehlender Daten nicht untersucht werden – entsprechende Daten könnten für eine Folgestudie zum Thema ‚Feindbild Islam' neu erhoben, ausgewertet und in einen Zusammenhang mit den Erkenntnissen dieser Studie gestellt werden.

Der im Modell vermutete Agenda-Setting Effekt konnte durch die Sekundäranalyse für alle drei Issues klar bestätigt werden: Die Medienberichterstattung über *Terrorismus* führt tatsächlich dazu, dass die deutsche Bevölkerung *Terrorismus, Innere Sicherheit* und *Islamismus* als gesellschaftlich relevante Probleme wahrnimmt. Erstaunlich ist jedoch das insgesamt niedrige Niveau der Problemnennungen – insbesondere in Folge der exzessiven Berichterstattung nach dem 11. September wären höhere Ausschläge zu erwarten gewesen.

Ein Blick auf die Themenaufmerksamkeit der Befragten zeigt, dass insbesondere bei *Terrorismus*, aber auch bei *Innerer Sicherheit* deutliche Diskrepanzen zwischen Themenaufmerksamkeit und Problemeinschätzung existieren. Bei einer genaueren Untersuchung dieses Zusammenhangs wird deutlich, dass sich die Themenaufmerksamkeit gegenüber *Terrorismus* nicht nur positiv auf die Einschätzung von *Terrorismus* als Problem, sondern auch auf jene von *Innerer Sicherheit* und *Islamismus* auswirkt. Es kann also davon ausgegangen werden, dass eine Umdeutung der Themen durch die Bevölkerung stattgefunden hat. Dies kann als Erklärung dafür herangezogen werden, warum *Innere Sicherheit* eher und stärker als Problem denn als interessantes Medienthema wahrgenommen wird. Im Falle von *Terrorismus* fällt die Diskrepanz jedoch deutlich extremer und zudem gegensätzlich aus, d. h. *Terrorismus* wird stärker als Medienthema denn als Problem wahrgenommen. Die vergleichsweise niedrige Problemeinschätzung könnte zudem eine

Konsequenz aus der mangelnden Nähe und Erfahrbarkeit sowie dem ‚Filmcharakter' der Ereignisse (Schicha 2002, S. 107) und ihrer Konsequenzen sein. Die insgesamt geringe Einschätzung von *Terrorismus*, *Islamismus* und *Innerer Sicherheit* als Problem muss auch dann im Hinterkopf behalten werden, wenn es um den Einfluss dieser Problematisierungen auf die Sicherheitspolitik geht.

Rückschlüsse zum Einfluss der Einschätzung von *Terrorismus*, *Islamismus* und *Innerer Sicherheit* als Problem auf die Sicherheitspolitik konnten aufgrund der Datenlage lediglich aus der Chronologie der Ereignisse gezogen werden. Schwierigkeiten bereiteten weiterhin fehlende Informationen zur Einbringung der Gesetzesvorschläge und zum Implementierungsprozess. Die Verabschiedungsdaten verschiedener sicherheitspolitischer Maßnahmen und Gesetze schließen einen Zusammenhang zwischen der Wahrnehmung von *Innerer Sicherheit* als Problem – speziell nach dem 11. September – und der Sicherheitspolitik generell nicht aus. So ist diese nach den jeweiligen Verabschiedungsdaten relativ bald gesunken, ebenso das Gefühl von Unsicherheit in der Bevölkerung. Als stichhaltiger Beweis für die vermutete Kausalität kann dies jedoch nicht gelten, denn auch die Anschläge selbst oder aber die Medienberichterstattung darüber können Anstoß zum politischen Handeln gewesen sein. Im Rahmen einer weiteren Studie könnten entsprechende Hypothesen untersucht werden.

Die Maßnahmen zur Inneren Sicherheit lassen sich aus Sicht der Politik zudem nicht als grundsätzlich sinnlos bezeichnen, da sie laut SOWI-Studie größtenteils von der Bevölkerung befürwortet wurden und somit auch das öffentliche Bild der Politik prägen. Vorstellbar ist, dass die unmittelbare Auseinandersetzung der Politik mit dem Issue *Innere Sicherheit* – welche sich in Parteiprogrammen ebenso wie in Maßnahmen und Gesetzen widerspiegeln kann – Problembewusstsein und Handlungsfähigkeit demonstriert und sich letztlich positiv auf das Image und die Wahlergebnisse politischer Akteure und Parteien ausgewirkt haben kann. Eingebettet in den theoretischen Rahmen des Agenda-Surfings könnte diese Annahme Ausgangspunkt weiterer Untersuchungen sein.

Die Bestätigung des Agenda-Setting Effekts weist zudem ganz allgemein auf die Bedeutung des Issue-Managements für politische und gesellschaftliche Akteure hin. Weiterhin ist insbesondere die in der Studie aufgezeigte Relevanz von Kontextthemen prominenter Issues für die strategische Kommunikation von Bedeutung. Am Beispiel von *Terrorismus* und *Innerer Sicherheit* konnte gezeigt werden, dass jedes Issue auch verwandte Themen und Probleme auf die Publikumsagenda bringen kann. Wird dies berücksichtigt, können Akteure ihre strategische Kommunikation vorausschauender ausrichten, was sowohl zur Chancenmaximierung als auch zur Risikominimierung beiträgt.

5 New York, Madrid, London

Weitere Untersuchungen könnten sich folglich auch mit der Frage auseinandersetzen, ob sich das Agenda-Surfing politischer Akteure im Fall der Terroranschläge von New York, Madrid und London rentiert hat. Diesbezüglich relevante Fragen wären beispielsweise, ob es einen Zusammenhang zwischen dem Einsatz sicherheitspolitischer Maßnahmen sowie der Betonung sicherheitspolitischer Aspekte im Wahlprogramm auf der einen und dem Image sowie dem Wahlerfolg auf der anderen Seite gibt. Darüber hinaus könnte untersucht werden, ob sicherheitspolitische Maßnahmen im Sinne des Agenda-Buildings zur Berichterstattung über Sicherheitspolitik führen – wie es im Modell bereits angedeutet wurde.

Darüber hinaus könnten Folgestudien die Medienberichterstattung, Themenaufmerksamkeit und Problemeinschätzung unmittelbar nach den Anschlägen auf Tagesbasis analysieren und auf diese Weise die besonderen Umstände der Liveberichterstattung am 11. September besser berücksichtigen, als es in dieser Studie aufgrund der Aggregierung auf Wochenebene möglich war.

5.5 Anhang zu Kapitel 5

Medienberichterstattung nach Kodierungen des Media Tenors
Thema Terrorismus
Internationales Geschehen: Terrorismus, Internationaler Terrorismus, Internationaler Terrorismus allgemein, positive Ausprägung der Variable „elf_Sept" (Anschläge vom 11. September)
Thema Innere Sicherheit
Innere Sicherheit allgemein, Innere Sicherheit anders

Themenaufmerksamkeit nach Forsa-Kodierungen
Themenaufmerksamkeit Terrorismus
Terroranschlag in Madrid, Terroranschläge allgemein, Terrorangriffe auf die USA, Bombenanschlag London
Themenaufmerksamkeit Innere Sicherheit

Innere Sicherheit allgemein: Terror in Deutschland, Terrorismusbekämpfung in Deutschland
Themenaufmerksamkeit Islamismus
Islamismus als Bewegung in Deutschland

Problemeinschätzung nach Forsa-Kodierungen
Problemeinschätzung Terrorismus
Terroranschlag in Madrid, Terroranschläge allgemein, Terrorangriffe auf die USA, Bombenanschlag London
Problemeinschätzung Innere Sicherheit
Innere Sicherheit allgemein: Terror in Deutschland, Terrorismusbekämpfung in Deutschland
Problemeinschätzung Islamismus
Islamismus als Bewegung in Deutschland

Literatur

Aust, S., & Schnibben, C. (2002). *11. September. Geschichte eines Terrorangriffs*. Stuttgart: Deutsche Verlags-Anstalt.

Bloch-Elkon, Y. (2011). The polls-trends. Public perception and the threat of international terrorism after 9/11. *Public Opinion Quarterly, 2*, 366–392.

Bulmahn, T., Fiebig, R., Greif, S., Jonas, A., Sender, W., & Wieninger, V. (2008). *Sicherheits- und verteidigungspolitisches Meinungsklima in der Bundesrepublik Deutschland. Ergebnisse der Bevölkerungsbefragung 2007 des Sozialwissenschaftlichen Instituts der Bundeswehr*. Strausberg: Sozialwissenschaftliches Institut der Bundeswehr.

Debatin, B. (2002). Semiotik des Terrors: Luftschiffbruch mit Zuschauern. In C. Schicha & C. Brosda (Hrsg.), *Medien und Terrorismus. Reaktionen auf den 11. September 2001* (S. 25–38). Münster: LIT.

Emmer, M., Kuhlmann, C., Vowe, G., & Wolling, J. (2002). Der 11. September – Informationsverbreitung, Medienwahl, Anschlusskommunikation. *Media Perspektiven, 4*, 166–177.

Fiedler, H. (2002). Der Nahe Osten und der politische Islam. In C. Schicha & C. Brosda (Hrsg.), *Medien und Terrorismus. Reaktionen auf den 11. September 2001* (S. 156–167). Münster: LIT.

FOCUS Online. (2007). Umfrage. Deutsche gegen Abschuss von Terrorjets. http://www.focus.de/politik/deutschland/umfrage_aid_133600.html. Zugegriffen: 1. März 2013.

FOCUS Online. (2010). Analyse: Schröders Nein zum Irak-Krieg gut für Merkel. http://www.focus.de/politik/ausland/konflikte-analyse-schroeders-nein-zum-irak-krieg-gut-fuer-merkel_aid_543171.html. Zugegriffen: 6. Jan. 2013.

Gehrau, V. (2009). Die Dynamik von öffentlicher Meinung und öffentlichem Verhalten am Beispiel von Brent Spar. In U. Röttger (Hrsg.), *PR-Kampagnen. Über die Inszenierung von Öffentlichkeit* (S. 87–107). Wiesbaden: VS Verlag für Sozialwissenschaften.

Gerhards, J., Schäfer, M. S., Jabiri, I. A., & Seifert, J. (2011). *Terrorismus im Fernsehen. Formate, Inhalte und Emotionen in westlichen und arabischen Sendern.* Wiesbaden: VS Verlag für Sozialwissenschaften.

Glück, A. (2008). *Terror im Kopf. Terrorismusberichterstattung in der deutschen und arabischen Elitepresse.* Berlin: Frank & Timme.

Greiner, B. (2011). *9/11. Der Tag, die Angst, die Folgen.* München: Beck.

Klein, S. (2009). *Terror, Terrorismus und Religion. Populäre Kinofilme nach 9/11.* Jena: IKS Garamond.

Lang, G. E., & Lang, K. (1981). Watergate – an exploration of the agenda-building process. In C. G. Wilhoit & H. DeBock (Hrsg.), *Mass communication review yearbook* (Bd. 2, S. 447–468). Beverly Hills: Sage.

McCombs, M. E., & Shaw, D. (1972). The agenda setting function of mass-media. *Public Opinion Quarterly, 36,* 176–187.

Meckel, M. (2008). Zwischen Informationspflicht und Instrumentalisierung. Zur widersprüchlichen Rolle der Medien in der Symbolkommunikation des Terrorismus. In B. Pörksen, W. Loosen, & A. Scholl (Hrsg.), *Paradoxien des Journalismus. Theorie – Empirie – Praxis* (S. 245–266). Wiesbaden: VS Verlag für Sozialwissenschaften.

Neidhardt, F. (1994). Öffentlichkeit, öffentliche Meinung, soziale Bewegungen. In F. Neidhardt (Hrsg.), *Öffentlichkeit, öffentliche Meinung, soziale Bewegungen* (S. 7–41). Opladen: Westdeutscher Verlag (Kölner Zeitschrift für Soziologie und Sozialpsychologie, Sonderheft 34).

RP Online (o. J.). Wie Deutschland auf den 11. September reagierte. http://www.rp-online.de/politik/deutschland/wie-deutschland-auf-den-11-september-reagierte-1.2097664. Zugegriffen: 6. Jan. 2013.

Schenk, M. (2007). *Medienwirkungsforschung.* Tübingen: Mohr Siebeck.

Schicha, C. (2002). Terrorismus und symbolische Politik. Zur Relevanz politischer und theatralischer Inszenierungen nach dem 11. September 2001. In C. Schicha & C. Brosda (Hrsg.), *Medien und Terrorismus. Reaktionen auf den 11. September 2001* (S. 94–113). Münster: LIT.

Schicha, C., & Brosda, C. (2002). Medien, Terrorismus und der 11. September 2001 – Eine Einleitung. In C. Schicha & C. Brosda (Hrsg.), *Medien und Terrorismus. Reaktionen auf den 11. September 2001* (S. 7–24). Münster: LIT.

Schmid, A., & Graaf, J., de. (1982). *Violence as Communication. Insurgent Terrorism and the Western News Media.* London: Sage.

Spiegel Online. (2005). Neues Bekennervideo zu Londoner Anschlägen. http://www.spiegel.de/panorama/justiz/al-qaida-neues-bekennervideo-zu-londoner-anschlaegen-a-372645.html. Zugegriffen: 6. Jan. 2013.

Spiegel Online. (2007). Ohne Beweis. http://www.spiegel.de/spiegel/print/d-53513159.html. Zugegriffen: 6. Jan. 2013.

Sueddeutsche.de. (2008). Lügen im Irakkrieg. Die langen Nasen von Powell & Co. http://www.sueddeutsche.de/politik/luegen-im-irakkrieg-die-langen-nasen-von-powell-amp-co-1.264076. Zugegriffen: 6. Jan. 2013.

Tagesschau.de. (2007). Terror in Madrid. Die Anschläge vom 11. März 2004. http://www.tagesschau.de/ausland/meldung174804.html. Zugegriffen: 6. Jan. 2013.

The 9/11 Commission Report. (2004). *Die offizielle Untersuchung zu den Terrorattacken vom 11. September 2001*. Potsdam: Cicero Dossier.

Waldmann, P. (2005). *Terrorismus. Provokation der Macht*. Hamburg: Murmann.

Weller, C. (2002). *Die massenmediale Konstruktion der Terroranschläge am 11. September 2001. Eine Analyse der Fernsehberichterstattung und ihre theoretische Grundlage*. INEF-Report 63. Duisburg: Institut für Entwicklung und Frieden (INEF).

Zeit Online (2009). Irakkrieg. Fünf Jahre Schrecken. http://www.zeit.de/online/2008/12/bg-irak. Zugegriffen: 6. Jan. 2013.

6 NPD-Verbotsverfahren – Auswirkungen der Mediendebatte über ein NPD-Verbot auf Problemeinschätzung und Wahlabsicht der Bevölkerung

Sebastian Betz, Nadine Hoffmann, Daniel Schenk und Sven Winter

> *Meine sehr geehrten Damen und Herren, jeder neue Schritt braucht Mut. Wir haben diesen Mut. Zwar gehen wir ein Risiko ein; aber dieses Risiko sollten wir in Kauf nehmen, ja wir müssen es in Kauf nehmen. Schlimmer als ein eventuelles Scheitern vor dem Bundesverfassungsgericht wäre es, diesen Schritt gar nicht erst zu gehen.*
> (Tillich, zit. n. Bundesrat 2012, S. 553)

Mit diesem Wortlaut äußerte sich der Ministerpräsident des Freistaates Sachsen, Stanislaw Tillich, in einer Sitzung des Bundesrates im Dezember 2012 zur Entscheidung, einen erneuten Antrag über die Einleitung eines Verfahrens zur Feststellung der Verfassungswidrigkeit der Nationaldemokratischen Partei Deutschlands (NPD) zu stellen. 15 der 16 Bundesländer folgten diesem Antrag, lediglich Hessen enthielt sich vor allem auf Grund verfassungsrechtlicher Beden-

---

S. Betz (✉)
Münster, Deutschland
E-Mail: sebastian.betz87@gmail.com

N. Hoffmann
Offenbach am Main, Deutschland
E-Mail: n.hoffmann87@gmx.de

D. Schenk
Münster, Deutschland
E-Mail: schenk.daniel@gmx.de

S. Winter
Herford, Deutschland
E-Mail: sven-winter@gmx.de

ken und warnte vor einem erneuten Scheitern (Bundesrat 2012, S. 555–557). Wie wichtig ein Verbot der rechtsextremen NPD sei, betonte Berlins Oberbürgermeister Klaus Wowereit in dieser Sitzung: „Die NPD ist nicht irgendein Verein von harmlosen rechten Spinnern. Sie setzt die Axt an Eckpfeiler unseres friedlichen Zusammenlebens" (Wowereit, zit. n. Bundesrat 2012, S. 551). Trotzdem waren bei den meisten Ministerpräsidenten die Bedenken groß. Zu tief saß noch der Stachel des am 18. März 2003 auf Grund von V-Leuten in der NPD eingestellten und somit gescheiterten ersten Versuchs eines NPD-Verbots. Wie groß die Zweifel am Erfolg eines neuerlichen NPD-Verbotsverfahrens sind, verdeutlichen auch Aussagen des damaligen Bundesinnenministers Hans-Peter Friedrich. Nachdem dieser Ende Februar 2013 auf einem Treffen der CSU-Landesgruppe die Notwendigkeit eines eigenen NPD-Verbotsantrags von Seiten der Bundesregierung dargestellt hatte, musste er einen Tag später auf Grund von Kritik seiner Kollegen seine Äußerungen zurücknehmen: Es sei bisher „weder eine Entscheidung, noch eine Festlegung, noch eine Tendenz" (Friedrich, zit. n. Rossmann 2013, S. 1) getroffen worden. Am 3. Dezember 2013 wurde der Verbotsantrag des Bundesrates schließlich beim Bundesverfassungsgericht eingereicht, Bundesregierung und Bundestag schlossen sich diesem nicht an (Süddeutsche Zeitung 2013).

Zur Bewertung der Frage, ob ein erneutes NPD-Verbotsverfahren tatsächlich mehr Risiken (beispielsweise in Form eines Popularitätszuwachses der NPD) als Vorteile birgt, soll diese Forschungsarbeit beitragen. Hierzu werden für den Zeitraum des ersten NPD-Verbotsverfahrens (August 2000 bis März 2003) sowie für einige Wochen davor und danach die Medienberichterstattung über die beiden Issues *NPD-Verbotsverfahren* und *Rechtsextremismus*[1] sowie die Problemeinschätzung der Bevölkerung in Bezug auf diese Issues untersucht. Darüber hinaus sollen Änderungen in der Wahlabsicht der Bevölkerung in diesem Zeitraum näher betrachtet werden, um Prognosen hinsichtlich der Auswirkungen eines neuerlichen Verbotsverfahrens ableiten zu können. Ziel ist es, insbesondere aufzuzeigen, wie die Debatte über das NPD-Verbotsverfahren damals in den Medien und der Bevölkerung geführt wurde und inwiefern politische Lager und Parteien davon profitieren konnten.

Im zweiten Abschnitt werden daher zunächst alle Hintergründe zur Entwicklung der NPD seit ihrer Gründung 1964 sowie zum Ablauf des ersten NPD-Verbotsverfahrens umfassend dargestellt, um so alle relevanten Ereignisse identifizieren zu können. Im daran anschließenden Methodenabschnitt werden die beiden zu untersuchenden Issues definiert und aus der aktuellen Forschungsliteratur die vier der Studie zugrundeliegenden Hypothesen abgelei-

---

[1] Die beiden Issues werden im Verlauf der Forschungsarbeit durch *Kursivsetzung* gekennzeichnet.

tet. Der vierte Abschnitt bildet den Ergebnisteil der Untersuchung und dient vor allem der Überprüfung dieser Hypothesen. Hierzu werden die Datenreihen zur Medienberichterstattung und die Befragungsdaten zur Problemeinschätzung der Bevölkerung zunächst dargestellt und optische Strukturen deskriptiv erläutert. Anschließend werden die zuvor aufgestellten Hypothesen und Vermutungen genauer überprüft. Dazu werden Zusammenhänge zwischen den Variablen grafisch und rechnerisch untersucht. Abschließend werden im fünften Kapitel die zentralen Befunde der Studie in einem Fazit zusammengefasst und ein Ausblick hinsichtlich der zu erwartenden Auswirkungen des neuen NPD-Verbotsverfahrens gegeben.

6.1 Die NPD und das NPD-Verbotsverfahren 2000–2003

Nach Gründung der Nationaldemokratischen Partei Deutschlands (NPD) im Jahr 1964 gelang es der jungen Partei, bei sieben Landtagswahlen zwischen 1966 und 1968 in Landesparlamente einzuziehen (Mayer 2011, S. 12). Bei der Bundestagswahl 1969 sollte der Einzug in den Bundestag folgen. Fast 1,5 Mio. Menschen gaben der NPD ihre Zweitstimme, trotzdem wurde mit 4,3 % der Einzug in den Bundestag knapp verpasst (Botsch und Kopke 2009, S. 48). Weitere Wahlerfolge blieben größtenteils aus und es „folgte für die in Parteien organisierte extreme Rechte eine längere Zeit des Niedergangs" (Steglich 2010, S. 89). Auch die Mitgliederzahlen der NPD schrumpften über die Jahre (von 28.000 im Jahr 1969 auf 3.240 im Jahr 1996) (Dudek und Jaschke 1984, S. 285; Steglich 2010, S. 243–244) und es war ruhig geworden um die rechtsgesinnte Partei. In den 1990er-Jahren war jedoch ein dramatischer Anstieg an Straftaten mit fremdenfeindlichem Hintergrund in Deutschland zu verzeichnen, während rechte Parteien plötzlich wieder Wahlerfolge erzielen konnten (Steglich 2010, S. 289–290; Brandstetter 2006, S. 35). Zudem stellten Forscher der Konrad-Adenauer-Stiftung fest, dass das Sympathiepotenzial in der Bevölkerung gegenüber Rechtsaußenparteien in Deutschland stetig stieg – damit nahm die Zahl derer zu, die bereit waren, bei einer anstehenden Bundestagswahl ihre Stimme den rechten Parteien zu geben und diese zu unterstützen (Brandstetter 2006, S. 35). Der zunehmende Anstieg rechtsextremer Gewalt erreichte seinen Höhepunkt, als es im August 1992 in Rostock zu Übergriffen auf die Aufnahmestelle für Asylbewerber und zu einem Brandanschlag auf ein Migrantenwohnheim kam. Im November des gleichen Jahres starben in Mölln, ebenfalls bei einem Brandanschlag, drei Frauen türkischer Herkunft. 1993 kamen bei einem weiteren Brandanschlag in Solingen fünf Menschen zu Tode (Bergsdorf 2007, S. 60). In diesen Jahren verstärkte sich zudem der ohnehin bestehende Trend steigender Sympathisantenzahlen mit dem rechten Milieu.

Zu Beginn des Jahres 2000 sorgte eine Reihe von Übergriffen und Anschlägen auf in Deutschland lebende Immigranten für großes Aufsehen in Medien, Politik und Gesellschaft. Die Hintergründe für die Taten wurden oftmals in der fremdenfeindlichen, rechtsextremen Szene vermutet, dies ließ sich jedoch nicht in jedem Fall bestätigen. So wurden im Februar und März des Jahres 2000 jüdische Ruhestätten auf Friedhöfen in Erfurt, Göttingen, Potsdam und dem bayerischen Georgsgmünd geschändet. Am 20. April sorgte ein Brandanschlag auf die Synagoge in Erfurt für großes Aufsehen. Nach Ermittlungen der Polizei gestanden drei rechtsextreme Heranwachsende, die Tat verübt zu haben. Bei einem Übergriff am 11. Juni auf einen Mosambikaner in Dessau verletzten drei Skinheads ihr Opfer so schwer, dass es später seinen Verletzungen erlag. Ende Juli wurden in Düsseldorf bei einem Sprengstoffanschlag auf eine Gruppe jüdischer und muslimischer Immigranten aus Russland neun Menschen zum Teil lebensgefährlich verletzt. Die Tat blieb ungeklärt, es wurde jedoch von Anfang an ein fremdenfeindlicher Hintergrund vermutet. Vor allem dieser Anschlag vom 27. Juli 2000 und der Schluss auf einen rechtsextremen Hintergrund boten den Auftakt der öffentlichen NPD-Verbotsdiskussion in Politik, Gesellschaft und Medien in Deutschland. (Wolf 2006; Flemming 2005, S. 97–101; Bergsdorf 2007, S. 59): „Die Beispiele erweckten in der Öffentlichkeit den Eindruck einer ansteigenden Gefahr durch rechtsextremistische Gewalt" (Flemming 2005, S. 97). In diesem Sinne titelten auch die großen deutschen Qualitätszeitungen nach dem Düsseldorfer Anschlag. Schnell wurden die Täter in der rechtsradikalen Szene vermutet, sowohl die ‚Süddeutsche Zeitung' als auch die ‚Welt' fokussierten sich in ihren Aufmachern auf einen rechtsextremen Hintergrund der Tat. Einzig die ‚Frankfurter Allgemeine Zeitung' hob hervor, dass es weder Hinweise auf die Täter noch auf ein Motiv für die Tat gebe (Flemming 2005, S. 115–117).

Im Zuge der Berichterstattung forderte der bayerische Innenminister Günther Beckstein (CSU) die rot-grüne Bundesregierung auf, ein Verbot der NPD zu erwirken: „Wir dürfen nicht zulassen, dass unter dem Schutz des Parteienprinzips neonazistisches Gedankengut gefördert wird" (zit. n. Wolf 2006). Damit schaffte Beckstein es, das Issue *NPD-Verbotsverfahren* in die bundesweite politische Diskussion zu bringen und es als Erster für sich zu besetzen. Im Gegensatz zu seinem Amtskollegen, dem thüringischen Innenminister Christian Köckert, welcher bereits nach dem Brandanschlag von Erfurt ein NPD-Verbot gefordert hatte, mit diesem Vorstoß jedoch kaum Resonanz erzielen konnte, gelang es Beckstein auf Grund seines Bekanntheitsgrades, sich öffentlich Gehör zu verschaffen (Bergsdorf 2007, S. 59). Die gesellschaftliche Debatte um ein Verbot der rechtsextremen Partei war

6 NPD-Verbotsverfahren

nun voll entfacht und alsbald wurde eine Bund-Länder-Kommission eingerichtet, die die Möglichkeit eines Verbotsantrages prüfen und die notwendigen Weichen für einen solchen stellen sollte. Die Stellungnahmen in der Politik waren jedoch geteilt und die Argumente für und gegen ein Verbotsverfahren vielfältig. So gab es nicht nur Befürworter eines Verbotsantrages, sondern auch Stimmen gegen ein Parteiverbot. Einzelne Politiker von CDU, FDP und Grünen sprachen sich gegen ein solches Verbot aus, da sie beim Scheitern eines Verbotsantrages eine enorme Aufwertung der NPD befürchteten. Weitere Argumente waren, dass sich das rechtsextremistische Problem in Deutschland nicht durch ein Parteiverbot lösen lasse und die Gewalt nicht gemindert, sondern lediglich verlagert werden würde. Denn gewaltbereite Rechtsextreme würden sich unter einem anderen Deckmantel neu zusammenfinden – die NPD biete zumindest noch die Möglichkeit, die Akteure ‚im Auge zu behalten' und diese zu zwingen, sich an Gesetze zu halten. Kritiker eines Parteiverbotes merkten zudem an, dass die NPD durch ihre geringen Mitgliederzahlen und ausbleibenden Einzüge in Landesparlamente nicht als ernst zu nehmende Bedrohung wahrgenommen werden könne und es sich bei einem Parteiverbot viel mehr um politische Hygiene handle. So führe ein NPD-Verbot dazu, dass man alsbald die nächste Organisation verbieten müsse (Flemming 2005, S. 108–114). Hiermit war insbesondere die DVU gemeint, die 1998 mit 12,9 % der Zweitstimmen in den Landtag Sachsen-Anhalts eingezogen war (Steglich 2010, S. 290).

In der fortschreitenden Debatte traten Politik, Medien und die Gesellschaft (vertreten durch Expertenmeinungen und Demonstranten) als Akteure des Issues *NPD-Verbotsverfahren* in Erscheinung. In der Politik wurde die Möglichkeit eines NPD-Verbotsverfahrens ausgiebig diskutiert, nicht zuletzt, weil sich wohl kein Politiker Nachlässigkeit im Kampf gegen den Rechtsextremismus nachsagen lassen wollte. So sprachen sich die im Bund regierenden Parteien SPD und Grüne mehrheitlich für ein Verbotsverfahren aus, auch CDU/CSU, FDP und die PDS nahmen Stellung. „Im August [2000] setzte sich auch Bundeskanzler Gerhard Schröder (SPD) für einen gemeinsamen Verbotsantrag von Bundestag und Bundesrat ein. Dabei argumentierte er ähnlich wie Beckstein: Schröder betonte, er sei es leid, wenn legale Strukturen benutzt würden, um rechtsradikale Gewalttaten zu begehen" (Wolf 2006). Am 8. November 2000 war die Diskussion soweit fortgeschritten, dass die Bundesregierung beschloss, einen Verbotsantrag zu stellen. In den Folgemonaten stimmten sowohl Bundesrat als auch Bundestag mehrheitlich für einen Verbotsantrag, woraufhin am 30. Januar 2001 der Antrag der Bundesregierung für ein NPD-Verbot beim Bundesverfassungsgericht in Karlsruhe einging. Zwei Monate später folgten die Anträge von Bundestag und Bundesrat. „Einen Tag zuvor, am 29. März, hatte Bundesinnenminister Otto Schily bei der Vorstellung des Verfassungsschutzberichtes 2000 noch einmal die besondere Aggressivität der NPD in ihrem Kampf gegen die Verfassung der Bundesrepublik hervorgehoben" (Wolf 2006). Anfang Oktober 2001 nahm das Bundesverfassungsgericht in Karlsruhe den Antrag zur Verhandlung an. Mit der Antragsannahme am Bundesverfassungsgericht trat ein weiterer Akteur, die Justiz, im Bezug auf das Issue *NPD-Verbotsverfahren* in Erscheinung.

Bereits im September 2000 hatten Zeitungen den Rechtsextremisten Thomas Dienel als Verbindungsmann des thüringischen Verfassungsschutzes enttarnt. Im Januar 2001 war zudem die Zusammenarbeit zwischen den NPD-Funktionären Wolfgang Frenz, Udo Holtmann sowie Tino Brandts und dem Verfassungsschutz öffentlich geworden. Diese Vorfälle führten jedoch nicht zu einer Diskussion in der Politik über eventuelle Auswirkungen auf das laufende NPD-Verbotsverfahren (Bergsdorf 2007, S. 62–63). Auf Grund der enttarnten V-Männer sagte das Bundesverfassungsgericht am 22. Januar 2002 die für Februar geplante mündliche Verhandlung ab, um „prozessuale und rechtlich-materielle Fragen zu beantworten" (Bergsdorf 2007, S. 63). Einer der geladenen NPD-Funktionäre hatte sich ebenfalls als V-Mann des Verfassungsschutzes entpuppt und auch einige Aussagen in den Verbotsanträgen stützten sich auf Beobachtungen von ehemaligen oder noch aktiven Informanten des Verfassungsschutzes. Am 8. Februar 2002 räumten Bundesregierung, Bundestag und Bundesrat schließlich die Existenz von V-Leuten in der NPD ein. Im Sommer 2002 wurde außerdem bekannt, dass in den Bundes- und Landesvorständen der NPD etwa jedes siebte NPD-Mitglied mit dem Verfassungsschutz kooperiere. Daraufhin forderte das Karlsruher Gericht eine umfassende Aufklärung des Sachverhaltes und setzte den 8. Oktober als Erörterungstermin fest. Aus der vorliegenden Situation ergab sich ein Dilemma für die Antragssteller. Um das Verfahren weiter anzustreben, hatten sie die Wahl, all ihre Quellen offen zu legen, aber dadurch zu riskieren, deren Arbeit nachhaltig zu schädigen. Alternativ blieb ihnen nur, ihre Informanten weiterhin zu schützen und damit das gesamte Verbotsverfahren zu gefährden. „Letztlich weigerten sich die Antragssteller die Namen all ihrer V-Leute preiszugeben. Auch während eines Verbotsverfahrens müsse es möglich sein, die betroffene Partei weiter zu beobachten, um Gefahren für die Demokratie abzuwenden" (Bergsdorf 2007, S. 64). Am vom Verfassungsgericht festgelegten Erörterungstermin, dem 8. Oktober 2002, bestritt Innenminister Schily die Einschleusung von V-Männern durch den Verfassungsschutz. Zudem wären im Bundesvorstand der NPD keine V-Leute vertreten, wodurch er das Verfahren als nicht gefährdet einstufte. Am 18. März 2003 stellte das Bundesverfassungsgericht das NPD-Verbotsverfahren dennoch ein. Die mangelnde Staatsfreiheit der NPD wie auch einige Belege in den Verbotsanträgen wurden vom Gericht in Karlsruhe als unaufhebbare Hindernisse eingestuft (Bergsdorf 2007, S. 65; Wolf 2006). Weil vor und während des Verfahrens V-Leute in der NPD agiert hätten und Äußerungen von diesen in den Anträgen seien, gebe es keine Möglichkeit, das Verfahren fortzuführen (Bergsdorf 2007, S. 65). Dies führte dazu, dass eine Sperrminorität von drei der sieben beteiligten Richter gegen die Fortsetzung des Verfahrens stimmte. Der erste Antrag auf ein Parteiverbot der NPD war damit gescheitert.

Neben der Identifikation der relevanten Ereignisse während der damaligen NPD-Verbotsdebatte ist in dieser Untersuchung auch die Frage von Bedeutung, welche Akteure sich in die Debatte eingebracht und diese für sich zu nutzen versucht haben. Als Akteure der Issues *NPD-Verbotsverfahren* und *Rechtsextremismus* sind dabei vor allem die Politik, die Medien, die rechten Parteien[2], die Gesellschaft sowie die Justiz zu nennen und in Erscheinung getreten. Die Politik wurde durch die Diskussion eines NPD-Verbotsverfahrens und das aktive Anstreben eines solchen Verfahrens sowie durch die Einreichung der Verbotsanträge zum zentralen Akteur. Als besonders herausstechende Akteure innerhalb des Feldes Politik sind der damalige bayerische Innenminister Günther Beckstein sowie der regierende Bundeskanzler Gerhard Schröder zu nennen. Die Medien sind als weiterer Akteur festzuhalten. Durch die Berichterstattung von der Anregung des Verbotsverfahrens bis zu dessen Einstellung und die jeweilige Konnotation der Berichte konnten die Medien ihren Einfluss geltend machen. Sie haben das Thema des Verbotsverfahrens durch ihre Berichterstattung aufgegriffen und einer breiten Öffentlichkeit zugänglich gemacht. Auch die Gesellschaft ist als Akteur des Issues *NPD-Verbotsverfahren* zu begreifen. Experten traten in Erscheinung und äußerten sich zum angestrebten Verbotsverfahren und zahlreiche Bürger taten in Demonstrationen ihren Unmut kund.

Zuletzt weckte die NPD durch das gescheiterte Verbotsverfahren und die letzten Wahlerfolge in den östlichen Bundesländern Deutschlands den Anschein einer normalen Partei. Besonders hervorzuheben ist der Einzug in den sächsischen Landtag mit 9,2 % der Zweitstimmen im Jahr 2004 (Steglich 2010, S. 290). Doch Vorfälle wie die Verweigerung einer Schweigeminute von NPD-Abgeordneten im Sächsischen Landtag 2005 für die Opfer des Nationalsozialismus sowie die Aufklärung einer Reihe von Morden an Immigranten durch den Nationalsozialistischen Untergrund (NSU) haben die Debatte um ein NPD-Verbotsverfahren in den Jahren 2012 und 2013 neu belebt. Am 3. Dezember 2013 wagte der Bundesrat nach langer Vorbereitung und Diskussion den zweiten Anlauf, die NPD verbieten zu lassen und reichte

---

[2] Da die NPD nicht das gesamte Spektrum rechter Parteien in Deutschland abdeckt, sondern die Republikaner (REP) und die Deutsche Volksunion (DVU), besonders durch ihre Wahlerfolge in den 1990er-Jahren, eine große Rolle gespielt haben, werden diese Parteien in den Untersuchungen der vorliegenden Studie ebenfalls berücksichtigt.

beim Bundesverfassungsgericht einen 250 Seiten langen Verbotsantrag ein. Bundesregierung und Bundestag schlossen sich diesem nicht an, somit stellte der Bundesrat den Verbotsantrag als einziges Verfassungsorgan (Süddeutsche Zeitung 2013). Die Länder sind hingegen zuversichtlich, dass ein Verbot der NPD diesmal gelingt. So hätten sie diesmal stichhaltiges Material zusammengetragen, welches unbelastet und frei von V-Leuten sei. In der Antragsschrift stellen sie die Verfassungsfeindlichkeit der Partei heraus und zeigen Parallelen und damit eine Wesensverwandschaft zwischen der Ideologie der NPD und den Nationalsozialisten des Dritten Reiches auf (Janisch 2013). Des Weiteren wird „die akute, alltägliche Gefahr, die von Neonazis in Teilen Ostdeutschlands ausgeht" (Wefing 2013) als Grund für ein Verbot dargestellt. So wurde das Issue *NPD-Verbotsverfahren*, das in Medien und Politik bisher eher zögerlich unterstützt wurde, erneut auf die öffentliche Agenda gerückt.

Dem Issue, dessen Behandlung in den Medien und einer sich daraus ergebenden Themenaufmerksamkeit und Problemeinschätzung in der Öffentlichkeit kann eine hohe kommunikations- und politikwissenschaftliche Relevanz beigemessen werden. So ist es das zentrale Ziel der Studie mittels einer Zeitreihenanalyse herauszustellen, welche Vor- und Nachteile die NPD und das rechte Parteienspektrum insgesamt aus dem gescheiterten Verbotsverfahren und insbesondere der medialen Berichterstattung über dieses ziehen konnten. Ergebnisse aus dieser Untersuchung können im Speziellen für das aktuelle Verfahren interessant sein. Denn auch wenn es bereits Publikationen zum Thema Rechtsextremismus in den Medien und zu den Auswirkungen von Berichterstattung über fremdenfeindliche Gewalt gibt[3], so wird eine Studie speziell zum NPD-Verbotsverfahren bisher vermisst. Im Hinblick auf das neue NPD-Verbotsverfahren ist die Untersuchung also von großer gesellschaftlicher und politischer Relevanz, da Erkenntnisse zum damaligen Verfahren für die Prognose des Verlaufs des neuen Verfahrens von Nutzen sein können.

6.2 Studie

Im folgenden Teil wird zunächst dargestellt, wie die beiden Issues *NPD-Verbotsverfahren* und *Rechtsextremismus* definiert und die dazugehörigen Angaben erhoben wurden. Anschließend werden verschiedene kommunikations- und politikwissenschaftliche Modelle vorgestellt, aus denen die vier Hypothesen der Studie abgeleitet werden.

---

[3] Vgl. Brosius und Esser (1995); Jäger und Link (2013).

6.2.1 Definition der Issues

Zur Untersuchung der Berichterstattung über das *NPD-Verbotsverfahren* wurde in der vorliegenden Studie eine Datenbankabfrage bei LexisNexis vorgenommen. Zur Ermittlung der Problemeinschätzung von *Rechtsextremismus* durch die Bevölkerung konnte auf Befragungsdaten von Forsa (Kap. 2.2) sowie zur Medienberichterstattung darüber auf Inhaltsanalysedaten vom Media Tenor (Kap. 2.3) zurückgegriffen werden. Im Folgenden wird das genaue Vorgehen bei der Datenbankabfrage erläutert und kurz dargestellt, welche der von Forsa und dem Media Tenor vergebenen Codes dem Issue *Rechtsextremismus* zugeordnet wurden.

Für das Issue *NPD-Verbotsverfahren* konnte eine Datenbankabfrage bei LexisNexis durchgeführt werden. Hierzu wurden alle Ausgaben der Printmedien *tageszeitung (taz), Welt, Welt am Sonntag, Berliner Morgenpost, Berliner Zeitung, Hamburger Abendblatt, General Anzeiger* (Bonn) und *Financial Times Deutschland* im relevanten Untersuchungszeitraum (18. Kalenderwoche 2000 bis 18. Kalenderwoche 2003) nach Artikeln über das *NPD-Verbotsverfahren* durchsucht.[4] Ziel war es, den Umfang der Berichterstattung über das erste Verbotsverfahren zu ermitteln. Die Auswahl der genannten Zeitungen erfolgte aus zweierlei Gründen: Auf der einen Seite waren alle diese Zeitungen über den gesamten Untersuchungszeitraum digital verfügbar und vollständig erfasst. Zum anderen bildet die Auswahl eine ‚gute Mischung' konservativer und linksliberaler Medien sowie regionaler und überregionaler Zeitungen und kann folglich als repräsentativ für die deutsche Zeitungslandschaft erachtet werden.[5]

Dieses Vorgehen wurde gewählt, da keine Aggregate basierend auf vorhandenen Codes von Forsa oder dem Media Tenor erstellt werden konnten. Zwar hat Forsa einen eigenen Code für die Problemeinschätzung des NPD-Verbotsverfahrens vergeben und auch der Media Tenor einen Code für Berichterstattung über ‚Parteiverbote' verwendet. Problematisch an diesen beiden Codes ist allerdings, dass die Codierung nicht einheitlich über den gesamten Zeitverlauf erfolgte. So wurde der Code ‚Parteiverbote' vom Media Tenor erst ab Februar 2001, also rund ein halbes Jahr nach Beginn der Debatte über das NPD-Verbotsverfahren neu einge-

---

[4] Die Suche in der LexisNexis-Datenbank erfolgte mit den Suchbegriffen *NPD, Verbot, Verbotsantrag, Verbotsverfahren*. (Anhang zu Kap. 6).

[5] Insgesamt konnten über LexisNexis 2064 relevante Artikel identifiziert werden, von denen jedoch mehr als ein Drittel auf die *taz* zurückgeht. Als Ursache für die umfangreiche Berichterstattung der *taz* über das NPD-Verbotsverfahren ist die politische Ausrichtung dieser Zeitung zu vermuten. Auswirkungen der Ungleichverteilung zwischen den Zeitungen auf die Ergebnisse wurden überprüft, konnten jedoch nicht festgestellt werden, weshalb die Berichterstattung der *taz* mit in die Analyse aufgenommen wurde.

führt, sodass keine Aussagen über die konkrete Berichterstattung zu diesem Thema aus den ersten Monaten der Debatte vorliegen. Auch der Code zur Wahrnehmung des NPD-Verbotsverfahrens als Problem wurde von Forsa augenscheinlich uneinheitlich vergeben, da den Daten zufolge lediglich 55 Befragte das NPD-Verbotsverfahren als Problem nannten. Dieser Nachteil in der Codierung konnte für die Problemeinschätzung leider nicht behoben werden, für die Medienberichterstattung über das NPD-Verbotsverfahren stellte die LexisNexis-Datenbankabfrage hingegen eine gute Alternative dar.

Die besondere Relevanz des Issues *Rechtsextremismus* für die Fragestellung der Studie begründet sich zum einen aus der rechtsextremen Gesinnung der NPD und zum anderen aus dem Argument, dass diese eine Mitschuld an fremdenfeindlichen Straftaten trage, welches während der damaligen NPD-Verbotsdebatte häufig vorgebracht wurde. Für das Issue *Rechtsextremismus* wurden deshalb sowohl alle Codes von Media Tenor und Forsa aufgenommen, die sich unmittelbar auf den (organisierten) Rechtsextremismus, Wahlerfolge rechtextremer Parteien oder auf Ausländerfeindlichkeit beziehen, als auch diejenigen Codes, die rechtsextreme Straftaten erfassen (Anhang 6.5). Auf diese Weise konnte sowohl der Umfang der Berichterstattung über *Rechtsextremismus* erfasst werden, als auch ermittelt werden, ob die Bevölkerung *Rechtsextremismus* als bedeutendes gesellschaftliches Problem wahrnahm. Darüber hinaus konnte anhand der Forsa-Daten die Wahlabsicht der Bevölkerung für einzelne Parteien („Sonntagsfrage') im Untersuchungszeitraum nachgezeichnet werden, um so eventuelle Zusammenhänge zwischen der Berichterstattung und der Wahlabsicht untersuchen zu können.

6.2.2 Gesamtmodell

In der Studie sollen insgesamt vier Hypothesen überprüft werden, die sich jeweils auf unterschiedliche Zusammenhänge zwischen Ereignissen, der Medienberichterstattung hierüber, der Problemeinschätzung der Bevölkerung sowie deren Wahlabsicht beziehen. Abbildung 6.1 gibt einen ersten Überblick über vermutete Zusammenhänge und die Hypothesen:

Die Anlage der Studie geht davon aus, dass Ereignisse, wie rechtsextreme Anschläge oder der Start des NPD-Verbotsverfahrens Medienberichterstattung auslösen, die wiederum weitere Effekte nach sich zieht. Die erste Hypothese, die im Kap. 6.2.3 ausführlich hergeleitet wird, vermutet daher, dass die Medienberichterstattung über die beiden Issues (*NPD-Verbotsverfahren* und *Rechtsextremismus*) zu einer erhöhten Problemeinschätzung von *Rechtsextremismus* in der Bevölkerung führt. Durch die Medienberichterstattung wird die Bevölkerung für bestimmte Issu-

6 NPD-Verbotsverfahren

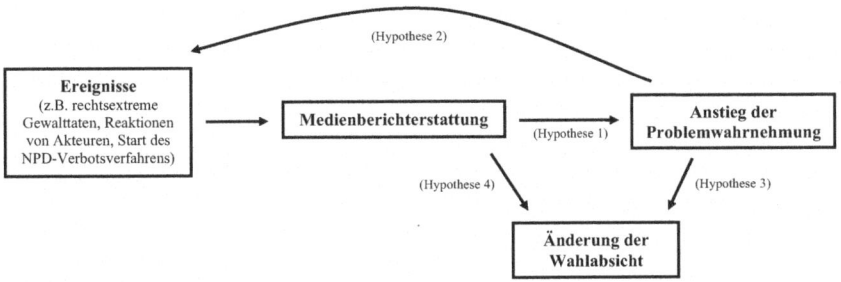

Abb. 6.1 Vermutete Zusammenhänge und Übersicht Hypothesen

es sensibilisiert und nimmt diese in der Folge vermehrt als gesellschaftlich relevant wahr.

Die zweite Hypothese (Kap. 6.2.4) schließt an die erste an und besagt, dass ein Wandel in der Problemeinschätzung der Bevölkerung eine Reaktion bestimmter Akteure, wie beispielsweise von Politikern oder dem Bundesverfassungsgericht auslöst. Hierbei kann es sich sowohl um verbale Aussagen, als auch um tatsächliche Handlungen handeln. Diese Reaktionen von Akteuren stellen neue Ereignisse dar, die dann wiederum Teil der Medienberichterstattung werden.

Die dritte Hypothese der Studie geht davon aus, dass eine Änderung der Problemeinschätzung jedoch nicht nur eine Reaktion von Akteuren auslöst, sondern auch die Wahlabsicht der Bevölkerung beeinflusst (Kap. 6.2.5). So ist zu vermuten, dass Personen, die ein neu auftretendes Issue als sehr relevant einschätzen, ihre Wahlabsicht ändern, wenn sie einer bestimmten Partei eine stärkere Problemlösungskompetenz in Bezug auf dieses Issue zuschreiben. Für die Fragestellung der Studie ist dabei besonders interessant, inwiefern die NPD von der Mediendebatte über das *NPD-Verbotsverfahren* profitieren konnte bzw. ob die Partei durch die Debatte in der Wählergunst sank. Darüber hinaus soll auch untersucht werden, ob es Auswirkungen auf die Wahlabsicht anderer Parteien gab.

Die vierte und letzte Hypothese hingegen vermutet einen direkten Zusammenhang zwischen der Medienberichterstattung und der Wahlabsicht (Kap. 6.2.6). Dieser Hypothese zufolge müsste sich die Medienberichterstattung unmittelbar auf die Wahlabsicht der Bevölkerung auswirken, auch ohne dass zuvor eine Veränderung in der Problemeinschätzung feststellbar wäre. Für die Hypothesen drei und vier wurde zusätzlich zu den Issues *NPD-Verbotsverfahren* und *Rechtsextremismus* noch ein drittes Issue untersucht, das Issue *Zuwanderung*. Dieses Issue, welches im Kap. 6.2.5 noch näher erläutert wird, rückt in den Fokus der Betrachtung, da Medien und Bevölkerung sich nicht ausschließlich mit den Problemen rechtsextremer Übergriffe und Straftaten beschäftigen, sondern darüber hinaus auch mit Fragen und Problemen, die sich aus der Einwanderung von Migranten nach Deutschland ergeben.

Im Folgenden werden die vier Hypothesen näher vorgestellt und anhand des wissenschaftlichen Forschungsstandes begründet. Alle vier Hypothesen werden anschließend für den Kernzeitraum der NPD-Verbotsdebatte überprüft. Dieser beginnt mit der 18. Kalenderwoche des Jahres 2000 (ab 1. Mai 2000) und endet mit der 18. Kalenderwoche 2003 (bis einschließlich 4. Mai 2003), umfasst also insgesamt drei Jahre.

6.2.3 Zusammenhang zwischen Medienberichterstattung und Problemeinschätzung

Aus systemtheoretischer Sicht ist die Funktion von Öffentlichkeit die „Beobachtung der Gesamtgesellschaft durch die Gesellschaft" (Gerhards 1994, S. 87), also die Ermöglichung von Selbstbeobachtung. Die Öffentlichkeit, und hierbei insbesondere die Massenmedien, dienen folglich als eine Art Spiegel, der für die Gesellschaft relevante Themen sichtbar macht. Die Massenmedien sensibilisieren die Bevölkerung so für bestimmte Probleme, die hierdurch wahrnehmbar werden, auch wenn sie für viele Menschen vielleicht nicht unmittelbar selbst erfahrbar sind (Kap. 1.1.1). Bezogen auf die Fragestellung der Studie kann daher vermutet werden, dass die Bevölkerung *Rechtsextremismus* als Problem wahrnimmt, wenn in den Medien darüber berichtet wird, auch wenn der Großteil der Bevölkerung beispielsweise nicht selbst Zeuge oder Opfer fremdenfeindlicher Übergriffe geworden ist. Wichtig ist allerdings zu betonen, dass die Medien zwar Agenda-Setting betreiben, indem sie gesellschaftlich relevante Themen bestimmen, sie allerdings in der Regel keine Einstellungen oder Meinungen zu diesen Themen vorgeben (Rössler 1997, S. 16–20). Die Medien bestimmen folglich, *worüber* die Rezipienten nachdenken, jedoch nicht, *wie* sie über ein bestimmtes Thema denken. Die erste Hypothese der Studie lautet folglich:

▶ **Hypothese 1** Wenn in den Massenmedien über die Issues NPD-Verbotsverfahren oder Rechtsextremismus berichtet wird, steigt die Problemeinschätzung für Rechtsextremismus an.

Allerdings hängt, wie in der Agenda-Setting-Forschung nachgewiesen werden konnte, die Publikumsagenda nicht ausschließlich von der Mediennutzung der einzelnen Rezipienten ab, sondern interpersonelle Kommunikation beeinflusst ebenfalls, welche Themen und Probleme als relevant wahrgenommen werden (Sommer 2010, S. 49). So ist nach dem ‚two-step-flow of communication' von einem zweistufigen Kommunikationsprozess auszugehen: Die Medienberichterstattung beeinflusst die Themenaufmerksamkeit und Problemeinschätzung einzelner Personen (beispielsweise von Opinion Leadern), welche mit anderen anschließend über bestimmte Themen sprechen, sodass mit der Zeit immer größere Teile der Bevölkerung ein bestimmtes Problem als gesellschaftlich relevant wahrnehmen (Rössler 1997, S. 197) (Kap. 1.2.2). Auch in der vorliegenden Studie sind zeitverzögerte Effekte grundsätzlich denkbar, sodass sich die Medienberichterstattung über das *NPD-Verbotsverfahren* sowie über *Rechtsextremismus* erst zeitlich versetzt auf die Problemeinschätzung der Bevölkerung auswirkt. In der Forschungsliteratur lassen sich verschiedene Wirkungsmodelle identifizieren, die einen Verlauf von Issues und deren Wahrnehmung als Problem über die Zeit beschreiben bzw. prognostizieren. Hierzu gehören das lineare Modell, das Beschleunigungs-, Trägheits-, Schwellen- und Echomodell.

Beim linearen Modell steigt die Problemeinschätzung parallel zu der Medienberichterstattung an. Beim Beschleunigungsmodell hingegen steigt die Problemeinschätzung der Bevölkerung bei zunehmender Berichterstattung überproportional an. Der Kurvenverlauf impliziert, dass die Bevölkerung auf die Berichterstattung von Themen, die ihr persönlich bedeutsamer oder zentraler erscheinen, sensibler reagiert als auf solche, denen sie subjektiv keine Bedeutung zumisst. Das Gegenstück zum Beschleunigungsmodell ist das Trägheitsmodell. Bei diesem wird davon ausgegangen, dass je umfangreicher die Medien berichten, desto langsamer die Problemeinschätzung der Bevölkerung ansteigt (Kepplinger et al. 1989, S. 99–103). In Bezug auf die vorliegende Studie werden vor allem lineare Verläufe sowie Verläufe gemäß des Beschleunigungsmodells erwartet. Es wird vermutet, dass ein Anstieg der Berichterstattung über die beiden Issues *NPD-Verbotsverfahren* und *Rechtsextremismus* entweder zu einem parallelen Anstieg der entsprechenden Problemeinschätzungskurven führt oder die Problemeinschätzung überproportional zur Berichterstattung ansteigt. Trägheitsmodelle werden hingegen nicht erwartet, da davon ausgegangen wird, dass die Bevölkerung den Issues eine so große Bedeutung beimisst, dass sich Berichterstattung über diese Issues unmittelbar auf die Problemeinschätzung auswirkt. Auch Schwellenmodelle, nach denen zunächst eine gewisse Intensität der Berichterstattung notwendig ist, um eine Veränderung in der Problemsicht der Bevölkerung hervorzurufen (Kepplinger et al. 1989, S. 99), sind in der vorliegenden Untersuchung nicht zu erwarten.

Ein Echomodell liegt vor, wenn eine hohe Intensität der Berichterstattung in einem kurzen Zeitraum einen Effekt auf die Problemsicht der Bevölkerung hat, der über den Berichterstattungszeitraum hinausgeht. Die Problemeinschätzung ‚hallt' also förmlich nach. Demnach besteht die Vermutung, dass sich bei steigender Intensität der Berichterstattung die Wirkungsspanne in die Zukunft verlängert. Besonders bei abrupt auftretenden und tragischen Ereignissen treten Echomodelle auf (Kepplinger et al. 1989, S. 102–103). Rechtsextreme Übergriffe auf Immigranten, wie sie im Untersuchungszeitraum dieser Studie mehrfach vorkamen, stellen genau solche Ereignisse dar. Deshalb kann vermutet werden, dass die Medienberichterstattung über *Rechtsextremismus* im Anschluss an rechtsextreme Straftaten zu einem Anstieg der Problemeinschätzung für Rechtsextremismus führt und diese noch längere Zeit auf einem erhöhten Niveau verbleibt, auch wenn die Berichterstattung bereits wieder auf ihr Ursprungsniveau zurückgefallen ist. Ergebnisse der Medienwirkungsforschung zeigen allerdings auch, dass Medieneffekte unterschiedlich stark ausfallen, je nachdem wie hoch die persönliche Betroffenheit (Involvement) der Rezipienten in Bezug auf das jeweilige Issue ist. Hinsichtlich des Issues *Rechtsextremismus* kann von einem geringen Involvement der Rezipienten ausgegangen werden, da der Großteil der Bevölkerung weder Opfer noch Zeuge rechtsextremer Übergriffe gewesen sein dürfte, sondern lediglich aus den Medien mit diesem Issue in Kontakt kommt. Bei einem solchen ‚Low Involvement' ist davon auszugehen, dass die Rezipienten die Medienberichterstattung kaum hinterfragen und dem Issue Wichtigkeit zuschreiben, sobald in den Medien darüber berichtet wird (Agenda-Setting Effekt) (Bulkow et al. 2012, S. 3–5). Sobald jedoch die Medienberichterstattung über das Thema nachlässt und andere Themen wieder auf die Agenda kommen, lassen auch die Themenaufmerksamkeit und die Problemeinschätzung wieder nach. Es ist daher insgesamt zu vermuten, dass die Problemeinschätzung von *Rechtsextremismus* nach einem Rückgang der Medienberichterstattung zwar noch ‚nachhallt', sie dann aber innerhalb kurzer Zeit wieder auf ihr Ursprungsniveau zurückfällt.

6.2.4 Zusammenhang zwischen Problemeinschätzung und Verhalten von Akteuren

Das Verhalten von Akteuren als Reaktion auf eine veränderte Problemeinschätzung der Bevölkerung zu untersuchen, ist ein weiteres Ziel dieser Studie. Wenn man feststellen kann, wie bestimmte Akteure auf reale Ereignisse bzw. Issues, beispielsweise auf *Rechtsextremismus*, reagieren, können Voraussagen getroffen werden, wie sich Themenverläufe fortsetzen. In diesem Zusammenhang stellt sich die Frage, ob die beteiligten Akteure die Debatte um das *NPD-Verbotsverfahren* initiiert haben oder ob sie lediglich auf Ereignisse, die Medienberichterstattung und vor allem die Problemeinschätzung reagierten. Um diese Frage beantworten zu können, muss sich mit dem Issue Management beschäftigt werden:

> Im Mittelpunkt des Issues Management steht die Identifikation, Analyse und strategische Beeinflussung von öffentlich relevanten Themen bzw. Erwartungen von Anspruchsgruppen (Issues), welche die Handlungsspielräume einer Organisation und die Erreichung ihrer strategischen Ziele potenziell oder tatsächlich tangieren. (Röttger 2008, S. 597)

Ziel des Issue Managements ist es, mögliche Gefahren und Chancen zu erkennen und die Entwicklung dieser Issues durch gezielte (De-) Thematisierungsstrategien im Sinne der Akteure zu beeinflussen (Röttger 2008, S. 597), wozu auch eine permanente und systematische Beobachtung der Organisationsumwelt erfolgt (Ingenhoff und Röttger 2008, S. 325). Die Beschäftigung mit dem Issue Management ist für die Untersuchung wichtig, da die Politik sich im Jahr 2000 mit einem neuen bzw. erneut auftretenden Issue konfrontiert sah (rechtsextreme Anschläge in Deutschland wie beispielsweise den tödlichen Angriff auf einen Mosambikaner durch drei Neonazis oder den Sprengstoffanschlag auf eine Gruppe jüdischer und muslimischer Immigranten aus Russland) und darauf reagieren musste.

Teil des Issue Managements ist das Agenda-Building, in dem politische und gesellschaftliche Akteure aktiv versuchen, Einfluss auf die Medienagenda zu nehmen. Dieser Prozess ist eng verknüpft mit dem Agenda-Setting. Agenda-Setting geht von einem einfachen und direkten Medienwirkungsprozess aus (Eichhorn 2005, S. 39), u. a. Lang und Lang konnten jedoch anhand der Watergate-Affäre als Thema im amerikanischen Präsidentschaftswahlkampf 1972 nachweisen, dass sich Presse, Öffentlichkeit und weitere (politische) Akteure gegenseitig beeinflussen (Lang und Lang 1981, S. 448). Der Agenda-Building Prozess ist ein mehrstufiger Prozess. Akteure erreichen durch ihr Handeln oder ihre Stellungnahmen (zum Beispiel durch Äußerungen auf einer eigens einberufenen Pressekonferenz) die Aufmerksamkeit der Medien und wirken somit auf diese ein. Durch die Medienberichterstattung wird das Interesse der breiten Öffentlichkeit für diese Issues geweckt oder verstärkt, wovon wiederum in der Regel die Akteure profitieren. Bei manchen Issues gelingt dieses eher (High-Threshold-Issues), bei anderen Themenkomplexen weniger (Low-Threshold-Issues) (Schenk 2007, S. 508) (Kap. 2.5.1). Beim *NPD-Verbotsverfahren* werden daher keine einfachen Zusammenhänge zwischen den verschiedenen Akteuren erwartet, sondern ein verflochtenes Reagieren und Interagieren aller Akteure.

Den konkreten Fall, dass Akteure (wie beispielsweise Politiker) versuchen, Themen, die auf der Medienagenda auftauchen und in der Öffentlichkeit diskutiert werden, für sich zu nutzen, nennt man Agenda-Surfing. Ziel ist es insbesondere, neu auftretende Themen schnellstmöglich als ‚eigene' Issues zu besetzen (Issue Ownership) (Schenk 2007, S. 446). Aus diesen Vorüberlegungen leitet sich die zweite Hypothese ab:

▶ **Hypothese 2** Akteure, wie beispielsweise Politiker, reagieren auf die Medienberichterstattung über das NPD-Verbotsverfahren und Rechtsextremismus sowie auf eine gestiegene Problemeinschätzung der Bevölkerung, indem sie auf diese Issues ‚aufspringen' und sich zu diesen äußern.

Diese Hypothese ist aus Sichtweise des Agenda-Surfing logisch, da erst ein Thema auf der Medienagenda auftauchen und in der Öffentlichkeit diskutiert werden muss (also als wichtiges Thema und relevantes Problem wahrgenommen werden muss), bevor ein Akteur dieses Issue für sich nutzen kann.

6.2.5 Zusammenhang zwischen Problemeinschätzung und Wahlabsicht

In Bezug auf die Auswirkungen von Medienberichterstattung auf das Wahlverhalten der Bevölkerung stellt das Konzept des ‚Issue Ownership' einen der meistdiskutierten Ansätze in der kommunikations- und politikwissenschaftlichen Forschung dar. Der Ansatz geht davon aus, dass politische Akteure (sowohl einzelne Politiker als auch Parteien) bestimmte Issues besetzt haben, in denen ihnen von den Wählern eine höhere Kompetenz zugeschrieben wird, als der politischen Konkurrenz. Ziel politischer Akteure ist es demnach, in den Medien möglichst häufig mit denjenigen Themen in Verbindung gebracht zu werden, denen die Wahlberechtigten eine hohe gesellschaftliche Relevanz zuschreiben (Walgrave et al. 2009, S. 153–158). Die Wahlabsicht der Bevölkerung ist also abhängig davon, welchen Problemen die Befragten jeweils die größte Bedeutung beimessen und welcher Partei sie die größte Kompetenz in Bezug auf diese Probleme zuschreiben. Hinsichtlich des vorliegenden Forschungsprojekts ist davon auszugehen, dass sich die Absicht der Bevölkerung, die NPD zu wählen, ändert, wenn sich deren Wahrnehmung von *Rechtsextremismus* als Problem ändert. Denn wenn die Bevölkerung rechtsextreme Parteien als Problem wahrnimmt, wird sie nicht (mehr) beabsichtigen, eine solche Partei zu unterstützen.[6] Die dritte Hypothese lautet daher:

---

[6] In Bezug auf diese Hypothese wäre sicherlich auch eine detailliertere Unterscheidung zwischen Befragten aus verschiedenen Bundesländern gewinnbringend, insbesondere da die NPD wie bereits dargestellt vor allem in ostdeutschen Bundesländern zuletzt Wahlerfolge

▶ **Hypothese 3** Wenn die Problemeinschätzung für das Issue Rechtsextremismus zunimmt, sinkt die Absicht der Bevölkerung, NPD zu wählen.

Darüber hinaus kann jedoch auch vermutet werden, dass es Issues gibt, von denen die NPD in Form einer gestiegenen Wahlabsicht profitiert. Da Medien und Bevölkerung sich nicht ausschließlich mit den Problemen rechtsextremer Übergriffe und Straftaten beschäftigen, sondern darüber hinaus auch mit Fragen und Problemen, die sich aus der Einwanderung von Migranten nach Deutschland ergeben, ist zu vermuten, dass *Zuwanderung* ein solches Issue darstellt, bei dem die NPD von einer gestiegenen Problemeinschätzung profitieren kann. Zusätzlich zur oben genannten Hypothese soll also auch überprüft werden, ob die Wahlabsicht für die NPD steigt, wenn die Problemeinschätzung für das Issue *Zuwanderung* steigt.[7]

6.2.6 Zusammenhang zwischen Medienberichterstattung und Wahlabsicht

Abweichend von Hypothese 3, die davon ausgeht, dass die Medienberichterstattung erst über einen Anstieg der Problemeinschätzung zu einer veränderten Wahlabsicht führt, vermutet die vierte Hypothese einen direkten Zusammenhang zwischen der Medienberichterstattung über das *NPD-Verbotsverfahren* und der Absicht der Bevölkerung, die NPD zu wählen:

▶ **Hypothese 4** Wenn in den Medien über das NPD-Verbotsverfahren berichtet wird, ändert sich die Absicht der Bevölkerung, NPD zu wählen.

Sollte diese Hypothese zutreffen, so müsste sich bei einer erhöhten Berichterstattung über dieses Issue die NPD-Wahlabsicht verändern, auch ohne dass zuvor die Problemeinschätzung für *Rechtsextremismus* oder *Zuwanderung* angestiegen ist. Ob die NPD-Wahlabsicht infolge der Verbotsdebatte jedoch steigt oder sinkt, kann nicht von vornherein vorhergesagt werden, sondern soll im Rahmen der Studie geklärt werden. Diese Hypothese ist daher besonders interessant, da sie hinsichtlich

---

verzeichnen konnte. Auf Grund der geringen Anzahl an Befragten, die überhaupt angeben, eine rechtsextreme Partei wählen zu wollen, war eine solche Unterscheidung auf Basis des vorhandenen Datenmaterials jedoch leider nicht möglich.

[7] Für das Issue *Zuwanderung* wurden die von Forsa vergebenen Codes für ‚Asylanten', ‚Asylpolitik' und ‚Überbevölkerung' zusammengefasst. (Anhang zu Kap. 6)

des erneuten NPD-Verbotsantrags Prognosen darüber ermöglicht, ob der NPD eine solche Debatte nützt oder schadet. Darüber hinaus soll auch überprüft werden, ob andere politische Lager (bürgerliche oder linksliberale Parteien) von der Debatte profitieren konnten.

6.3 Ergebnisse

Im folgenden Ergebnisteil werden zunächst die Datenreihen (Media Tenor-Daten, LexisNexis-Daten und Forsa-Daten) grafisch dargestellt und die optischen Auffälligkeiten der Zeitreihen deskriptiv erläutert. Daran anschließend werden die im vorangegangenen Kapitel aufgestellten Hypothesen und Vermutungen überprüft, indem die Zusammenhänge zwischen den einzelnen Variablen getestet werden. So können Aussagen über die Wechselwirkungen zwischen der Problemeinschätzung von und der Medienberichterstattung über die Issues sowie über Auswirkungen auf die Wahlabsicht getroffen werden. Zunächst werden dazu die vorliegenden Datenreihen zur Medienberichterstattung über die beiden Issues *NPD-Verbotsverfahren* und *Rechtsextremismus* sowie zur Wahrnehmung der beiden Issues als Problem ausschließlich anhand einer optischen Analyse beschrieben. Ziel ist es, offensichtliche Strukturen, Trends und Peaks der Zeitreihen ausfindig zu machen und diese mit den zugehörigen Ereignissen in Verbindung zu bringen und zu beschreiben.

6.3.1 Medienberichterstattung über das NPD-Verbotsverfahren und Einschätzung des NPD-Verbotsverfahrens als Problem

Da der Media Tenor den Code für das *NPD-Verbotsverfahren* erst einführen konnte, nachdem die Ereignisse, die zur Einleitung des Verfahrens geführt haben, geschehen waren, ist dieser Code für die Analyse nur von sehr begrenztem Nutzen (Kap. 6.2.1). Deshalb wurde, wie bereits erwähnt, für den Untersuchungszeitraum die Datenbank LexisNexis herangezogen, um dennoch Aussagen über die Medienberichterstattung zum *NPD-Verbotsverfahren* treffen zu können. Abbildung 6.2 zeigt die entsprechende Zeitreihe sowie die für die jeweiligen Ausschläge verantwortlichen Ereignisse. In dem drei Jahre umfassenden Untersuchungszeitraum (1. Mai 2000 bis 4. Mai 2003) ist die Berichterstattung über das *NPD-Verbotsverfahren* im ersten Jahr am höchsten. In diesen Zeitraum fallen die Äußerungen wichtiger Politiker (z. B. Beckstein, Schröder) zu einem möglichen Verbotsverfahren, die

6 NPD-Verbotsverfahren

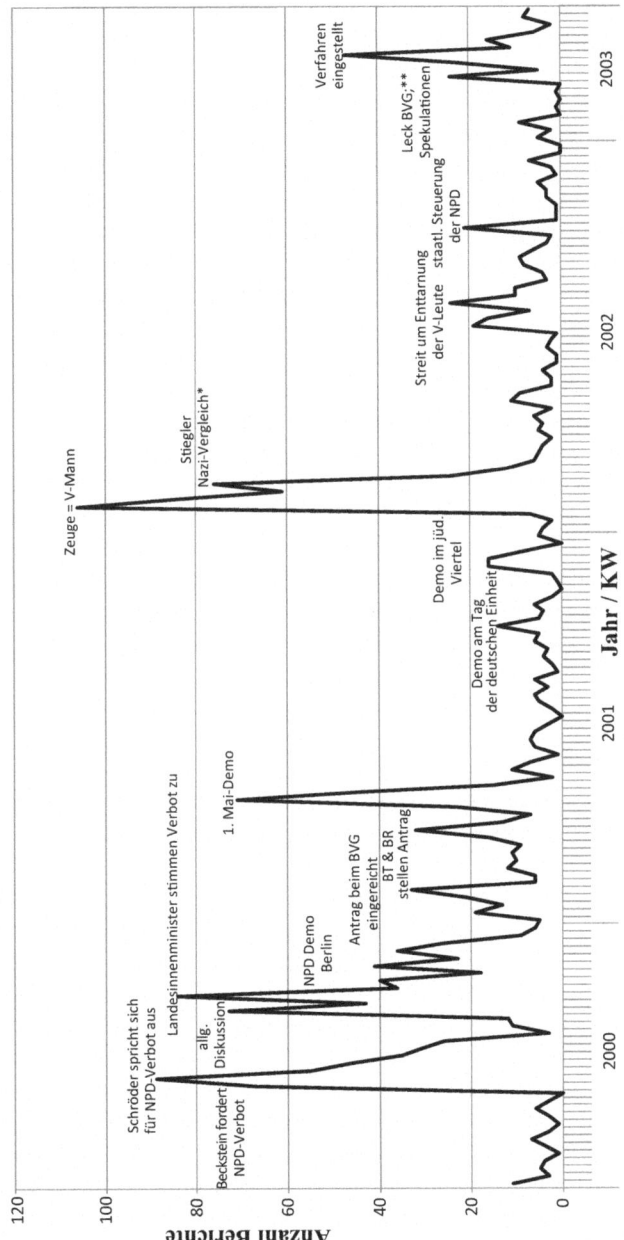

Abb. 6.2 Anzahl der Beiträge über das NPD-Verbotsverfahren (LexisNexis). Basis: $n = 157$ Wochen. Lexis Nexis Datenbankabfrage: NPD-Verbot/Verbotsverfahren/Verbotsantrag. *Der stellvertretende SPD-Fraktionsvorsitzende Ludwig Stiegler zog im Februar 2002 einen Vergleich zwischen kritischen Stimmen aus CDU/CSU und FDP zum NPD-Verbotsverfahren und der Passivität der Vorgängerparteien bei der Machtübernahme Hitlers. **Die Medien spekulierten bereits vor der Verkündung des Bundesverfassungsgerichts über eine Einstellung des Verfahrens, Grund dafür war ein mögliches Leck beim BVG

formale Einleitung des Verfahrens und das damit verbundene Durchlaufen sämtlicher Instanzen (Bundestag, Bundesrat, Bundesverfassungsgericht) sowie mehrere Demonstrationen (NPD-Demonstration in Berlin, 1. Mai-Demonstrationen). Die größte mediale Berichterstattung zu Beginn der Debatte löste dabei die öffentliche Zustimmung für die Einleitung eines Verbotsverfahrens des damaligen Bundeskanzlers Gerhard Schröder in der 33. Kalenderwoche 2000 aus. In dieser Woche wurden in den in die Suche einbezogenen acht Zeitungen 89 Artikel zu dem Thema *NPD-Verbotsverfahren* publiziert. Im Anschluss an die Demonstrationen vom 1. Mai 2001 flachte die Berichterstattung ab, ehe sie in der zweiten Kalenderwoche 2002 wieder anstieg und ihren Höhepunkt mit 106 publizierten Beiträgen erreichte, als sich herausstellte, dass von den Antragsstellern benannte Zeugen gleichzeitig als V-Männer fungierten. Daraufhin ebbte das mediale Interesse am *NPD-Verbotsverfahren* stark ab und flammte nur zur Einstellung des Verfahrens in der zwölften Kalenderwoche 2003 noch einmal kurzzeitig auf.

Den Forsa-Daten zufolge wird das *NPD-Verbotsverfahren* von der deutschen Bevölkerung zu keinem Zeitpunkt als eines der drei Hauptprobleme wahrgenommen und erreicht in keiner Kalenderwoche einen Wert von mehr als einem Prozent. Gründe hierfür liegen wie erwähnt wohl zum einen in der methodischen Erhebung der entsprechenden Daten (Kap. 2.2) sowie vermutlich darin, dass eher die vermeintlich rechtsextremen Übergriffe, die zur Einleitung des Verfahrens geführt haben, als Problem von der Bevölkerung wahrgenommen wurden, als das Verfahren selbst, welches im Verlauf zunehmend durch juristische Probleme gekennzeichnet ist.

6.3.2 Medienberichterstattung über Rechtsextremismus und Einschätzung von Rechtsextremismus als Problem

Die in Abb. 6.3 dargestellte Zeitreihe bildet auf der Primärachse die Medienberichterstattung über *Rechtsextremismus* sowie auf der Sekundärachse die Wahrnehmung von *Rechtsextremismus* als Problem für den gesamten Zeitraum, für den die Daten vom Media Tenor und von Forsa vorlagen (Januar 1994 bis September 2006), ab. Der Untersuchungszeitraum dieser Studie (Mai 2000 bis Mai 2003), ist durch Umrandung hervorgehoben.

Die Abb. 6.3 zeigt, dass Berichte über *Rechtsextremismus* sehr unregelmäßig in den deutschen Nachrichtensendungen und auf den Titelseiten der Zeitungen erscheinen und in der Regel weniger als zwei Prozent aller Berichte ausmachen. Ferner lässt sich entnehmen, dass in unregelmäßigen Zeiträumen die Medien sehr extensiv über dieses Thema berichten. In der Spitze sind in der 32. Kalenderwoche

6 NPD-Verbotsverfahren

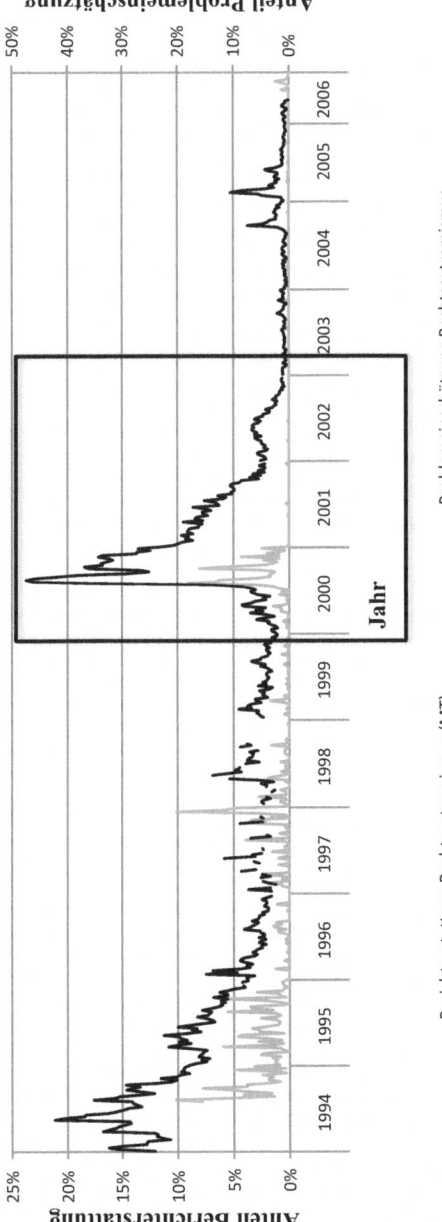

Abb. 6.3 Berichterstattung über Rechtsextremismus und Einschätzung von Rechtsextremismus als ProblemBasis: $n = 652$ Wochen. Inhaltsanalyse Media Tenor: Fernsehnachrichten und Titelseiten von Zeitungen (Kap. 2.3). FORSA Umfragebus: offene Frage nach den drei wichtigsten Problemen (Kap. 2.2)

1994 10,2 % der Beiträge unter *Rechtsextremismus* codiert. Dieser Wert ist, unter Berücksichtigung der Vielzahl an Beiträgen insgesamt pro Tag, sehr hoch und entspricht in etwa einem Bericht pro Nachrichtensendung bzw. Titelseite pro Tag. Im Untersuchungszeitraum (Umrandung) lässt sich eine stark überdurchschnittliche Medienberichterstattung über *Rechtsextremismus* im ersten Viertel beobachten. Die Mehrheit der Berichte über *Rechtsextremismus* fällt in die Anfangszeit der Debatte um das NPD-Verbotsverfahren und steht somit vermutlich mit diesem in Zusammenhang.

Die Problemeinschätzung von *Rechtsextremismus* liegt Mitte der 1990er-Jahre auf einem Niveau von ca. 30 %. Ihren vorzeitigen Höhepunkt erreicht sie zum ersten Jahrestag des Anschlags von Solingen in der 20. Kalenderwoche 1994. In dieser Woche nennen 42 % der von Forsa Befragten *Rechtsextremismus* als Problem. Ab diesem Zeitpunkt nimmt die Problemeinschätzung kontinuierlich ab. Erst die Anschläge Anfang des Jahrtausends lassen die Problemeinschätzung von *Rechtsextremismus* innerhalb von vier Wochen wieder von acht auf 48 % (33. Kalenderwoche 2000) rapide ansteigen. Innerhalb des Untersuchungszeitraums nimmt die Problemeinschätzung dann langsam aber kontinuierlich ab, ehe sie Mitte der 2000er-Jahre beinahe komplett verschwindet und sich bei der Ein-Prozentmarke einpendelt.

Der Fokus des nun folgenden Ergebnisteils liegt auf der Überprüfung der zuvor aufgestellten vier Hypothesen. Hierfür werden die Zeitreihen jeweils auf interne Strukturen überprüft und gegebenenfalls von diesen bereinigt, sodass eine Korrelation der bereinigten Daten erfolgen kann. Schlussendlich kann daraus entschieden werden, ob die Hypothesen aufgrund der Ergebnisse aufrechterhalten werden können oder zu verwerfen sind. Betrachtet wird im Folgenden nur noch der Untersuchungszeitraum zwischen der 18. Kalenderwoche 2000 und der 18. Kalenderwoche 2003. Der Zeitraum umfasst bewusst einige Wochen vor Beginn der NPD-Verbotsdebatte, da so Vergleichswerte aus einer ‚ereignisarmen' Phase ermittelt werden können, die mit den Daten aus den Wochen während der Debatte verglichen werden können. Darüber hinaus umfasst der Zeitraum auch einige Wochen nach dem Scheitern des NPD-Verbotsverfahrens, damit überprüft werden kann, ob das Scheitern des Verfahrens Auswirkungen auf die Wahlabsicht der Bevölkerung hatte.

6.3.3 Zusammenhang zwischen Medienberichterstattung und Problemeinschätzung

Der in der ersten Hypothese vermutete Agenda-Setting Effekt, dass Medienberichterstattung über eines der beiden Issues (*NPD-Verbotsverfahren* oder *Rechtsex-*

6 NPD-Verbotsverfahren

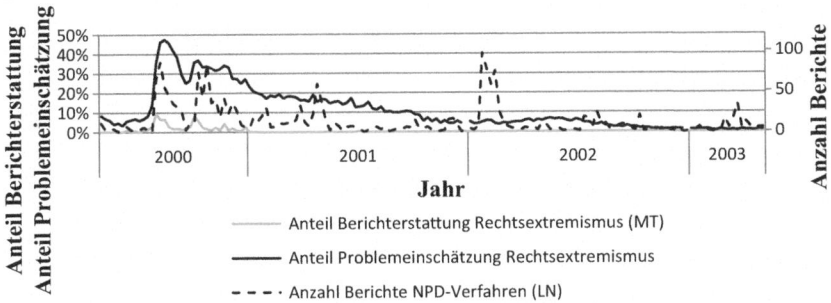

Abb. 6.4 Medienberichterstattung über Rechtsextremismus und das NPD-Verbotsverfahren und Problemeinschätzung von Rechtsextremismus. Basis: $n = 157$ Wochen. Lexis Nexis Datenbankabfrage: NPD-Verbot/Verbotsverfahren/Verbotsantrag. Inhaltsanalyse Media Tenor: Fernsehnachrichten und Titelseiten von Zeitungen (Kap. 2.3). FORSA Umfragebus: offene Frage nach den drei wichtigsten Problemen (Kap. 2.2)

tremismus) zu einer erhöhten Problemeinschätzung von *Rechtsextremismus* führt, lässt sich optisch lediglich für die Berichterstattung von *Rechtsextremismus* nachweisen (Abb. 6.4). Zwar lässt sich erkennen, dass die Berichterstattung über die (vermeintlich) rechtsextremen Anschläge im Sommer 2000 sowie die Berichterstattung über die mögliche Aufnahme eines *NPD-Verbotsverfahrens* die Problemeinschätzungskurve von *Rechtextremismus* wie vermutet linear ansteigen lässt. Sobald jedoch die Berichterstattung über *Rechtextremismus* wieder abnimmt und das Thema aus den Medien verschwindet, sinkt die Wahrnehmung von *Rechtsextremismus* als gesellschaftliches Problem langsam aber kontinuierlich wieder ab – und zwar unabhängig von der Berichterstattung über das *NPD-Verbotsverfahren*. Die drei Kurven verlaufen also nur zu Beginn des Untersuchungszeitraums parallel. Sobald *Rechtsextremismus* in den Medien nicht mehr thematisiert wird, ‚hallt' die Problemeinschätzung zwar wie vermutet noch etwas nach (Echomodell), geht dann aber wieder vollständig zurück. Die bis zur Einstellung des Verfahrens im März 2003 in unregelmäßigen Abständen auftretende Berichterstattung über das *NPD-Verbotsverfahren* bewirkt keinen erneuten Anstieg der Problemeinschätzungskurve, die Bevölkerung bringt das *NPD-Verbotsverfahren* augenscheinlich nicht mit rechtsextremen Straftaten in Zusammenhang.

Betrachtet man den Beginn des Untersuchungszeitraums anhand von Abb. 6.5 noch einmal genauer, so wird in der vergrößerten Ansicht der parallele Verlauf der Berichterstattungs- und Problemeinschätzungskurve des Issues *Rechtsextremismus* noch einmal sehr deutlich. Der tödliche Angriff auf einen Mosambikaner und die anschließenden Demonstrationen gegen Rechtsextremismus lösten je-

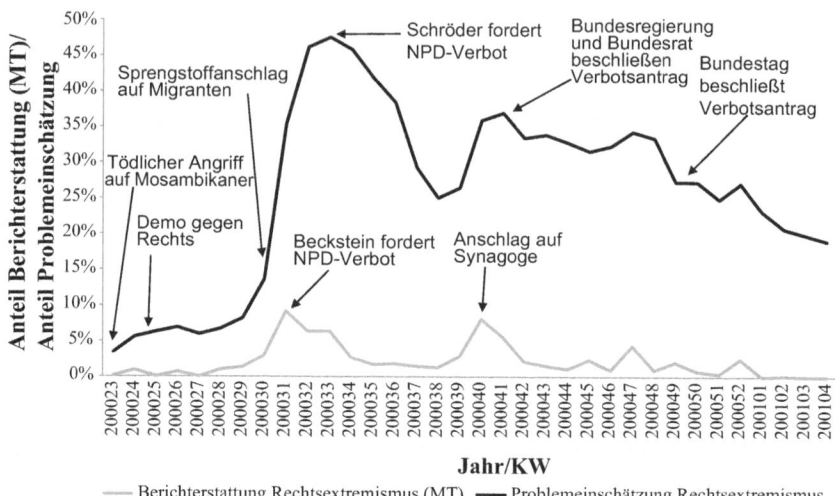

Abb. 6.5 Medienberichterstattung über Rechtsextremismus, Problemeinschätzung von Rechtsextremismus und Reaktion von Akteuren. Basis: $n = 34$ Wochen. Inhaltsanalyse Media Tenor: Fernsehnachrichten und Titelseiten von Zeitungen (Kap. 2.3). FORSA Umfragebus: offene Frage nach den drei wichtigsten Problemen (Kap. 2.2)

weils Berichterstattung aus, die in der Bevölkerung unmittelbar zu einer erhöhten Wahrnehmung von *Rechtsextremismus* als Problem führte, ohne dass zunächst eine gewisse Schwelle hätte überschritten werden müssen. Wie erwartet handelt es sich also weder um ein Schwellen-, noch um ein Trägheitsmodell. Infolge des Sprengstoffanschlags auf eine Gruppe jüdischer und muslimischer Immigranten aus Russland erreichte die Medienberichterstattung über *Rechtsextremismus* im Untersuchungszeitraum ihren Höhepunkt in der 31. Kalenderwoche. Wie vermutet führte dieses abrupt auftretende, tragische Ereignis nun zu einem überproportionalen Anstieg der Problemeinschätzung (Beschleunigungsmodell), die auch noch weiter stieg, als die Medienberichterstattung bereits wieder zurückgegangen war. Nachdem die Problemeinschätzungskurve in der 33. Kalenderwoche ihren Hochpunkt erreicht und sich nun auch Bundeskanzler Gerhard Schröder für ein NPD-Verbotsverfahren ausgesprochen hatte (Kap. 6.1), nähern sich die beiden Kurven wieder an und verlaufen bis zum Ende des Jahres 2000 erneut relativ parallel. Anstiege der Berichterstattungskurve spiegeln sich dabei fast immer auch in Anstiegen der Problemwahrnehmungskurve wider.

Wie bereits beschrieben wird ab 2001 in den Medien dann kaum noch über Rechtsextremismus berichtet und auch die Problemeinschätzungskurve von *Rechtsextremismus* sinkt langsam aber kontinuierlich ab (Abb. 6.4).

Tab. 6.1 Kreuzkorrelation der Residuen der Problemeinschätzung Rechtsextremismus und NPD-Verbotsverfahren über die Medienberichterstattung

	t_{-3}	t_{-2}	t_{-1}	t_0	t_1	t_2	t_3
Berichterstattung[b] Rechtsextremismus → Problemeinschätzung[c] Rechtsextremismus	0,04	0,04	0,21[a]	0,59[a]	0,48[a]	0,38[a]	0,08
Berichterstattung[d] NPD-Verbotsverfahren → Problemeinschätzung[c] Rechtsextremismus	−0,04	−0,08	0,00	0,18[a]	0,37[a]	0,30[a]	0,30[a]

Basis: $n = 157$ Wochen mit ARIMA bereinigten Daten
[a] Korrelation ist größer als die Signifikanzgrenze von zweimal dem Standardfehler
[b] Inhaltsanalyse Media Tenor: Fernsehnachrichten und Titelseiten von Zeitungen (Kap. 2.3)
[c] FORSA Umfragebus: offene Frage nach den drei wichtigsten Problemen (Kap. 2.2)
[d] LexisNexis Datenbankabfrage: NPD-Verbot/Verbotsverfahren/Verbotsantrag

Um jedoch Aussagen über den Netto-Effekt der Medienberichterstattung auf die Problemeinschätzung treffen zu können, werden die Daten kreuzkorreliert. Hierzu werden zunächst die internen Strukturen beseitigt, da die Werte der Zeitreihen in Teilen durch die Zeitreihe selbst determiniert werden können. Während der Zeitreihe für die Problemeinschätzung von *Rechtsextremismus* ein kombinierter (autoregressiver) Moving-Average-Effekt erster Ordnung zugrunde liegt (AR1-/MA1-Modell), weist die Zeitreihe für die Medienberichterstattung über *Rechtsextremismus* keine aussagekräftigen internen Strukturen auf. Demzufolge lässt sich der Einfluss der Medienberichterstattung über *Rechtsextremismus* auf die Problemeinschätzung von *Rechtsextremismus* am exaktesten über die Kreuzkorrelation zwischen den bereinigten Forsa-Daten und den unbereinigten Media Tenor-Daten berechnen (Kap. 2.5).

Die Ergebnisse dieser Kreuzkorrelation bestätigen den bereits optisch identifizierten Zusammenhang zwischen der Medienberichterstattung und der Problemeinschätzung, der in der Berichterstattungswoche selbst mit 0,59 am größten ist (Tab. 6.1). Die Werte von 0,48 bei lag t_1 respektive 0,38 bei lag t_2 suggerieren allerdings, dass die Problemeinschätzung in der Bevölkerung schon vor der Thematisierung durch die Medien vorhanden ist und folglich die Medienagenda bis zu einem bestimmten Grad determiniert.

Als zweites Issue soll das *NPD-Verbotsverfahren* genauer untersucht werden. Wie zu erwarten, liegen der stark ereignisgetriebenen LexisNexis-Zeitreihe keine internen Strukturen zugrunde. Infolgedessen lassen sich die Zusammenhänge zwischen der Medienberichterstattung über das *NPD-Verbotsverfahren* und der Wahrnehmung von *Rechtsextremismus* als Problem aus den unbereinigten LexisNexis-Daten sowie den Residuen der Problemeinschätzung errechnen. Auch hier lassen die Kreuzkorrelationen darauf schließen, dass die Problemeinschätzung der Medienberichterstattung vorausgeht (ebenfalls Tab. 6.1). Allerdings übersteigt die Kreuzkorrelation bei lag t_0 die Signifikanzgrenze nur äußerst knapp. Ein stärkerer Zusammenhang ist bei lag t_1 (0,37) sowie t_2 und t_3 (jeweils 0,3) festzustellen. Allerdings muss die inhaltliche Schlussfolgerung, dass die Problemeinschätzung der Medienberichterstattung vorausgeht, kritisch betrachtet werden. Die Ursache hierfür könnte in den Produktionslogiken bzw. der Produktionsdauer der Medien liegen, die für komplexe Themen gegebenenfalls zeitaufwändige Hintergrundrecherchen oder ähnliches betreiben müssen.

Obwohl also ein Zusammenhang zwischen der Medienberichterstattung und der Problemeinschätzung festgestellt werden kann, indiziert keine der Kreuzkorrelationen eindeutig, dass die Medienberichterstattung die Problemeinschätzung beeinflusst. Lediglich bei der Medienberichterstattung über *Rechtsextremismus* kann ein schwacher, signifikanter Effekt (0,21) auf die Problemeinschätzung von *Rechtsextremismus* in der Folgewoche festgestellt werden, ansonsten weisen die Variablenpaare schwache bis mittlere Korrelationen in die andere Richtung auf. Allerdings korrelieren alle Variablenpaare im Lag 0. Dies lässt konstatieren, dass zumindest ein statistisch signifikanter Zusammenhang zwischen den Variablen besteht. Da die Daten, die dieser Studie zugrunde liegen, auf Wochenniveau aggregiert sind, ist es als wahrscheinlich anzusehen, dass die Problemeinschätzung unmittelbar auf die Medienberichterstattung reagiert und es sich um keine zufälligen oder bilateralen Zusammenhänge handelt. Die Korrelationen in den positiven Lags sind in diesem Kontext jedoch nur schwer interpretierbar. Sie lassen allenfalls vermuten, dass die Medien auf die öffentliche Wahrnehmung reagieren oder es sich um methodische Artefakte handelt. Infolgedessen kann Hypothese 1 allenfalls teilweise bestätigt werden. Wenn es überhaupt einen Effekt der Medienberichterstattung auf die Problemeinschätzung gibt, dann in der Woche der Berichterstattung.

6.3.4 Zusammenhang zwischen Problemeinschätzung und Verhalten von Akteuren

Wie bereits dargestellt haben sich im Untersuchungszeitraum viele verschiedene Akteure an der Debatte um ein Verbot der NPD beteiligt, wobei den politischen Akteuren eine besondere Bedeutung zukam (Kap. 6.1). Von besonderem Interesse ist daher die Frage, inwiefern Politiker versucht haben, das Issue *NPD-*

Verbotsverfahren auf die öffentliche Agenda zu bringen und dieses für sich zu nutzen. Die zweite Hypothese lautete:

▶ **Hypothese 2** Akteure, wie beispielsweise Politiker, reagieren auf die Medienberichterstattung über Rechtsextremismus und das NPD-Verbotsverfahren sowie auf eine gestiegene Problemeinschätzung der Bevölkerung, indem sie auf die Issues ‚aufspringen' und sich zu diesen äußern.

Wie bereits gezeigt werden konnte, verlaufen die Zeitkurven für die Problemeinschätzung von *Rechtsextremismus* und die Berichterstattung über *Rechtsextremismus* zu Beginn der Debatte relativ parallel (Abb. 6.5). Mitte des Jahres 2000, als am 11. Juni 2000 ein tödlicher Angriff auf einen Mosambikaner in Dessau verübt wurde, stieg sowohl die mediale Berichterstattung über *Rechtsextremismus* als auch die Wahrnehmung von *Rechtsextremismus* als Problem in der Bevölkerung an. Während die Berichterstattung kurze Zeit nach der Tat wieder abfiel, wuchs die Problemeinschätzung weiter und überschritt fünf Prozent der Nennungen. Die Kurve stieg weiter an, während es zu verschiedenen Realereignissen, wie zum Beispiel Demonstrationen gegen Rechts, kam. Der Anschlag auf Migranten in der 30. Woche 2000 führte zu einer weiteren Sensibilisierung in der Bevölkerung. Die Problemeinschätzungskurve des Issues *Rechtsextremismus* stieg daraufhin stark an, so nannten zum Zeitpunkt des Anschlages in Düsseldorf bereits 14 % der Befragten *Rechtsextremismus* als Problem. Zum Zeitpunkt der Anhäufung der Ereignisse mit rechtsextremem Hintergrund und dem stetigen Anstieg der Problemeinschätzung unter den Befragten ‚sprang' der bayerische Ministerpräsident Beckstein am 1. August auf das Issue auf und forderte öffentlich ein NPD-Verbot. Zu diesem Zeitpunkt nahm bereits mehr als jeder Vierte der Befragten (rund 27 %) *Rechtsextremismus* als wichtiges gesellschaftliches Problem wahr. Während die Problemeinschätzung von *Rechtsextremismus* weiter stieg, kam es in der Politik zur Diskussion über einen möglichen NPD-Verbotsantrag. Verschiedene Parteien und Politiker nahmen hierzu Stellung und es sprachen sich immer mehr Politiker für einen Verbotsantrag aus, sodass mit dem *NPD-Verbotsverfahren* ein neues Issue auf die Agenda rückte. In der 33. Kalenderwoche 2000 erreicht die Kurve der Problemeinschätzung von *Rechtsextremismus* ihren Höhepunkt. 48 % der in dieser Woche Befragten nannte in der Forsa-Umfrage *Rechtsextremismus* als eines der drei wichtigsten Probleme in Deutschland, am ersten Tag der Woche, dem 14. August 2000, waren es sogar 52 %. Bemerkenswert ist, dass sich kurz nach diesem Peak, am 19. August 2000, auch Bundeskanzler Gerhard Schröder (SPD) erstmals öffentlich für einen gemeinsamen Verbotsantrag von Bundestag und Bundesrat einsetzte und die Problemeinschätzung von *Rechtsextremismus* daraufhin wieder absank und dieses hohe

Niveau nicht wieder erreichte. Fünf Wochen nach Schröders Stellungnahme nannte nur mehr jeder vierte Befragte *Rechtsextremismus* als Problem. Die Politik hatte dieses Issue also für sich besetzen können und die mittlerweile fast einheitliche Forderung nach einem NPD-Verbot und die angestrebte Antragsstellung von Bundesregierung, Bundesrat und Bundestag vermittelte der Bevölkerung offensichtlich das Gefühl, dass sich die Politik dem Problem angenommen hatte. Einen erneuten, kurzzeitigen Anstieg verzeichnet die Problemeinschätzungskurve noch einmal in Folge des Anschlages auf eine Synagoge in Düsseldorf in der 40. Kalenderwoche 2000, welcher abermals zu einer erhöhten Berichterstattung über *Rechtsextremismus* führte. Nach Verabschiedung der Verbotsanträge durch die Bundesregierung, den Bundesrat und den Bundestag sinkt die Kurve, wie vorher beschrieben, langsam aber stetig ab, fällt bis zur Jahreshälfte 2001 wieder auf das Niveau vor Beginn der NPD-Verbotsdebatte und erreicht 2002 sogar einen neuen Tiefstand.

Wie sich gezeigt hat, haben Akteure, insbesondere Politiker, auf Realereignisse und Veränderungen in der Medienberichterstattung über und der Problemeinschätzung von *Rechtsextremismus* reagiert, um dieses Issue für sich zu nutzen. Gleichzeitig ist mit der Diskussion über das *NPD-Verbotsverfahren* ein neues Issue auf die öffentliche Agenda gelangt. Hypothese 2 kann also bestätigt werden. Inwiefern die politischen Parteien jedoch vom ‚Besetzen' dieser Issues in Form einer veränderten Wahlabsicht der Bevölkerung zu ihren Gunsten profitieren konnten, soll nun im Folgenden untersucht werden.

6.3.5 Zusammenhang zwischen Problemeinschätzung und Wahlabsicht

Da, wie bereits gezeigt werden konnte, gesellschaftliche Akteure, wie beispielsweise Politiker, auf die gestiegene Problemeinschätzung der Bevölkerung hinsichtlich des Issues *Rechtsextremismus* reagiert haben, stellt sich die Frage, ob die Bevölkerung selbst in Form einer veränderten Wahlabsicht auf eine Änderung ihrer Problemeinschätzung von *Rechtsextremismus* reagierte. Hypothese 3 lautete:

▶ **Hypothese 3** Wenn die Problemeinschätzung für das Issue *Rechtsextremismus* zunimmt, sinkt die Absicht der Bevölkerung, NPD zu wählen.

Darüber hinaus wurde vermutet, dass eine gestiegene Problemeinschätzung von *Zuwanderung* der NPD nützt. Um dies zu überprüfen, wird der Zusammenhang zwischen der Problemeinschätzung von *Rechtsextremismus* bzw. *Zuwanderung* und der Wahlabsicht in Bezug auf die Sonntagsfrage untersucht. Hierfür muss die Ein-

6 NPD-Verbotsverfahren

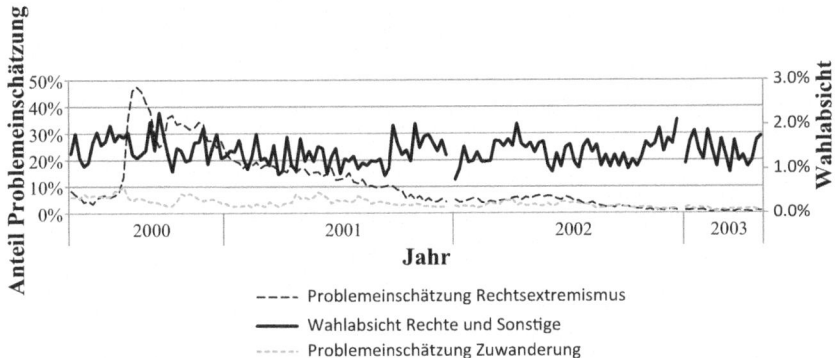

Abb. 6.6 Problemeinschätzung von Rechtsextremismus und Zuwanderung und Wahlabsicht für rechte und sonstige Parteien. Basis: $n = 157$ Wochen. FORSA Umfragebus: offene Frage nach den drei wichtigsten Problemen (Kap. 2.2). FORSA Umfragebus: Welche Partei würden Sie wählen, wenn am Sonntag Bundestagswahl wäre?

schränkung gemacht werden, dass die NPD nicht alleine untersucht werden kann, da diese von Forsa nicht über den kompletten Zeitraum separat aufgeführt, sondern zeitweise zu den sonstigen Parteien gezählt wurde. Aus diesem Grund wird im Folgenden die Wahlabsicht für rechte Parteien und Sonstige untersucht. Zu diesen zählen die NPD, die Republikaner, die DVU und weitere kleine Parteien, die jedoch kaum ins Gewicht fallen.

Auf der Primärachse in Abb. 6.6 ist der prozentuale Anteil der Nennungen von *Rechtsextremismus* und *Zuwanderung* als Problem, auf der Sekundärachse die Wahlabsicht rechter und sonstiger Parteien in Prozent (Sonntagsfrage) abgetragen.

Wenn man den generellen Verlauf der Wahlabsicht für rechte und sonstige Parteien betrachtet, so kann festgestellt werden, dass sich die Wahlabsicht für diese Parteien im Zeitraum des NPD-Verbotsverfahrens zwischen 0,76 und 2,28 % bewegt.[8] Schon hieran wird deutlich, dass die NPD nie in Reichweite der Fünf-Prozent-Hürde gekommen ist, die zum Einzug in den Bundestag benötigt wird.[9] Dieses deckt sich mit den tatsächlichen Wahlergebnissen der NPD bei der Bundestagswahl 2002, die in diesen Zeitraum fällt, bei der die NPD nur 0,45 % der Zweitstimmen

---

[8] Die zwei Ausschläge auf der X-Achse können als fehlende Wochen (in der Woche zwischen Weihnachten und Neujahr wurde die Wahlabsicht in diesen zwei Fällen nicht erhoben) ignoriert werden.

[9] Dieses gilt auch, wenn man die Befragten, welche angegeben haben, nicht wählen gehen zu wollen oder noch keine Wahlentscheidung getroffen zu haben, herausrechnet. Selbst dann erreicht die Wahlabsicht für die NPD und sonstige (rechte) Parteien nur maximal 3,2 % (in der 38. Kalenderwoche 2000).

Tab. 6.2 Kreuzkorrelation der Residuen der Problemeinschätzung Rechtsextremismus und Zuwanderung über Wahlabsicht für rechte und sonstige Parteien

	t_{-3}	t_{-2}	t_{-1}	t_0	t_1	t_2	t_3
Problemeinschätzung[a] Rechtsextremismus → Wahlabsicht[b] rechte/sonstige Parteien	−0,07	−0,05	−0,04	0,04	0,14	0,13	0,09
Problemeinschätzung[a] Zuwanderung → Wahlabsicht[b] rechte/sonstige Parteien	0,06	−0,02	0,05	−0,14	−0,09	−0,10	−0,04

Basis: $n = 157$ Wochen mit ARIMA bereinigten Daten
[a] FORSA Umfragebus: offene Frage nach den drei wichtigsten Problemen (Kap. 2.2)
[b] FORSA Umfragebus: Welche Partei würden Sie wählen, wenn am Sonntag Bundestagswahl wäre?

erreichen konnte und somit hinter der Schillpartei (0,83 %) und den Republikanern (0,59 %) nur drittstärkste rechte Kraft wurde (Steglich 2010, S. 84–89).

Die Kreuzkorrelation der Residuen[10] der Problemeinschätzung von *Rechtsextremismus* mit der Absicht der Bevölkerung, die NPD oder eine andere rechtsradikale Partei zu wählen, zeigt keinen Zusammenhang zwischen den Variablen (Tab. 6.2). Zudem gibt es ebenfalls keinen signifikanten Zusammenhang zwischen der Problemeinschätzung von *Zuwanderung* und der Absicht, die NPD oder eine sonstige rechte Partei zu wählen. Hypothese drei ist somit falsifiziert, der NPD schadet weder ein zunehmendes Problembewusstsein der Bevölkerung in Bezug auf *Rechtsextremismus*, noch profitiert sie von einer gestiegenen Wahrnehmung von *Zuwanderung* als Problem.

Diese Ergebnisse legen nahe, dass es einen kleinen Kern an NPD-Wählern gibt, der unabhängig von der Problemeinschätzung der Bevölkerung dazu tendiert, der NPD oder einer anderen rechtsradikalen Partei seine Stimme zu geben. Außerdem ist belegt, dass, sofern die Bevölkerung *Zuwanderung* als Problem wahrnimmt, dieses nicht automatisch zur Wahl einer rechtsradikalen Partei führt.

6.3.6 Zusammenhang zwischen Medienberichterstattung und Wahlabsicht

Die vierte und letzte Hypothese dieser Studie geht davon aus, dass die Medienberichterstattung direkte Auswirkungen auf die Wahlabsicht der Bevölkerung hat. Sie lautete:

---

[10] Zur Bereinigung der Zeitreihen siehe Kap. 6.3.3 sowie Kap. 2.5.

6 NPD-Verbotsverfahren

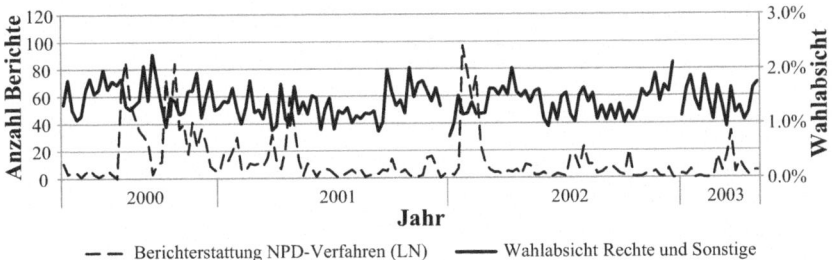

— — Berichterstattung NPD-Verfahren (LN) ——— Wahlabsicht Rechte und Sonstige

Abb. 6.7 Medienberichterstattung über das NPD-Verbotsverfahren und die Wahlabsicht für rechte und sonstige Parteien. Basis: $n = 157$ Wochen. Lexis Nexis Datenbankabfrage: NPD-Verbot/Verbotsverfahren/Verbotsantrag. FORSA Umfragebus: Welche Partei würden Sie wählen, wenn am Sonntag Bundestagswahl wäre?

▶ **Hypothese 4** Wenn in den Medien über das NPD-Verbotsverfahren berichtet wird, ändert sich die Absicht der Bevölkerung, NPD zu wählen.

Um diese Hypothese zu überprüfen, wird die Wahlabsicht für rechte und sonstige Parteien mit der Berichterstattung über das *NPD-Verbotsverfahren* verglichen. Auf der Primärachse in Abb. 6.7 ist die Anzahl der Artikel über das *NPD-Verbotsverfahren* angegeben, auf der Sekundärachse die Absicht der Bevölkerung, rechte und sonstige Parteien zu wählen, in Prozent. Nach der ersten großen Berichterstattung über die Debatte hinsichtlich eines *NPD-Verbotsverfahrens* (erster Hochpunkt der Berichterstattungskurve in der 30. Kalenderwoche 2000) sinkt die Absicht, eine rechte Partei zu wählen, um ca. 0,5 Prozentpunkte. Beim zweiten und dritten Hochpunkt ist eine solche Aussage jedoch nicht mehr so einfach zu treffen, da beim zweiten größeren Berichterstattungszeitpunkt (ab der 40. Kalenderwoche 2000) über das *NPD-Verbotsverfahren* sogar die Absicht eine rechte oder sonstige Partei zu wählen, steigt.

Augenscheinlich kann also keine Aussage darüber getroffen werden, ob die Wahlabsicht einer rechten oder sonstigen Partei unabhängig von der Berichterstattung der Printmedien über das *NPD-Verbotsverfahren* ist oder nicht. Aus diesem Grund muss die Kreuzkorrelation zwischen der Medienberichterstattung und der Wahlabsicht betrachtet werden (Tab. 6.3). Diese Kreuzkorrelation bestätigt, was Abb. 6.7 bereits vermuten lässt: Es gibt keinen Zusammenhang zwischen der Berichterstattung über das *NPD-Verbotsverfahren* und der Wahlabsicht rechter oder sonstiger Parteien. Die Berichterstattung über das *NPD-Verbotsverfahren* bringt also weder NPD-Sympathisanten von ihrer Wahlabsicht ab, noch kann die NPD durch die mediale Aufmerksamkeit neue Wähler erreichen.

Tab. 6.3 Kreuzkorrelation zwischen Berichterstattung NPD-Verbotsverfahren und Wahlabsicht rechte/sonstige, linksliberale und bürgerliche Parteien

	t_{-3}	t_{-2}	t_{-1}	t_0	t_1	t_2	t_3
Berichterstattung[b] NPD-Verbotsverfahren → Wahlabsicht[c] rechte/sonstige Parteien	0,03	−0,03	−0,08	−0,11	0,00	−0,01	0,00
Berichterstattung[b] NPD-Verbotsverfahren → Wahlabsicht[c] linksliberale Parteien	0,12	0,12	0,19[a]	0,18[a]	0,17[a]	0,18[a]	0,14
Berichterstattung[b] NPD-Verbotsverfahren → Wahlabsicht[c] bürgerliche Parteien	−0,19[a]	−0,19[a]	−0,17[a]	−0,16	−0,15	−0,14	−0,15

Basis: $n = 157$ Wochen mit ARIMA bereinigten Daten
[a] Korrelation ist größer als die Signifikanzgrenze von zweimal dem Standardfehler
[b] Lexis Nexis Datenbankabfrage: NPD-Verbot/Verbotsverfahren/Verbotsantrag
[c] FORSA Umfragebus: Welche Partei würden Sie wählen, wenn am Sonntag Bundestagswahl wäre?

Betrachtet man die Kreuzkorrelationen zwischen der Berichterstattung über das *NPD-Verbotsverfahren* und der Wahlabsicht für Parteien links der politischen Mitte (SPD, Bündnis 90/Die Grünen und PDS), gibt es hier leichte statistische Zusammenhänge (Tab. 6.3). Die größten Ausschläge liegen bei lag t_0 und t_{-1} vor. In der Woche, in der vermehrt über das *NPD-Verbotsverfahren* berichtet wird, sowie eine Woche danach, können die Parteien links der politischen Mitte von der Berichterstattung über das *NPD-Verbotsverfahren* profitieren. Dieses kann daran liegen, dass linksliberale Parteien oft mit dem Kampf gegen Rechtsextremismus in Verbindung gebracht werden. Sobald über das *NPD-Verbotsverfahren* und damit verbunden über die negativen Seiten der NPD berichtet wird, scheinen die Wähler sich zu erinnern, dass die linksliberalen Parteien sich für den Kampf gegen Rechtsextremismus besonders einsetzen. Dieses hat zur Folge, dass in der Berichterstattungswoche über das NPD-Verbotsverfahren und in der Woche danach diese Personengruppe tendenziell eher eine Partei des linksliberalen Lagers wählen würde, als in den Wochen zuvor.

Bei Betrachtung der Kreuzkorrelationen zwischen der Berichterstattung über das *NPD-Verbotsverfahren* und der Absicht, eine Partei aus dem bürgerlichen Lager (CDU/CSU und FDP) zu wählen, sind ebenfalls signifikante Zusammenhänge erkennbar (Tab. 6.3). Diese Ausschläge liegen bei lags t_{-1} bis t_{-3}, also in den Wochen nach der Berichterstattung über das *NPD-Verbotsverfahren*. Generell handelt es sich um negative Zusammenhänge: In den drei Wochen nach der Berichterstattung über das *NPD-Verbotsverfahren* sinkt (wenn auch nur leicht) die Absicht in der Bevölkerung, Parteien des bürgerlichen Lagers zu wählen. Auch hier können zur Begründung nur Vermutungen geäußert werden. Am wahrscheinlichsten ist ein Effekt, der mit der gesteigerten Wahlabsicht von linksliberalen Parteien in der Woche der Berichterstattung über das *NPD-Verbotsverfahren* und der Woche danach zusammenhängt. Die potenziellen Wähler, die die linksliberalen Parteien in diesen zwei Wochen gewinnen, stammen aus dem bürgerlichen Lager. Dieses hat wahrscheinlich den Effekt, dass die bürgerlichen Parteien Wähler verlieren, was die gesunkene Wählergunst der bürgerlichen Parteien in den drei Wochen nach der Berichterstattung über das *NPD-Verbotsverfahren* erklärt.

Es kann also resümiert werden, dass die NPD selbst von der Berichterstattung über das Verbotsverfahren weder profitieren kann, noch Schaden davon nimmt. Da der gewählte Untersuchungszeitraum der Studie bewusst auch noch einige Wochen nach Einstellung des Verfahrens durch das Bundesverfassungsgericht umfasst, können somit auch die im Vorfeld geäußerten Befürchtungen einiger Politiker, die NPD könne von einem möglichen Scheitern des Verbotsverfahrens profitieren (Kap. 6.1), als unbegründet zurückgewiesen werden. Hypothese 4 muss also falsifiziert werden. Trotzdem hat das *NPD-Verbotsverfahren* politische Auswirkungen, da Parteien links der politischen Mitte in der Woche der Berichterstattung selbst sowie in der Folgewoche leicht profitieren. Bürgerliche Parteien hingegen sinken leicht in der Wählergunst.

Untersucht man zudem den Zusammenhang zwischen der Wahlabsicht rechter und sonstiger Parteien und der Berichterstattung über *Rechtsextremismus*, so können in den Lags 1 bis 3 signifikante Zusammenhänge festgestellt werden (Tab. 6.4). Wenn die Absicht der Bevölkerung, eine rechte oder sonstige Partei zu wählen, steigt, wird in den nachfolgenden Wochen *Rechtsextremismus* in den Medien fokussierter betrachtet. Dies könnten Gegensteuerungsmaßnahmen seitens der Medien sein, um die gestiegene Wahlabsicht rechtsextremer Parteien zu thematisieren und diese zu ‚bekämpfen'. Auf Grund der geringen Fallzahl an Wählern rechter und sonstiger Parteien muss diese Begründung jedoch unter Vorbehalt betrachtet werden. Von der vermehrten Berichterstattung über *Rechtsextremismus* nehmen die rechten und sonstigen Parteien jedoch politisch keinen Schaden und bleiben somit für einzelne Personen weiterhin wählbar.

Noch interessanter sind die Kreuzkorrelationen zwischen der Berichterstattung über *Rechtsextremismus* und der Wahlabsicht der linksliberalen bzw. bürgerlichen Parteien (Tab. 6.4). Die linken Parteien können in der Woche der Berichterstattung über *Rechtsextremismus* sowie in den drei folgenden Wochen (lag t_0 bis t_{-3}) von

Tab. 6.4 Kreuzkorrelation zwischen Berichterstattung Rechtsextremismus und Wahlabsicht rechte/sonstige, linksliberale und bürgerliche Parteien

	t_{-3}	t_{-2}	t_{-1}	t_0	t_1	t_2	t_3
Berichterstattung[b] Rechtsextremismus → Wahlabsicht[c] rechte/sonstige Parteien	0,11	0,04	0,03	0,08	0,23[a]	0,30[a]	0,24[a]
Berichterstattung[b] Rechtsextremismus → Wahlabsicht[c] linksliberale Parteien	0,18[a]	0,19[a]	0,20[a]	0,20[a]	0,16	0,14	0,12
Berichterstattung[b] Rechtsextremismus → Wahlabsicht[c] bürgerliche Parteien	−0,27[a]	−0,25[a]	−0,26[a]	−0,24[a]	−0,21[a]	−0,20[a]	−0,18[a]

Basis: $n = 157$ Wochen mit ARIMA bereinigten Daten
[a] Korrelation ist größer als die Signifikanzgrenze von zweimal dem Standardfehler
[b] Inhaltsanalyse Media Tenor: Fernsehnachrichten und Titelseiten von Zeitungen (Kap. 2.3)
[c] FORSA Umfragebus: Welche Partei würden Sie wählen, wenn am Sonntag Bundestagswahl wäre?

dieser Berichterstattung profitieren. Den bürgerlichen Parteien hingegen schadet die Berichterstattung über *Rechtsextremismus* in der Woche der Berichterstattung sowie den drei folgenden Wochen. Als mögliche Erklärung hierfür kann angeführt werden, dass linke Parteien eher als eine Art Gegenspieler zu den rechtsradikalen Parteien gesehen werden. Wird *Rechtsextremismus* in den Medien thematisiert, so ist die Bevölkerung geneigt, eher eine linke als eine bürgerliche Partei zu wählen. Wahrscheinlich liegen auch hier also Wählerwanderungen vom bürgerlichen ins linke Lager vor, beispielsweise von der CDU zur SPD.

6.4 Fazit und Ausblick

Beim Rückblick auf die Studie ‚NPD-Verbotsverfahren – Auswirkungen der Mediendebatte über ein NPD-Verbot auf Problemeinschätzung und Wahlabsicht der Bevölkerung' lässt sich bilanzieren, dass die Zusammenhänge zwischen realen Ereignissen, der Medienberichterstattung, der Problemeinschätzung der Bevölkerung und deren Wahlabsicht sehr komplex sind, was in gewisser Weise erklärt, warum sich viele Politiker in Bezug auf ein erneutes NPD-Verbotsverfahren schwer tun und daher keine einheitliche Meinung vertreten.

6 NPD-Verbotsverfahren

Bei der Untersuchung der Zusammenhänge zwischen der Medienberichterstattung über die beiden Issues (*NPD-Verbotsverfahren* und *Rechtsextremismus*) und der Wahrnehmung der Bevölkerung von *Rechtsextremismus* als Problem konnte nicht eindeutig bestätigt werden, dass die Medienberichterstattung die Problemeinschätzung beeinflusst. Zwar ließ sich ein Zusammenhang zwischen der Berichterstattung und der Problemeinschätzung insbesondere in der Woche der Berichterstattung feststellen, allerdings konnte nicht eindeutig belegt werden, dass tatsächlich die Medien die Wahrnehmung der Bevölkerung beeinflussen und nicht andersherum. Der optische Vergleich der Zeitreihenverläufe der Medienberichterstattung über *Rechtsextremismus* und der Einschätzung dieses Issues als Problem zeigte, dass die Kurven insbesondere zu Beginn des Untersuchungszeitraums parallel verlaufen. Mit Fortschreiten der öffentlichen Debatte und dem Auftreten des neuen Issues *NPD-Verbotsverfahren* steigt die Problemeinschätzungskurve von *Rechtsextremismus* allerdings überproportional an und ‚hallt' zudem noch viele Wochen nach, obwohl in den Medien mit der Zeit kaum noch über *Rechtsextremismus* berichtet wird. Auch die Berichterstattung über das *NPD-Verbotsverfahren*, die zu Beginn der Debatte am umfangreichsten ist und im weiteren Verlauf des Verfahrens eher gering ausfällt, wirkt sich nicht nachweisbar auf die Problemeinschätzung der Bevölkerung aus. Hypothese 1 konnte somit insgesamt allenfalls teilweise bestätigt werden.

Hinsichtlich des Verhaltens der politischen Akteure im Untersuchungszeitraum konnte nachgewiesen werden, dass es einzelnen Politikern gelang, Einfluss auf die Medienberichterstattung und Problemeinschätzung zu nehmen. Zu nennen sind hierbei insbesondere der damalige bayerische Innenminister Günther Beckstein sowie der damalige Bundeskanzler Gerhard Schröder. Beckstein gelang es durch seine Forderung eines NPD-Verbots das Issue *NPD-Verbotsverfahren* überhaupt auf die öffentliche Agenda zu bringen und Schröder surfte einige Wochen später dieses Issue, indem er sich ebenfalls für ein Verbot der rechtsextremen Partei aussprach. Bemerkenswert ist hierbei, dass zum Zeitpunkt der Äußerung Schröders jeder zweite Befragte *Rechtsextremismus* als Problem nannte und schon fünf Wochen später nur noch jeder Vierte. Die Politik hat das Issue für sich besetzen können und somit der Bevölkerung das Gefühl vermittelt, sich dem Problem angenommen zu haben. Hypothese 2 konnte damit eindeutig bestätigt werden.

In Bezug auf die Wahlabsicht der Bevölkerung ließ sich feststellen, dass lediglich zwischen 0,76 und 2,28 % der Befragten im Untersuchungszeitraum angaben, die NPD oder eine sonstige (rechte) Partei wählen zu wollen. Somit erreichten alle rechtsradikalen Parteien in Deutschland zusammen nicht annähernd auch nur in einer Woche die 5-Prozent-Marke, die zum Einzug in den Bundestag berechtigen würde. Die Kreuzkorrelation zwischen der Problemeinschätzung von

Rechtsextremismus bzw. *Zuwanderung* und der NPD-Wahlabsicht zeigte keinen Zusammenhang zwischen den Variablen. Weder schadet der NPD ein zunehmendes Problembewusstsein der Bevölkerung in Bezug auf *Rechtsextremismus*, noch profitiert sie von einer gestiegenen Wahrnehmung von *Zuwanderung* als Problem. Es ist vielmehr davon auszugehen, dass es einen kleinen Personenkreis gibt, der unabhängig von seiner Problemeinschätzung dazu tendiert, der NPD ihre Stimme zu geben. Auch aus der verstärkten Berichterstattung über das *NPD-Verbotsverfahren* sowie dessen Scheitern konnte die NPD politisch keinen Vorteil ziehen. Es lässt sich kein Zusammenhang zwischen der Berichterstattung über das *NPD-Verbotsverfahren* und der Wahlabsicht rechter und sonstiger Parteien feststellen. Die erhöhte Berichterstattung über die Partei brachte also weder NPD-Sympathisanten von ihrer Wahlabsicht ab, noch konnte die NPD durch die mediale Aufmerksamkeit neue Wähler erreichen. Hypothese 4 musste also ebenfalls falsifiziert werden. Parteien links der politischen Mitte konnten hingegen in der Woche der Berichterstattung über das *NPD-Verbotsverfahren* sowie auch noch eine Woche später leicht profitieren. Im Gegensatz dazu sanken bürgerliche Parteien ein wenig in der Wählergunst. Hinsichtlich der Berichterstattung über *Rechtsextremismus* konnten ähnliche Schlussfolgerungen gezogen werden: Linke Parteien profitieren leicht von der Berichterstattung über *Rechtsextremismus*, während diese den Parteien des bürgerlichen Lagers eher schadet.

Das wichtigste Ergebnis der vorliegenden Studie ist also, dass die NPD selbst von der Berichterstattung über das Verbotsverfahren weder profitieren konnte noch Schaden davon nahm. Da der gewählte Untersuchungszeitraum bewusst etwas über den Zeitpunkt der Einstellung des Verfahrens durch das Bundesverfassungsgericht hinausging, können somit auch die im Vorfeld geäußerten Befürchtungen einiger Politiker, dass die NPD von einem möglichen Scheitern des Verbotsverfahrens profitieren könnte, als unbegründet zurückgewiesen werden. Auf Grund der Ergebnisse spricht nichts gegen das erneute NPD-Verbotsverfahren. Zwar erhält die rechtsextreme Splitterpartei erneut eine massenmediale Bühne, jedoch kann bezweifelt werden, dass die NPD daraus Profit in Form von Wählerstimmen schlagen kann. Parteien links der politischen Mitte könnten von der Thematisierung des erneuten Verbotsverfahrens wohl eher politisch profitieren als die Parteien des bürgerlichen Lagers, wahrscheinlich aus dem Grund, dass die Bevölkerung linken Parteien eher Verdienste im Kampf gegen *Rechtsextremismus* zuschreibt. Da es sich jedoch um kleinere Zusammenhänge handelt, wird die Debatte um ein mögliches NPD-Verbot den Großteil der Bevölkerung nicht in ihrer Wahlentscheidung beeinflussen, so-dass auch CDU, CSU und FDP geraten sei, das erneute NPD-Verbotsverfahren zu unterstützen.

6.5 Anhang

Medienberichterstattung nach LexisNexis-Datenbank
Thema NPD-Verbotsverfahren (Suchbegriffe)
‚NPD' UND ‚Verbot' ODER ‚NPD' UND ‚Verbotsantrag' ODER ‚NPD' UND ‚Verbotsverfahren'

Medienberichterstattung nach Kodierungen des Media Tenors
Thema Rechtsextremismus
Ausländerfeindlichkeit/Rassismus; Behandlung von Ausländern; Übergriffe, Extremismus als gesellschaftliches Problem; Rassistisch motivierte Kriminalität; Rassistisches/ausländerfeindliches Verhalten gegenüber Dritten; Rechtsextremismus; Rechtsextremismus in den Streitkräften/der Bundeswehr; Rechtsextremismus (ohne Beschreibung krimineller Handlungen)

Problemeinschätzung nach Forsa-Kodierungen
Problemeinschätzung Rechtsextremismus
Ausländerfeindlichkeit allgemein, Organisierter Rechtsextremismus: Parteien, Verbände, Kameradschaften, Rechtsradikalismus allgemein, Wahlerfolg rechtsextremer Parteien
Problemeinschätzung Zuwanderung
Asylanten, Asylpolitik, Überbevölkerung

Literatur

Bergsdorf, H. (2007). *Die neue NPD. Antidemokraten im Aufwind.* München: Olzog.
Botsch, G., & Kopke, C. (2009). *Die NPD und ihr Milieu.* Münster: Klemm & Oelschläger.
Brandstetter, M. (2006). *Die NPD im 21. Jahrhundert. Eine Analyse ihrer aktuellen Situation, ihrer Erfolgsbedingungen und Aussichten.* Marburg: Tectum.
Brosius, H.-B., & Esser, F. (1995). *Eskalation durch Berichterstattung? Massenmedien und fremdenfeindliche Gewalt.* Opladen: Westdeutscher.

Bulkow, K., Urban, J., & Schweiger, W. (2012). The duality of agenda-setting: The role of information processing. *International Journal of Public Opinion Research*, 24, 1–21.

Bundesrat. (2012). Stenografischer Bericht 904. Sitzung. http://www.bundesrat.de/cln_330/nn_43984/SharedDocs/Downloads/DE/Plenarprotokolle/2012/Plenarprotokoll-904,templateId=raw,property=publicationFile.pdf/Plenarprotokoll-904.pdf. Zugegriffen: 27. Feb. 2013.

Dudek, P., & Jaschke, H.-G. (1984). *Entstehung und Entwicklung des Rechtsextremismus in der Bundesrepublik. Zur Tradition einer besonderen politischen Kultur. 1. Band.* Opladen: Westdeutscher.

Eichhorn, W. (2005). *Agenda-Setting-Prozesse. Eine theoretische Analyse individueller und gesellschaftlicher Themenstrukturierung.* http://epub.ub.uni-muenchen.de/734/1/AgendaSettingProzesse.pdf. Zugegriffen: 26. Sept. 2012.

Flemming, L. (2005). *Das NPD-Verbotsverfahren. Vom ‚Aufstand der Anständigen' zum ‚Aufstand der Unfähigen'.* Baden-Baden: Nomos.

Gerhards, J. (1994). Politische Öffentlichkeit. Ein system- und akteurstheoretischer Bestimmungsversuch. *Kölner Zeitschrift für Soziologie und Sozialpsychologie*, 46, 77–105.

Ingenhoff, D., & Röttger, U. (2008). Issues Management: Ein zentrales Verfahren der Unternehmenskommunikation. In B. F. Schmid & B. Lyczek (Hrsg.), *Unternehmenskommunikation. Kommunikationsmanagement aus der Sicht der Unternehmensführung* (S. 323–354). Wiesbaden: Gabler.

Jäger, S., & Link, J. (Hrsg.). (1993). *Die vierte Gewalt. Rassismus und die Medien.* Duisburg: Duisburger Institut für Sprach- und Sozialforschung (DISS).

Janisch, W. (2013). Verfassungsfeindlich bis in die Knochen. http://www.sueddeutsche.de/politik/npd-verbotsverfahren-verfassungsfeindlich-bis-in-die-knochen-1.1833652. Zugegriffen: 29. Dez. 2013.

Kepplinger, H. M., Gotto, K., Brosius, H.-B., & Haak, D. (1989). *Der Einfluss der Fernsehnachrichten auf die politische Meinungsbildung.* Freiburg: Alber.

Lang, G. E., & Lang, K. (1981). Watergate – an exploration of the agenda-building process. In G. C. Wilhoit & H. DeBock (Hrsg.), *Mass communication review yearbook* (Bd. 2, S. 447–468). Beverly Hills: Sage.

Mayer, S. (2011). *Die Wähler der NPD. Eine empirische Untersuchung der Einflussfaktoren auf die Wahl der NPD 1969.* Wiesbaden: Drewipunkt.

Rössler, P. (1997). *Agenda-Setting. Theoretische Annahmen und empirische Evidenzen einer Medienwirkungshypothese.* Opladen: Westdeutscher.

Rossmann, R. (27. Februar 2013). Befremden über Innenminister Friedrich. Mit seinem Vorstoß für einen eigenen NPD-Verbotsantrag der Regierung verärgert der CSU-Politiker die Liberalen. *Süddeutsche Zeitung*, 69, 1.

Röttger, U. (2008). Issues Management. In G. Bentele, R. Fröhlich, & P. Szyszka (Hrsg.), *Handbuch der Public Relations. Wissenschaftliche Grundlagen und berufliches Handeln* (S. 597–598). Wiesbaden: VS Verlag für Sozialwissenschaften.

Schenk, M. (2007). *Medienwirkungsforschung.* Tübingen: Mohr Siebeck.

Sommer, D. (2010). *Nachrichten im Gespräch. Wesen und Wirkung von Anschlusskommunikation über Fernsehnachrichten.* Baden-Baden: Nomos.

Steglich, H. (2010). *Rechtsaußenparteien in Deutschland. Bedingungen ihres Erfolges und Scheiterns.* Göttingen: Vadenhoeck & Ruprecht.

Süddeutsche Zeitung. (2013). Antrag der Länder geht in Karlsruhe ein. http://www.sueddeutsche.de/politik/npd-verbot-antrag-der-laender-geht-in-karlsruhe-ein-1.1833978. Zugegriffen: 29. Dez. 2013.

Walgrave, S., Lefevere, J., & Nuytemans, M. (2009). Issue ownership stability and change: How political parties claim and maintain issues through media appearances. *Political Communication, 26,* 153–172.

Wefing, H. (2013). Hohe See, keine Peilung. http://www.zeit.de/2013/50/npd-verbot-kommentar. Zugegriffen: 29. Dez. 2013.

Wolf, J. (2006). Die NPD-Verbotsdebatte 2000–2006. Eine Chronologie (II). http://www.bpb.de/politik/extremismus/rechtsextremismus/41472/debatte-ums-npd-verbot?p=all. Zugegriffen: 14. Jan. 2013.

7 In Kauflaune versetzt? Eine Untersuchung des Zusammenhangs von Wirtschaftsberichterstattung und Konsumklima

Reik Heinrich, Ann-Kathrin Metz und Arne Larsen Spilker

In modernen Gesellschaften bildet der Konsum den elementaren Antrieb der Produktion. Er gilt als essenzieller Wirtschaftsfaktor, welcher den Konsumenten entscheidenden Einfluss auf die wirtschaftliche Lage einräumt (Becker 1992, S. 12).

Rund zwei Drittel der ökonomischen Aktivität eines Landes gehen auf die täglichen Konsumentscheidungen zurück (Doms 2004, S. 1). Damit gewinnt auch die Frage nach den bedingenden Faktoren des Konsumentenverhaltens an Bedeutung. Was bewegt den Konsumenten bei der Festlegung seiner Einkaufsprioritäten? Aus welchen Gründen schiebt er eine unmittelbare Bedürfnisbefriedigung auf? In Deutschland haben sich die „Rahmenbedingungen des Konsums [...] in den letzten 150 Jahren" (Wendt 2010, S. 10) stark verändert. „Wirtschaftlicher Fortschritt verbunden mit starken Produktivitätssteigerungen und sozialstrukturellen Veränderungen haben zu einer Steigerung des gesellschaftlichen Wohlstandes" (Wendt 2010, S. 10) und damit zu einer Konsumlandschaft des Massenkonsums geführt (Becker 1992, S. 12). Immer mehr Anschaffungen gehen über die Befriedigung menschlicher Grundbedürfnisse hinaus und der „Entscheidungsspielraum der Konsumenten hinsichtlich ihrer Einkommensverwendung" (Kuß und Tomczak 2007, S. 196) hat sich deutlich vergrößert. Fraglich ist, ob im Zuge dieser Entwicklungen auch eine Immunisierung der Konsumenten gegenüber externen Faktoren wie den Medien oder gesamtgesellschaftlichen Entwicklungen stattgefunden hat.

R. Heinrich (✉)
Mainz, Deutschland
E-Mail: Reik.Heinrich@openeyemedia.de

A.-K. Metz
Münster, Deutschland
E-Mail: ann-kathrin_metz@web.de

A. L. Spilker
Münster, Deutschland
E-Mail: a_spilker@gmx.de

Diese Arbeit beschäftigt sich speziell mit dem Einfluss der massenmedialen Berichterstattung über konsumrelevante Themen, denen ein Einfluss auf die Kaufkraft des Einzelnen unterstellt werden kann. Es wird davon ausgegangen, dass die Berichterstattung die Wahrnehmung der wirtschaftlichen Lage beeinflusst und infolgedessen indirekt auf die Kaufabsichten der Konsumenten einwirkt.

Im Hinblick auf das zur Verfügung stehende Datenmaterial wird vermutet, dass die Berichterstattung einen Einfluss auf 1) die Aufmerksamkeit gegenüber konsumrelevanten Themenbereichen und 2) daraus resultierend auf die Definition entsprechender Probleme besitzt. Darüber hinaus wird 3) ein Zusammenhang zwischen der Problemeinschätzung und dem Konsumklima vermutet.

Mit Hilfe von Zeitreihenanalysen werden die postulierten Zusammenhänge systematisch überprüft und in eine prozessuale Beziehung gesetzt. Dafür werden neben Befragungs- und Medieninhaltsdaten die Konsumklimadaten der GfK verwendet.

Die Autoren ziehen außerdem in Betracht, dass wirtschaftliche Ereignisse und Entwicklungen ohne den Umweg über die Medien eine Wirkung auf das Problembewusstsein bzw. die geplanten Kaufabsichten der Konsumenten entfalten können. Insbesondere für direkt erfahrbare Themen wie die ‚Ölkrise 2000' oder die Euro-Einführung liegt diese Vermutung nahe. Außerdem ist anzunehmen, dass Personeneffekte den Agenda-Setting Prozess beeinflussen. Je nach Einkommen, Alter, Geschlecht, Haushaltsgröße, Herkunft oder Bildungsgrad, so die Vermutung, wird die Wirtschaftsberichterstattung anders wahrgenommen.

7.1 Hintergrund

Zur theoretischen als auch praktischen Einordnung des Issues *Konsum*[1] ist es notwendig, vorab einige Grundlagen zu erörtern. Es folgt daher eine Einordnung des Begriffs Konsum, die Definition verschiedener Determinanten des Konsums und eine Aufarbeitung des aktuellen Forschungsstands zum Issue *Konsum*.

7.1.1 Begriffliche Einordnung des Konsums & Determinanten des Konsums

Der Begriff Konsum wird in der vorliegenden Arbeit weit gefasst und als „die Nutzung von Leistungen knapper Güter zum Zweck der unmittelbaren Befriedigung

---

[1] Unter dem „Issue Konsum" werden alle Ereignisse, Erfahrungen, Themen und gesellschaftlich wahrgenommene Probleme aus dem Bereich Konsum (Definition in 7.1.1) zusammengefasst.

der Bedürfnisse der Letztverbraucher" (Becker 1992, S. 11) verstanden. Wie Beckers Definition nahe legt, beschränkt sich die Studie auf den Privatkonsum von Personen bzw. Haushalten. Staatliche Konsumaktivitäten werden nicht berücksichtigt. Der Begriff Käufer- bzw. Konsumentenverhalten beschreibt dieser Logik zufolge, „das Verhalten von Einzelpersonen oder privaten Haushalten beim Kauf und Konsum von wirtschaftlichen Gütern oder Dienstleistungen" (Wendt 2010 S. 9). In täglichen Konsumentscheidungen legen Menschen fest, „welche Mengen der einzelnen Konsumgüter unter gegebenen Bedingungen konsumiert [werden]" (Eder 2011, S. 79).

Der Begriff Konsumklima beschreibt entgegen dem Käuferverhalten nicht den tatsächlichen Konsum, sondern vielmehr die Konsumabsicht innerhalb einer Bevölkerung oder „die Neigung zu größeren Anschaffungen bzw. deren Aufschub" (Kuß und Tomczak 2007, S. 179). Das Konsumklima beschreibt folglich die „für den privaten Verbrauch besonders wichtigen Einstellungen und Erwartungen von Konsumenten" (Kuß und Tomczak 2007, S. 198) und gibt die Stimmung einer Bevölkerung bezüglich grundlegender Konsumtendenzen wieder.

Im Hinblick auf eine Differenzierung der Berichterstattung lassen sich konsumrelevante Themen dem ‚Broad-Issue' Wirtschaft zuordnen. Untergliedert man sie weiter, so lassen sich zahlreiche ‚Sub-Issues' wie beispielsweise Inflation, Börse, Löhne, Verbraucherpreise oder Steuern definieren.

Der Konsum im Sinne von konkreten Konsumentscheidungen wird durch verschiedenste Faktoren direkt oder indirekt beeinflusst. Man spricht hier von Determinanten des Konsums. Einige dieser zentralen Einflussfaktoren sind auf Seiten der Personen als interne Einflussgrößen zu verorten. Hierunter fallen unter anderem die Persönlichkeit eines Menschen sowie soziodemografische Merkmale. Jedes Individuum verfügt über individuelle Kaufpräferenzen und Konsumeinstellungen, welche sich je nach Lebensphase unterscheiden können (Wendt 2010, S. 9). Außerdem spielen soziale Faktoren wie die Sozialisation oder kulturelle Einflussgrößen wie Werte und Normen eine entscheidende Rolle (Kuß und Tomczak 2007, S. 179). Auch situative Faktoren, wie die Besonderheiten einer jeweiligen Kaufsituation sind nicht zu unterschätzen (Wendt 2010, S. 9).

Ein weiterer zentraler Einflussfaktor dieser Studie sind die Medien. Als externe Einflussgröße bilden diese gemeinsam mit der Werbung das Pendant zur bisher betrachteten Erfahrungsumwelt: die sogenannte Medienumwelt (Wendt 2010, S. 9). „Treten wir mit der Erfahrungsumwelt direkt in Beziehung werden viele Umwelteindrücke indirekt über die Medien vermittelt" (Kroeber-Riel und Weinberg 2003, S. 419). Beide Erfahrungswelten können gleichermaßen Einfluss auf das Konsumverhalten ausüben. Die Differenzierung der beiden Umwelten ist auf individueller Ebene nicht immer trennscharf (Kroeber-Riel und Weinberg 2003, S. 419).

Des Weiteren sind materielle bzw. ökonomische Determinanten wie das Haushaltseinkommen als entscheidende Einflussgrößen des Konsums zu betrachten. Das Einkommen bildet den „ökonomischen Rahmen für die Aktionsmöglichkeiten der Konsumenten" (Kuß und Tomczak 2007, S. 179) und hängt eng mit der Höhe der Konsumausgaben zusammen. Generell wird angenommen, dass mit steigendem Einkommen auch die Konsumsumme zunimmt und umgekehrt (Siebert 1981, S. 54; Bartling und Luzius 2004 S. 67–68). Ausnahmen bilden inferiore sowie einkommensunabhängige Güter.

Wie Kroeber-Riel und Weinberg allerdings vermuten, reicht eine Veränderung der „objektiven wirtschaftlichen Verhältnisse wie Einkommensrückgang oder Bedarf [...] allein nicht aus, um bestimmte Verhaltensweisen auszulösen" (Kroeber-Riel und Weinberg 2003, S. 455). Individuen sind erst bei Kenntnis der „psychischen Variablen [...] in der Lage, genauere Beziehungen zwischen objektiver Situation und Verhalten herzustellen" (Kroeber-Riel und Weinberg 2003, S. 455). Neben der privaten wirtschaftlichen Situation üben wirtschaftliche Entwicklungen bzw. ökonomische und politische Rahmenbedingungen einen Einfluss auf das Konsumklima aus (Kuß und Tomczak 2007, S. 179). Beispielsweise wirken sich Währungs-, Preis- und Zinsentwicklungen sowie Steuerreformen nachdrücklich auf die Aktionsmöglichkeiten der Konsumenten aus.

Die vorliegende Untersuchung berücksichtigt den Einfluss von Personenmerkmalen, dem Einkommen, der Berichterstattung sowie wirtschaftlichen Ereignissen und überprüft deren Zusammenhang mit der Wahrnehmung von Wirtschaftsthemen. Welche Ereignisse für die vorliegende Betrachtung von Bedeutung sind, wird im nachfolgenden Abschnitt beleuchtet.

7.1.2 Forschungsstand

In der Forschung liegen bereits verschiedene Studien vor, welche die Einflussfaktoren auf das Konsumklima thematisieren. Besonderes Augenmerk wurde den beiden Einflussgrößen Medienberichterstattung und Wahrnehmung der wirtschaftlichen Lage zuteil. Die Untersuchungen legen nahe, dass beide Faktoren Einfluss auf das Konsumklima ausüben, sich allerdings hinsichtlich der Stärke ihrer Wirkung unterscheiden (Doms 2004, S. 1; Hagen 2005, S. 394).

Wie Doms (2004) in seiner Studie *Consumer Sentiment and the Media* zeigen konnte, stellt die Berichterstattung einen deutlich besseren Prädiktor für das Konsumklima dar, als Entwicklungstendenzen der Gesamtwirtschaft. Dies lässt sich darauf zurückführen, dass abstrakte wirtschaftliche Vorgänge für viele Konsumenten häufig nicht unmittelbar zu erfahren sind. Die Massenmedien dienen daher nicht selten als Hauptinformationsquelle und bilden „für die meisten Personen [...] die einzige Grundlage, um die Produktionsentwicklung zu beurteilen" (Hagen 2005, S. 394). Abweichungen zwischen der Konsumentenwahrnehmung und der tatsächlichen wirtschaftlichen Lage lassen sich daher auf die Medien zurückführen. Von entscheidender medialer Bedeutung sind laut Doms die Tonalität sowie die Häufigkeit der Wirtschaftsberichterstattung. Diese üben einen stärkeren Einfluss auf die Konsumentenstimmung aus, als die tatsächlichen Fakten innerhalb eines Artikels (Doms 2004). Blood und Phillips fanden 1995 ergänzend heraus, dass dem Begriff ‚Rezession' in der Schlagzeile eine Schlüsselrolle zukommt. Je höher die Anzahl der Rezessionsschlagzeilen, desto schlechter ist den Autoren zufolge die Stimmung unter den Konsumenten (Blood und Phillips 1995, S. 17). Hagen verweist außerdem darauf, dass sich die Berichterstattung über die wirtschaftliche Konjunktur durch einen Negativismus kennzeichnet, weshalb „die gesamtwirtschaftliche Situation im Vergleich zur persönlichen Lage stets negativ verzerrt" (Hagen 2005, S. 395) wahrgenommen wird.

Der Einfluss der tatsächlichen Wirtschaftslage auf Konsumvorhaben wurde im Gegensatz zur Berichterstattung als gering beschrieben (Blood und Phillips 1995, S. 17). Allerdings kommt der Entwicklung der Arbeitslosenzahlen eine besondere Bedeutung zu. Wie die Studie *The impact of unemployment on consumer confidence* von Müller (1966) belegt, schlägt sich die Entwicklung der Arbeitslosigkeit in den Konsumausgaben nieder. Unabhängig davon, ob die Konsumenten selbst betroffen sind oder nicht, besteht bei hoher Arbeitslosigkeit die Angst, dass sich die allgemeine wirtschaftliche Lage auf die eigene Situation überträgt (Müller 1966, S. 32). Angemerkt sei, dass die Erfahrbarkeit der Arbeitslosenzahlen vermutlich erneut zu großen Teilen auf der Informationsquelle Massenmedien fußt.

7.2 Studie

Bevor das Wirkungsmodell dieser Studie vorgestellt wird, gilt es, die theoretische Basis aufzuarbeiten. Anhand dieser Überlegungen werden die Hypothesen dieser Untersuchung gebildet, sodass deutlich wird, warum eine Mitbeeinflussung des geplanten Kaufverhaltens durch die Medienberichterstattung über Wirtschaftsereignisse nicht auszuschließen ist.

7.2.1 Modell

Eine der grundlegendsten Annahmen der Agenda-Setting Forschung ist, dass Medien zwar nicht in der Lage sind zu beeinflussen, wie gesellschaftliche Akteure über bestimmte Themen nachdenken, die Presse aber durchaus prägt, über was wir als Medienpublikum nachdenken (Cohen 1963, S. 13). Cohen beschreibt damit das Phänomen, dass mit Hilfe der Massenmedien bestimmte Issues in das Bewusstsein der Bevölkerung gelangen können. Im Sinne eines Salience-Modells konkretisiert McCombs (1977) die zentrale Agenda-Setting Hypothese dahin gehend, dass das Medienpublikum oft Ereignisse, Themen und Probleme als wichtiger bewertet, wenn zuvor die Massenmedien häufiger darüber berichteten:

> [...] [H]eavy media emphasis on an issue or topic can move it into the top ranks of the personal agendas of the audience. This version of agenda-setting extends beyond sheer simple awareness. A discrimination is made by the audience as to high and low importance items, but the exact priorities of the media are not reproduced within personal agendas. (McCombs 1977, S. 93)

Aus dem vorherigen Zitat ergibt sich die erste Hypothese dieser Untersuchung:

▶ **Hypothese 1** Mit einer Zunahme der Berichterstattung über das Issue *Konsum*, erhöht sich die Aufmerksamkeit gegenüber einem entsprechenden Thema. In einem weiteren Schritt nimmt auch die Einschätzung des Issues als Problem bei den Befragten zu.

Wie die Literatur zeigt, wäre es grob fahrlässig, das oben von McCombs definierte Salience-Modell als allgemeingültig für den Agenda-Setting Prozess zu verstehen. Denn die heutige Agenda-Setting Forschung plädiert für eine Ablehnung der Hyperdermic-Needle-Metapher der Massenkommunikation. Vielmehr geht es darum, die kontextabhängigen Einflussfaktoren der Agenda-Setting Hypothese empirisch zu testen (Rössler 1999, S. 670; Eichhorn 2005; Scheufele und Tewksbury 2007, S. 9–20). Daher ist das zentrale Anliegen dieser Studie, themenspezifische und personenabhängige Effekte der Agenda-Setting Hypothese für das Issue *Konsum* herauszuarbeiten.

Vor der Herleitung der zu erwartenden Personeneffekte, gilt es zunächst grundlegend festzuhalten, dass das Nachrichtenwesen durch die Bereitstellung von Informationen dem Medienpublikum eine Orientierung bietet. Über diese Funktion unterstützen Medien ganz alltägliche Entscheidungen der Menschen. Denn viele Menschen nutzen Berichterstattungen über Ereignisse, Themen oder Probleme als Orientierung für ihre zukünftig geplanten Handlungen (Hagen 2005). Der Mensch ist dabei als der ständige Problemlöser zu sehen, der in jeglichen Lebenssituationen danach strebt, neue hilfreiche Informationen oder Kompetenzen zu erhalten, um die Aufgaben zu meistern, die das Leben ihm stellt (McGuire 1974, S. 18). Dass Alltagsentscheidungen durch die Informationsvermittlung der Massenkommunikation unterstützt werden, formulierte bereits Lippmann für das politische Tagesgeschäft: „The world that we have to deal with politically is out of reach, out of sight, out of mind. It has to be explored, reported and imagined" (Lippmann 1949, S. 12).

Etwa 30 Jahre später verknüpft Weaver (1977, 1980) die Orientierungsfunktion, die die Massenmedien einem Publikum liefern, mit der Agenda-Setting Hypothese. Das Nutzungsmotiv Informationssuche wird so zu der Publikumsvariable Orientierungsbedürfnis in der Agenda-Setting Forschung. Weaver folgert, dass das Orientierungsbedürfnis eines Publikums den Umfang der Medienzuwendung beeinflusst: Je nach Themenrelevanz, Unsicherheit bezüglich eines Themas und dem Aufwand für ein Publikum Informationen über ein Thema zu erhalten, sind andere Agenda-Setting Effekte zu erwarten. Die dahinter vermutete These war, dass je ausgeprägter das politische Orientierungsbedürfnis ist, desto höher ist die daraus resultierende Mediennutzung (Weaver 1977, S. 109). Diese These ließ sich für 55 von 60 Vergleichsgruppen bestätigen. In einem zweiten Schritt testete Weaver den Einfluss des Orientierungsbedürfnisses auf den Agenda-Setting Prozess. Die Vermutung war, je stärker das Orientierungsbedürfnis ist, desto eindeutiger lässt sich das Salience-Modell nachweisen. Auch diese These wurde bestätigt, da sich für 14 von 18 Vergleichsgruppen deutlichere Agenda-Setting Effekte zeigten, wenn das Orientierungsbedürfnis des Publikums hoch war. Die Publikumsagenden der Menschen mit hohem Orientierungsbedürfnis stimmten also eher mit den Inhalten der Tageszeitungen überein, als die Publikumsagenden der Menschen mit einem niedrigen Orientierungsbedürfnis (Weaver 1977, S. 111–116).

Ähnlich den Überlegungen von Weaver (1977, 1980) führen Erbring et al. (1980) den Begriff der Issue Sensitivity als eine Publikumsvariable in den Agenda-Setting Diskurs ein. Issue Sensitivity beschreibt, dass die persönliche Themensensibilität des Publikums den Agenda-Setting Prozess beeinflusst: Je höher die Deckungsgleichheit des Themeninteresses eines Publikums gegenüber der jeweils aktuellen Medienagenda ist, desto höher sollte der Agenda-Setting Effekt im Sinne eines Salience-Modells sein. In ihrer Studie testen Erbring et al. (1980) den Begriff Themensensibilität mittels einer Operationalisierung bestimmter Personenmerkmale für bestimmte Themen. Als ein Ergebnis konnte gezeigt werden, dass es zu Interaktionseffekten kommt, wenn ein Thema auf die Medienagenda tritt, welches die Sensibilität der Menschen anspricht. „[...] [M]edia coverage interacts with the audience's pre-existing sensitivities to produce changes in issue concerns" (Erbring et al. 1980, S. 45). Weiter wird vermutet, dass Berichterstattungen als Stimulus zur Aktivierung vorhandener Meinungen und Einstellungen fungieren: „[...] [I]ssue coverage in the media serves a trigger stimulus [...]" (Erbring et al. 1980, S. 45). Auch Lasorsa und Wanta (1990) konnten belegen, dass sich persönliche Erfahrungen zu einem Issue als starker Prädiktor für die Konformität der Publikumsagenda im Vergleich zur Medienagenda erweisen (Lasorsa und Wanta 1990, S. 812). Wenn Publikumsakteure aufgrund von persönlichen Erfahrungen einem Thema gegenüber sensibel sind, sollte sich folgende Handlung zeigen:

> Individuals [.] seek out additional information on these obtrusive issues from the news media and in turn become more susceptible to agenda-setting-effects. (Lasorsa und Wanta 1990, S. 804)

McCombs folgert daher nicht unbegründet (1999, S. 154): „What events are noticed, whether persons take any interest in a problem, depends on their own personal situation."

Zur Formulierung der zweiten Hypothese lassen sich die bisherigen theoretischen Erkenntnisse wie folgt zusammenfassen: Einerseits reagieren Personen aufgrund ihrer persönlichen Lebenssituation unterschiedlich sensibel auf bestimmte Medienthemen. Agenda-Setting Prozesse werden damit von der Issue Sensitivity des Publikums beeinflusst. Andererseits kann die Häufigkeit, mit der ein Thema in der Berichterstattung vorkommt, dazu beitragen, dass Publikumssegmente ein Thema als relevanter bewerten. „The probability of reaching a higher rank on the respondent's agenda is greater for issues presented prominently in the media." (Rössler 1999, S. 690)

Das Salience-Modell sollte sich also eindeutiger nachweisen lassen, wenn sich eine Passung aus aktueller Medienagenda und Themenrelevanz für die persönliche Lebenssituation des Publikums ergibt (Erbring et al. 1980; Rössler 1999; Price et al. 1997, S. 484). Solche Personeneffekte berücksichtigt diese Studie mit der zweiten Hypothese:

▶ **Hypothese 2** Die Lebenssituation eines Menschen, repräsentiert durch Alter, Geschlecht, Erwerbstätigkeit, Einkommen, Bildung, Anzahl der Kinder und Haushaltsgröße, variiert den Agenda-Setting Effekt und beeinflusst die Problemeinschätzung bezüglich konsumrelevanter Ereignisse.

Winter et al. (1982) erschien es unlogisch, die Agenda-Setting Hypothese nach Personeneffekten wie der Medienzuwendung, einer Issue Sensitivity oder dem Orientierungsbedürfnis zu differenzieren, den unterschiedlichen Einfluss verschiedener Themen aber zu ignorieren. Für eine Themendifferenzierung schlägt Zucker

(1978) den Begriff der Obtrusiveness vor. Diesem Begriff nach lassen sich medial verarbeitete Themen im Hinblick auf ihre Erfahrbarkeit für ein Publikum in direkt erfahrbare und indirekt erfahrbare Themen unterscheiden. Indirekt erfahrbare Themen sind Medieninhalte, welche sich außerhalb des persönlich erfahrbaren Kontextes der Rezipienten verorten lassen. Themenkomplexe zu denen das Publikum unmittelbaren oder täglichen Kontakt hat, dem Massenmediensystem also keine zwingende Vermittlungsfunktion zukommt, werden als aufdringlich und damit obtrusiv definiert. (Zucker 1978, S. 227; Schenk 2002, S. 443) Für direkt erfahrbare Informationen und Themen aus dem Alltag der Menschen werden von Zucker schwächere Agenda-Setting Effekte vermutet:

> The public does not need the mass media to see, or be upset with, rising prices or a line at the gas pump. When they exist, these conditions are in the daily life of the public. (Zucker 1978, S. 227)

Persönliche Erfahrungen können demnach als schwächender Filter auf das Salience-Modell wirken (Winter et al. 1982, S. 2). Zucker systematisiert die Themendifferenzierung vor dem Obtrusiveness-Gedanken weiter und verweist ähnlich wie Weaver (1977) auf Aspekte der Neuartigkeit eines Themas im Agenda-Setting Prozess. Weaver spricht von Unsicherheit gegenüber einem Issue und folgert auf den Umfang der resultierenden Medienzuwendung. Zuckers Forschungsinteresse liegt hingegen auf der themenspezifischen und zeitlichen Differenzierung der Agenda-Setting Hypothese. Daher bringt er den Begriff Duration in die Diskussion ein. Duration steht einerseits dafür, dass sich, wenn ein Thema bereits dauerhaft auf einer Medienagenda verweilt, die Chancen minimieren eine Meinungsänderung bezüglich dieses Issues beim Publikum zu erreichen. Denn in diesem Fall haben sich bereits große Teile des Publikums eine Meinung zu diesem Issue gebildet. Einfacher ist eine Meinungsbeeinflussung hingegen, wenn das Thema für das Publikum neu ist und dementsprechend noch keine vorgefestigten Meinungen zu einem Issue bestehen. Andererseits verbindet Zucker den Durations-Begriff für nicht direkt erfahrbare Themen mit einem schneller eintretenden Wear-Out-Effekt im Agenda-Setting Prozess. „After a few years, people get bored with an issue (unless that issue is obtrusive)" (Zucker 1978, S. 227). Das bedeutet nicht, dass Themen beziehungsweise globale Probleme wie die Umweltverschmutzung, Währungsunionen, Wirtschafts- oder Energiekrisen bewältigt sind. Diese verschwinden aber mit der Zeit aus der massenmedialen Diskussion, da das Interesse des Publikums an diesen Themen nach und nach abnimmt (Zucker 1978, S. 228). Die Zeitspanne, die ein Thema benötigt, um in den Köpfen der Menschen anzukommen oder auch wieder zu verschwinden, setzt Zucker in Bezug zur Erfahrbarkeit eines Issues. Wenn demnach ein Thema aus den Köpfen der Menschen verschwindet, kann dies als eine Art der Desensibilisierung gegenüber einem nicht direkt erfahrbaren Issue verstanden werden. Insgesamt sieht Zucker sein Obtrusiveness-Model bestätigt und fasst zusammen:

> [...] the less direct experience people have with an issue area, and the less time that area has been prominent in the news, the greater is the news media's influence on public opinion on that issue. (S. 239)

Winter et al. (1982) prüften diese Überlegungen über einen Zeitraum von sechs Monaten anhand der Themen Inflation, Arbeitslosigkeit und nationaler Einheit und kamen zu anderen Ergebnissen als Zucker. Das Obtrusiveness-Model und damit verbundene Themeneffekte wurden zwar auch von jenen Autoren bestätigt, allerdings anders als Zucker es vermutete: In diesem Fall wurde Inflation als erfahrbares Issue definiert, erzeugte aber höhere Effekte als die nicht erfahrbaren Issues (Winter et al. 1982, S. 7–8).

Mit dem kurzen Vergleich der beiden Studien ließ sich zeigen, dass Themeneffekte den Agenda-Setting Prozess beeinflussen. Die Ergebnisse widersprechen sich allerdings, da einerseits für erfahrbare Themen eher keine oder wenn nur geringe Agenda-Setting Effekte gemessen wurden (Zucker 1978). Andererseits ließ sich die Agenda-Setting Hypothese gerade für direkt erfahrbare Themen bestätigen (Winter et al. 1982). Die anknüpfende Forschung sieht diese Problematik der Obtrusiveness-These davon bestimmt, dass Themen oft ohne die gestützte Auskunft des Publikums operationalisiert wurden. Es war also unklar, ob das jeweilige Issue für das Publikum direkt erfahrbar war, oder nicht (Demers et al. 1989, S. 795–799). Angelehnt an diese Arbeiten ergibt sich für diese Studie die Aufgabe einer Themendifferenzierung in erfahrbare und nicht erfahrbare Konsumthemen.

▶ **Hypothese 3** Die Erfahrbarkeit eines Issues hat einen Einfluss auf den Agenda-Setting Prozess.

Neben dem Nachweis von Personen- und Themeneffekten zielt die Studie des Weiteren darauf ab, Erkenntnisse darüber zu generieren, ob Publikumssegmente über ein gegebenenfalls medieninduziertes Problembewusstsein in ihrem geplanten Kaufverhalten beeinflusst werden. Dafür wird anhand des Konsumklima-Indexes der GfK geprüft, ob sich systematische Zusammenhänge zwischen dem Agenda-Setting Prozess und dem geplanten Kaufverhalten nachweisen lassen. Allerdings ist die verhaltensprägende Medienwirkungshypothese, welche über den Kontext der Medienrezeption hinausgeht, in der aktuellen Agenda-Setting Forschung eher selten.

Eichhorn (2005) begründet diese Feststellung bezüglich der Forschungslage damit, dass es bislang nicht gelungen sei, eine Einstellungs- oder gar eine Verhaltensänderung in einer Feldstudie vor dem Hintergrund kontingenter Verhältnisse statistisch zu belegen. Fruchtbar erwies sich hingegen der kognitive Turn in der Psychologie, der die Mechanismen der menschlichen Informationsverarbeitung auch in den Fokus der Agenda-Setting Forschung rückte. Denn das Salience-Modell ist in verschiedenen Punkten anschlussfähig an Forschungsergebnisse zur menschlichen Informationsverarbeitung und dem Priming-Modell.

Der Priming-Effekt steht für die Wissensaktivierung durch einen Stimulus in Bild, Sprache, Schrift oder Ton. Aufgrund dieser Aktivierung kann das Verhalten, eine Meinungsauskunft oder ein Entscheidungsfindungsprozess im Allgemeinen beeinflusst werden.

Domke et al. (1998) fordern die zukünftige Priming-Forschung dazu auf, sich nicht auf den Beleg von Priming-Effekten hinsichtlich einer kurzen Verweildauer zu beschränken, sondern die Logik einer sich wiederholenden Wissensaktivierung unter Langzeitaspekten zu betrachten.

> [...] [F]uture research should conceptualize priming more broadly to include considerations of both the accessibility of cognitions in short-term memory and the pathways among information [processing] in long-term memory. (Domke et al. 1998, S. 51)

Das Priming-Konzept geht einerseits für den kurzen Zeitrahmen davon aus, dass die Konformität des Publikums umso wahrscheinlicher wird, je kleiner die Verweildauer zwischen dem Treatment und der Beobachtung ist (Iyengar und Kinder 1987 wie zitiert in Domke et al. 1998). Andererseits weist die Langzeitthese des Priming-Konzepts vor dem Hintergrund der Agenda-Setting Forschung Ähnlichkeiten zur informellen Lerntheorie auf (Becker 1982, S. 527; Marsick und Watkins 1990, wie zitiert in Bulkow et al. 2013). Es wird angenommen, dass Konformität umso wahrscheinlicher wird, je öfter ein bestimmtes Wissen aktiviert wird. Jede Aktivierung steigert dabei die Zugänglichkeit dieses Wissens und damit die Wahrscheinlichkeit es bewusst oder unbewusst zu verwenden (Domke et al. 1998; Kahneman und Tversky 1972; Kahneman 2002; Frederick und Kahneman 2005; Chen und Chaiken 1999; Bargh 1999).

Es ist daher besonders interessant, das gegebenenfalls medieninduzierte Problembewusstsein der Befragten in Relation zum geplanten Konsumverhalten zu setzen, um den vermuteten Priming-Effekt auf Langzeitsicht zu prüfen. In Anlehnung an Price et al. (1997) und Bulkow et al. (2013) werden dafür Aspekte der Dual-Prozess-Theorie mit der Agenda-Setting Hypothese verknüpft.

Gemäß der Dual-Prozess-Theorien wechseln Menschen zwischen zwei Verarbeitungsmodi, mit denen Entscheidungen getroffen werden: System 1 und System 2. Einerseits werden viele unserer Alltagsentscheidungen vom Bauchgefühl dominiert und vollziehen sich sozusagen intuitiv: System 1. Diese kognitiven Prozesse laufen parallel zur Wahrnehmung ab, sind eher unbewusst und damit nahezu automatisch. Auch deshalb sind diese Prozesse für den Menschen selbst nur schwer zu kontrollieren. Diese Prozesse der unbewussten Entscheidungsfindung treten insbesondere dann auf, wenn es für den Menschen spontan und schnell Aufgaben zu lösen gilt (Frederick und Kahneman 2005, S. 267–269; Kahneman 2002). Diese unbewussten Entscheidungsfindungsprozesse betreffen beispielsweise eine zufällige Befragungssituation oder auch routinierte Kaufentscheidungen von Low-Involvement-Gütern (Kroeber-Riel 1990, S. 381 wie zitiert in Mayer und Illmann 2000, S. 150; Petty et al. 1992, S. 152).

Für wichtige Entscheidungen bringen Menschen allerdings viel Disziplin und Selbstkontrolle auf, sodass Informationen länger elaboriert werden, bis schlussendlich eine Entscheidung getroffen wird. Diesen Prozess der Entscheidungsfindung definieren Kahneman und Tversky (1972) als System 2. Das System 2 wird aber wesentlich seltener aktiviert, da sich viele Menschen oft von spontanen Ideen fehlleiten lassen und vorschnell zu einem Urteil kommen: induziert durch das System 1. Wahrscheinlich geschieht dies auch, weil die mentalen Verarbeitungskapazitäten eines Menschen limitiert sind. Menschen tendieren daher oft dazu Informationen möglichst ohne aufwendiges Denken zu verarbeiten (Price et al. 1997; Kahneman 2002; Frederick und Kahneman 2005).

Als Teil des Priming-Konzeptes und auch als Bindeglied zwischen der Agenda-Setting Hypothese und der unbewussten Entscheidungsfindung wird im Folgenden auf die Verfügbarkeit von Wissen eingegangen. Die Accessibility-These beschreibt eine Form der Wissensaktivierung, bei der Menschen mittels eines Stimulus in bestimmten Situationen spezifische Informationen in das Gedächtnis gerufen werden. Diese Wissensverfügbarkeit ist einerseits ganz im Sinne des Priming-Konzepts besonders hoch, weil das Wissen erst kurze Zeit zuvor aktiviert oder erlangt wurde. Andererseits kann Wissen aber auch leicht abrufbar sein, weil es sich um gefestigte kognitive Strukturen wie Meinungen oder Einstellungen handelt, die aufgrund ihrer häufigen Aktivierung in der Vergangenheit aktuell leichter abzurufen sind (Todorov et al. 1999, S. 197; Bulkow et al. Schweiger 2012).

Es wird daher angenommen, dass Priming-Effekte aufgrund einer kurz zurückliegenden Wissensaktivierung die Ergebnisse einer Befragung beeinflussen (Strack et al. 1988 zitiert nach Frederick und Kahneman 2005, S. 269). Außerdem wird vermutet, dass ein sich wiederholender Stimulus in Form der Berichterstattung Meinungen und Einstellungen oder Verhalten beeinflussen kann.

7 In Kauflaune versetzt?

Nachdem der Einfluss der Berichterstattung auf die Problemeinschätzung diskutiert wurde und eine theoretische Grundlage für den Schluss von einem Priming-Effekt auf das geplante Kaufverhalten gelegt wurde, wird Hypothese 4 formuliert.

▶ **Hypothese 4** Wenn konsumrelevante Themen als Problem wahrgenommen werden (Problemeinschätzung), dann hat dies einen Einfluss auf das geplante Konsumverhalten.

Mit Hypothese 4 untersucht die Studie, ob Agenda-Setting Effekte über einen längeren Zeitraum verhaltens- bzw. einstellungsprägend wirken. Wenn es sich lediglich um ein Priming handelt (Takeshita 2005), dann sollten sich ausschließlich kurzfristige Zusammenhänge zwischen der Themenaufmerksamkeit und der most important problem (MIP) Frage zeigen. Wenn sich allerdings auch Zusammenhänge zwischen der MIP-Frage und dem geplanten Konsumverhalten zeigen, lässt sich vermuten, dass Agenda-Setting Effekte ebenfalls langfristig auf das Verhalten wirken.

Aus den theoretischen Überlegungen wird ein Modell hergeleitet, welches das geplante Vorgehen noch einmal zusammenfasst. Entsprechend der Hypothese 1 wird davon ausgegangen, dass ein Anstieg der Berichterstattung über konsumrelevante Ereignisse einen Anstieg des Problembewusstseins der Befragten bezüglich dieser Thematik zur Folge hat. Hypothese 2 berücksichtigt, dass die Themensensibilität der Befragten den Agenda-Setting Effekt beeinflusst. Analog zu Hypothese 3 geht das Modell davon aus, dass die Erfahrbarkeit einzelner Elemente des Themenaggregats *Konsum* Agenda-Setting Effekte variiert. Der Einfluss eines gegebenenfalls medieninduzierten Problembewusstseins auf das geplante Kaufverhalten wird mit Hypothese 4 überprüft.

Abschließend wird darauf hingewiesen, dass neben der Berichterstattung weitere Faktoren existieren, die das Konsumverhalten von Privatpersonen aller Wahrscheinlichkeit nach mit beeinflussen. Zu diesen realweltlichen Faktoren zählen beispielsweise die Entwicklung der Arbeitslosenquote, das Wachstum des Bruttoinlandsprodukts oder auch die Veränderung der Lebenserhaltungskosten (Hagen 2005, S. 52). Aus forschungsökonomischen Gründen werden diese Faktoren allerdings, wenn überhaupt, nur am Rande berücksichtigt, sodass der Fokus dieser Studie klar auf der Prüfung von Medieneffekten liegt (Abb. 7.1).

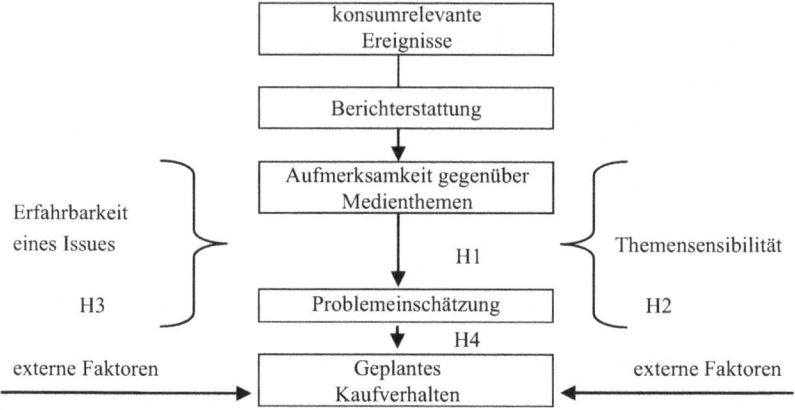

Abb. 7.1 Medieninduzierte Problemeinschätzung und geplantes Kaufverhalten

7.3 Datenlage und Operationalisierung

Um einen Einblick in das verwendete Datenmaterial zu erhalten, werden in diesem Abschnitt die verwendeten Indizes und deren Operationalisierung thematisiert.

Gemäß dem Modell werden zunächst die Themenaggregate zur Messung der medialen Berichterstattung beschrieben. Darauffolgend werden die Indizes der Themenaufmerksamkeit und der Problemeinschätzung vorgestellt. Anschließend wird die Operationalisierung des geplanten Konsumverhaltens näher betrachtet, welches den Abschluss der vermuteten Wirkungskette bildet. Abschließend wird auf die Personenmerkmale und die Erfahrbarkeit eines Issues als intervenierende Variablen im Agenda-Setting Prozesses eingegangen.

7.3.1 Berichterstattung über konsumrelevante Themen

Im Folgenden wird die Operationalisierung der Datenreihe „Berichterstattung über konsumrelevante Themen" genauer beschrieben, sodass im späteren Verlauf deutlich ist, mit welchem Themenbereich sich dieses Buchkapitel beschäftigt.

Die Wirtschaft ist ein wichtiges und komplexes Themengebiet, das eine Nation in unterschiedlichsten Lebenssituationen und Entscheidungslagen betrifft. Beispielsweise beeinflussen sowohl Ratingagenturen durch Einschätzungen konjunktureller Entwicklungen als auch Medieninstanzen durch Aufklärungsarbeit, die Entscheidungen von Politikern, Investoren, Geldgebern und Konsumenten (Hagen 2005; Eisenegger und Imhof 2009). Gerade vor dem historischen Hintergrund der Hyperinflation ist davon auszugehen, dass ältere Generationen der Deutschen sensibel auf negative Einschätzungen der nationalen Wirtschaftslage reagieren. Es ist daher denkbar, dass gerade hier zu Lande publizistisch aufbereitete Wirtschafts- und Konsumthemen Kauf- und Investitionsentscheidungen beeinflussen (Hagen 2005, S. 47).

Zusammenfassend wird daher vermutet, dass die individuelle Wahrnehmung von Konsumthemen durch die Berichterstattung über wirtschaftspolitische Ereignisse beeinflusst wird. Denn „mit der Wirtschaft [...] ist jeder geschäftsfähige Erwachsene zumindest in Industrieländern ständig befasst. Arbeiten, Einkaufen, Geld anlegen – Wirtschaften prägt das Leben" (Hagen 2005, S. 46).

Das Forschungsinteresse dieser Studie zielt jedoch nicht darauf ab zu prüfen, ob Investitionsentscheidungen durch Medieninstanzen geprägt werden, sondern ob das geplante Konsumverhalten des Einzelnen durch die Berichterstattung beeinflusst wird. Daher wurden zur Messung der Agenda-Setting Effekte ausschließlich wirtschaftliche Themenbereiche berücksichtigt, die in den Augen der Autoren in einem Zusammenhang zur Kaufkraft des Einzelnen stehen. Im Folgenden werden einige Themenbeispiele aus dem 86 Kodierungen umfassenden Themenaggregat zur Messung der Berichterstattung[2] genannt: Energie- und Rohstoffpreisentwicklung (Benzin, Naturgaspreis, etc.), Steuern, Prokopfeinkommen, Mieten & Mietrecht, Entwicklung des Konsumklimas, Entwicklung bestimmter Preisindizes & der Inflationsrate, Einschätzungen der konjunkturellen Lage sowie Einschätzungen zur Währungsunion des Euros. Um die Berichterstattung für die Zeitreihenanalyse nutzbar zu machen, wurde die Datenreihe um einen autoregressiven Prozess erster Ordnung (AR1) und einen Moving-Average Prozess erster Ordnung (MA1) bereinigt.

7.3.2 Themenaufmerksamkeit und Problemeinschätzung

Der Index für die Themenaufmerksamkeit des Issues *Konsum* setzt sich aus 19 Einzelthemen zusammen. Es wird angenommen, dass die ausgewählten Themen eng mit der Wahrnehmung der Wirtschaftsberichterstattung verknüpft sind, da

---

[2] Die Datengrundlage für die Messung der Medienberichterstattung bildet der in Kap. 2.3 beschriebene Datensatz des Media Tenors. Eine vollständige Auflistung aller verwendeten Kodes findet sich im Anhang 7.7.1.

sie das zur Verfügung stehende Kapital beeinflussen. Für diesen Index wurden überwiegend Themen ausgewählt, die für einen Großteil der Konsumenten relevant sind. Arbeitslosigkeit und Rente finden im Index bewusst keine Berücksichtigung, da bei einer ersten Indexbildung festgestellt wurde, dass es sich bei diesen Themen um sogenannte ‚Killer Issues' handelt. ‚Killer Issues' überlagern nahezu alle anderen Themeneffekte in einem Agenda-Setting Prozess (Brosius und Kepplinger 1995). Im Aggregat verzerren sie so die Ergebnisse für ein breiter gefasstes Themenfeld.

Das Themenaggregat zur Frage nach den interessantesten Medienthemen (Kap. 2.2) umfasst u. a. folgende Einzelthemen: Die finanzielle Belastung des Einzelnen, zu niedrige Löhne, Mehrwertsteuererhöhung, Öko-Steuer, Rabatte, Preis-Nachlässe, Benzin-Preise, Eurokurs-Währung oder Börsenaktienkurse allgemein[3]. Für die spätere Analyse wurde die Zeitreihe der Themenaufmerksamkeit um einen signifikanten AR1-Prozess bereinigt. Mit der Datenbereinigung wurde festgestellt, dass sich die Themenaufmerksamkeit zu großen Teilen aus der Themenaufmerksamkeit der jeweiligen Vorwoche erklären lässt.

Die Einzelthemen des Problemeinschätzungs-Index sind dem Aggregat der Themenaufmerksamkeit ähnlich. Auch hier wird aus oben genannten Gründen ein Zusammenhang mit konsumrelevanten Themenbereichen vermutet. Der Index setzt sich aus 14 Themen zusammen, welche sich zu großen Teilen mit der Themenaufmerksamkeit überschneiden. Abweichungen lassen sich darauf zurückführen, dass Themen genannt wurden, die nicht als Problem auftauchten (oder umgekehrt). Beispielthemen zum Index der Frage nach dem wichtigsten Problem (Kap. 2.2) sind: Zu niedrige Löhne, Krankenkassen-Beiträge, Mieten, Preissteigerung, Inflation und die Währungsstabilität[4]. Die Datenreihe der Problemeinschätzung wurde ebenfalls durch einen signifikanten AR1-Prozess bereinigt. Rund 80 % der Varianz der Datenreihe können demnach aus der Struktur der Reihe selbst erklärt werden. Das Problembewusstsein bezüglich konsumrelevanter Ereignisse kann folglich als relativ stabil bezeichnet werden, da die Problemeinschätzung zu großen Teilen von den Nennungen der Vorwochen abhängig ist und damit nur wenig Spielraum für eine Beeinflussung durch eine Medienagenda bietet.

7.3.3 Konsumklima

Für die abschließende Messung eines Medieneffekts auf das geplante Konsumverhalten wird im Rahmen dieser Arbeit auf den GfK-Konsumklimaindex zurückgegriffen.

---

[3] Eine vollständige Auflistung aller Themen findet sich im Anhang 7.7.1.

[4] Eine vollständige Auflistung aller Probleme befindet sich im Anhang 7.7.1.

Der seit 1980 erhobene GfK-Konsumklimaindex „gilt als wichtiger Indikator für das Konsumverhalten deutscher Verbraucher und somit als Wegweiser für die konjunkturelle Entwicklung Deutschlands" (Grundmann und Rathner 2011, S. 326). Grundlage des Konsumklimaindexes bilden rund 2.000 monatliche face-to-face Mehrthemenbefragungen „zur Stimmung der Konsumenten" (GfK o. J., S. 1; Grundmann und Rathner 2011, S. 326). Inhaltlich erhebt diese Befragung die Einschätzungen der gesamtwirtschaftlichen Situation wie auch die ‚Lage' der privaten Haushalte selbst (GfK o. J., S. 1). Zu den wichtigsten Indikatoren gehören u. a. die „Einkommens- und Konsumerwartungen auf Sicht von zwölf Monaten" (Grundmann und Rathner 2011, S. 326) sowie die private Anschaffungs- und Sparneigung der Befragten.

Auf Makroebene konnte der Zusammenhang zwischen Konsumklima und der realen wirtschaftlichen Entwicklung des privaten Konsums bereits in verschiedenen Studien bestätigt werden (Kuß und Tomczak 2007, S. 202 f.). In dieser Studie wird der GfK-Konsumklimaindex auf Monatsbasis verwendet, um zu prüfen, ob sich Zusammenhänge zwischen der Problemeinschätzung bezüglich konsumrelevanter Ereignisse und dem geplanten Kaufverhalten der Befragten nachweisen lassen.

7.3.4 Personenmerkmale

In Anlehnung an den Begriff der Issue Sensitivity – und damit im Sinne der Hypothese 2 – haben die Autoren verschiedene Personenmerkmale aus dem Befragungs-Datensatz ausgewählt, von denen angenommen wird, dass sie die Wahrnehmung von Wirtschaftsthemen und somit auch Agenda-Setting Effekte beeinflussen. Zu den betrachteten Personenmerkmalen zählen Alter, Geschlecht, Herkunft aus den neuen oder alten Bundesländern, Erwerbstätigkeit, Einkommen, Bildung sowie die Anzahl der Kinder und die Haushaltsgröße.

Einige dieser Variablen wurden nicht durchgängig bzw. nicht einheitlich erhoben. Um dennoch vergleichbare Aussagen treffen zu können, wurden die Variablen Bildung, Einkommen, Haushaltsgröße und die Anzahl der Kinder in einem Haushalt rekodiert. Während des Erhebungszeitraums fand außerdem eine Währungsunion statt, in deren Verlauf die Deutsche Mark durch den Euro abgelöst wurde. Die Befragten gaben ihr Einkommen daher zum Teil in DM und zum Teil in Euro an. Diese Angaben wurden in Anlehnung an die Kategorisierung des Einkommens innerhalb des Befragungs-Datensatzes zu einer neuen Variable mit fünf Ausprägungen zusammengefasst[5].

---

[5] Gruppeneinteilung in 1000-€ Schritten (bzw. bis 2001 vergleichbare Einkommen in Deutsche Mark)

Für die Aggregation der Variable Bildung fanden unterschiedliche Bildungsabschlüsse in den neuen und alten Bundesländern Berücksichtigung. Alle kodierten Abschlüsse wurden den vier Ausprägungen kein Abschluss, Hauptschulabschluss, mittlere Reife und Fachhochschulreife zugeordnet. Die Ausprägungen der Personenmerkmale Haushaltsgröße und Anzahl der Kinder wurden solange berücksichtigt, bis eine Aggregation auf Wochen nicht mehr als 25 Fälle erreichte.

7.3.5 Erfahrbarkeit eines Issues

Wie im Modell erläutert ist nach Hypothese 3 davon auszugehen, dass sich Agenda-Setting Effekte je nach der Erfahrbarkeit eines Issues unterscheiden. Ob allerdings mit der persönlichen Erfahrbarkeit eines Issues auch ein stärkerer Agenda-Setting Effekt einhergeht, konnte auf Grundlage der in Kap. 7.2 dargelegten Theorie nicht beantwortet werden.

Um dieser Annahme nachzugehen wurde das zuvor in 7.3.2 beschriebene Themenaggregat der Berichterstattung in erfahrbare Themen und nicht erfahrbare Themen unterteilt. Beispiele für erfahrbare Themen sind: Benzinpreis, Kosten allgemein, Steuern & Neuregelung Vermögenssteuer, Arbeitslöhne, Preisentwicklung, Teuro sowie die Währungsunion.

Zu den nicht erfahrbaren Themen zählen Konsumklima & Konsumabsichten allgemein, Lage der Wirtschaft & Konjunktur allgemein, Wirtschaftswachstum allgemein, Eurokurs, Aktienkurse & Börse allgemein sowie Rezession & wirtschaftlicher Abschwung.[6] Da es für die Bewertung der zuvor genannten Themenbereiche für viele Menschen eines medienvermittelten Expertenurteils bedarf, lassen sich diese Themen als indirekt erfahrbare Themen definieren. Da die Themendifferenzierung insbesondere für die Diskussion von Hypothese 4 relevant ist, bleibt sie in der folgenden Deskription zunächst unberücksichtigt. Für die spätere Analyse wurden die Datenreihen der Berichterstattung um einen signifikanten AR1-Prozess und einen signifikanten MA1-Prozess bereinigt.

7.4 Deskription der Zeitreihen und Entwicklung der Wirtschaftspublizistik

In diesem Kapitel werden zunächst wirtschaftliche Entwicklungen betrachtet, von denen angenommen wird, dass diese nicht zuletzt durch ihre starke mediale Thematisierung einen erheblichen Einfluss auf kognitive Wahrnehmungsprozesse

---

[6] Eine vollständige Auflistung aller Themen findet sich in Anhang 7.7.1.

der Befragten haben. Anschließend werden die Zeitreihen von Berichterstattung, Themenaufmerksamkeit und Problemeinschätzung zueinander in Bezug gesetzt. Aufgrund der anfangs nicht hinreichend ausdifferenzierten Kategorien des Media Tenors wurde der Untersuchungszeitraum gekürzt. Die gesamte Untersuchung beschränkt sich daher auf den Zeitraum von 1996 bis Ende 2005.

Vor der exemplarischen Erläuterung konsumrelevanter Ereignisse im Untersuchungszeitraum ist zudem darauf hinzuweisen, dass im Zuge der Etablierung eines neoliberalen Gesellschaftsmodells seit Mitte der 1990er Jahre der Umfang der Wirtschaftspublizistik insgesamt gestiegen ist (Schranz 2007, S. 142; Eisenegger 2005, S. 87–89 mit Verweis auf Mast 2003, S. 269 sowie auf Kepplinger 2000, S. 2).

7.4.1 Konsumrelevante Ereignisse

Im Zeitraum von 1996 bis 2005 fanden bedeutende Wirtschaftsereignisse statt, mit denen erhebliche Folgen für die Bevölkerung einhergingen. Im Folgenden werden drei Wirtschaftsereignisse näher beleuchtet, von denen die Autoren annehmen, dass sie einen entscheidenden Einfluss auf die Wahrnehmung konsumrelevanter Ereignisse und infolgedessen auch auf das Problembewusstsein und das geplante Konsumverhalten ausgeübt haben. Beachtung finden deshalb die Dotcom-Blase, die Euro-Einführung sowie die ‚Ölkrise' 2000 (Abb. 7.2).

Die erste wirtschaftliche Entwicklung auf welche hier eingegangen wird, zeichnete sich bereits 1995 ab. Im Zuge einer nahezu ungebremsten Euphorie gegenüber technologischen Neuerungen wie dem Internet oder dem Mobiltelefon und damit zusammenhängenden Gewinnerwartungen bildeten sich Mitte der 90er Jahre eine Reihe junger Unternehmen. Diese drängten verstärkt auf die Aktienmärkte und sorgten für einen rasanten wirtschaftlichen Aufschwung. Parallel verstärkte sich das Interesse bei Klein- und Großanlegern. Das „Investmentobjekt Aktie" (Glebe 2008, S. 105) gewann zunehmend an Beliebtheit. Der sogenannte ‚neue Markt' – zukunftsweisende und stark wachsende Technologieunternehmen – etablierte sich rasch als eigenes Marktsegment an der Börse. Den Höhepunkt der Boom-Phase erreichten die deutschen Aktienindizes am 13. März 2000 mit dem Börsengang von Infineon.

Das Ende der Blütezeit näherte sich, als deutlich wurde, dass einige der Hoffnungsträger ihre Gewinnerwartungen nicht realisieren konnten. Vielen Anlegern wurde zu spät bewusst, dass die zukunftsträchtigen Start-ups ihren Börsenwert nicht durch einen materiellen Gegenwert abdecken konnten. Mit den ersten Insolvenzanmeldungen wuchs auch der Zweifel und erste Spekulanten begannen zu

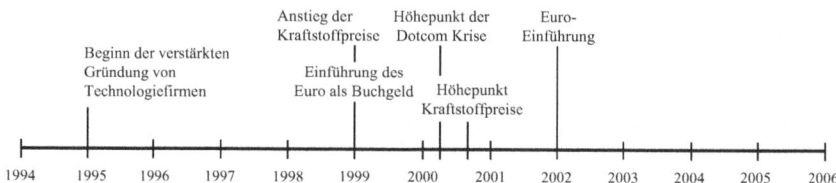

Abb. 7.2 Verortung der Ereignisse innerhalb des Untersuchungszeitraums

verkaufen. Die Panik und der Verkaufsdruck unter den Anlegern zog immer weitere Kreise: „Der Kursverfall verwandelte sich in einen Kurssturz" (Glebe 2008, S. 106) und führte schließlich im März 2000 zum Zusammenbruch dieses Marktes und zum Platzen der sogenannten Dotcom-Blase. Kritik an dem weltweiten Phänomen richtet sich nicht zuletzt an die Medien. Ohne über etwaige Risiken zu informieren, wurde insbesondere unerfahrenen Kleinanlegern der Eindruck einer Win-win-Situation suggeriert, was sich fatal auf deren Vermögen auswirkte. Die damit einhergehenden finanziellen Verluste legen insbesondere bei Anlegern mittleren Einkommens, eine verstärkte Nennung entsprechender Themen und Probleme sowie tatsächliche Einschränkungen des Konsumverhaltens nahe (Glebe 2008, S. 104–107; Gerginov 2012).

Die zweite wirtschaftliche Entwicklung, welche zeitweise parallel zur geplatzten Spekulationsblase verläuft, ist die Euro-Einführung. Bereits im Februar 1992 wurde mit dem Beschluss über eine gemeinsame europäische Währung im Rahmen des Maastricht Vertrages der Grundstein für die Euro-Einführung gelegt (Hellfeld 2009). Diese vollzog sich am 1. Januar 1999, zunächst in Form von Buchgeld als sogenannte ‚unsichtbare Währung', welche lediglich der Verwendung von Kontoführungszwecken diente. Mit dem 1. Januar 2002 vollzog sich schließlich die Einführung des Euro als Bargeld, wodurch er zur Währung von rund 300 Mio. Menschen in Europa wurde. Nationale Währungen wie die D-Mark wurden zu festgelegten Wechselkursen abgelöst (Europäische Zentralbank, o. J.). In Deutschland halbierte sich quasi über Nacht die nominale Geldmenge in den Portemonnaies (Manager Magazin 2001). Die Skepsis gegenüber der neuen Währung war nicht zuletzt aufgrund der starken Kursschwankungen groß: „Viele Menschen hatten Angst davor, dass die stabile D-Mark durch eine Währung ersetzt werden könnte, die hohe Inflationsraten nach sich zieht" (Hellfeld 2009). Wie eine Studie der Europäischen Kommission zeigt, fürchteten rund 61 %, dass mit der Einführung des Euros die Preise deutlich ansteigen würden (Spiegel 2001). Die Auswirkungen der neuen Währung auf das Konsumverhalten waren umstritten. In der Wissenschaft wurden zwei konträre Thesen vertreten. So mutmaßte die eine Front über eine Art psychologischen Sparzwang, nach welchem die Verbraucher aufgrund der starken Unsicherheit ihr Kaufverhalten zunächst zurückschrauben würden. Entgegengesetzt dazu wurden Annahmen aufgestellt, nach denen ein sogenannter „USA-Urlaubs-Effekt" (Manager Magazin 2001) eintreten werde, welcher bedingt durch die neue Preispolitik – alles halbiert sich – zusätzliche Ausgaben mit sich bringen würde (Manager Magazin 2001).

Außerdem bahnte sich ab 1999 die sogenannte Ölkrise 2000 an. Diese bezeichnet die drastische Verteuerung der Heizölpreise um 170 % und der Benzinpreise um 40 % im Zeitraum von 1999 bis Mitte 2000. Vorliegend wird der Fokus auf die Entwicklung des Benzinpreises gelegt, da dieser große Teile der Bevölkerung betrifft und dem Konsumenten bei jedem Tankstellenbesuch bewusst wird. Rückblickend betrachtet zeichnete sich eine Preiszunahme bereits 1999 ab. Der Preis stieg nahezu kontinuierlich an und gipfelte im Juni 2000 bei einem Preis von über 2 DM/l für Normalbenzin. Aufgrund weiterer Erhöhungen erreichte der Benzinpreis seinen Höhepunkt schließlich im September 2000 bei 2,10 DM/l (Rotte 2000, S. 4). Nicht zuletzt aufgrund der „Niedrigpreisphase" (Rotte 2000, S. 28) im Jahr 1998, erschien der Bevölkerung die Preiserhöhung besonders drastisch (Rotte 2000, S. 9). In ganz Europa waren daher im September 2000 „Proteste, Demonstrationen und Aktionen von Bevölkerung und Lobbies bis hin zu Dauerblockaden von Verkehrswegen und Tankstellen[...] zu beobachten" (Rotte 2000, S. 1). Auch die Medien zeigten an den steigenden Ölpreisen redliches Interesse und titelten u. a. „Voll erwischt vom Ölschock" (Spiegel 2000) oder „Tankstellenverband: Benzin über zwei Mark" (Spiegel 1999). Zudem wurde über ein mögliches Wiederkehren der Öl-Krisen von 1973 und 1979 spekuliert (Spiegel 2000) (Abb. 7.2).

7.4.2 Verlauf Berichterstattung

Von 1996 bis 2005 schwankt die Berichterstattung über konsumrelevante Themen deutlich. Entsprechend verfügt die Zeitreihe über eine Vielzahl an Hoch- und Tiefpunkten. Generell lässt sich anhand des Graphenverlaufs ein tendenzieller Anstieg der Berichterstattung bis Ende 2003/Anfang 2004 erkennen (Abb. 7.3). Die Werte steigen in diesem Zeitraum nach anfänglicher Stagnation von 40 auf 120 Artikel bzw. Beiträge pro Woche. Von 2004 bis zum Beginn des Jahres 2005 ist der Verlauf der Datenreihe durch einen stetigen Abfall gekennzeichnet und mündet schließlich in einem Tiefpunkt von 20. Im darauffolgenden Zeitraum steigt die Berichterstattung wieder an und scheint sich bis 2005 bei einem Wert zwischen 60 und 80 einzupendeln. Generell lassen sich für den Untersuchungszeitraum drei Maxima identifizieren, die einen Wert von 120 und knapp darüber aufweisen. Diese lassen

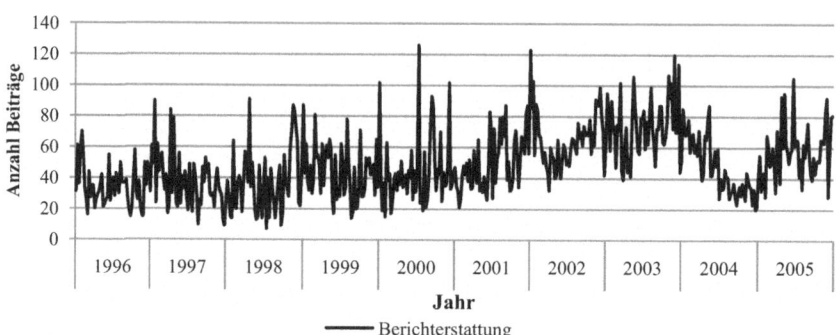

Abb. 7.3 Berichterstattung über Konsumthemen im Zeitverlauf. Basis: $n = 522$ Wochen. Inhaltsanalyse Media Tenor: Fernsehnachrichten und Titelseiten von Zeitungen. (Kap. 2.3)

sich in der 26. Kalenderwoche 2000, Ende 2001 sowie in der 46. Kalenderwoche 2003 verorten. Die vorab als relevant definierten Ereignisse lassen sich in den Daten der Berichterstattung wiederfinden und den Hochpunkten zuordnen: Dotcom-Blase, Kraftstoffpreis und Währungsunion.

7.4.3 Verlauf von Themenaufmerksamkeit & Problemeinschätzung

Die Deskription des Verlaufs der Themenaufmerksamkeit und der Problemeinschätzung beginnt, genau wie die Analyse der Medieninhaltsdaten, erst im Jahr 1996 (Abb. 7.4).

Bei getrennter Betrachtung der Graphen lässt sich erkennen, dass die Aufmerksamkeit gegenüber konsumrelevanten Themen über den Gesamtzeitraum ein Niveau unter 10 % aufweist. Dieser Wert ist, abgesehen von kurzen Hochphasen, recht stabil. Über den Gesamtzeitraum betrachtet, ist die durchschnittliche Themenaufmerksamkeit in der Zeit von der 11. Kalenderwoche 2000 bis Anfang 2002 etwas höher. Insgesamt weist der Graph acht Maxima auf, die über 20 % liegen. Die beiden mit Abstand größten Peaks liegen mit Werten von 40 und 64 % in der 23. und 38. Kalenderwoche des Jahres 2000. Beim höchsten Peak ist die Differenz zur Vorwoche mit einem Anstieg von 26 auf 64 % besonders stark. Gegen Ende des Untersuchungszeitraumes kehrt die Themenaufmerksamkeit auf ihr ursprüngliches Niveau von etwa 5 % zurück.

7 In Kauflaune versetzt?

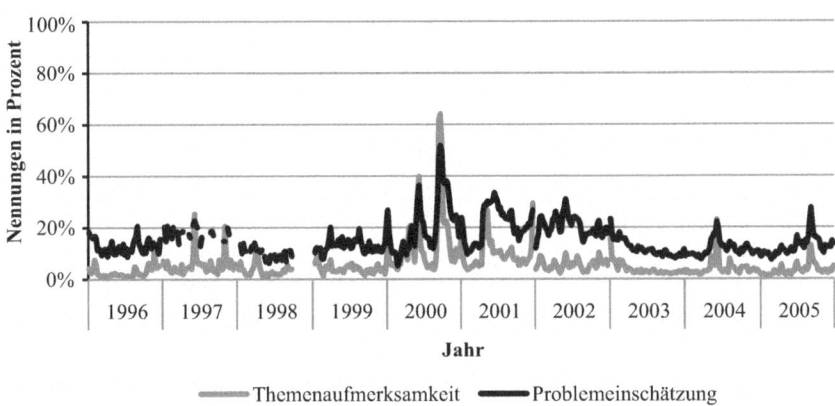

Abb. 7.4 Nennung des Issue ‚Konsum' im Zeitverlauf. Basis: $n = 522$ Wochen. FORSA Umfragebus: offene Frage nach den drei interessantesten Medienthemen und den drei wichtigsten Problemen. (Kap. 2.2)

Das Problembewusstsein liegt mit einem Niveau von ungefähr 20 % nahezu durchgehend über der Themenaufmerksamkeit. Demnach ist die Einschätzung des Issues *Konsum* als Problem fast doppelt so hoch wie die Aufmerksamkeit gegenüber *Konsum* als Thema. Generell lässt sich über den Zeitraum der 16. Kalenderwoche 2000 bis zur 38. Kalenderwoche 2002 eine leichte Hochphase der Problemeinschätzung erkennen. Die beiden mit Abstand größten Peaks lassen sich, ähnlich jener der Themenaufmerksamkeit, mit Werten von 36 und 51 % in der 23. und 38. Kalenderwoche 2000 ausmachen. Entgegen dem sonstigen Verlauf liegen diese Werte allerdings leicht unter denen der Themenaufmerksamkeit. Dieses Phänomen lässt sich an vier weiteren kleineren Hochpunkten beobachten. Auch die Problemeinschätzung sinkt am Ende des Untersuchungszeitraums wieder auf ihr Anfangsniveau von 15 %.

Im Folgenden werden die vorher genannten realweltlichen Ereignisse innerhalb des Verlaufs der Zeitreihen verortet und mit weiteren Informationen zur Sachlage verknüpft. Die Entwicklung des Benzinpreises beeinflusst die Daten am deutlichsten, da sowohl die Themenaufmerksamkeit als auch das Problembewusstsein im März und September 2000 (innerhalb der zweiten Phase) ihr Maximum erreichen. In diesem Zeitraum wies der Benzinpreis absolute Spitzenwerte von über 2 DM/l auf und es kam im September 2000 zu zahlreichen Demonstrationen. Anhand der Daten bestätigt sich dieser Zusammenhang. Mit Werten von über 50 % bei der

Themenaufmerksamkeit und 30 % des Problembewusstseins bedingt das Thema Benzinpreis die beiden größten Peaks des Issues *Konsum* maßgeblich. Wie die Daten zeigen, ist in diesem Zusammenhang das Thema Ökosteuer nicht unbedeutend, welches ebenfalls in einem Zusammenhang zur Benzinpreisentwicklung zu sehen ist. Auch die beiden Hochpunkte im Mai 2004 und September 2005 der Themenaufmerksamkeit und der Problemeinschätzung lassen sich auf erneute Verteuerungen des Benzinpreises zurückführen (Frankfurter Allgemeine 2004; Stern 2007). Die Ausschläge sind hier allerdings deutlich geringer als im Jahr 2000 zur Ölkrise.

Auch die Einführung des Euro lässt sich, wenn auch in geringerem Ausmaß als der Benzinpreis, ebenfalls in den Zeitreihen der Befragungsdaten wiederfinden. Ein erster Hochpunkt lässt sich bereits in der 21. Kalenderwoche 1997 verorten. In diesem Zeitraum kam es zu neuen Verordnungen und hitzigen Debatten bezüglich der Währungsunion (EU-Info. Deutschland o. J.; Spiegel 1997). Der stärkste Ausschlag des Themas ‚Euro-Kurs/Währung' zeigt sich in der letzten Woche des Jahres 2001 kurz vor der Einführung des Euro als Zahlungsmittel und weist einen Wert von knapp 29 % bei der Themenaufmerksamkeit auf. Der Wert des Problembewusstseins liegt mit 27 % leicht darunter. Parallel zur Euroeinführung zeigt sich außerdem ein deutlicher Anstieg der Problemeinschätzung bezüglich des Themas ‚Preissteigerung, Inflation (Währungsstabilität)' mit Werten von bis zu 27 %. Erst Ende 2002 sinkt das Problembewusstsein wieder ab.

Auch das Platzen der Dotcom-Blase Ende März bzw. Anfang April 2000 beeinflusst, wenn auch schwächer, den Verlauf der Datenreihen. Die Ausprägung des Themas ‚Börsenkurs' weist zu diesem Zeitpunkt einen vergleichsweise hohen Wert von 17 % bei der Themenaufmerksamkeit auf. Ein entsprechendes Problembewusstsein scheint aufgrund des eher speziellen Themenbereichs kaum zu existieren. Dem Verlauf des Graphen zufolge erlangt die Einführung von Xetra – einem elektronischen Handelssystem für Aktien – im November 1997 mehr Aufmerksamkeit (ZDF o. J.). Hier steigt die Themenaufmerksamkeit auf einen Wert von knapp 19 %.

7.4.4 Unterteilung des Untersuchungszeitraums

Vergleicht man beide Graphen (Abb. 7.5), dann spricht einiges dafür, den Untersuchungszeitraum in drei Phasen zu unterteilen. Die erste Phase erstreckt sich exakt über drei Jahre und reicht von 1996 bis 1999. In diesem Zeitabschnitt verlaufen die Graphen annähernd parallel. Darauffolgend beginnt der zweite Zeitabschnitt, welcher bis zur 28. Kalenderwoche 2002 andauert. In diesem Zeitraum ist ein deutlicher paralleler Anstieg von Berichterstattung und Problemeinschätzung festzustellen.

7 In Kauflaune versetzt?

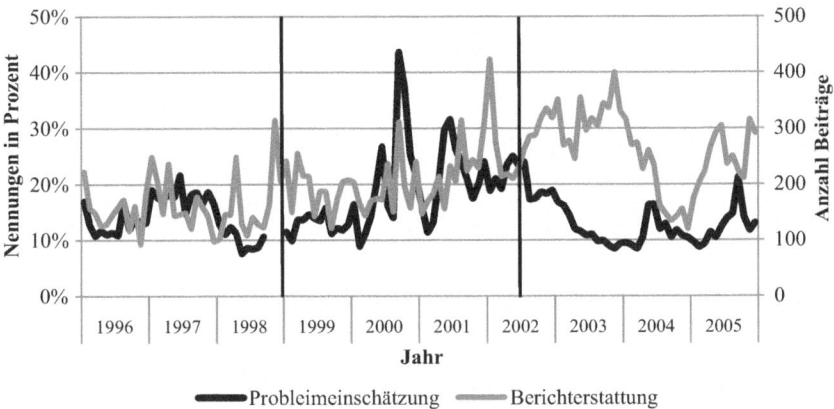

Abb. 7.5 Unterteilung des Untersuchungszeitraums in drei Phasen. Basis: $n = 117$ Monate. Inhaltsanalyse Media Tenor: Fernsehnachrichten und Titelseiten von Zeitungen. (Kap. 2.3). FORSA Umfragebus: offene Frage nach den drei wichtigsten Problemen. (Kap. 2.2)

Zeitweise nennen bis zu einem Fünftel der Befragten das prominenteste Medienthema der Vorwoche als Problem. Die dritte Phase kennzeichnet sich durch ein starkes Auseinanderdriften beider Zeitreihen und umfasst den Zeitraum zwischen der 29. Kalenderwoche 2002 und dem Jahresende von 2005. Während die Berichterstattung auf einem vergleichsweise hohen Niveau verbleibt, sinkt die Problemeinschätzung deutlich ab.

Die dargelegte zeitliche Differenzierung in drei Phasen wird im weiteren Verlauf der Arbeit beibehalten und findet in der Analyse Berücksichtigung.

7.5 Ergebnisse

Nachdem der theoretische Hintergrund und die Operationalisierung des Datenmaterials erläutert wurden, werden im Folgenden die Ergebnisse der Untersuchung dargestellt. Gemäß dem vorgestellten Modell wird dabei zunächst der Einfluss der Berichterstattung auf die Problemeinschätzung untersucht. Anschließend wird der Einfluss von Personenmerkmalen und von der Erfahrbarkeit eines Issues auf diesen Prozess betrachtet. Abschließend wird überprüft, ob das geplante Konsumverhalten systematisch mit der Problemeinschätzung oder der Berichterstattung zusammenhängt.

7.5.1 Von der Berichterstattung zur Problemeinschätzung

Die zentrale Fragestellung dieser Studie ist, ob die Berichterstattung über das Issue *Konsum* systematisch mit dem Bewusstsein entsprechender Probleme zusammenhängt. Diese in Hypothese 1 getroffene Annahme wurde durch das zugrunde gelegte Modell weiter präzisiert. Es wird davon ausgegangen, dass Themen der Berichterstattung zunächst als Medienthema wahrgenommen und erst anschließend als Problem definiert werden. Um diese Vermutung zu überprüfen, werden zu Beginn die Berichterstattung und die Themenaufmerksamkeit auf Zusammenhänge geprüft. In einem nächsten Schritt werden Themenaufmerksamkeit und Problemeinschätzung miteinander korreliert. Um zu überprüfen, ob die Themenaufmerksamkeit tatsächlich einen Zwischenschritt in diesem Prozess darstellt, wird außerdem der Zusammenhang zwischen Berichterstattung und Problemeinschätzung getestet (Tab. 7.1).

Innerhalb des gesamten Untersuchungszeitraums von 1996 bis 2005 wird die Themenaufmerksamkeit von der Berichterstattung der Vorwoche und derselben Woche beeinflusst. Ein Anstieg der Berichterstattung über konsumrelevante Themen erhöht somit die Wahrscheinlichkeit, dass mit dem Issue verbundene Themen wahrgenommen werden. Dabei scheinen die als interessant genannten Themen vor allem auf die Berichterstattung derselben Woche zurückzugehen, da die Korrelation beider Datenreihen hier am stärksten ist.

Gemäß des postulierten Modells sollte ein Zusammenhang zwischen Themenaufmerksamkeit und Problemeinschätzung bestehen. Dieser Zusammenhang wurde durch die Daten bestätigt. Das Problembewusstsein weist signifikante Korrelationen mit der Themenaufmerksamkeit der Vorwoche, derselben Woche und der Folgewoche auf. Der Zusammenhang mit der Themenaufmerksamkeit der Vorwoche spricht für einen first-level Agenda-Setting Effekt.

Die Korrelation zwischen beiden Datenreihen ist besonders in der gleichen Woche sehr stark. Allerdings ist die zeitliche Abfolge von Themenaufmerksamkeit und Problemeinschätzung an dieser Stelle nicht eindeutig. Einerseits können die Ergebnisse dahin gehend interpretiert werden, dass ein in den Medien wahrgenommenes Konsumthema mit hoher Wahrscheinlichkeit noch in der gleichen Woche als Problem definiert wird. Andererseits kann die Definition eines Themas als Problem dazu führen, dass es ebenfalls als interessantes Medienthema genannt wird. Da die Problemeinschätzung von der Themenaufmerksamkeit der Vorwoche abhängt, aber andererseits auch die Themenaufmerksamkeit der Folgewoche beeinflusst, scheinen beide Vermutungen zuzutreffen.

Der Einfluss des Problembewusstseins auf die Themenaufmerksamkeit kann dadurch erklärt werden, dass Personen Unsicherheiten im Zusammenhang mit

Tab. 7.1 Korrelationen zwischen Berichterstattung, Themenaufmerksamkeit und Problemeinschätzung

	t_{-3}	t_{-2}	t_{-1}	t_0	t_{+1}	t_{+2}	t_{+3}
Berichterstattung[b] → Themenaufmerksamkeit[c]	−0,07	−0,01	0,10[a]	0,19[a]	0,09	0,03	−0,07
Themenaufmerksamkeit[c] → Problemeinschätzung[d]	−0,12	−0,07	0,18[a]	0,65[a]	0,21[a]	−0,04	−0,09
Berichterstattung[b] → Problemeinschätzung[d]	−0,06	−0,03	0,11[a]	0,20[a]	0,12[a]	0,05	−0,08

Basis: $n = 475$ Wochen mit ARIMA bereinigten Daten
[a] Korrelation ist größer als die Signifikanzgrenze von zweimal dem Standardfehler
[b] Inhaltsanalyse Medientenor: Fernsehnachrichten und Titelseiten von Zeitungen. (Kap. 2.3)
[c] FORSA Umfragebus: offene Frage nach den drei interessantesten Themen. (Kap. 2.2)
[d] FORSA Umfragebus: offene Frage nach den drei wichtigsten Problemen. (Kap. 2.2)

Problemen reduzieren wollen. In der Folge könnten sie versuchen, aktiv Informationen zu sammeln. Dies kann beispielsweise durch Informationen aus den Medien geschehen. In der Folge erhöhen sich das Interesse und die Zuwendung zu einem Issue in den Medien, wodurch entsprechende Themen stärker wahrgenommen werden. Schlussfolgernd wird die Themenaufmerksamkeit nicht nur durch die Berichterstattung, sondern auch durch die Problemeinschätzung beeinflusst.

Um zu überprüfen, ob die Berichterstattung einen unmittelbaren Einfluss auf die Problemeinschätzung hat, wird dieser Zusammenhang im Folgenden ebenfalls überprüft. Über den gesamten Zeitraum wird das Problembewusstsein von der Berichterstattung der Vorwoche beeinflusst. Es handelt sich somit um einen klassischen Agenda-Setting Effekt. In Anlehnung an das Modell wäre zu erwarten, dass die Zusammenhänge zwischen der Berichterstattung und der Themenaufmerksamkeit deutlicher sind als zwischen der Berichterstattung und der Problemeinschätzung. Diese Vermutung kann jedoch nicht bestätigt werden. Vielmehr weisen die Zusammenhänge zwischen beiden Datenreihen und der Berichterstattung große Ähnlichkeiten auf. Dadurch wird die These gestützt, dass mit dem Issue *Konsum* verbundene Themen auf Wochenbasis scheinbar zeitgleich als interessante Medienthemen wahrgenommen und als Probleme definiert werden. Dies bestätigt sich außerdem durch die hohe Korrelation zwischen Themenaufmerksamkeit und Problemeinschätzung in derselben Woche.

Darüber hinaus hat das Problembewusstsein einen Einfluss auf die Berichterstattung der Folgewoche. Dies deutet auf eine mediale Thematisierung öffentlich wahrgenommener Probleme hin. Mit anderen Worten scheint die Berichterstattung bestimmte Stimmungen in der Bevölkerung aufzugreifen und für das Publikum aufzubereiten. Der Journalismus scheint somit seiner Thematisierungsfunktion gesellschaftlicher Probleme nachzukommen. Davon abgesehen könnte sich dahinter auch ökonomisches Kalkül verbergen, da Themen, die als Problem identifiziert werden, vermutlich auf großes Leserinteresse stoßen und hohe Verkaufszahlen versprechen.

Abschließend lässt sich festhalten, dass der Agenda-Setting Prozess für Wirtschaftsthemen weniger linear verläuft als angenommen. Die Berichterstattung beeinflusst, wie durch das Modell vermutet, die Themenaufmerksamkeit und die Problemeinschätzung. Darüber hinaus hat das Problembewusstsein einen Einfluss auf die Themenaufmerksamkeit und die Berichterstattung.

Der Einfluss des Problembewusstseins auf die Berichterstattung spricht dafür, dass Journalisten auf zirkulierende gesellschaftliche Probleme Bezug nehmen und somit für die Lebenswelt der Leser relevante Inhalte produzieren. Auf der anderen Seite bestätigt die Berichterstattung die Problemeinschätzung und die Themenaufmerksamkeit von Personen, die sich somit in ihrer Wahrnehmung bestärkt fühlen könnten. Diese wechselseitige Beeinflussung führt somit ausgehend von einer steigenden Berichterstattung zu einer erhöhten Themenaufmerksamkeit und einem erhöhten Problembewusstsein, wodurch das Thema wiederum verstärkt in den Medien aufgegriffen wird.

7.5.2 Zeitliche Differenzierung des Zusammenhangs zwischen Berichterstattung, Themenaufmerksamkeit und Problemeinschätzung

Betrachtet man den Verlauf der Datenreihen, dann lassen sich drei Phasen mit spezifischen Eigenheiten identifizieren (Kap. 2.3.4). Dieses Kapitel wird die Zusammenhänge aus dem vorherigen Kapitel aufgreifen und hinsichtlich dieser drei Phasen differenzieren (Tab. 7.2).

Im vorherigen Abschnitt wurde eine Abhängigkeit der Themenaufmerksamkeit von der Berichterstattung der Vorwoche und derselben Woche festgestellt. Dies bestätigte sich lediglich für den zweiten Zeitabschnitt. Der durch das Modell nahegelegte Einfluss der Berichterstattung auf die Themenaufmerksamkeit ist daher nicht allgemeingültig.

Der deutliche Zusammenhang in der zweiten Phase lässt sich durch die besondere Ereignislage in dieser Phase erklären. Neben der Euro-Einführung wurden besonders die stark angestiegenen Kraftstoffpreise in der Berichterstattung thematisiert. Diesen beiden Themen kann eine hohe Relevanz für viele Menschen unterstellt werden, da sie einen direkten Einfluss auf das zur Verfügung stehende

Tab. 7.2 Zeitliche Differenzierung des Zusammenhangs zwischen Berichterstattung und Problemeinschätzung

Berichterstattung[b] → Problemeinschätzung[c]	t_{-3}	t_{-2}	t_{-1}	t_0	t_{+1}	t_{+2}	t_{+3}
Phase 1: 1996–1998	−0,09	−0,04	0,01	0,15	0,09	0,14	−0,04
Phase 2: 1999–28. KW 2002	−0,10	−0,01	0,14	0,28[a]	0,19[a]	0,04	−0,11
Phase 3: 29. KW 2002–2005	0,06	−0,07	0,18[a]	0,07	−0,02	−0,02	−0,05

Basis: $n = 475$ Wochen mit ARIMA bereinigten Daten
[a] Korrelation ist größer als die Signifikanzgrenze von zweimal dem Standardfehler
[b] Inhaltsanalyse Medientenor: Fernsehnachrichten und Titelseiten von Zeitungen. (Kap. 2.3)
[c] FORSA Umfragebus: offene Frage nach den drei wichtigsten Problemen. (Kap. 2.2)

Budget ausüben. Darüber hinaus drängen sich diese Themen an jeder Tankstelle bzw. bei jedem Einkauf auf. Wie von Lasorsa und Wanta (1990) und von Erbring et al. (1980) beschrieben, kommt es in der zweiten Phase zu einem Interaktionseffekt zwischen der Themensensibilität der Menschen und der Medienagenda.

Gemäß dem Modell sollte sich ein Zusammenhang zwischen Themenaufmerksamkeit und Problemeinschätzung zeigen. Während dieser Zusammenhang über den gesamten Zeitraum kausal eindeutig ist, lässt er sich bei einer zeitlichen Differenzierung nur für den zweiten Zeitabschnitt feststellen. Betrachtet man den ersten und den dritten Zeitabschnitt, dann lassen sich signifikante Korrelationen zwischen Themenaufmerksamkeit und Problemeinschätzung lediglich in derselben Woche feststellen, wobei der Zusammenhang in der ersten Phase vergleichsweise schwach ist. Hier ist der kausale Zusammenhang nicht eindeutig. In der Summe schwächen die kleineren Effekte aus Phase eins und drei die starken Effekte in der zweiten Phase ab.

Der Test eines klassischen Agenda-Setting Effekts war nur für die dritte Phase eindeutig. Hier korreliert die Problemeinschätzung signifikant mit der Berichterstattung der Vorwoche. Entgegen der Annahme bildet die Themenaufmerksamkeit in diesem Fall keinen Zwischenschritt im Prozess von der Berichterstattung zur Problemeinschätzung, da keine signifikante und kausal eindeutige Korrelation zwischen Berichterstattung und Themenaufmerksamkeit oder Themenaufmerksamkeit und Problemeinschätzung festgestellt werden konnte. Vielmehr erscheint die Berichterstattung das Problembewusstsein direkt zu beeinflussen. Dies widerspricht der eingangs vorgenommenen optischen Analyse, die zur Unterteilung des Untersuchungszeitraums in die drei Zeitabschnitte führte. Es wurde vermutet, dass die Datenreihen in der dritten Phase keinen Zusammenhang aufweisen, da sie zu Beginn stark auseinanderdriften. Der weitestgehend parallele Verlauf in der zweiten Hälfte dieses Zeitabschnitts scheint das Auseinanderdriften jedoch auszugleichen.

Der bereits im vorherigen Kapitel festgestellte Einfluss des Problembewusstseins auf die Berichterstattung der Folgewoche ließ sich erneut nur für den zweiten Zeitabschnitt bestätigen. Dieser Zusammenhang ist in dieser Phase sogar noch etwas höher als über den gesamten Zeitraum. Begründet werden kann dies wiederum mit der besonderen Ereignislage in dieser Phase. Die Erfahrbarkeit der hohen Kraftstoffpreise beeinflusst zunächst unmittelbar die Problemeinschätzung. In der Folge erhöht das bestehende Problembewusstsein die themenspezifische Medienzuwendung und somit die Themenaufmerksamkeit.

Zusammengefasst ließen sich in der Zeit von 1999 bis Anfang 2002 die deutlichsten Effekte feststellen. Dies ist damit zu erklären, dass in dieser Phase direkt erfahrbare Konsumthemen einen großen Teil der Medienagenda beherrschten. Die hohe intersubjektive Relevanz dieser Themen führte zu starken Wechselwirkungen zwischen Publikums- und Medienagenda. Ein Agenda-Setting Effekt im Sinne einer direkten Beeinflussung des Problembewusstseins durch die Berichterstattung der Vorwoche konnte nur für den dritten Zeitabschnitt gefunden werden. Die Zusammenhänge im ersten Zeitabschnitt sind sehr gering und lassen kaum kausale Schlüsse zu. Insgesamt sind für das Issue *Konsum* nur bei einer außergewöhnlichen Ereignislage Agenda-Setting Effekte feststellbar.

Diese Ergebnisse widersprechen teilweise dem zu Beginn formulierten Modell. Die Themenaufmerksamkeit scheint keinen notwendigen Zwischenschritt im Agenda-Setting Prozess für Konsumthemen darzustellen. Dieser Zwischenschritt konnte nur bestätigt werden, wenn erfahrbare Themen die Medienagenda beherrschen, die einen großen Teil der Bevölkerung betreffen. In diesem Fall kommt es außerdem zu einer wechselseitigen Beeinflussung von Medien und Publikumsagenda.

7.5.3 Einfluss von Personenmerkmalen

Wie gezeigt wurde, besteht ein Zusammenhang zwischen der Berichterstattung über das Issue *Konsum*, der Themenaufmerksamkeit und der Problemeinschätzung. Es ist jedoch nicht anzunehmen, dass es sich dabei um einen allgemeingültigen Zusammenhang handelt. Vielmehr ist davon auszugehen, dass eine Reihe von Faktoren existieren, die diesen Prozess beeinflussen. Die vorliegende Studie wird daher verschiedene Personenmerkmale und das Themenmerkmal Erfahrbar-

Tab. 7.3 Mittelwerte der Problemeinschätzung ausgewählter Personengruppen (Angaben in Prozent)

	Geschlecht		Einkommensgruppe		Bildung		Kinder	
	Mann	Frau	1	2–5	Gering	Hoch	0	> 0
Problemeinschätzung[a]	16,2	15,6	15,0	16,1	18,1	15,3	15,6	16,9

[a] FORSA Umfragebus: offene Frage nach den drei wichtigsten Problemen. (Kap. 2.2)

keit hinsichtlich ihres Einflusses auf die Wahrnehmung und Bewertung des Issues *Konsum* diskutieren. Zunächst werden die Personenmerkmale diskutiert.

Um die Bedeutung des Issues *Konsum* nach Personengruppen zu differenzieren, wird der Mittelwert der Problemeinschätzung einzelner Merkmalsgruppen herangezogen. Dieser dient dabei als Indikator für die Themensensibilität gegenüber dem Issue *Konsum*. Um darüber hinaus Schlüsse zu ziehen, inwieweit ein Personenmerkmal und somit die unterschiedliche Themensensibilität den Agenda-Setting Prozess beeinflusst, wurde die Themenaufmerksamkeit und die Problemeinschätzung[7] der einzelnen Personengruppen mit der Berichterstattung korreliert. Somit lässt sich feststellen, wie stark sich unterschiedliche Gruppen an der Berichterstattung orientieren. In Tab. 7.3 sind die Mittelwerte der vier wichtigsten Merkmale zusammengefasst. Aus Gründen der Übersichtlichkeit wurden jeweils zwei Extremgruppen gebildet, die eine Tendenz verdeutlichen[8].

Eine zentrale These dieser Studie ist, dass die Wirtschaftsberichterstattung für verschiedene Personengruppen unterschiedlich relevant ist. Dies lässt sich anhand der Daten deutlich belegen.

Vergleicht man Männer und Frauen miteinander, dann nennen Männer mit 16,2 % der Fälle öfter ein mit dem Issue *Konsum* verbundenes Problem als Frauen mit 15,6 %. Betrachtet man den Bildungsabschluss, dann nennen Personen mit einem Hauptschulabschluss im Mittel in rund 18,1 % der Fälle das Issue *Konsum* als Problem. Absolventen einer Realschule weisen eine ähnlich hohe Problemeinschätzung auf. Im Gegensatz dazu liegt das Problembewusstsein bei Personen mit einer Fachhochschulreife um rund fünf Prozentpunkte (12,9 %) niedriger. Das Bildungsniveau steht im Zusammenhang mit dem Einkommen und entspricht für Personen ohne Fachhochschulreife durchschnittlich den mittleren Einkommensgruppen zwei und drei. Differenziert man die Problemeinschätzung nach

---

[7] Die Problemeinschätzung und die Themenaufmerksamkeit der einzelnen Personengruppen wurden durch einen signifikanten autoregressiven Prozess erster Ordnung bereinigt.
[8] Eine vollständige Auflistung aller Mittelwerte und Merkmalsausprägungen befindet sich im Anhang 7.7.2.

dem Einkommen, dann weisen Personen mit einem sehr hohen und einem sehr niedrigen Einkommen das geringste Problembewusstsein auf (13,2 bzw. 15,0 %). Personen mit einem mittleren Einkommen hingegen benennen das Issue *Konsum* deutlich häufiger (17,4 %). Die Höhe des Einkommens lässt vermuten, dass Geld in diesen Haushalten nicht im Übermaß vorhanden ist, sodass potenzielle finanzielle Probleme eine hohe Relevanz besitzen. Für diese Gruppen kann daher eine erhöhte Themensensibilität für das Issue *Konsum* vermutet werden. Außerdem könnten berufliche Auf- und Abstiegsmöglichkeiten die Sensibilität für das Issue *Konsum* zusätzlich erhöhen. Diese Vermutung wird durch die hohen Mittelwerte von Personen im Alter von 26–45 Jahren gestützt (17,2 %). Diese befinden sich in der Regel in einer Lebenssituation, in der weitreichende Veränderungen wahrscheinlich, aber nicht zwingend planbar sind. Dies kann beispielsweise die Geburt eines Kindes, ein Berufswechsel oder Ähnliches sein. All diese Veränderungen sind mit einem hohen Maß an Unsicherheit verbunden, das mit Hilfe von weiteren Informationen reduziert werden kann. Gleiches gilt für Personen mit einem oder zwei Kindern, die ein höheres Problembewusstsein (17,1 %) aufweisen als Personen ohne Kinder (15,6 %). Hier ist ebenfalls von einem hohen Maß an Unsicherheit auszugehen, da die Zukunft einer ganzen Familie bedacht werden muss. Allerdings ist dieses Ergebnis nicht eindeutig zu belegen, da bei Personen mit mehr als zwei Kindern, das Problembewusstsein ebenfalls geringer ist (15,9 %). Schlussfolgernd ist mit einer hohen finanziellen Unsicherheit, die durch potenzielle Verschlechterungen entsteht, ein erhöhtes Problembewusstsein verbunden. Diese These wird dadurch gestützt, dass Personen mit einer Fachhochschulreife (12,9 %), Personen der höchsten Einkommensgruppe fünf (13,2 %), Personen im Alter von 66–99 Jahren (13,7 %) und nicht erwerbstätige Personen (14,5 %) innerhalb der entsprechenden Merkmalsgruppen das geringste Problembewusstsein aufweisen. Diese Personengruppen befinden sich in einer finanziell beständigen Situation, da sie Arbeitslosenunterstützung beziehen, bereits in Pension sind oder über eine einträgliche Arbeitsstelle oder gute Zukunftsaussichten verfügen. In allen diesen Fällen ist die individuelle Lebenssituation weniger stark von externen Entwicklungen abhängig, was wiederum zu einer geringen Themensensibilität führt. (Anhang 7.7.2)

An dieser Stelle lässt sich zusammenfassen, dass einige Personengruppen aufgrund ihrer Lebenssituation ein grundlegend größeres Problembewusstsein für das Issue *Konsum* haben als andere. Es kann vermutet werden, dass diese höhere Themensensibilität die Zuwendung zu entsprechenden Medieninhalten erhöht und sich somit ein stärkerer Agenda-Setting Effekt messen lässt, das Problembewusstsein also stärker durch die Medien beeinflusst wird. Um diese These zu überprüfen, wurde der Agenda-Setting Prozess in Anlehnung an das vorgestellte Modell nach Personengruppen differenziert.

Ein signifikanter kausaler Zusammenhang zwischen Problemeinschätzung und Medienberichterstattung der Vorwoche besteht bei Frauen, bei der jüngsten und ältesten Personengruppe sowie bei Nicht-Erwerbstätigen[9]. Diese Personengruppen weisen eine eher geringe Problemeinschätzung auf. Entgegen der von Weaver (1977) aufgestellten These führt hier eine geringere Themensensibilität zu einem größeren Agenda-Setting Effekt.

Es sind also eher Personengruppen mit einem geringen Problembewusstsein und somit einer geringen Themensensibilität, bei denen sich Agenda-Setting Effekte messen lassen. Dies kann durch Dual-Prozess-Theorien erklärt werden: Bei stärker sensibilisierten Personen, für die das Issue *Konsum* eine hohe Relevanz aufweist, ist mit einer höheren Wahrscheinlichkeit von einer bewussten kognitiven Verarbeitung der Berichterstattung auszugehen. Die Medieninhalte werden demnach einer kritischen Prüfung unterzogen und mit der eigenen Lebenssituation abgeglichen. Eine Übernahme der Medienagenda wird so weniger wahrscheinlich. Personen, welche sich weniger für das Issue interessieren, verarbeiten die Berichterstattung vermutlich eher unbewusst und sind scheinbar empfänglicher für die Berichterstattung.

Entgegen dieser Annahme lassen sich jedoch für Personen mit einem Realschulabschluss und somit einer relativ hohen Themensensibilität innerhalb der Merkmalsgruppe Bildung sowohl Agenda-Setting Effekte durch die Berichterstattung der Vorwoche als auch ein Zusammenhang zwischen Problemeinschätzung und Berichterstattung in der gleichen Woche messen. Für das Einkommen deuten die Zusammenhänge zwischen Themensensibilität und der Stärke des Agenda-Setting Effekts ebenfalls in eine andere Richtung, wobei hier für keine Einkommensgruppe ein eindeutiger Agenda-Setting Effekt in Form eines zeitversetzten Zusammenhangs nachweisbar ist. Hinsichtlich des Alters der Befragten ließen sich die Agenda-Setting Effekte nicht eindeutig differenzieren. Es bleibt daher unklar, ob das Alter einen Einfluss auf die Agenda-Setting Effekte hat. (Anhang 7.7.3)

Im vorherigen Kapitel wurde herausgearbeitet, dass es fast unmittelbar zu einem verstärkten Problembewusstsein kommt, sobald ein Thema als relevantes Medienthema bewertet wird. Dieser starke Zusammenhang zwischen Themenaufmerksamkeit und Problemeinschätzung in derselben Woche ist besonders bei Personen ohne Kinder und bei Frauen zu beobachten. Nur sehr schwache Zusammenhänge zeigen sich bei Personen ohne einen Bildungsabschluss, Personen, die in sehr großen Haushalten leben, und bei Personen mit einem sehr hohen oder einem sehr niedrigen Einkommen. Der Effekt der Berichterstattung auf die

---

[9] Eine vollständige Übersicht der Korrelationen der einzelnen Merkmalsgruppen findet sich im Anhang 7.7.3.

Themenaufmerksamkeit ist für viele Personengruppen mit Ausnahme von Männern, 26–45-Jährigen, Personen mit Fachhochschulreife, Personen mit hohem Einkommen und 4–5 Personenhaushalte signifikant. (Anhang 7.7.3)

Hypothese 2 über den Einfluss von Personenmerkmalen auf den Agenda-Setting Effekt kann letztlich anhand der beschriebenen Ergebnisse bestätigt werden. Sie beeinflussen die Themensensibilität und somit den Agenda-Setting Effekt. Die Themensensibilität, also die durchschnittliche Einschätzung des Issues *Konsum* als Problem, wird vorrangig durch finanzielle Unsicherheit beeinflusst. Der gemessene Agenda-Setting Effekt ist für Personengruppen mit einer geringen Themensensibilität tendenziell größer.

7.5.4 Einfluss der Erfahrbarkeit eines Issues

Diese Studie beschreibt die bedingenden Faktoren der Wahrnehmung und Bewertung des Issues *Konsum*. Neben den besprochenen Personenmerkmalen wird von einem Einfluss der Erfahrbarkeit von Themen ausgegangen. Um Hypothese 3, die den Einfluss des Themenmerkmals Erfahrbarkeit auf den Agenda-Setting Prozess postuliert, zu überprüfen, wurde das Themenaggregat zur Messung der Berichterstattung hinsichtlich der Erfahrbarkeit der einzelnen Themenelemente differenziert.

An dieser Stelle muss darauf hingewiesen werden, dass die direkt erfahrbaren konsumrelevanten Themen in der Berichterstattung maximal 101 und im Durchschnitt 12,4 Artikel bzw. Beiträge pro Woche ausmachen. Die Abbildung des Verlaufs der Berichterstattung erfolgt somit auf der Basis einer relativ kleinen Fallzahl, die jedoch grundsätzliche Tendenzen wiederspiegeln sollte. Beide Datenreihen zur erfahrbaren und nicht erfahrbaren Berichterstattung wurden mithilfe eines ARIMA-Modells bereinigt und wiesen einen signifikanten AR1- und MA1-Prozess auf (Tab. 7.4).

Über den Gesamtzeitraum der Untersuchung liegt eine signifikante Korrelation zwischen der erfahrbaren Berichterstattung und der Themenaufmerksamkeit in der Folgewoche und in der gleichen Woche vor. Eine signifikante negative Korrelation mit der Berichterstattung vor drei Wochen erscheint vor dem Hintergrund der übrigen Ergebnisse nicht plausibel und wird daher als methodisches Artefakt verworfen. Im Gegensatz dazu lässt sich zwischen der nicht direkt erfahrbaren Berichterstattung und der Themenaufmerksamkeit nur ein geringer Zusammenhang in der gleichen Woche feststellen.

An dieser Stelle wird bereits deutlich, dass ein stärkerer Zusammenhang zwischen erfahrbarer Berichterstattung und Themenaufmerksamkeit besteht als

Tab. 7.4 Differenzierung des Zusammenhangs zwischen Berichterstattung, Themenaufmerksamkeit und Problemeinschätzung nach Erfahrbarkeit

	t_{-3}	t_{-2}	t_{-1}	t_0	t_{+1}	t_{+2}	t_{+3}
Direkt erfahrbare Berichterstattung[b] → Themenaufmerksamkeit[c]	−0,12[a]	−0,04	0,11[a]	0,19[a]	0,04	0,08[a]	−0,06
Indirekt erfahrbare Berichterstattung[b] → Themenaufmerksamkeit[c]	0,02	0,04	0,06	0,10[a]	0,06	−0,03	−0,05
Direkt erfahrbare Berichterstattung[b] → Problemeinschätzung[d]	−0,10[a]	−0,06	0,14[a]	0,20[a]	0,02	0,07	−0,07
Indirekt erfahrbare Berichterstattung[b] → Problemeinschätzung[d]	0,01	0,03	0,05	0,09[a]	0,11[a]	0,00	−0,07

Basis: $n = 475$ Wochen mit ARIMA bereinigten Daten
[a] Korrelation ist größer als die Signifikanzgrenze von zweimal dem Standardfehler
[b] Inhaltsanalyse Medientenor: Fernsehnachrichten und Titelseiten von Zeitungen. (Kap. 2.3)
[c] FORSA Umfragebus: offene Frage nach den drei interessantesten Themen. (Kap. 2.2)
[d] FORSA Umfragebus: offene Frage nach den drei wichtigsten Problemen. (Kap. 2.2)

zwischen nicht erfahrbarer Berichterstattung und Themenaufmerksamkeit. Die Korrelationen mit der Problemeinschätzung bestätigen diese Schlussfolgerung. Während die erfahrbare Berichterstattung signifikant mit dem Problembewusstsein der Folgewoche korreliert, ist diese Korrelation bei nicht erfahrbaren Themen nicht signifikant und wesentlich schwächer. Es kann also lediglich bei erfahrbaren Themen von einem Agenda-Setting Effekt im Sinne des Salience-Modells gesprochen werden.

Folgt man der klassischen Argumentation zur Obtrusiveness-Hypothese, wäre ein stärkerer Agenda-Setting Effekt bei nicht erfahrbaren Themen zu erwarten, da die Medien für die meisten Menschen die einzige Informationsquelle hinsichtlich dieser Themen sind (Zucker 1978, S. 227). Die Ergebnisse dieser Studie deuten jedoch in die entgegengesetzte Richtung. Dies wird besonders während des zweiten Zeitabschnittes deutlich. In dieser Zeit stiegen die Kraftstoffpreise dramatisch an. Auf den ersten Blick sind die Kraftstoffpreise erfahrbare Themen, da viele Menschen an der Tankstelle mit den Preisentwicklungen konfrontiert werden. Analysiert man das Thema Kraftstoffpreise jedoch genauer, dann besitzt es Facetten, welche nicht erfahrbar sind. Dies sind zum Beispiel die zukünftige Entwicklung der Kraftstoffpreise oder die wirtschaftspolitischen Hintergründe der Preiserhöhung. Diese lassen sich nicht an der Tankstelle erfahren. Die Erfahrbarkeit von Kraftstoffpreisen und die große Verbreitung von Kraftfahrzeugen lässt eine hohe Themensensibilität bei vielen Befragten vermuten. Einige Verbraucher werden versuchen, zukünftige Entwicklungen der Kraftstoffpreise abzuschätzen, indem sie sich Medienangeboten zuwenden, um Informationen über die nicht erfahrbaren Aspekte des Themas zu erhalten.

Ähnliches lässt sich für die Einführung des Euro vermuten. Die Einführung einer neuen Währung ist direkt erfahrbar. Die Entwicklung der Währung im internationalen Vergleich und der Einfluss der Währung auf zukünftige Entwicklungen sind jedoch ungewiss. Solange die Einführung des Euros lediglich politische Diskussion ist und auf Ebene eines Buchgeldes verbleibt, wird die Einführung des Euro nur von wenigen als Problem definiert. Sobald der Euro jedoch als Zahlungsmittel eingeführt wird, steigt die Problemeinschätzung an.

Ein weiteres Beispiel ist das Platzen der Dotcom-Blase. Dieses Thema dürfte für den Großteil der Befragten ausschließlich nicht erfahrbar gewesen sein. Lediglich für Anleger, die in entsprechende Aktien investiert hatten, war dieses Ereignis erfahrbar. Wider Erwarten korrespondierte das Platzen der Dotcom-Blase nicht mit einem Anstieg des Problembewusstseins. Dies ist ein weiterer Indikator für die These, dass die nicht erfahrbare Berichterstattung einen geringen Einfluss auf die Themenaufmerksamkeit und die Problemeinschätzung hat.

Zusammenfassend erscheint es in den meisten Fällen wenig sinnvoll, einzelne Themen den Kategorien erfahrbar oder nicht erfahrbar zuzuordnen. Vielmehr haben viele Themen sowohl erfahrbare als auch nicht erfahrbare Elemente. Außerdem wandeln sich die Wahrnehmung und die Berichterstattung über ein Thema im Laufe der Zeit, sodass je nach Zeitpunkt verschiedene Aspekte eines Themas betont werden. Die Erfahrbarkeit eines Issues ist somit nicht statisch sondern dynamisch. Hierin könnte auch die Ursache für die widersprüchlichen Ergebnisse verschiedener Studien zur Obtrusiveness-Hypothese liegen.

Für das diskutierte Issue *Konsum* kann die eingangs formulierte Hypothese 3 bestätigt werden, da das Themenmerkmal Erfahrbarkeit den Agenda-Setting Prozess beeinflusst. Während für die Berichterstattung über erfahrbare Themen Agenda-Setting Effekte gemessen wurden, erfolgte durch die Berichterstattung über nicht erfahrbare Themen keine Beeinflussung des Problembewusstseins.

7.5.5 Berichterstattung und geplanter Konsum

Das Ziel dieser Studie ist es Berichterstattung, Problemeinschätzung und geplantes Konsumverhalten in eine kausale Beziehung zu setzen. Mit anderen Worten

Tab. 7.5 Zusammenhang zwischen der Problemeinschätzung und dem GfK Konsumklimaindex

	t_{-3}	t_{-2}	t_{-1}	t_0	t_{+1}	t_{+2}	t_{+3}
Problemeinschätzung[a] → Konsumklimaindex[b]	−0,03	−0,10	−0,01	−0,07	−0,02	−0,06	−0,03

Basis: $n = 117$ Monate mit ARIMA bereinigten Daten
[a] FORSA Umfragebus: offene Frage nach den drei wichtigsten Problemen. (Kap. 2.2)
[b] GfK-Konsumklimaindex. (Kap. 7.3.3)

wird der Versuch unternommen, den medialen Beitrag zur Änderung des Konsumverhaltens zu untersuchen. Der erste Teil dieses Vorhabens wurde analytisch bereits behandelt und der Prozess von Berichterstattung hin zu einem Problembewusstsein beschrieben. In diesem Abschnitt soll der letzte Schritt der Analyse vollzogen werden und der in Hypothese 4 vermutete Zusammenhang zwischen der Problemeinschätzung und dem geplanten Kaufverhalten geprüft werden.

Um das geplante Kaufverhalten zu erfassen bezieht sich diese Studie auf die Entwicklung des GfK-Konsumklimaindex auf Monatsbasis. Dies reduziert die Datenreihe von 522 Messpunkten bei einer Aggregierung auf Wochenbasis auf 117 Messpunkte. Somit ist die Aussagekraft der Analyse eingeschränkt (Tab. 7.5).

Während das zugrunde liegende Modell einen Einfluss des Problembewusstseins auf das geplante Konsumverhalten prognostiziert, konnte diese Vermutung anhand der Daten nicht bestätigt werden.

Die optische Analyse des Konsumklimaindex zeigt eine deutliche Hochphase zum Ende des Jahres 1998. Ein deutlicher Tiefpunkt des Konsumklimaindex ist 2002 zum Zeitpunkt der Euro-Einführung als Zahlungsmittel zu beobachten und geht mit einem vergleichsweise hohen Wert der Problemeinschätzung einher. Hier könnte durchaus ein Zusammenhang zwischen den Befürchtungen der Bevölkerung und einem Abflauen des Konsumklimas bestehen. Der Anstieg des Konsumklimas und ein tendenzieller Abfall des Problembewusstseins zu Beginn des Jahres 2003 deuten möglicherweise erneut auf einen Zusammenhang der Daten hin. Der Abfall der Problemeinschätzung könnte allerdings auch das Ergebnis einer Desensibilisierung gegenüber der neuen Währung oder der Wirtschaftsberichterstattung insgesamt sein (Abb. 7.6).

Zusammenfassend kann lediglich vermutet werden, dass eine sehr starke Veränderung des Problembewusstseins einen Einfluss auf das Konsumklima ausübt. In einem solchen Fall wäre eine negative Korrelation zu erwarten, da eine hohe Problemeinschätzung vermutlich mit pessimistischen Zukunftsaussichten verknüpft

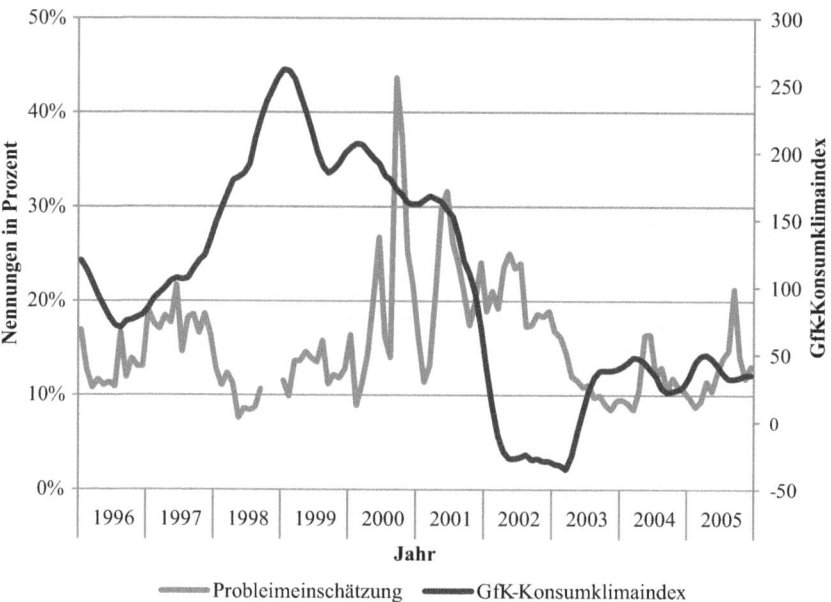

Abb. 7.6 Verlauf von Problemeinschätzung und GfK-Konsumklimaindex. Basis: $n = 117$ Monate; GfK-Konsumklimaindex. (Kap. 7.3.3). FORSA Umfragebus: offene Frage nach den drei wichtigsten Problemen. (Kap. 2.2)

ist, was wiederum die geplanten Ausgaben und Investitionen senken dürfte. Dies müsste jedoch durch Untersuchungen auf einem geringeren Aggregationsniveau und unter Zuhilfenahme weiterer Realdaten überprüft werden. Darüber hinaus wären Daten von Interesse, die eine Untersuchung von Medienrezeption, Problemeinschätzung und Kaufverhalten auf einem Individualniveau ermöglichen.

Es bleibt festzuhalten, dass anhand der Daten kein statistischer Zusammenhang zwischen Problembewusstsein und Konsumklima festgestellt werden konnte. Die Hypothese, dass die Berichterstattung über die Beeinflussung des Problembewusstseins einen Einfluss auf das geplante Konsumverhalten hat, muss daher abgelehnt werden. Es ist davon auszugehen, dass die Änderung des geplanten Konsums vor allem durch andere Faktoren beeinflusst wird.

7.6 Machen Medien Lust auf mehr?

Der modellierte Prozess von der Berichterstattung zur Problemeinschätzung konnte anhand der Daten bestätigt werden, muss jedoch um einige Elemente erweitert werden.

Zunächst hat die Berichterstattung einen Einfluss auf die Wahrnehmung medialer Themen und diese hat wiederum einen deutlichen Einfluss auf das Problembewusstsein der Bevölkerung. Dabei wird ein als interessant eingeschätztes Medienthema noch in der gleichen Woche als Problem definiert.

Entgegen der Annahme sprechen die Daten dafür, dass dieser Prozess jedoch nicht uni- sondern bidirektional verläuft. Ein Thema, das als Problem definiert wird, führt zu einer erhöhten Wahrnehmung entsprechender medialer Themen in der nächsten Woche und beeinflusst auch die Berichterstattung der Folgewoche. Die Ursachen hierfür sind einerseits kurzfristige Priming-Effekte auf Seiten der Bevölkerung und andererseits die Orientierung von Medienorganisationen an den Interessen ihrer Leser.

Insgesamt ist der mediale Einfluss auf die Problemeinschätzung hinsichtlich des Issues *Konsum* messbar, aber relativ gering. Es wurde daher vermutet, dass weitere Variablen einen maßgeblichen Einfluss besitzen. Diese Studie konnte zeigen, dass Persönlichkeitsmerkmale und die Erfahrbarkeit der Themen in der Berichterstattung den Agenda-Setting Prozess beeinflussen. Die Wirtschaftsberichterstattung ist besonders für Personen relevant, die sich einem hohen Maß an Unsicherheit hinsichtlich ihrer finanziellen Ausstattung und ihrer Lebensplanung gegenübersehen. Dies sind vor allem Personen mit einem mittleren Einkommen (Einkommensgruppen 2 und 3), Personen mit einem mittleren Bildungsabschluss und Personen mit weniger als drei Kindern. Der Agenda-Setting Effekt wird durch diese Merkmale jedoch eher negativ beeinflusst. Tendenziell nimmt die Stärke des Agenda-Setting Effekts mit sinkender Themensensibilität zu: Je geringer die Themensensibilität, desto höher die Empfänglichkeit für Medienbotschaften. Darüber hinaus wird ein Einfluss konkreter Inhalte der rezipierten Berichterstattung und der Dauer und Art der Mediennutzung vermutet. Diese Zusammenhänge konnten mit den vorliegenden Daten jedoch nicht überprüft werden.

Die Auswertung der Daten zeigte außerdem, dass die Berichterstattung über erfahrbare Themen einen deutlich stärkeren Einfluss auf die Problemeinschätzung hat als die Berichterstattung über nicht erfahrbare Themen. Ein umgekehrter Einfluss des Problembewusstseins auf die Berichterstattung der Folgewoche lässt sich nur für die nicht erfahrbare Berichterstattung messen.

Die Entwicklung des geplanten Konsumverhaltens konnte weder durch die Problemeinschätzung noch durch die Berichterstattung erklärt werden. Hier zeigt sich die geringe Wirkungskraft der Berichterstattung, die zwar einen Einfluss auf das Problembewusstsein ausübt, aber keinen messbaren Einfluss auf das geplante Konsumverhalten besitzt. Für die Planung individueller Konsumausgaben scheint die wahrgenommene Stimmung im Land daher wenig entscheidend zu sein. Möglicherweise lässt sich ein Zusammenhang mit Hilfe von Daten auf einem geringeren Aggregationsniveau messen oder die Ereignisse im Untersuchungszeitraum müssen extremere Auswirkungen auf das zur Verfügung stehende Budget haben.

Aus den Ergebnissen dieser Studie können eine Reihe von strategischen Empfehlungen abgeleitet werden, wie die Berichterstattung im Umfeld des Issues *Konsum* eingeschätzt und möglicherweise beeinflusst werden kann. Um das Konsumklima positiv zu beeinflussen sollten Personengruppen adressiert werden, die mit großer Unsicherheit konfrontiert sind. Entscheidend ist es dabei, Rahmenbedingungen zu schaffen, die Planungssicherheit ermöglichen. Andererseits gilt es eine Berichterstattung zu fördern, die Planungssicherheit zumindest wahrscheinlich erscheinen lässt.

Um die Aufmerksamkeit auf ein anderes Thema zu lenken, eignen sich besonders Kontextinformationen zu anderen erfahrbaren Themen. Die hohe Relevanz solcher Themen und die damit einhergehenden stärkeren Agenda-Setting Effekte machen eine Aufmerksamkeitsverlagerung besonders wahrscheinlich.

Gerade im Hinblick auf Krisenkommunikation sollte bedacht werden, dass Themen, die einmal als wichtig wahrgenommen werden, unmittelbar auch als Problem definiert werden. Im Optimalfall sollte ein Thema diese Wahrnehmungsschwelle daher nie überschreiten. Nach einiger Zeit zeigen sich jedoch deutliche Desensibilisierung-Effekte, wie anhand der Einführung des Euro und der hohen Kraftstoffpreise belegt werden konnte. Für die strategische Kommunikation lässt sich daraus schlussfolgern, dass sich Menschen an Veränderungen gewöhnen, wenn diese zu einem dauerhaften Zustand werden. In diesem Fall kommt es zu einer allmählichen Verdrängung des Themas. Dabei ist es von Vorteil, wenn wenig erfahrbare Themenelemente hinzukommen beziehungsweise vorhanden sind, die eine Debatte erneut befeuern könnten.

Die verlockende Frage, ob man durch eine Steuerung der Berichterstattung über das Issue *Konsum* Kaufentscheidungen beeinflussen kann, muss anhand der vorliegenden Daten mit Nein beantwortet werden. Allerdings prägt die Berichterstattung kognitive Strukturen, die einen Einfluss auf die Wahrnehmung von Themen oder Produkten haben können. Die endgültige Konsumentscheidung wird jedoch am Point of Sale getroffen. Dort dürften die verfügbaren finanziellen Ressourcen und Formen der Werbung bzw. Produktpräsentation einen größeren Einfluss auf das Konsumverhalten ausüben.

7.7 Anhang

A Themenaggregate: Konsum

Themenaufmerksamkeit
finanzielle Belastung des Einzelnen, zu niedrige Löhne, Kindergeld Diskussion, Familien-förderung, Steuersenkung für Familien, Mehrwertsteuererhöhung, Öko-Steuer, KFZ-Steuer, Mineralölsteuer, Rabatte, Preis-Nachlässe, KK-Beiträge, Miet-Preise, Benzin-Preise, Eurokurs-Währung, Börsenaktienkurse allgemein, Schwächung des Euros, Preissteigerung; Inflation und Währungsstabilität

Problemeinschätzung
finanzielle Belastung des Einzelnen, zu niedrige Löhne, Familienförderung, Mehrwertsteuererhöhung, Öko-Steuer, Rabatte, Preis-Nachlässe, KK-Beiträge, Mieten, Wohnung, Benzinpreise, Eurokurs-Währung, Börsenaktienkurse allgemein, Preissteigerung; Inflation und Währungsstabilität

Medienberichterstattung
- *Erfahrbare Themen*
  Ölpreis, Benzinpreis, Naturgaspreis, Energiepreise allgemein, Kosten allgemein, Steuern & Neuregelung Vermögenssteuer, Steuern & ökologische Steuerreform, Solidaritätszuschlag, Lohn und Einkommenssteuer, Mehrwertsteuer, Steuern allgemein, Arbeitslöhne, Prokopfeinkommen, Niedriglohnsektor, Kindergeld, Rabatte & Zugaben, Beschreibung persönlicher Lebensumstände Einzelner, Mieten & Mietrecht, Preisentwicklung & Teuro, Währungseinführung

- *Nicht-erfahrbare Themen*
  Schuldenentwicklung, Konsumklima & Konsumabsichten allgemein, Verschlechterung des Konsumklimas, Verbesserung des Konsumklimas, unzureichende Energieversorgung & Versorgungskrise, Geschäftsklima & Investitionsabsichten allgemein, Verschlechterung Geschäftsklimas, Verbesserung Geschäftsklima, Stimmung in der Wirtschaft allgemein, Konsum & Geschäftsklima anderes, Lage der Wirtschaft & Konjunktur allgemein, konjunkturelle Lage anderer Aspekt, konjunkturelle Lage, finanzielle Lage allgemein, Schulden & Verbindlichkeiten, Preisindizes & Inflationsrate, steigendes Inflationsniveau, sinkendes Inflationsniveau, Verschlechterung Wirtschaftspolitik, Verbesserung Wirtschaftspolitik, staatliche Wirtschaftspolitik allgemein, Wirtschaftswachstum allgemein, Hohes Wirtschaftswachstum, Normales Wirtschaftswachstum, Niedriges Wirtschaftswachstum, Volkseinkommen: BSP&BIP allgemein, Hohe Wachstumsrate Volkseinkommens, Niedrige Wachstumsrate Volkseinkommens, Negative Wachstumsrate Volkseinkommens, Lage verschlechtert, Lage verbessert, Umsatz allgemein, Umsatzentwicklung negativ, Umsatzentwicklung positiv, Eurokurs, Europäische Währungsunion, Maastricht Binnenmarkt, Maastricht II Kerneuropa, Eurokurs allgemein, Wert Landeswährung im Vergleich, Arbeitsmarktpolitik & Löhne, Arbeitsmarkt: Bündnis für Arbeit, Arbeitsmarkt Entsenderichtlinie, Arbeitsmarkt & Beschäftigung, Arbeitsmarkt & Lehrstellen, Arbeitsmarkt allgemein, Aktivitäten an den Börsen, Aktionäre & Gesellschafter, Dividendenentwicklung, Aktienentwicklung negativ, Aktienentwicklung positiv, Deutsche Telekom, Aktienkurse, Börsennotierungen allgemein, Aktienkurse & Börse allgemein, Börsengeschehen allgemein, Börse, Aktienkurse Unternehmen, Fossile Energie Erdöl, Rohstoffmärkte allgemein, Rezession & wirtschaftlicher Abschwung, Preisniveau & Inflation & Deflation, Konjunkturpakete, Konjunkturspritzen

7 In Kauflaune versetzt?

B Problemeinschätzung differenziert nach Personengruppen

	Problemeinschätzung[a] N (Personen)	Mittelwert
Gesamt	910.138	0,1588
Frauen	480.551	0,1556
Männer	429.586	0,1624
14–25 Jahre	136.444	0,1491
26–45 Jahre	366.953	0,1723
46–65 Jahre	278.956	0,1559
66–99 Jahre	125.865	0,1373
Ohne Abschluss	13.032	0,1650
Hauptschule	247.949	0,1813
Realschule	278.656	0,1793
Fachhochschulreife	300.965	0,1290
unter 1000 €	72.861	0,1497
1000–1999 €	218.763	0,1726
2000–2999 €	209.054	0,1744
3000–3999 €	95.435	0,1565
4000 € und mehr	82.260	0,1322
0 Kinder	537.960	0,1557
1 Kinder	146.198	0,1710
2 Kinder	118.658	0,1705
3 Kinder	29.924	0,1594
1 Personen Haushalt	199.522	0,1460
2 Personen Haushalte	298.231	0,1580
3 Personen Haushalte	1720.48	0,1683
4 Personen Haushalte	161.981	0,1668
5 Personen Haushalte	53.268	0,1610
6 und 7 Personen Haushalte	19.473	0,1558
Nicht-Erwerbstätig	398.355	0,1445
Erwerbstätig	510.379	0,1702

[a] FORSA Umfragebus: offene Frage nach den drei wichtigsten Problemen, siehe Kap. 2.2

C Korrelationen zwischen der Themenaufmerksamkeit, der Problemeinschätzung und der Berichterstattung nach Personengruppen

	Korrelationen von Berichterstattung[b] und Themenaufmerksamkeit[c]			Korrelationen von Themenaufmerksamkeit[c] und Problemeinschätzung[d]			Korrelationen von Berichterstattung[b] und Problemeinschätzung[d]		
N (Wochen)	475			502			475		
	t_{-1}	t_0	t_{+1}	t_{-1}	t_0	t_{+1}	t_{-1}	t_0	t_{+1}
Frauen	0,12[a]	0,20[a]	0,08	0,14[a]	0,64[a]	0,21[a]	0,16[a]	0,12[a]	0,11[a]
Männer	0,08	0,18[a]	0,08	0,21[a]	0,51[a]	0,16[a]		0,24[a]	0,08
14–25 Jahre	0,10[a]	0,17[a]	0,06	0,14[a]	0,47[a]	0,17[a]	0,14[a]	0,09	0,12[a]
26–45 Jahre	0,09	0,17[a]	0,08	0,14[a]	0,47[a]	0,17[a]	0,14	0,09	0,12[a]
46–65 Jahre	0,10[a]	0,19[a]	0,09	0,20[a]	0,51[a]	0,17[a]	0,08	0,21[a]	0,07
66–99 Jahre	0,11[a]	0,20[a]	0,10[a]	0,19[a]	0,48[a]	0,13[a]	0,11[a]	0,15[a]	0,06
Ohne Abschluss	0,11[a]	0,09[a]	−0,03	0,18[a]	0,16[a]	0,08	0,14[a]	0,06	−0,02
Hauptschule	0,09[a]	0,23[a]	0,06	0,16[a]	0,55[a]	0,18[a]	0,08	0,17[a]	0,09[a]
Realschule	0,11[a]	0,18[a]	0,09[a]	0,16[a]	0,57[a]	0,13[a]	0,10[a]	0,17[a]	0,09[a]
Fachhochschulreife	0,09	0,16[a]	0,08	0,13[a]	0,50[a]	0,21[a]	0,07	0,18[a]	0,08
unter 1000 €	0,09[a]	0,15[a]	0,09[a]	0,12[a]	0,41[a]	0,16[a]	0,09	0,14[a]	0,07
1000–1999 €	0,10[a]	0,18[a]	0,06	0,09	0,53[a]	0,17[a]	0,08	0,13[a]	0,08
2000–2999 €	0,06	0,18[a]	0,06	0,18[a]	0,51[a]	0,16[a]	0,02	0,19[a]	0,08
3000–3999 €	0,03	0,13[a]	0,10[a]	0,17[a]	0,37[a]	0,12[a]	0,01	0,18[a]	0,07
4000 € und mehr	0,06	0,15[a]	0,05	0,14[a]	0,32[a]	0,10[a]	0,06	0,12[a]	0,02
0 Kinder	–	–	–	0,19[a]	0,67[a]	0,25[a]	–	–	–
1 Kinder	–	–	–	0,18[a]	0,53[a]	0,14[a]	–	–	–
2 Kinder	–	–	–	0,24[a]	0,53[a]	16[a]	–	–	–
3 Kinder	–	–	–	0,05	0,29[a]	0,15[a]	–	–	–
1 Personen Haushalt	0,12[a]	0,16[a]	0,09[a]	0,16[a]	0,50[a]	0,14[a]	0,13[a]	0,14[a]	0,06
2 Personen Haushalte	0,10[a]	0,21[a]	0,09	0,17[a]	0,56[a]	0,20[a]	0,07	0,17[a]	0,13[a]
3 Personen Haushalte	0,09[a]	0,19[a]	0,05	0,12[a]	0,47[a]	0,16[a]	0,10[a]	0,13[a]	0,10[a]
4 Personen Haushalte	0,09	0,18[a]	0,08	0,19[a]	0,49[a]	0,16[a]	0,06	0,19[a]	0,07

	Korrelationen von Berichterstattung[b] und Themenaufmerksamkeit[c]			Korrelationen von Themenaufmerksamkeit[c] und Problemeinschätzung[d]			Korrelationen von Berichterstattung[b] und Problemeinschätzung[d]		
N (Wochen)	475			502			475		
	t_{-1}	t_0	t_{+1}	t_{-1}	t_0	t_{+1}	t_{-1}	t_0	t_{+1}
5 Personen Haushalte	0,05	0,18[a]	0,08	0,15[a]	0,31[a]	0,10[a]	0,13[a]	0,06	−0,02
6 und 7 Personen Haushalte	0,13[a]	0,08	0,06	0,17[a]	0,26[a]	0,11[a]	0,13[a]	0,05	0,02
Nicht-Erwerbstätig	0,10[a]	0,19[a]	0,09	0,20[a]	0,59[a]	0,18[a]	0,15[a]	0,17[a]	0,10[a]
Erwerbstätig	0,10[a]	0,19[a]	0,09	0,15[a]	0,60[a]	0,19[a]	0,07	0,19[a]	0,11[a]

[a] Korrelation ist größer als die Signifikanzgrenze von zweimal dem Standardfehler
[b] Inhaltsanalyse Medientenor: Fernsehnachrichten und Titelseiten von Zeitungen, siehe Kap. 2.3
[c] FORSA Umfragebus: offene Frage nach den drei interessantesten Medienthemen, siehe Kap. 2.2
[d] FORSA Umfragebus: offene Frage nach den drei wichtigsten Problemen, siehe Kap. 2.2

Literatur

Bargh, J. A. (1999). The cognitive monster. The case against the controllability of automatic stereotype effects. In S. Chaiken & Y. Trope (Hrsg.), *Dual-process theories in social psychology* (S. 361–382). New York: Guilford Press.
Bartling, H., & Luzius, F. (2004). *Grundzüge der Volkswirtschaftslehre* (15. Aufl.). München: Verlag Vahlen.
Becker, L. B. (1982). The mass media and citizen assessment of issue importance. In D. C. Whitney, E. Wartella, & S. Windahl (Hrsg.), *Mass communication review yearbook* (Bd. 3, S. 521–536). Beverly Hills: Sage.
Becker, K. E. (1992). *Konsum*. Frankfurt a. M.: Peter Lang.
Blood, D. J., & Phillips, P. C. B. (1995). Recession headline news, consumer sentiment, the state of the economy and presidential popularity: A time series analysis 1989–1993. *International Journal of Public Opinion Research, 7,* 2–22.
Brosius, H.-B., & Kepplinger, H. M. (1995). Killer and victim issues: Issue competition in the agenda-setting process of German television. *International Journal of Public Opinion Research, 7,* 211–231.
Bulkow, K., Urban, J., & Schweiger, W. (2013). The duality of agenda-setting: The role of information processing. *International Journal of Public Opinion Research, 25,* 43–63.

Chen, S., & Chaiken, S. (1999). The heuristic systematic model in its broader context. In S. Chaiken & Y. Trope (Hrsg.), *Dual-process theories in social psychology* (S. 73–96). New York: Guildford Press.

Cohen, B. C. (1963). *The press and foreign policy.* Princeton: Princeton University Press.

Demers, D. P., Craff, D., Choi, Y.-H., & Pessin, B. M. (1989). Issue obtrusiveness and the agenda-setting effects of national network news. *Communication Research, 16,* 793–812.

Domke, D., Shah, D. V., & Wackman, D. B. (1998). Media priming effects: Accessibility, association, and activation. *International Journal of Public Opinion Research, 10,* 51–74.

Doms, M. (2004). Consumer sentiment and the media. http://www.frbsf.org/publications/economics/letter/2004/el2004-29.pdf. Zugegriffen: 27. Okt. 2012.

Eder, R. (2011). *Das Wesen der Wirtschaft. Einführung in die allgemeine Wirtschaftstheorie.* Frankfurt a. M.: Peter Lang.

Eichhorn, W. (2005). Agenda-Setting-Prozesse. Eine theoretische Analyse individueller und gesellschaftlicher Themenstrukturierung. http://epub.ub.uni-muenchen.de/734/. Zugegriffen: 27. März 2013.

Eisenegger, M. (2005). *Reputation in der Mediengesellschaft. Konstitution – Issues Monitoring – Issues Management.* Wiesbaden: VS Verlag für Sozialwissenschaften.

Eisenegger, M., Imhof, K. (2009). Funktionale, soziale und expressive Reputation - Grundzüge einer Reputationstheorie. In U. Röttger (Hrsg.), Theorien der Public Relations. Grundlagen und Perspektiven der PR-Forschung (S. 243-264). Wiesbaden: VS Verlag für Sozialwissenschaften.

Erbring, L., Goldenberg, E., & Miller, A. (1980). Front-page news and real-world cues: A new look at agenda-setting by the media. *American Journal of Political Science, 24,* 16–49.

EU-Info. Deutschland. (o. J.). Europarechtlicher Rahmen der Euro Einführung. http://www.eu-info.de/euro-waehrungsunion/5011/5473/. Zugegriffen: 20. Feb. 2013.

Europäische Zentralbank. (o. J.). Einführung. Verfügbar unter http://www.ecb.int/euro/intro/html/index.de.html. Zugegriffen: 27. Okt. 2012.

Frankfurter Allgemeine. (2004). Deutsche Inflation im April auf Zwei-Jahres-Hoch. http://www.faz.net/aktuell/wirtschaft/konjunktur-deutsche-inflation-im-april-auf-zwei-jahres-hoch-1156625.html. Zugegriffen: 27. Okt. 2012.

Gerginov, D. (2012). Dot.com-Blase: Vom weltweiten Boom zum Börsencrash. http://www.gevestor.de/details/dot-com-blase-vom-weltweiten-boom-zum-Börsencrash-565588.html. Zugegriffen: 27. Okt. 2012.

GfK. (o. J.). Methode der Erhebung und Berechnung des GfK-Konsumklimas. http://commons.de/wp-content/uploads/GfK_Konsumklimaindex.pdf. Zugegriffen: 20. Feb. 2013.

Glebe, D. (2008). *Die globale Finanzkrise.* Norderstedt: Spinbooks.

Grundmann, W., & Rathner, R. (2011). *Prüfungstraining für Bankkaufleute. Bankwirtschaft – Rechnungswesen und Steuerung – und Sozialkunde. Prüfungswissen in Übersichten.* Wiesbaden: Gabler.

Hagen, L. M. (2005). *Konjunkturnachrichten, Konjunkturklima und Konjunktur. Wie sich die Wirtschaftsberichterstattung der Massenmedien, Stimmungen in der Bevölkerung und die aktuelle Wirtschaftslage wechselseitig beeinflussen – eine transaktionale Analyse.* Köln: Halem.

Hellfeld, M. (2009). Die Einführung des Euro – 1. Januar 2002. http://www.dw.de/die-einf%C3%BChrung-des-euro-1-januar-2002/a-3991018. Zugegriffen: 27. Okt. 2012.

Iyengar, S., & Kinder, D. (1987). *News that matters: Television and American opinion.* Chicago: University of Chicago Press.

Kahneman, D. (2002). Maps of bounded rationality: A perspective on intuitive judgment and choice. http://www.nobelprize.org/nobel_prizes/economics/laureates/2002/kahnemann-lecture.pdf. Zugegriffen: 28. Jan. 2013.

Kahneman, D., & Frederick, S. (2005). A model of heuristic judgment. In K. J. Holyoak & R. G. Morrison (Hrsg.), *The Cambridge handbook of thinking and reasoning* (S. 267–293). Cambridge: Cambridge University Press.

Kahneman, D., & Tversky, A. (1972). Subjective probability: A judgment on representativeness. *Cognitive Psychology, 3*, 430–454.

Kepplinger, H. M. (2000). Ökonomie für Otto Normalverbraucher: Zur wachsenden Bedeutung der Börsenberichterstattung in den Medien. Referat anlässlich der Medientage München im Rahmen des Panels „Die Aktie als USP: Wirtschaftsberichterstattung im Börsenfieber" am 8. November 2000. München. Unveröffentlichtes Manuskript.

Kroeber-Riel, W. (1990). *Konsumentenverhalten*. München: Verlag Vahlen.

Kroeber-Riel, W., & Weinberg, P. (2003). *Konsumentenverhalten* (8. Aufl.). München: Verlag Vahlen.

Kuß, A., & Tomczak, T. (2007). *Käuferverhalten* (4. Aufl.). Stuttgart: Lucius & Lucius.

Lasorsa, D. L., & Wanta, W. (1990). Effects of personal, interpersonal and media experiences on issue saliences. *Journalism Quarterly, 67*, 804–813.

Lippmann, W. (1949). *Public opinion*. New York: Macmillan.

Manager Magazin. (2001). Schockerlebnis Einkauf. http://www.manager-magazin.de/unternehmen/euro/0,2828,148756,00.html. Zugegriffen: 11. Okt. 2012.

Marsick, V. J., & Watkins, K. E. (1990). *Informal and incidental learning in the workplace*. London: Routledge.

Mast, C. (2003). *Wirtschaftsjournalismus. Grundlagen und neue Konzepte für die Presse*. Wiesbaden: Westdeutscher-Verlag.

Mayer, H., & Illmann, T. (2000). *Markt- und Werbepsychologie*. Stuttgart: Schäffer-Poeschel.

McCombs, M. E. (1977). Agenda setting function of mass media. *Public Relations Review, 3*, 89–95.

McCombs, M. E. (1999). Personal involvement with issues in the public agenda. *International Journal of Public Opinion Research, 11*, 152–168.

McGuire, W. J. (1974). Psychological motives and communication gratification. In J. G. Blumer & E. Katz (Hrsg.), *The uses of mass communications: Current perspectives on gratifications research* (S. 167–196). Beverly Hills: Sage.

Müller, E. (1966). The impact of unemployment on consumer confidence. *The Public Opinion Quarterly, 30*, 19–32.

Petty, R. E., Cacioppo, J. T., & Haugtvedt, C. P. (1992). Ego-involvement and persuasion: An appreciative look at the sherifs' contribution to the study of self-relevance and attitude change. In D. Granberg & G. Sarup (Hrsg.), *Social judgment and intergroup relations: Essays in honor of Muzafer Sherif* (S. 147–175). New York: Springer-Verlag.

Price, V., Tewksbury, D., & Powers, E. (1997). Switching trains of thought: The impact of news frames on readers cognitive responses. *Communication Research, 24*, 481–506.

Rössler, P. (1997). *Agenda-Setting: Theoretische Annahmen und empirische Evidenzen einer Medienwirkungshypothese*. Opladen: Westdeutscher-Verlag.

Rössler, P. (1999). The individual agenda-designing process: How interpersonal communication, egocentric networks, and mass media shape the perception of political issues by individuals. *Communication Research, 26*, 666–700.

Rotte, R. (2000). *Die ‚Ölkrise 2000' aus Sicht der internationalen politischen Ökonomie.* München: Insitut für Internationale Politik und Völkerrecht.

Schenk, M. (2002). *Medienwirkungsforschung.* Tübingen: Mohr Siebeck.

Scheufele, D. A., & Tewksbury, D. (2007). Framing, agenda setting, and priming: The evolution of three media effects models. *Journal of Communication, 57,* 9–20.

Schranz, M. (2007). *Wirtschaft zwischen Profit und Moral. Die gesellschaftliche Verantwortung von Unternehmen im Rahmen der öffentlichen Kommunikation.* Wiesbaden: VS Verlag für Sozialwissenschaften.

Siebert, H. (1981). *Einführung in die Volkswirtschaftslehre. Teil1: Markt- und Preistheorie* (6. Aufl.). Stuttgart: W. Kohlhammer.

Spiegel. (1997). Euro-Trip ins Ungewisse. http://www.spiegel.de/spiegel/print/d-8669910.html. Zugegriffen: 20. Feb. 2013.

Spiegel. (1999). Tankstellenverband: Benzin über zwei Mark. http://www.spiegel.de/auto/aktuell/tankstellenverband-benzin-ueber-zwei-mark-a-45346.html. Zugegriffen. 27. Okt. 2012.

Spiegel. (2000). Voll erwischt vom Ölschock. http://www.spiegel.de/spiegel/print/d-17436574.html. Zugegriffen: 27. Okt. 2012.

Spiegel. (2001). Studie: Euro macht Produkte teurer. http://www.spiegel.de/wirtschaft/studie-euro-macht-produkte-teurer-a-147234.html. Zugegriffen: 27. Okt. 2012.

Stern. (2007). Benzinpreise „1,60 Euro für Superbenzin ist realistisch". http://mobil.stern.de/wirtschaft/familie/benzinpreise-160-euro-fuer-superbenzin-ist-realistisch-589536.html. Zugegriffen: 20. Feb. 2013.

Strack, F., Martin, L. L., & Schwarz, N. (1988). Priming and communication: The social determinants of information use in judgments of life satisfaction. *European Journal of Social Psychology, 18,* 429–442.

Takeshita, T. (2005). Current critical problems in agenda-setting research. *International Journal of Public Opinion Research, 18,* 275–296.

Todorov, A., Chaiken, S., & Henderson, M. D. (1999). The heuristic-systematic model of social information processing. In S. Chaiken & Y. Trope (Hrsg.), *Dual-process theories in social psychology* (S. 195–211). New York: Guildford Press.

Umwelt- und Prognose – Institut e. V. (2010). Kampagne der CDU/CSU gegen die Ökosteuer. http://www.upi-institut.de/cdu-kamp.htm. Zugegriffen: 20. Feb. 2013.

Weaver, D. H. (1977). Political issues and voter need for orientation. In D. L. Shaw & M. E. McCombs (Hrsg.), *The emergence of American political issues: The agenda setting function of the press* (S. 107–119). St. Paul: West Publishing Co.

Weaver, D. H. (1980). Audience need for orientation and media effects. *Communication Research, 7,* 361–376.

Wendt, E. D. (2010). *Sozialer Abstieg und Konsum. Auswirkungen finanzieller Verknappung auf das Konsumverhalten.* Wiesbaden: Gabler.

Winter, J. P., Eyal, C. H., & Rogers, A. H. (1982). Issue-specific agenda-setting: The whole as less than the sum of the parts. *Canadian Journal of Communication, 8,* 1–10.

ZDF. (o. J.). Xetra. http://www.wiso-software.de/lexikon/index.php?option=com_content&=article&id=273:xetra&catid=66:x&Itemid=79. Zugegriffen: 20. Feb. 2001.

Zucker, H. G. (1978). The variable nature of new media influence. In B. D. Ruben (Hrsg.), *Communication yearbook* (Bd. 2, S. 225–240). New Brunswick: Transaction Books.

8 Die Dynamik gesellschaftlicher Problemwahrnehmung II: Erkenntnisse aus vier Fallstudien

Volker Gehrau

Ziel des vorliegenden Bandes war es, anhand unterschiedlicher thematischer Fallstudien auf Grundlage von Daten, die über einen langen Zeitraum erhoben wurden, die Dynamik gesellschaftlicher Problemwahrnehmung und insbesondere den Agenda-Setting Effekt der Medienberichterstattung auf die Problemeinschätzung der Bevölkerung zu untersuchen. Dabei war die Grundidee leitend, hierzu Erkenntnisse aus Fallstudien zu generieren, die a) methodisch quasi identisch vorgehen und b) einen langen Zeitraum auf der Basis kleiner Zeitintervalle abbilden (Kap. 1). Zu diesem Zweck wurden die Daten eines von der DFG geförderten Forschungsprojektes vier studentischen Forschungsgruppen zur Verfügung gestellt. Die Daten umfassen wöchentliche Angaben zu den Themen auf den Titelseiten wichtiger deutscher Tageszeitungen sowie den Beiträgen der Hauptnachrichtensendungen im deutschen Fernsehen in Kombinationen mit Umfragedaten zu den wichtigen Themen und Problemen in Deutschland (Kap. 2). Letztere wurden zunächst im Überblick betrachtet (Kap. 3) und anschließend in den Fallstudien mit jeweils thematischem Fokus auf ihren Zusammenhang mit den Medieninhaltsdaten hin untersucht.

Die erste Fallstudie untersuchte, wie sich die Problemeinschätzung der Bevölkerung in Bezug auf das Thema *Umwelt* zwischen 1994 und 2005 verändert hat und welchen Einfluss die Medienberichterstattung über umweltpolitische Themen einerseits und über Naturkatastrophen und Unwetter andererseits darauf hatte. Dabei wurden auch mögliche Unterschiede zwischen Bevölkerungsgruppen in Betracht gezogen (Kap. 4). Die zweite Fallstudie beschäftigte sich mit den großen Terroranschlägen von New York, Madrid und London. Im Fokus stand die Fra-

V. Gehrau (✉)
Münster, Deutschland
E-Mail: volker.gehrau@uni-muenster.de

ge nach übergreifenden Mustern in der öffentlichen Wahrnehmung zwischen den drei Anschlägen sowie dem Zusammenspiel der Problemfelder *Terrorismus, Innere Sicherheit* und *Islamismus* (Kap. 5). Das erste NPD-Verbotsverfahren war Gegenstand der dritten Fallstudie: Diese versuchte die Konsequenzen des Verbotsverfahrens und der damit einhergehenden Medienberichterstattung auf die Einschätzung von *Rechtsextremismus* als Problem sowie die kurzfristigen Wahlabsichten abzuschätzen (Kap. 6). Die letzte Fallstudie beleuchtet den Zusammenhang zwischen Medienberichterstattung über *Wirtschaft/Konsum*, der Problemeinschätzung konsumbezogener Themen sowie dem allgemeinen Konsumklima zwischen 1994 und 2005. Dabei wurde auch nach Personengruppen und Erfahrbarkeit der einzelnen Unterthemen differenziert (Kap. 7).

In diesem abschließenden Kapitel soll nun geprüft werden, welche Gemeinsamkeiten und welche Unterschiede sich zwischen den Fallstudien ergeben haben. Im Zentrum des Vergleiches steht die Dynamik der öffentlichen Problemwahrnehmung und damit die Frage, wie sich die Medienberichterstattung und die Problemeinschätzung der Bevölkerung über die ausgewählten Themenfelder im Zeitverlauf entwickelt haben und welche Abhängigkeiten zwischen Berichterstattung und Bevölkerungseinschätzung bestehen. Insofern steht die Frage nach der Dynamik des Agenda-Setting Prozesses und seinen Kontextfaktoren im Fokus.

8.1 Die interne Dynamik der Problemwahrnehmung

Zunächst wird die interne Dynamik der Problemwahrnehmung betrachtet, das heißt zum einen die Medienberichterstattung über die vier ausgewählten Themenfelder im Zeitverlauf und zum anderen die dazugehörigen Problemeinschätzungen der Bevölkerung. Die jeweils isolierte Betrachtung der einzelnen Zeitreihen dient der Vorbereitung der Kausalanalyse, die anhand der um die interne Struktur bereinigten Zeitreihen (Kap. 2.5) vorgenommen wird.

In den folgenden Abschnitten wird untersucht, wie die Zeitreihen auf starke Veränderungen reagieren, die als externe Stimulation interpretiert werden. Sind diese Veränderungen tendenziell stetig, hat die Zeitreihe einen Trend. Entweder steigen die Werte dann im Zeitverlauf im Mittel kontinuierlich an oder sie nehmen kontinuierlich ab. Trends sind nicht das Resultat einzelner Inputs, also temporärer externer Stimulationen, sondern mit langfristigen Veränderungen verbunden, z. B. einem Wertewandel. Dem stehen kurzfristig anhaltende Reaktionen auf externe Stimuli gegenüber. Solche Phänomene werden zeitreihenanalytisch als MA-Prozesse (moving average) identifiziert, die man sich folgendermaßen vorstellen kann: In der betrachteten Zeitreihe findet sich eine zufällig auftretende, auffällige Veränderung gegenüber den Vorgängerzeitpunkten; in den Fallstudien bedeutet dies einen stark abweichenden Mittelwert für die Medienberichterstattung oder die Problemeinschätzung in einer Woche im Vergleich zu den Vorwochen, was als Reaktion auf einen (zufälligen, unbekannten oder bekannten, aus Sicht der Zeitreihe jedoch grundsätzlich externen) Input interpretiert wird. Eine solche Veränderung spiegelt sich bei MA-Prozessen in den Folgewochen wider. Bei den vorliegenden Zeitreihen wären also positive MA1-Prozesse zu erwarten. Eine deutliche Veränderung beispielsweise in der Medienberichterstattung einer Woche wirkt sich auf die Berichterstattung in der Folgewoche aus, bevor die Werte danach auf Normalniveau zurückkehren. Insofern charakterisieren MA-Prozesse kurzfristige Veränderungen über ein bis zwei Wochen. Im Gegensatz dazu sind autoregressive (AR) Prozesse mittelfristige Veränderungen. Bei diesen klingt die Reaktion auf die Veränderung nicht wie bei den MA-Prozessen nach der Folgewoche abrupt wieder ab, sondern geht langsam aber stetig über mehrere Wochen zurück. Bei solchen Prozessen sind bis zu achtzig Prozent der Auffälligkeit eines Messzeitpunktes in der Folgewoche noch festzustellen. Da dies auch für die Folgewoche selbst gilt, wird die Veränderung in deren Folgewochen ebenfalls noch festzustellen sein. So dauert es mehrere Wochen bis die Werte wieder auf das normale Niveau zurückgekehrt sind. Ein positiver AR1-Prozess ist in den vorliegenden Daten vor allem bei der Problemeinschätzung der Bevölkerung zu erwarten. Eine deutliche Veränderung in der Problemeinschätzung einer Woche wirkt sich auf die Einschätzung der Folgewochen aus, indem die Werte jeweils von dem messbaren Effekt der Veränderung in der vorausgegangenen Woche abhängig sind (Kap. 2.5).

8.1.1 Berichterstattung

Die Medienberichterstattung wurde in den vier Fallstudien anhand von tagesaktuellen Medien untersucht, in der Regel auf Basis der Titelseiten von Tageszeitungen sowie den Beiträgen in den Hauptnachrichtensendungen der großen Fernsehsender (Kap. 2.3). Wenn tagesaktuell bedeutet, dass die Medien nur die Ereignisse aufgreifen, die am Vortag wichtig waren, dann dürften die Zeitreihen, die auf Wochen aggregiert sind, gar keine interne Zeitstruktur aufweisen und allenfalls sehr langfristigen Trends unterliegen, die sich jedoch nicht an Veränderungen zwischen einzelnen Wochen festmachen lassen. Bei der Hintergrundberichterstattung verhält es sich genau gegenteilig: Hier benötigen die Medien einige Tage Zeit, um Hintergrundinformationen zu recherchieren und diese angemessen aufzubereiten. Als Konsequenz wird mehrere Tage lang über dasselbe Ereignis bzw. Thema

Tab. 8.1 Interne Struktur der Medienberichterstattung nach Themenfeld

Thema	AR	I (Trend)	MA
Umwelt	x	x	x
Innere Sicherheit	x		x
Wirtschaft/Konsum	x		x
NPD Verbot			
Terrorismus			
Rechtsextremismus			

berichtet. Insofern ist auch Berichterstattung über den Wochenwechsel hinweg plausibel, was sich dann in einem MA-Prozess ausdrücken würde. Demgegenüber sind AR-Prozesse eher unwahrscheinlich, da die Berichterstattung – wenngleich mit abnehmender Intensität – über mehrere Wochen anhalten müsste.

Die ereignisorientierten Themenfelder *Rechtsextremismus*, *NPD Verbotsverfahren* und *Terrorismus* hatten in der Medienberichterstattung keine internen Strukturen. Ereignisse, z. B. Anschläge, führten zu einem Anstieg der Medienberichterstattung. Die Berichterstattung zum Themenfeld hielt aber typischerweise nur einige Tage an und ging dann wieder auf Normalniveau zurück, so dass in der Folgewoche kein signifikanter Anstieg mehr festzustellen war (Tab. 8.1).

Anders verhielt es sich bei den Themenfeldern *Innere Sicherheit*, *Wirtschaft* (mit Bezug zum privaten *Konsum*) und *Umwelt*. Bei diesen Themenfeldern traten interne Strukturen auf, die über die Wochengrenze hinweg feststellbar waren. Entgegen den Erwartungen handelte es sich aber nicht nur um MA-, sondern zusätzlich um AR-Prozesse erster Ordnung. Die MA-Prozesse indizierten höhere Berichterstattung in Wochen nach einem signifikanten Berichterstattungsanstieg und entsprechen damit der Logik von Hintergrundberichterstattung über mehrere Tage. Zudem trat ein zweiter Prozess auf, der über mehrere Wochen hinweg eine gesteigerte – wenngleich mit zeitlichem Abstand abnehmende – Berichterstattung mit sich brachte. Dies könnte darauf zurückzuführen sein, dass die Medienberichterstattung über die betreffenden Themenfelder häufig eher den politischen Umgang mit Ereignissen betraf als die Ereignisse selbst. Dem entsprechend wurden sie wahrscheinlich eher durch Folgeereignisse oder Pseudoereignisse geprägt, insbesondere Stellungnahmen und Forderungen von politischen oder gesellschaftlichen Akteuren als Reaktionen auf Auslöseereignisse (Kepplinger 2001). Hierbei könnte es sich um eine Art Sensibilisierung für den Themenbereich gehandelt haben, die dazu führte, dass sich Akteure eine Zeit lang eher zum entsprechenden Themenfeld äußerten und die Medien solche Äußerungen oder weniger wichtige Folgeereignisse eher in der Berichterstattung aufgriffen (Tab. 8.1).

8 Die Dynamik gesellschaftlicher Problemwahrnehmung II

Zwei Aspekte müssen bei der Beurteilung der Ergebnisse jedoch beachtet werden: Erstens bedeutet die fehlende interne Struktur bei der Berichterstattung über die Themenfelder *Rechtsextremismus, NPD Verbotsverfahren* und *Terrorismus* weder, dass sie rein tagesaktuell stattfindet, sondern lediglich, dass sie sich über eine Woche hinaus nicht systematisch entwickelt, noch, dass sie nicht mit anderer Berichterstattung verbunden sein könnte, die einen Themenwechsel mit sich bringt und damit Effekte, die nicht mehr reihenintern feststellbar sind. Zweitens handelt es sich bei der Erläuterung der MA-Prozesse als Hintergrundberichterstattung und der AR-Prozesse als Themensensibilisierung bei den Themenfeldern *Innere Sicherheit, Wirtschaft* und *Umwelt* um ex post Interpretationen, nicht um abgeleitete und geprüfte Hypothesen.

8.1.2 Problemeinschätzung

Die interne Dynamik der Problemeinschätzung seitens der Bevölkerung wird durch externe Reize stimuliert. Bei diesen kann es sich entweder um direkte Erfahrungen handeln oder um Berichte aus den Medien. Treten auffällige Veränderungen in der Problemeinschätzung auf, so werden sie als Reaktionen auf solche Stimuli interpretiert und der weitere Umgang damit analysiert. Dieser spiegelt aber nicht die langfristige personeninterne Verarbeitung wider, da die Daten nicht auf wiederholten Messungen derselben Personen beruhen, sondern auf unabhängige Stichproben, die über Individuen hinweg aggregiert wurden. Sie verdeutlichen also den gesellschaftlichen Umgang mit dem Problemfeld (Kap. 1.1.1).

Bezogen auf die Gesellschaft dominierten autoregressive Prozesse erster Ordnung. Sie indizierten eine über mehrere Wochen andauernde höhere Problemeinschätzung als Reaktion auf einen zunächst deutlichen Anstieg, die aber von Woche zu Woche abnahm. Diese Formation ergab sich bei den Themenfeldern *Wirtschaft/Konsum, Terrorismus, Innere Sicherheit* und *Islamismus*. War eines dieser Themen erst einmal auf der Agenda, zog sich die Problematisierung dieses Themenfeldes über mehrere Wochen hin. Individuell betrachtet könnte dazu die Tatsache beigetragen haben, dass die wichtigen Probleme eine gewisse zeitliche Konstanz aufwiesen und nicht individuell kurzfristig variierten, was schließlich auch im Aggregat eine gewisse zeitliche Stabilität begründete. Hinzu kamen wahrscheinlich gesellschaftliche stabilisierende Faktoren wie z. B. die interpersonale Kommunikation (Nguyen Vu und Gehrau 2010) oder die Orientierung an der vermuteten Einschätzung anderer (Huck et al. 2009) (Tab. 8.2).

Eine andere interne Dynamik bestimmte die Problemeinschätzung zum Themenfeld *Umwelt*: Bei dieser gab es einen langfristigen Trend. Mitte der 1990er-Jahre

Tab. 8.2 Interne Struktur der Problemeinschätzung nach Themenfeld

Thema	AR	I (Trend)	MA
Umwelt		x	x
Rechtsextremismus	x	(x)	x
Terrorismus	x		
Innere Sicherheit	x		
Islamismus	x		
Wirtschaft/Konsum	x		

existierte ein Anteil von etwa 10 % der Bevölkerung, der Umwelt als eines der wichtigen Probleme der Gesellschaft nannte. Je nach Kontext war dieser Anteil zeitweise etwas größer oder kleiner, tendierte jedoch nie gegen null. Zwischen 1997 und 2002 sank dieser Durchschnittswert kontinuierlich und ist 2003 nahe null bzw. stieg nur noch temporär auf wenige Prozent an. Zudem fand sich eine kurzfristige Dynamik im Sinne eines moving-average Prozesses, jedoch kein AR-Prozess, also kein mittelfristig veränderter Mittelwert: Zufällige Veränderungen der Problemeinschätzung im Themenfeld Umwelt wirkten sich also in der Folgewoche aus, um danach auf den Normalwert zurückzukehren. Die Problemeinschätzung zu *Rechtsextremismus* war ein Hybrid beider Formationen. Bei ihr war, bei Betrachtung des langen Zeitraums, ein ähnlicher Trend wie bei *Umwelt* festzustellen, jedoch zusätzlich gekoppelt mit einem MA- und einem AR-Prozess (Tab. 8.2).

Die Interpretation dieser Prozesse hängt stark davon ab, welche externen Einflüsse auf die Datenreihen einwirken. Die Reaktionen lassen sich nur in Bezug auf ihren Anlass interpretieren. Deshalb werden im Folgenden die zeitversetzten Korrelationen zwischen den Reihen betrachtet, um Medienwirkungen in Form von Agenda-Setting Prozessen zu identifizieren.

8.2 Dynamik von Agenda-Setting Prozessen

Die klassische Agenda-Setting Hypothese (nach Cohen 1963 bzw. McCombs und Shaw 1972) vermutet, dass die Presse oder vielmehr die Massenmedien bestimmen, worüber wir nachdenken bzw. was wir für wichtig erachten. Gemäß dieser Grundhypothese wurden zunächst die Kreuzkorrelationen zwischen Medienberichterstattung als Input und Problemeinschätzung als Output für jeweils dasselbe Themenfeld betrachtet.

Tab. 8.3 Einfluss der Berichterstattung auf die Problemeinschätzung derselben Themenfelder

	t_{-3}	t_{-2}	t_{-1}	t_0	t_{+1}	t_{+2}	t_{+3}
Umwelt				0,2			
Terrorismus			0,3	0,5			
Rechtsextremismus			0,2	0,6	0,5	0,4	
Wirtschaft/Konsum			0,1	0,2			

Basis: Wochen mit ARIMA bereinigten Daten, Aufgeführte Korrelationen sind signifikant

8.2.1 Einfache Dynamik

Die jeweils stärkste Korrelation fand sich bei t_0, also zeitgleich: In Wochen mit intensiverer Medienberichterstattung zum jeweiligen Themenfeld wurde dieses auch von einem größeren Anteil der Bevölkerung als eines der wichtigsten Probleme genannt. Der Zusammenhang war für die Themenfelder *Terrorismus* und *Rechtsextremismus* mit Koeffizienten von gut 0,5 ziemlich stark, bei *Umwelt* und *Wirtschaft/Konsum* mit 0,2 hingegen eher schwach ausgeprägt (Tab. 8.3). Ein Teil dieser eher schwachen Zusammenhänge mag auf das methodische Problem zurückzuführen sein, dass in der Berichterstattung zu *Umwelt* und *Wirtschaft/Konsum* interne Strukturen identifiziert (Tab. 8.1) und vor Berechnung der Kreuzkorrelationen eliminiert wurden, wohingegen die Berichterstattung zu *Terrorismus* und *Rechtsextremismus* ohne Bereinigung in die Berechnung der Kreuzkorrelationen einging. Durch die Bereinigung können jedoch auch externe Effekte, die wie eine interne Struktur aussehen, aus den Reihen eliminiert werden und so zu einer sehr konservativen bzw. Unterschätzung der Effektstärken führen.

Streng genommen sagen die zeitgleichen Korrelationen nichts über die Grundhypothese aus, denn sie könnten auch auf der systematischen kurzfristigen Reaktion der Medienberichterstattung auf die Problemeinschätzung der Bevölkerung basieren. Da aber Wochen als Basis der Berechnung gewählt wurden, war es eher unwahrscheinlich, dass die Medienberichterstattung ihrerseits reagierte: In diesem Fall bedürfte es einiger Zeit, um zunächst die Bevölkerungseinschätzung zu taxieren und anschließend gemäß der üblichen Selektions- und Aufbereitungslogik der Medienberichterstattung darüber zu publizieren. Dies wäre zwar innerhalb einer Woche denkbar, über unterschiedliche Themenfelder hinweg, zumal über derart lange Zeiträume, jedoch kaum plausibel. Naheliegender ist demgegenüber eine Scheinkorrelation, weil de facto sowohl die Medienberichterstattung als auch die Problemeinschätzung auf externe Stimuli, in diesem Fall den realen Ereignisverlauf, reagierten, ohne sich gegenseitig zu beeinflussen. Dies wird sicher vorkommen, setzt aber voraus, dass nicht nur die Medien, sondern auch die Bevölkerung einen direkten Zugang zu Informationen über die Ereignisse hatte. Bei allen vier hier zusammengestellten Themenfeldern war das allerdings kaum anzunehmen, abgesehen von Sonderfällen wie beispielsweise Veränderungen des Benzinpreises als Bestandteil des Problemfeldes *Wirtschaft/Konsum*. In den meisten Alltagskonstellationen konnte man auch bei den auf Wochenbasis zeitgleichen Korrelationen davon ausgehen, dass die Medienberichterstattung einen Einflussfaktor auf die Problemeinschätzung der Bevölkerung darstellt.

Für diese Interpretation sprechen auch die Kreuzkorrelationen der Medienberichterstattung aus der Vorwoche auf die aktuelle Problemeinschätzung (Tab. 8.3, Spalte t_{-1}). Entsprechende Zusammenhänge zeigten sich bei den Themenfeldern *Terrorismus*, *Wirtschaft/Konsum* und *Rechtsextremismus*, allerdings waren die Koeffizienten relativ klein, wobei erneut die Bereinigung zu bedenken ist. Erhebliche Teile der Varianz der Medienberichterstattung von *Wirtschaft/Konsum* und *Umwelt* wurden bereinigt, ebenso alle Zeitreihen der Problemeinschätzung, so dass insbesondere bei zeitversetzter Betrachtung ein erheblicher Teil der Originalvarianz nicht mit in die Berechnung der Kreuzkorrelationen eingeht. Insofern bestätigten die Befunde – abgesehen vom Themenfeld *Umwelt* – einen systematischen positiven Einfluss der Medienberichterstattung der Vorwoche auf die aktuelle Problemeinschätzung der Bevölkerung und damit die Agenda-Setting Hypothese (Tab. 8.3).

Konträr zur Agenda-Setting Hypothese waren jedoch die beiden signifikanten Kreuzkorrelationen mit positivem Zeitverzug im Themenfeld *Rechtsextremismus*. Diese besagten, dass in den beiden Wochen nach einer Veränderung der Problemeinschätzung in der Bevölkerung die Medienberichterstattung über Rechtsextremismus sich systematisch in die gleiche Richtung veränderte bzw. auf dem veränderten Niveau blieb. Vordergründig reagierte damit die Medienberichterstattung auf die Problemeinschätzung der Bevölkerung und nicht umgekehrt, zumal die Koeffizienten größer als jene mit negativem Zeitverzug und sogar über zwei Wochen feststellbar waren. Denkbar und im vorliegenden Fall plausibel wären aber auch Agenda-Building Prozesse, bei denen politische und gesellschaftliche Akteure in den Folgewochen auf die Problemeinschätzung der Bevölkerung reagierten, über die die Medien berichteten (Kap. 6). Auch der betrachtete Zeitraum könnte dabei eine Rolle spielen: Zu dieser Zeit fand das erste NPD-Verbotsverfahren statt. Die Effekte würden wahrscheinlich anders ausfallen, wenn es sich beispielsweise um einen Zeitraum intensiver Berichterstattung über rechtsextremistische Anschläge handeln würde (Brosius und Esser 1995).

8.2.2 Komplexe Dynamik

Das eben dargestellte Themenfeld *Rechtsextremismus* lenkt den Blick auf die Komplexität von Agenda-Setting Prozessen. Es ist eine analytische Notwendigkeit, den Blick auf die Medienberichterstattung und die Problemeinschätzung der Bevölkerung zu fokussieren, wenn die Agenda-Setting Hypothese untersucht werden soll. Dieser Fokus wird den realen Prozessen jedoch oft nicht gerecht, da er andere Faktoren wie das Verhalten gesellschaftlicher Akteure oder Ereignisse wie Unwetterkatastrophen nicht berücksichtigt, diese den Prozess aber entscheidend mitbestimmen. Zudem konzentriert sich die Agenda-Setting Hypothese klassischer Prägung auf die Zusammenhänge zwischen Medienberichterstattung und Problemeinschätzung desselben Themenfeldes. Allerdings sind Themenfelder oft vielfältig miteinander verbunden. Diese Verbindung kann inhaltlicher Art sein, wie es z. B. die Framingforschung nahelegt (Matthes 2007) oder struktureller Art, wenn z. B. bestimmte Themen andere systematisch verdrängen (Brosius und Kepplinger 1992). Beide Aspekte, a) Fokus auf Medien und Bevölkerung und b) Fokus auf ein Themenfeld, sind vor allem dann ein Problem, wenn Themen systematisch von gesellschaftlichen und politischen Akteuren im Zeitverlauf in einen neuen Zusammenhang gestellt werden, wenn also ein Reframing stattfindet.

Der Einfluss gesellschaftlicher und politischer Akteure auf die Dynamik von Problemwahrnehmung durch die Medien sowie die Bevölkerung ließ sich bei den vorliegenden Fallstudien insbesondere bei den Themenfeldern *Terrorismus* im Nachgang der Anschläge von New York, London und Madrid und *Rechtsextremismus* während des NPD-Verbotsverfahrens nachvollziehen: Es fanden Ereignisse statt, in deren Folge Akteure sich zunächst zu den Ereignissen selbst und später zu möglichen Konsequenzen, die aus dem Ereignis zu ziehen seien, äußerten. Zum Teil wurden die geforderten Konsequenzen realisiert und anschließend selbst zum Gegenstand von Äußerungen und Forderungen nach Konsequenzen aus den Konsequenzen. Kepplinger (2001) differenziert hier einerseits zwischen Auslöseversus Folgeereignissen sowie zwischen genuinen versus inszenierten Ereignissen. Wenn aber in einem Themenfeld oft genuine Ereignisse auftraten, in deren Folge systematisch politische Forderungen erhoben wurden und inszenierte Folgeereignisse stattfanden, dann war es schwer, die möglicherweise damit einhergehenden Agenda-Setting Prozesse zeitreihenanalytisch mittels Kreuzkorrelationen angemessen zu erfassen: In diesem Fall wurde die Berichterstattung über die Folgeereignisse als interne Struktur der Berichterstattung systematisch nach den Auslöseereignissen identifiziert und eliminiert. Dadurch wurde der mögliche Agenda-Setting Effekt der Berichterstattung über Folgeereignisse gar nicht mitgeschätzt, da der entsprechende Medieninput gar nicht mehr in der benutzten Datenreihe vorhanden war.

Falls solche Strukturen in der Berichterstattung vorhanden waren und sie einen Agenda-Setting Effekt hatten, wurde entsprechend auch ein reiheninterner Effekt in der Problemeinschätzung der Bevölkerung identifiziert und vor Berechnung der Kreuzkorrelationen ebenfalls heraussubtrahiert. Eine einfache Betrachtung der unbereinigten Kreuzkorrelationen war jedoch auch kaum Erfolg versprechend, da solche Zeitreihen typischerweise über viele Zeitverzüge hinweg hoch miteinander korrelieren, so dass die kausale Abhängigkeit zwischen den Reihen praktisch nicht mehr zu identifizieren ist. Als Konsequenz und Alternative blieben die deskriptive Betrachtung der unterschiedlichen Verläufe und deren Interpretation über.

Ähnliche Komplikationen traten auf, wenn einzelne Themenfelder systematisch mit anderen Themenfeldern zusammenhingen. In den Fallstudien ergaben sich solche Konstellationen in den Themenfeldern *Rechtsextremismus* und *Terrorismus*. Im ersten Fall zeigte sich, dass nicht nur die Berichterstattung über *Rechtsextremismus*, sondern auch die Berichterstattung über das *NPD-Verbotsverfahren* einen Einfluss auf die Problemeinschätzung von *Rechtsextremismus* hatte. Hier war demnach eine Integration von verwandten Themen in die Problemeinschätzung des Publikums festzustellen. Weit komplexer war die Konstellation beim Thema *Terrorismus* im Umfeld der großen Terroranschläge. Die aktuelle Berichterstattung über das Themenfeld *Terrorismus* führte in derselben Woche zu einem starken Anstieg der Problemeinschätzung *Terrorismus* sowie zu leicht erhöhten Werten in der Folgewoche. Hinzu kam ein leichter Anstieg der Problemeinschätzung zu *Innere Sicherheit* in derselben Woche sowie eine noch stärker erhöhte Problemeinschätzung in der Folgewoche und schließlich ein Anstieg der Problemeinschätzung *Islamismus* in der Folgewoche und der wiederum darauf folgenden Woche (Tab. 5.1). Die Analysen in der Fallstudie belegten, dass sich diese Struktur auch zwischen der Themenaufmerksamkeit und der Problemeinschätzung sowie insbesondere auch innerhalb der einzelnen Problemeinschätzungen nachvollziehen ließ (Kap. 5.3, insbesondere 5.3.4). Zunächst schien die Bevölkerung auf die Berichterstattung über *Terrorismus* mit einem starken Anstieg der Problemeinschätzung in Bezug auf *Terrorismus* sowie einem schwächeren Anstieg in Bezug auf *Innere Sicherheit* zu reagieren. Bereits in der Folgewoche drehte sich das Verhältnis um und der Effekt auf die Einschätzung des Problems *Innere Sicherheit* war zu diesem Zeitpunkt größer als auf die Einschätzung des Problems *Terrorismus*. Zudem tauchte ein zeitversetzter Effekt auf die Problemeinschätzung von *Islamismus* auf. Zwei Wochen nach der Veränderung in der Berichterstattung war nur noch ein Effekt auf die Problemeinschätzung von *Islamismus* messbar. Daraus ließ sich allerdings keine Schlussfolgerung über die Ursache des Zusammenhangs zwischen den drei Themen ziehen. Ob etwa die Medienberichterstattung schuld daran ist, dass die

Bevölkerung nach den Terroranschlägen meint, der *Islamismus* sei zu einem bedeutenden Problem geworden, müsste durch tiefergehende Analysen untersucht werden. Dazu wäre es notwendig, nicht nur das jeweilige Niveau der Problemeinschätzung und kleinere Zeitintervalle genauer anzusehen, sondern vor allem den eigentlichen Inhalt der Medienberichterstattung vollständig und nicht nur dessen Hauptthema zu analysieren.

8.3 Kontexteinflüsse auf Agenda-Setting Prozesse

Wie kontextabhängig Agenda-Setting Effekte ausfallen, zeigen die Fallstudien, die den Zeitverlauf in einzelne Phasen unterteilen: Sie ergeben zum Teil sehr unterschiedliche Agenda-Setting Effekte in den einzelnen Phasen. Das Grundproblem solcher Betrachtungen ist dabei jedoch deren quasi tautologisches Vorgehen. Zunächst wird der Verlauf der Daten betrachtet und dann anhand auffälliger Unterschiede eine Einteilung von Phasen getroffen. Idealtypisch erfolgt dies so, dass Unterschiede in allen betrachteten Zeitreihen gut abgebildet werden. Der Umstand, dass im zweiten Schritt in den einzelnen Phasen meist Unterschiede bei den Zusammenhängen zwischen den Reihen identifiziert werden, ist somit nicht verwunderlich. Gefährlich ist es hingegen, die wohl immer zu findenden ex post Erklärungen für diese Unterschiede als durch die Daten belegt anzusehen. Interessant sind solche Kontextunterschiede dann, wenn die entsprechende Einteilung hypothesengestützt vorgenommen wird, also z. B. vor versus nach einem bestimmten Ereignis. Kontextfaktoren können aber auch an bestimmte Komponenten des Agenda-Setting Prozesses gebunden sein. Für solche lassen sich dann konkrete Hypothesen formulieren. Die Fallstudien gaben einige Hinweise in Bezug auf den eher personengebundenen Kontextfaktor Themensensibilität und den eher themengebundenen Kontextfaktor Themenerfahrbarkeit.

8.3.1 Sensibilität für Issues

Issue sensitivity oder Themensensibilität war ein zentraler Erklärungsfaktor in der ersten Agenda-Setting Studie auf Individualniveau von Erbring et al. (1980). Die Grundidee war, dass Personen, die aufgrund ihrer persönlichen Situation besonders sensibel für ein bestimmtes Thema sind, weniger anfällig für Agenda-Setting und damit Medieneffekte sind als andere. Das bedeutet, aufgrund ihrer personenbezogenen Eigenschaften messen sie dem entsprechenden Thema eine größere

Wichtigkeit bei und informieren sich relativ unabhängig von der jeweils aktuellen Medienberichterstattung aus unterschiedlichen Quellen über das Thema. Zwar bestätigten ihre Daten dies nur zum Teil, wobei in der Studie generell nur sehr geringe Agenda-Setting Effekte gefunden wurden (Erbring et al. 1980).

In der Fallstudie zum *Konsumklima* (Kap. 7) wurde nach soziodemographischen Merkmalen, die einkommensrelevant waren, differenziert. Angenommen wurde, dass vor allem Personen aus Haushalten mit mittlerem Einkommen sensibel für konsumrelevante Wirtschaftsthemen sind. Die Daten bestätigten das insoweit, als diese Personengruppe eine leicht höhere Problemeinschätzung im Themenfeld *Wirtschaft/Konsum* aufwies. Gemäß der Grundannahme war bei dieser Personengruppe auch ein tendenziell geringerer Agenda-Setting Effekt zu finden als bei den Vergleichsgruppen; allerdings waren die Unterschiede nur schwach ausgeprägt (Kap. 7.5.3).

In der Fallstudie zum Thema *Umwelt* (Kap. 4) wurde untersucht, wie sich die umweltbezogene Medienberichterstattung auf die Problemeinschätzung in unterschiedlichen Bevölkerungsgruppen auswirkte. Zunächst wurden dabei Zeitreihen für unterschiedliche Wählergruppen gebildet. In Übereinstimmung mit der Grundhypothese gaben die (potenziellen) Wähler der Grünen ein deutlich größeres Problembewusstsein im Themenfeld *Umwelt* als die Wähler anderer Parteien an. Bei den Grünwählern fand sich auch eine deutlich größere Themenaufmerksamkeit gegenüber der Berichterstattung in den Massenmedien, allerdings, im Gegensatz zu konsistentem Agenda-Setting bei den anderen Wählergruppen, kein oder nur ein geringer Agenda-Setting Effekt. Die gleiche Konstellation ergab sich für a) Jüngere im Vergleich zu Älteren und b) besser Gebildete im Vergleich zu Personen mit niedrigerer Schuldbildung. Die Jüngeren und die besser Gebildeten wiesen sowohl eine generell höhere Problemeinschätzung als auch eine größere Themenaufmerksamkeit für das Themenfeld *Umwelt* auf, gleichzeitig waren geringere Agenda-Setting Effekte feststellbar als bei Älteren und Personen mit niedrigerer Schulbildung (Kap. 4.3.4).

Zumindest insoweit bestätigten die beiden Fallstudien den Grundgedanken der issue sensitivity. Für strategisches Issue-Management ergibt sich daraus aber die komplizierte – fast paradoxe – Situation, via Medienberichterstattung zwar eher diejenigen zu erreichen, die sowieso eine größere Sensibilität für das entsprechende Themenfeld mitbringen, bei diesen jedoch keinen Agenda-Setting Effekt mehr zu erzeugen. Dieser würde vielmehr in anderen Bevölkerungssegmenten auftreten, die sich jedoch oft nicht für die entsprechende Medienberichterstattung interessieren. Relevant ist diese Konstellation auch bei dynamischer Betrachtung. Wenn Medienberichterstattung zu einem Themenfeld via Agenda-Setting zu einem Anstieg der entsprechenden Problemeinschätzung führt, könnte das wiederum zu einem

Anstieg der entsprechenden Themensensibilität führen, wodurch im Zeitverlauf weitere Agenda-Setting Effekte für dieses Themenfeld eher unterdrückt werden. Fraglich ist noch, ob die allgemeine Problemeinschätzung und Themensensibilität dann wieder auf das Ausgangsniveau zurückkehren.

8.3.2 Erfahrbarkeit von Issues

Die Idee von obtrusiveness – also der direkten persönlichen Erfahrbarkeit von Aspekten eines Themenfeldes – geht auf Zucker (1978) zurück. Sie vermutet einen Rückgang von Agenda-Setting Effekten bei Themenfeldern, die für die Bevölkerung persönlich erfahrbar sind, weil die Medieninformationen quasi in Konkurrenz zu anderen Informationsquellen, insbesondere den eigenen Erfahrungen und der interpersonalen Kommunikation über solche Erfahrungen im eigenen Umfeld, stehen. Allerdings zeigten Folgestudien, dass es sich nicht notwendigerweise um Konkurrenzverhältnisse handeln muss, sondern Medienberichterstattung und persönliche Erfahrungen (Demers et al. 1989) ebenso zusammenwirken können wie Medienberichterstattung und interpersonale Kommunikation (Nguyen Vu und Gehrau 2010), sodass die Effekte bei erfahrbaren Themen letztlich sogar größer werden. Problematisch ist es auch festzustellen, welche Themenfelder erfahrbar sind und welche nicht, denn welche Aspekte eines Themas im Bereich der persönlichen Erfahrung oder des eigenen Umfeldes liegen, ist für jede Person unterschiedlich und nicht ohne Weiteres nachvollziehbar. In diesem Fall wäre die Erfahrbarkeit kein Themen- sondern ein Personenmerkmal.

Das Zuordnungsproblem trat auch bei der Fallstudie zu Wirtschaft und Konsumklima auf (Kap. 7). Da eine Zuordnung nicht individuell stattfinden konnte, musste die Zuordnung über Themen und Plausibilitätsargumente stattfinden. So wurde das wichtige Themenfeld *Benzinpreis* beispielsweise als erfahrbar definiert, weil Veränderungen hierbei von der Bevölkerung täglich an den Tankstellen nachvollziehbar sind. Entgegen der Grundannahme war es aber gerade die Medienberichterstattung über auch direkt erfahrbare Themen, die sowohl größere als auch zeitversetzte, also kausal interpretierbare Agenda-Setting Effekte aufwies, wohingegen die Effekte bei nicht direkt erfahrbaren Themenaspekten deutlich geringer und nicht kausal interpretierbar waren. Ein erheblicher Anteil der großen Agenda-Setting Effekte erfahrbarer Themen schien auf extreme Anstiege beim Öl- bzw. Benzinpreis zu basieren. Hier könnte es zu einer Art Resonanzeffekt zwischen direkter Erfahrung, Medienberichterstattung und persönlicher Betroffenheit gekommen sein, die dann die Grundlogik von Themenerfahrbarkeit außer Kraft setzt (Kap. 7.5.4).

In der Fallstudie zu *Umwelt* (Kap. 4) bewährte sich demgegenüber die Grundhypothese. In der Studie wurde die Medienberichterstattung in zwei Bereiche unterteilt, nämlich in Berichterstattung über *Naturkatastrophen* wie Unwetter und Berichterstattung über eher abstrakte *Umweltpolitik*, die Umwelt als Politikfeld und nicht als konkretes Ereignis betraf. Hier ließ sich argumentieren, dass diese zumindest zum Teil direkt erfahrbar waren und damit im Gegensatz stehen zu umweltpolitischen Debatten und Entscheidungen, deren Auswirkungen sich in der Regel allenfalls Jahre später direkt erfahren ließen und entsprechend unobtrusive waren. Die Daten bestätigten die Hypothese insofern, als Agenda-Setting Effekte auf die Problemeinschätzung *Umwelt* nur durch die Medienberichterstattung über *Umweltpolitik*, nicht aber über *Naturkatastrophen* verursacht wurden (Kap. 4.3.2).

Im Überblick erweist sich die Erfahrbarkeit bzw. obtrusiveness eines Themenfeldes als kein guter Prädiktor, um zu prognostizieren, ob Agenda-Setting Effekte auftreten oder nicht. Das könnte zum einen an der Schwierigkeit liegen, die untersuchten Themenfelder eindeutig zu klassifizieren. Zum anderen scheint es Konstellationen zu geben, in denen die Wirkung der Erfahrbarkeit von anderen Kriterien überlagert oder sogar außer Kraft gesetzt wird. Solange die entsprechenden Kriterien aber unbekannt sind, bleibt der prognostische Wert der Erfahrbarkeit gering.

8.4 Fazit

Das wichtigste, wobei nicht überraschende, Resultat ist: Es gibt Agenda-Setting Effekte der Massenmedien. Diese liegen themen- und konstellationsübergreifend vor, wenn man Korrelationen zwischen Medienagenda und Bevölkerungsagenda in derselben Woche als plausiblen Hinweis auf Medieneffekte akzeptiert und nahezu themenübergreifend, wenn man die Effekte der Medienberichterstattung aus der Vorwoche auf die aktuelle Problemeinschätzung betrachtet. Bemerkenswert sind diesbezüglich jedoch zwei Erkenntnisse.

Agenda-Setting Effekte sind zwar generell festzustellen, ihre Größe ist aber offenbar sehr kontextabhängig. Bislang war es meist schwierig, die unterschiedlichen Effektgrößen zwischen unterschiedlichen Agenda-Setting Studien zu interpretieren, weil sie sowohl auf tatsächlich unterschiedlich große Effekte, als auch auf Unterschiede bei der empirischen Erfassung und Modellierung zurückzuführen sein könnten. Da die Fallstudien mit denselben Daten und methodischen Grundentscheidungen vorgegangen sind, lassen sich die unterschiedlich großen Effekte mit größerer Sicherheit als bei Einzelstudien auf verschieden starke Agenda-Setting

8 Die Dynamik gesellschaftlicher Problemwahrnehmung II

Effekte zurückführen. Diese variieren, auf die übliche Korrelationslogik projiziert, zwischen 0,2 und 0,6 zeitgleich und 0,1 und 0,3 zeitversetzt bezogen auf die Gesamtbevölkerung. Da in allen Fallstudien mehrere Jahre auf Wochenbasis analysiert wurden, stellt die Länge der Zeitreihen sicher, dass es sich nicht ausschließlich um Unterschiede durch herausragende Ereignisse handelt, da sich deren Effekte im Zeitverlauf relativieren. Insofern gilt es die Bedingungen für Agenda-Setting Effekte näher zu beleuchten, um besser prognostizieren zu können, unter welchen Bedingungen sie eher groß und wann sie eher gering ausfallen müssten. Dabei werden auch methodische Entscheidungen, wie z. B. die Bereinigung von Datenreihen, eine Rolle spielen.

Agenda-Setting Effekte scheinen im Kern wenige Wochen anzudauern, wobei der stärkste Effekt offenbar zeitnah auftritt. Damit ist relativ sicher ausgeschlossen, dass das Gros des Agenda-Setting Effekts rein auf kognitiver Aktivierung beruht (Kim et al. 2002), die spätestens nach einigen Tagen abgeklungen sein müsste. Solche Aktivierung wird Teil des Agenda-Setting Effekts sein, allerdings nach vorhandenen Befunden ein eher untergeordneter. Damit geben die Befunde auch ein stückweit Entwarnung in Bezug auf Agenda-Setting Studien bei kontinuierlich aktualisierter Medienberichterstattung z. B. im Internet. Die Effekte müssten so nachhaltig sein, dass sie sich problemlos auch bei t künstlichen Zeitaggregaten wie Tagen oder Wochen feststellen lassen müssten. Allerdings ist der isolierte Agenda-Setting Effekt nach zwei Wochen offenbar weitgehend abgeklungen. De facto werden die Effekte aber in vielen Fällen einige Wochen länger andauern: Dies ist der Fall, wenn die Medien länger als nur eine Woche verstärkt über Themenfelder berichten und so die durch die Medienberichterstattung gestiegene Problemeinschätzung des Publikums typischerweise über einige Wochen bestehen bleibt, allerdings mit abnehmender Tendenz.

Nicht zuletzt deuten die Resultate der Fallstudien drei grundlegende Tendenzen für Agenda-Setting Prozesse an: 1) Die Betrachtung eines einzelnen Themas ist gefährlich. Zwar ist es notwendig, einzelne Themen zu fokussieren, wenn die statistische Modellierung via Zeitreihenanalyse im Sinne von ARIMA Modellen und Kreuzkorrelationen oder multivariaten Transferfunktionen vorgenommen werden soll. Diese sollte aber jeweils auch für verwandte Themen vorgenommen werden, da – wie die Beispiele *Terrorismus* und *Umwelt* zeigen – die Agenda-Setting Prozesse zum Teil mit Themen- bzw. Problemverschiebungen einhergehen. Die Schwierigkeit besteht naturgemäß in der Vorab-Festlegung, was verwandte Themen sein könnten, wenn nicht das ganze Themenspektrum untersucht werden soll oder kann. 2) Agenda-Setting Effekte nehmen mit Themensensibilisierung ab. Das ist zu berücksichtigen, wenn Agenda-Setting Studien mit speziellen Stichproben durchgeführt werden. Oft ist es aus anderen Erwägungen naheliegend,

Medieneffekte gerade für diejenigen Personen zu untersuchen, die von dem Gegenstand der Medienberichterstattung besonders betroffen sind oder sich für diesen besonders interessieren. Gerade dann jedoch sind Agenda-Setting Effekte eher unwahrscheinlich, so dass das Ausbleiben von Effekten hier keine valide Falsifikation der Agenda-Setting Hypothese bedeutet. 3) Unabhängig von der Dynamik und deren Kontextfaktoren bleibt ein dritter Eindruck: Die Auswirkungen von Agenda-Setting Effekten auf eine handlungsrelevante Ebene scheinen eher begrenzt zu sein, wie die Fallstudien am Beispiel NPD-Verbotsverfahren und Wahlabsicht bzw. Wirtschaftsberichterstattung und Konsumklima nahelegen. Es ist deshalb nicht grundsätzlich ausgeschlossen, dass Agenda-Setting Effekte individuell oder kollektiv auch Handlungen mitbestimmen könnten. Der Transfer von Themen- bzw. Problemwichtigkeit auf tatsächliche Handlungen lässt sich aber nicht rein über Themenbezüge herstellen, sondern bedarf guter theoretischer Argumente.

Literatur

Brosius, H.-B., & Kepplinger, H. M. (1992). Linear and nonlinear models of agenda-setting in television. *Journal of Broadcasting Electronic Media, 36,* 5–23.
Brosius, H.-B., & Esser, F. (1995). *Eskalation durch Berichterstattung? Massenmedien und fremdenfeindliche Gewalt.* Opladen: Westdeutscher Verlag.
Cohen, B. C. (1963). *The press and foreign policy.* Princeton: University Press.
Demers, D. P., Craff, D., Choi, Y.-H., & Pessin, B. M. (1989). Issue obtrusiveness and the agenda-setting effects of national network news. *Communication Research, 16,* 793–812.
Erbring, L., Goldenberg, E. N., & Miller, A. H. (1980). Front page news and real-world cues – a new look at agenda-setting by the media. *American Journal of Political Science, 24,* 16–49.
Huck, I., Quiring, O., & Brosius, H.-B. (2009). Perceptual phenomena in the agenda setting process. *International Journal of Public Opinion Research, 21,* 139–164.
Kepplinger, H. M. (2001). Der Ereignisbegriff in der Publizistikwissenschaft. *Publizistik, 46,* 117–139.
Kim, S.-H., Scheufele, D. A., & Shanahan, J. (2002). Think about it this way: Attribute agenda-setting function of the press and the public's evaluation of local issues. *Journalism and Mass Communication Quarterly, 79,* 7–25.
Matthes, J. (2007). *Framing-Effekte. Zum Einfluss der Politikberichterstattung auf die Einstellung der Rezipienten.* München: Fischer.
McCombs, M. E., & Shaw, D. (1972). The agenda setting function of mass-media. *Public Opinion Quarterly, 36,* 176–187.
Nguyen Vu, H. N., & Gehrau, V. (2010). Agenda diffusion – An integrated model of agenda-setting and interpersonal communication. *Journalism and Mass Communication Quarterly, 87,* 100–116.
Zucker, H. G. (1978). The variable nature of news media influence. In B. D. Rubin (Hrsg.), *Communication yearbook* (Bd. 2, S. 225–245). New Brunswick: Transaction.

The manufacturer's authorised representative in the EU is Springer Nature Customer Service Centre GmbH, Europaplatz 3, 69115 Heidelberg, Germany. If you have any concerns regarding our products, please contact ProductSafety@springernature.com

Printed and bound by CPI Group (UK) Ltd, Croydon, CR0 4YY
23/03/2026
02076675-0007